幸福感

最新的社會科學研究──
民之所欲何在？
如何創造一個人人更幸福的社會？

Wellbeing
Science and Policy

Richard Layard
倫敦政經學院
理查・拉雅德

Jan-Emmanuel De Neve
牛津大學
尚－依曼紐・戴奈維
——著

羅耀宗——譯

Wellbeing: Science and Policy
Original English language edition first published by Cambridge University Press
Copyright © Richard Layard and Jan-Emmanuel De Neve 2023
Chinese (complex characters only) translation copyright © 2024 by EcoTrend Publications, a division of Cité Publishing Ltd.
Published by arrangement with Cambridge University Press through Andrew Nurnberg Associates International Limited.
All rights reserved.

經濟趨勢 76

幸福感：

最新的社會科學研究
——民之所欲何在？如何創造一個人人更幸福的社會？

作　　　者	理查・拉雅德（Richard Layard）、尚－依曼紐・戴奈維（Jan-Emmanuel De Neve）
譯　　　者	羅耀宗
責 任 編 輯	林博華
行 銷 業 務	劉順眾、顏宏紋、李君宜
總 編 輯	林博華
事業部總經理	謝至平
發 行 人	何飛鵬
出　　　版	經濟新潮社
	115台北市南港區昆陽街16號4樓
	電話：(02) 2500-0888　傳真：(02) 2500-1951
	經濟新潮社部落格：http://ecocite.pixnet.net
發　　行	英屬蓋曼群島商家庭傳媒股份有限公司城邦分公司
	115 台北市南港區昆陽街 16 號 8 樓
	客服服務專線：(02) 2500-7718；(02) 2500-7719
	24小時傳真專線：(02) 2500-1990；(02) 2500-1991
	服務時間：週一至週五上午09:30~12:00；下午13:30~17:00
	劃撥帳號：19863813　戶名：書虫股份有限公司
	讀者服務信箱：service@readingclub.com.tw
香港發行所	城邦（香港）出版集團有限公司
	香港九龍九龍城土瓜灣道 86 號順聯工業大廈 6 樓 A 室
	電話：(852)25086231　傳真：(852)25789337
	E-mail: hkcite@biznetvigator.com
馬新發行所	城邦（馬新）出版集團Cite（M）Sdn. Bhd.（458372 U）
	41, Jalan Radin Anum, Bandar Baru Sri Petaling,
	57000 Kuala Lumpur, Malaysia.
	電話：+6 (03)-90563833　傳真：+6 (03)-90576622
	E-mail: services@cite.my
印　　　刷	漾格科技股份有限公司
初 版 一 刷	2024年8月8日

城邦讀書花園
www.cite.com.tw

ISBN：978-626-7195-72-7、978-626-7195-73-4（EPUB）　版權所有・翻印必究

定價：680元

目錄

〔推薦序〕民之所欲，常在我心　林明仁　　　　　　　　5
〔推薦序〕追求財富是否等於幸福？　謝伯讓　　　　　　9
〔評　論〕快樂的社會科學：我們所知的與應知的　蔡明璋　11

導讀與摘要　　　　　　　　　　　　　　　　　　　21

第一篇　為什麼要追求幸福？
1　主觀幸福是什麼？為什麼重要？　　　　　　　　43
2　以幸福為社會目標　　　　　　　　　　　　　　75

第二篇　人性與幸福
3　我們的行為如何影響幸福　　　　　　　　　　　99
4　我們的想法如何影響幸福　　　　　　　　　　121
5　我們的身體、基因與幸福　　　　　　　　　　135

第三篇　我們的經驗如何影響幸福？
6　幸福不平等的一些基本事實　　　　　　　　　159
7　解釋幸福的工具　　　　　　　　　　　　　　181

8 解釋幸福：初步探索	199
9 家庭、學校教育與社群媒體	213
10 身心健康與照護	233
11 失業	253
12 工作品質	269
13 收入	303
14 社區	327
15 自然環境與地球	347

第四篇　政府與幸福

16 政府如何影響幸福？	371
17 幸福如何影響投票？	391
18 成本效益與政策選擇	413

謝辭	429
線上附錄清單	431
參考文獻	433

〔推薦序〕
民之所欲，常在我心

林明仁
台灣大學經濟系特聘教授

　　高齡 90 歲的理查・拉雅德（Richard Layard）男爵，是教育經濟學與勞動經濟學的重量級學者。他在 1980 年代所發展出的 Layard-Nickell model，至今仍是討論福利與失業政策的重要理論基礎。後來他也對教育（特別是技職教育）對所得與不平等的影響有深刻研究，並積極涉入英國政府許多與教育及工作相關的社福政策制定。這些經驗，也讓他比一般的學院經濟學家，更能感同身受政策制定的最終審判，就是民眾對於自己生活狀況的滿意程度。因此他後來的研究，都強調政策要以人民的幸福（happiness or wellbeing）為最終考量，也就不令人意外了。

　　事實上，Layard 於 1980 年在《Economic Journal》發表的〈人的滿足與公共政策〉（Human Satisfaction and Public Policy）一文，就被公認為是幸福經濟學的始祖。該文開宗明義第一句話就提到：「已經有許多證據證明，即便經濟成長了，西方人並沒有變得比較快樂（People in the West are not becoming happier, despite economic growth）。」而他給出的答案也很直接：「有錢的確會讓你快樂，前提是你比別人更有錢（Riches do bring happiness, provided you are richer than other people）。」另外，快樂也跟個人對所得或階級「實際與預期的差距」有關。幸福經濟學的研究，於焉展開，至今已 40

餘年，也難怪書評家要給他「幸福沙皇」（Happiness Tsar）這樣的封號了。

《幸福感》這本書即是他與尚－依曼紐・戴奈維（Jan-Emmanuel De Neve）合作，將幸福的社會科學證據與政策意涵作一總整理的百科全書。本書分為四大部分，第一部分提供了對幸福的哲學與科學考察的知識歷史，以及如何測量人的幸福。在幸福的量化研究中，「整體說來，0 分（一點也不滿意）到 10 分（非常滿意），你對現在的生活有多滿意？」（Overall, on a scale of 0 (not at all satisfied) to 10 (very satisfied), how satisfied are you with your life nowadays）是最常被使用的問句與測量方式。問卷的結果則作為測量大眾的幸福感以及政策效果的重要基礎。

第二篇「人性與幸福」，則從三個面向去討論人如何覺察到自己的幸福，以及這個過程受到哪些因素影響。第一個面向取材自晚近非常熱門的行為經濟學，從個人的認知偏誤出發，討論框架效果（framing effect）以及損失厭惡（loss aversion）如何在個人決策過程中影響幸福。緊接著則討論冥想、正念等思考方式，與基因、心靈對幸福的影響。要特別強調的是，這些討論都有嚴格的實驗設計與量化數據做基礎，絕非泛泛之談。

第三篇「我們的經驗如何影響幸福」，是整本書中引用最多相關研究，篇幅最大的部分，也是第四篇討論政策制定的重要實證基礎。本篇以基本的迴歸模型如何詮釋，以及如何使用計量技巧處理因果關係破題（這部分有興趣的讀者可以參考 Joshua Angrist 與 Jörn-Steffen Pischke 所著的《Mastering 'Metrics: The Path from Cause to Effect》），接著針對家庭、教育、社群媒體、健康、失業、工作品質、環境等議題逐一討論。讀者或許會疑惑：失業不就是會讓你

不幸福嗎？這有什麼好討論的？？？此時對第 7 章的理解就會派上用場：失業與不幸福之間的高度相關，有可能是來自遺漏變數（omitted variable）（幸福可能受到無法衡量的遺傳或性格特徵影響；失業的人可能只是因為本性傾向於不快樂）或者是反向因果關係（不幸福也會讓你更容易失業）的影響，只有透過標準的計量方法如固定效應迴歸（fixed effect regression）、工具變數（instrumental variable）、差異中的差異（difference in difference），才能準確衡量因果關係，估計出正確的係數與影響力大小。這件事為什麼重要？因為政府的資源有限，如果同樣的經費，花在失業救濟只能讓人們的幸福感上升 2%，但投入全民健保，可以藉由改善健康而增加快樂 5%，那麼後者的政策排序或單位資源效率，就會排序在前。

以失業為例，第 11 章就提到，德國學者使用固定效應模型估計發現，以 0 到 10 的量表來看，失業使生活滿意度降低了 1 點左右。這相當於喪偶相關的幸福下降幅度！而失業對男性的負向影響也比女性大了約 30%，2015 年諾貝爾經濟獎得主安格斯·迪頓（Angus Deaton）的名作《絕望死與資本主義的未來》（*Deaths of Despair and the Future of Capitalism*），就是在討論失業對美國藍領工人死亡率的影響。而這種負面影響是會長期持續的：失業四年後，平均來說，他們還是跟剛失業的時候一樣不快樂。即便找到了工作，傷痕還是會持續。失業除了對自己幸福有影響外，也會對其配偶與子女產生負的外溢效果。這些研究結果顯示，討論公共政策時，不能只看失業造成收入的減少，還要再繼續討論對失業者及其周遭人的心理狀態影響，才能做出更完整的成本效益分析。

最後第四部分，也是政策制定者最不能錯過的部分，則是政府與人民幸福的雙向關係。幸福研究已經發現，執行法治的能力、政府

服務的效能、監管的品質、貪腐控制、政治穩定和消除暴力、話語權和問責制，都與人民的幸福感相關。這也與 Acemoglu 和 Robinson 的鉅作《國家為什麼會失敗》（*Why Nations Fail*）中所強調「包容性制度」（Inclusive institution）有異曲同工之妙。而第 17 章對執政者最重要的訊息，應該是國民幸福水準解釋了現任政府得票率大約 9% 的差異！**「民之所欲，常在我心」這句話，可真是幸福研究的最佳註解！**

　　整體來說，本書把過去三十年來，使用經濟學界強調因果關係認定（causal identification）的方法（包含自然實驗以及實驗經濟學）對幸福的研究，做了一個相當好的整理。除了經濟學之外，文獻與討論也觸及不少心理學、政治學、行為科學和社會學的相關研究。對於公共政策制定者，以及相關科系學生，都是一本非常好的入門書籍。

〔推薦序〕
追求財富是否等於幸福？

謝伯讓
台灣大學心理系教授

1934年，美國經濟學家顧志耐（Simon Smith Kuznets；1971年諾貝爾經濟學獎得主）協助美國商務部，將國民生產毛額（GNP）的計算標準化。當年他向美國參議院提交報告時，明確指出GNP只能顯示出一個國家的生產和消費能力，並警告不能用此來衡量國民的社會經濟福祉。

然而，顧志耐的警告卻是一語成讖，GNP以及後來的國內生產毛額（GDP）很快就成為了大多數國家追求的至高目標。

數十年過後，人們逐漸開始發現GDP並不等同於幸福。1974年，美國經濟學家伊斯特林（Richard Easterlin）正視了這個問題，並提出了「伊斯特林悖論」：人均GDP和幸福感的相關性有限。

讓我們來看看以下的簡單數據。如果我們比較世界各國的GDP和國民幸福程度，就會發現當GDP超過兩萬美元時，國民幸福程度就已達到高原而不再成長。換言之，當國家經濟成長至一定程度後，額外的經濟成長將無法再持續提升國民的幸福程度。

來自歐洲國家的經濟統計數據也支持了同樣的趨勢。自1985年以來，歐洲國家的平均人均GDP由兩萬美元直線成長到三萬五千美元，但是平均的國民幸福程度卻是一路保持水平，幾乎毫無變化。

如果追求GDP成長已無法為人們帶來持續的幸福提升，那該如

何改變，才能讓更多的人獲得更多的幸福？

我們現在已經知道，人類幸福感是一個多維度的概念，除了經濟之外，也會受到社會、心理和健康等因素的影響。目前的科學研究和經濟數據，已提供了深入理解這些影響因素的途徑。

首先是**公平正義與安全**。雖然收入增長通常與幸福感的提高相關，但這種關係並非線性。經濟學家發現，一旦基本需求得到滿足，收入對幸福感的影響就會逐漸減弱。相反地，財富分配的不平等和經濟不穩定性可能對幸福感造成負面影響，因為它們削弱了社會的公平感和安全感。

其次，**社會關係和社會支持**對幸福感至關重要。哈佛大學長達80年的幸福感追蹤調查發現，人際關係的品質、社區的凝聚力以及個人在社會中的地位和身份感，都對幸福感有著深遠影響。影響個人幸福感最重要的因素之一，就是人際關係。有穩定的家庭和社會支持系統的人，通常更容易感到幸福和滿足。

第三，**身心健康**是影響幸福感的重要因素。身體健康狀況直接影響到個人對生活的態度和情緒狀態。心理學研究顯示，積極的情緒狀態、良好的心理適應能力和自我認同感都有助於提升幸福感。

有鑑於此，我們每一個人都應該仔細反思自己的人生目標。如果你的目標是要提升幸福感，那就務必要擺脫金錢與經濟至上的迷思。這本由著名經濟學家拉雅德（Richard Layard）和戴奈維（Jan-Emmanuel De Neve）合著的《幸福感》，將帶你從哲學、心理、經濟、社會與統計等諸多面向，全方位深入了解人類幸福感的真諦！

〔評論〕
快樂的社會科學：我們所知的與應知的

蔡明璋
中央研究院人文社會科學研究中心研究員

歷史把那些為共同目標工作因而自己變得高尚的人稱為最偉大的人物，⋯⋯那些為大多數人帶來快樂的人，是最快樂的人。

──卡爾・馬克思

一、快樂的研究

　　快樂（happiness）成為社會科學的一個新研究主流，是這一個世紀的事。幸福感、生活滿意度，或是主觀評價自己的生活狀況，都是這個研究趨勢中最醒目的字眼。歐洲與美國學界對快樂的研究興趣，高過亞洲的同儕。在台灣，快樂幾乎沒有激發起太多的注意。我們對社會的苦難面會先給予關注，這當然是好事，因為社會科學一開始關心的，就是社會底層人口，在資本主義或社會主義的體制下，他們都是被壓抑、生活不易的一群人。

　　隨著經濟發展和社會財富的增加，社會科學家問了一個很有趣的問題：收入提高之後，人們的快樂感會因而跟著上升嗎？這是經濟學者伊斯特林（Richard Easterlin）在1970年代的發想（本書導論、第13章均有提及）。接著，相關的探究在美國擴散展開，歐洲亦很快的跟進，甚至後來居上，目前，在高收入國家的社會科學界，可以說是一門顯學。相對的，快樂或幸福感在台灣學界所受到的重視，

就沒那麼高，但是近來的確有較多的注意。不過，大眾讀者對這個議題顯然興致高昂。

《幸福感》這本書是福祉研究的科普典範，及時的將主觀福祉的理論與研究發現，深入淺出地介紹給學界的研究者，以及對社會科學（特別是在研究方法上）有基本了解的大眾讀者。原作者理查・拉雅德（Richard Layard）與尚－依曼紐・戴奈維（Jan-Emmanuel De Neve）都是國際知名的經濟學者，整本書的寫作並不特別偏倚經濟學的架構，對於社會學及心理學所關心的核心議題，著墨亦相當充分。我從社會學的角度來評介這本書，試著和兩位作者進行研究上的論辯，同時從比較研究的角度，來對照、評估這本書的論述力道。

首先，在概念上，幸福的狀態是一個公認的理想，說追求幸福是個人的基本權利，並不為過。幸福的樣態，可以在三個方面展現，本書第一章亦指明這三種測量的方向：評估性的、享樂性的、良善性的。這是很好的開頭。評估性的幸福，是個人對所處的生活環境或條件的整體，給予一個高低不等的評量分數（常用的方式是在 0-10 分之間，擇一數值來代表幸福的高低）。之所以稱之為評估性的幸福，是因為個人認知自己的狀況之後，加總各項佳與不佳的項目所得到的摘要。這本書所使用的生活滿意度指標，是屬於這種。

另外一種也同等重要。通常是詢問受訪者當下（也可以是前一天）是否有愉快、歡樂、高興、或輕鬆的感覺。這個層次的意義稍不同於本書文中所說的「享樂」，後者常是依賴金錢或消費以獲得情緒上的高昂興奮，這並非是此概念的核心。情緒性的幸福是指一個人在心情上表現的正向狀態，也沒有過度的負向心理，這種情緒是健康的，也是令人欣羨的，不一定要依賴物質享受。

第三種所謂良善性的幸福，是一個很抽象的、涵蓋性更廣的概念。本書作者認為個人評估「一生所做的事情是否有價值」，這是一個可以使用的指標。我在文章開頭引用馬克思的話，也是意指這個方向，甚至也可以往希臘哲學家亞理斯多德所說的德性（eudaimonia），依循理性所為而有高尚的情操，就是進入幸福的境界。雖然一般成年人應可以回答這個大哉問，但年紀較輕的人可能會有困難。這個層面的幸福感需要發展出更好的測量工具，以適合不同生命週期的人。開發這方面的量表或指標很有必要。

　　這本書接著介紹幸福感的經驗分析，側重在評估性的指標，有點可惜，未能給予不同的幸福指標有較平衡的篇幅。

二、幸福的方程式

　　本書分析幸福感的解釋因素時，是用幸福的方程式來理解，在方程式的右邊羅列可能因素，大致上可分為三大類別。首先是生物學的因素，特別是基因相關的生理特徵。目前科學研究者不否認快樂有一部分來自遺傳，有些「天選之人」，在體質、遺傳特徵上，生來就比其他條件相同的人更容易滿足、快樂。重要的是這不是唯一決定因素，也不是最具決定性的因素。

　　幸福的決定因素中，一組最常探討的因素，是個人擁有的資源、家庭生活、支持網絡以及健康等等。本書也列出英國的例子，指出這些因素的重要性，如書中表 8.1 所示，以英國為個案的分析，這是快樂研究中最常見的探究取向。從比較的觀點來看，這些因素也同樣在台灣或其他東亞國家具相同的影響力嗎？我利用目前全世界最大規模的跨國調查──世界價值觀調查（World Values Survey）──

的資料，進行相似的分析以便比較。表 1 是成人（25～59 歲）的生活滿意度的分析結果。分析的結果是，教育年數的正向影響，僅在日本出現。已婚者相較單身者，有較高的正向效應，但台灣除外。自評收入等級較高者，很明顯地提升了滿意度。這部分反映的是社會比較的作用，亦即是個人自覺收入比其他人高（相對的，本書中的英國分析是以收入的對數值進行分析）。健康的重要性也與表 8.1 相同。

表 1 東亞國家的生活滿意度的平均值與迴歸分析

生活滿意度（1-10 分）	台灣	日本	韓國	中國
平均值	6.91	6.68	6.76	7.34
男性（相對於女性）	-0.39**	-0.30*	0.04	-0.14
年齡（25-59）	0.02*	0.01	-0.01	0.03***
教育年數	-0.05	0.08*	0.03	0.02
已婚（相對於單身）	0.26	0.53*	0.56***	0.53**
離婚（相對於單身）	-0.33	0.27	0.36	-0.14
分居（相對於單身）	0.56	-0.47	-1.46	0.34
喪偶（相對於單身）	-0.25	-0.18	0.22	0.84
就業（相對於未就業）	0.24	0.10	-0.06	0.00
收入等級（1-10）	0.32***	0.16***	0.23***	0.17***
主觀健康狀態（1-5）	0.79***	0.93***	0.48***	0.76***
常數	2.54***	0.62	3.19***	1.74***
R^2	0.27	0.30	0.14	0.17
調整後 R^2	0.26	0.29	0.13	0.17
樣本數	755	596	847	1,983

資料來源：World Values Survey wave 7；台、日的調查年度是 2019 年，中、韓是 2018 年。
* p<.05, ** p<.01, *** p<.001
注：未就業包含家庭主婦、學生等，並不直接代表失業。收入等級是受試者主觀判斷

我進一步以情緒性的指標——快樂感——做分析（請見表 2），

這是這本書未實際觸及的。所使用的測量方法是請受訪者回答這個問題：「整體來說，請問您是很快樂、還算快樂、不太快樂，還是一點也不快樂？」（從「很快樂」到「一點也不快樂」分別給予 4 到 1 分）。很特別的是，在工作年齡人口中，台灣的教育程度較高者，較不感到心情上的愉悅，其他三個國家並沒有這種情況；台灣與中國的已婚者並未較單身者快樂，其估計的係數沒有達到統計的顯著水準。在四個國家中，就業與否仍然沒有影響。自評收入等級與健康仍然有一致性的正向作用。這些結果指向一些常提及的可能因素，在不同國家之間有很不同的作用力。進行跨國比較，以探究文化社會脈絡所導致的情境作用，是很重要的課題。

表 2 東亞國家的快樂感的平均值與迴歸分析

快樂感（1-4 分）	台灣	日本	韓國	中國
平均值	3.09	3.20	2.95	3.12
男性（相對於女性；0, 1）	-0.07	-0.15**	0.01	-0.08**
年齡（25-59）	-0.00	-0.00	0.00	0.01***
教育年數	-0.03***	0.01	0.01	-0.00
已婚（相對於單身）	0.07	0.25***	0.16***	0.09
離婚（相對於單身）	-0.11	0.16	-0.09	-0.11
分居（相對於單身）	-0.10	-0.38	0.36	0.11
喪偶（相對於單身）	0.02	0.46	0.35*	-0.06
就業（相對於未就業）	0.03	0.07	0.01	0.05
收入等級（1-10）	0.03*	0.02*	0.06***	0.03***
主觀健康狀態（1-5）	0.25***	0.31***	0.18***	0.25***
常數	2.64***	1.73***	1.62***	1.78***
調整後 R^2	0.17	0.27	0.11	0.16
樣本數	755	596	847	1,983

資料來源：同表 1
* p<.05, ** p<.01, *** p<.001
注：未就業包含家庭主婦、學生等，並不直接代表失業。收入等級是受試者主觀判斷

第三個重要提問是,國家之間幸福感的差異如何解釋?本書第 6 章介紹這個重要的議題,篇幅稍短,指向列出地區性的差異。這個方向的解釋並不完整,社會科學家投入不少研究,試圖探究哪一個面向的制度或發展特徵,可以說明國家之間所顯現的幸福高低差距?排名以一較高下,是大眾感興趣的議題。我將聯合國發表的人文發展指數(Human Development Index,這是一個國家的經濟發展、教育與健康水準的綜合指數)和 61 個國家的生活滿意度的平均數,做了一個相關圖(請見圖 1),結果顯示兩者僅有很微弱的相關──相關係數只有 0.19。將圖 1 換成國家的快樂感平均數,結果亦相似。我再以人均國民所得及民主化程度,再作分析,並未發現這二個發展指數與幸福感有高度相關。這說明就目前社會科學所能提供的證據,我們所觀察到的國家之間的差別,尚未能確認社會或制度或財富水平可以產生的影響。

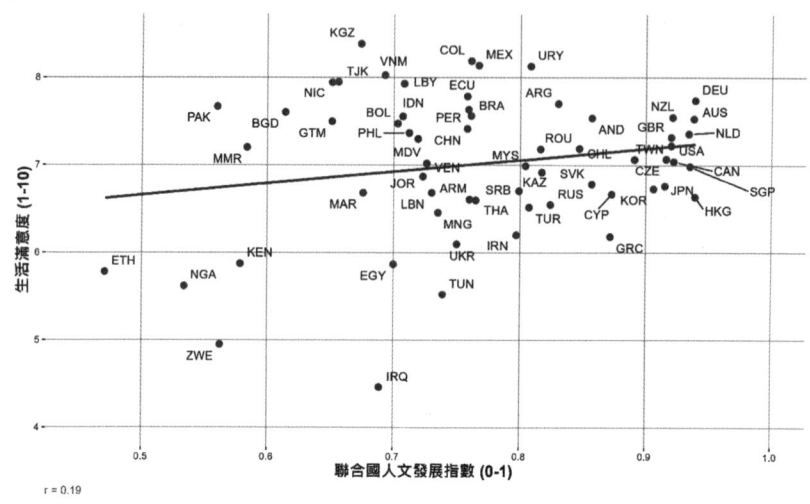

圖 1　各國平均的生活滿意度與人文發展指數的關係
注:圖右側的 TWN 是台灣,在國際的比較上,表現相對較佳

三、政府可以推幸福的政策嗎?

　　幸福感的增加,本書的作者認為政治菁英一般都會表態支持,但政策上執行的力道並不強。本書對這個問題是放在成本效益上來分析(最後一章)。這個立場有值得商榷之處。如根據前面所提的 Easterlin 悖論的假說,在達到一定經濟財富之後,社會整體快樂增加的程度極其有限。言外之意是高收入國家,即使投入大量資源,來提升國民的平均快樂程度,不難預測,結果會是宣告投入失敗,因為沒有相應的快樂產出。本書所提及的投入與產出分析的想法,可能在這個問題上難以適用。

　　社會學界對這個問題有不同的想法。馬克思的論點是成為快樂的人之所以具有意義,是能為更多人帶來快樂。當代著名的快樂研究大師 Ruut Veenhoven 也提出一個重要論點:研究快樂的目的,是想了解它的社會功能(social function)。快樂的人會做較多的志願服務嗎?更關照親戚、朋友、甚至陌生人嗎?對地方或全國性公共事務的參與更積極嗎?對環境保護也特別注意嗎?較快樂的人對社會整體會做出較大的貢獻嗎?這些利社會(prosocial)的效果如果不存在,那麼政府或可不必花費大筆財政,宣稱要增進任何人的快樂情緒或自覺的幸福感,因為這些愉悅的狀態是個人性的,但不會是促成社會的良善循環——讓個人自行去追求即可,公共政策的重心可以放在其他地方。但是,如果快樂和利社會行為有很強的結合,那麼政府促成個人快樂感的增加,就具有很高的正當性、優先性。

　　快樂具有的社會功能的可靠證據,目前的累積量仍然稀少。許多組織行為與工作心理學的研究以工作滿足感作為出發點,的確發現它對增加工作效率、促成合作行為、降低請假次數等有所幫助。

這些行為後果，對個人所在的組織有助益，但是並不能完全等同於社會功能。

四、結語

這本書是目前討論幸福感議題最全面性、最及時的概說，就增進快樂與主觀福祉的各種可能機制，提供了相當深入的討論。在閱讀這本書時，也同時建議讀者，採取一種比較的觀點，來理解、評判這本書的論點。在這本書中，並非所有的論點都有很強的證據支持，有一些很根本的因素，例如健康、比較性的收入等級，的確會讓人更感到幸福。但各國家的脈絡差異非常值得注意，例如較高教育程度者並不是一定比其他教育低者快樂（台灣的例子）。再想像將這本書的內容，放在少數團體（如台灣的新住民），或是更遙遠的地區（如非洲的迦納），幸福的樣貌與過程不會是一樣的。對於不同的地方、人群，幸福的方程式，其實變異很大，社會科學研究者應該去挑戰這個艱難的研究任務。這本書提出的，是很一般化的結論，在實際的田野觀察時，需要從研究對象的生活經驗的細節上核實求是。

我們必須打造一個新世界

導讀與摘要

人人都想要快樂。

　　　　　　　　　　　　　　　　　　　　達賴喇嘛

　　我們從一個思想實驗說起。假設你不是你，而是還沒出生的某個人。你想出生在哪裡？你會選擇最有錢、或最健康、或教育程度最高的地方，不管他們日子過得快樂還是痛苦嗎？或者你會簡單地問自己：「哪裡的人最享受生活，最滿足和最有成就感？」如果你是用這種方法，你便是可追溯到古希臘人和更久以前的思想家的偉大傳統的一員，相信人民最幸福的社會最美好。

　　我們所說的幸福，是指**你對於生活的感受如何，有多滿意**。我們不是指影響你幸福的外部環境條件。我們說的是最重要的事情：你的內在主觀狀態，也就是你所體驗到的生活品質、你有多快樂。我們簡稱為「幸福」（wellbeing），但我們的意思始終是「主觀幸福」（subjective wellbeing）。

　　本書認為，幸福是人生至善至美（overarching）之事，而健康、親朋好友、收入等其他的事情之所以美好，是因為它們對我們的幸福有貢獻。這是這個主題的基礎。圖 0.1 呈現一些比較明顯的幸福成因。

　　因此，社會更幸福的關鍵，是了解這種種因素，如何影響我們

的幸福,以及它們可以如何變得更好。幸好我們有一門全新的科學,稱為幸福學(science of wellbeing),可以幫助我們做到這些。

對許多人來說,這門科學的動機是個簡單的觀念,也就是社會應該以人民的幸福為至善至美的目標。這個哲學觀念並不新。18世紀的盎格魯—蘇格蘭啟蒙運動,核心概念就是以人民的幸福來判斷一個社會的好壞,但遺憾的是,當時沒有衡量幸福的方法。於是,收入成了成功社會的衡量指標,提高平均每人國內生產毛額(gross domestic product;GDP)成為追求的目標。但現在情況不同了,我們已經能夠衡量幸福,世界各地的政策制定者正轉向以「超越 GDP」作為成功的衡量指標。這種轉變真的很重要,因為正如我們將談到的,收入只能解釋任何國家幸福不平等的一小部分。

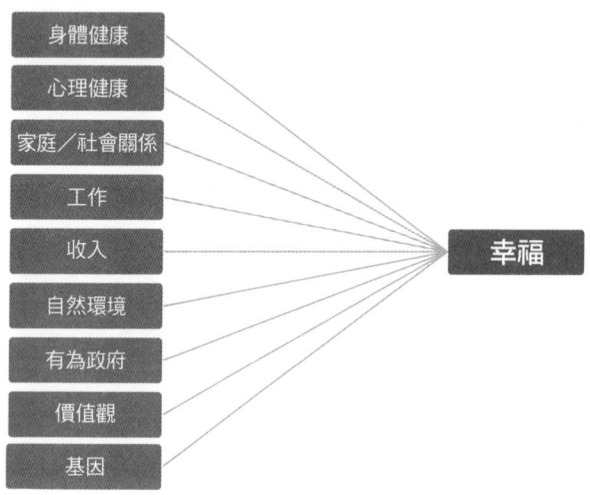

圖 0.1　個人幸福的一些關鍵成因

超越 GDP 的運動,匯集了兩股主要的思想。首先,有些人五十多年來一直主張採用更廣泛的進步指標,我們稱之為「社會指標運

動」。很多社會學家屬於這個陣營,包括阿馬蒂亞·森(Amartya Sen)等一些經濟學家。其次,是擔心地球永續發展和後代子孫生活的人。所有這些群體自然而然支持總目標必須是當代和未來世代的幸福這個觀念。

幸好我們現在比以往任何時候都看得更清楚,知道需要做哪些事才能提升我們的幸福。四十年來,在重大的新資料來源支持下,這門全新的科學得以發展壯大。

衡量

衡量幸福的最簡單方法,是問人們:「整體而言,你對現在的生活有多滿意?」通常會請受測者在0(一點都不滿意)到10(非常滿意)的量表上回答。受測者如何回答這個生活滿意度(life satisfaction)的簡單問題,透露很多內心狀態。我們知道這一點,是因為他們的答案與相關的大腦衡量,以及和朋友的判斷有相關性。它們也是壽命、生產力和教育表現的良好預測指標(這是正視幸福的另一理由)。他們的答案比經濟狀況更能預測投票行為。這是政策制定者應該非常重視幸福的很好理由!

衡量幸福還有另外兩種方法。第一種方法通常稱為「享樂性」(hedonic),需要經常定期測量一個人的情緒狀態。第二種方法稱為「良善的」(eudaimonic)。我們會在第1章描述這兩種衡量指標,並且解釋為什麼我們認為生活滿意度(也就是我們對生活的感受如何)是最有用的。

如果我們把注意焦點放在生活滿意度,那麼全球的幸福存在巨大的不平等。世界上六分之一的人說自己的幸福度為8或更高(最高

10），而另一端有六分之一的人說幸福度為 3 或更低（見圖 0.2）。這個差異很大，從幸福的角度來看，這是世界上最重要的一種分布不平等。這很可能是人類現況最嚴重的事實。

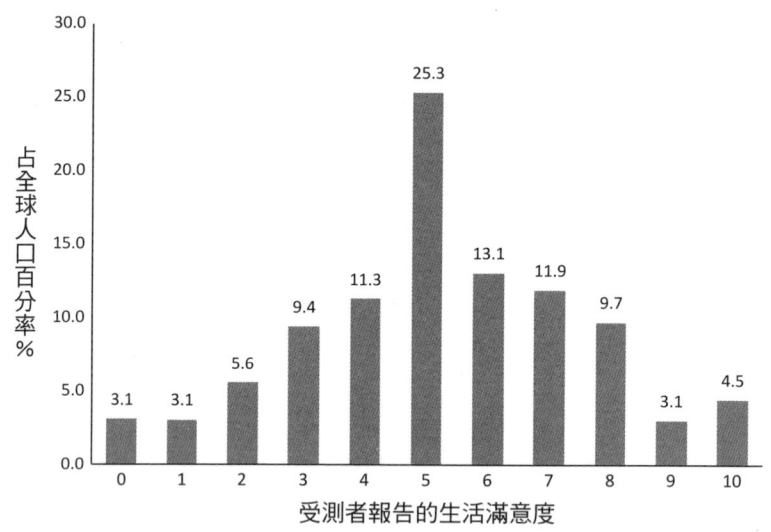

圖 0.2　全球每個生活滿意水準的人口所占百分率
資料來源：Helliwell et al. (2018a) 圖 2.1；2015-2017 年蓋洛普世界民調（Gallup World Poll）；坎特里爾階梯

那麼到底是什麼因素決定了我們的生活滿意度？所有的人都有類似的深層需求——食物和住所、安全、愛和支持、尊重和自豪、自決和自主。這些需求獲得滿足的程度，取決於我們自己做了什麼事情，以及什麼事情發生在我們身上，也就是我們作為「行動者」（agents）和我們的「環境」兩者的混合。這決定了本書的結構。

因此，在這篇導讀中將先描述本書的結構。然後為了激起你的興趣，我們將以摘要的形式，列舉一些研究結果。但如果看起來有些簡略，別擔心。一章章看下去，一切就會豁然開朗。

關於本書

- 本書先用兩章談一般性的根本概念（第 1 ～ 2 章）。
- 第 3 ～ 5 章接著說明我們作為「行動者」，透過以下各點，對我們的幸福做出了什麼貢獻
  - 我們的行為，
  - 我們的想法，以及
  - 我們的基因和生理機能。
- 再下來，第 6 ～ 17 章說明我們如何受到環境的影響——什麼事情會發生在我們身上：
  - 我們的家庭、學校教育和我們的社群媒體經驗，
  - 我們的健康和健康照護服務，
  - 有沒有工作，
  - 我們的工作品質，
  - 我們的收入，
  - 我們的社區，
  - 我們身處的自然環境和地球氣候，
  - 以及我們的政府體系。
- 最後，第 18 章提到政策制定者如何利用這些知識，選擇為人民創造最大幸福的政策。

我們的行為

但是我們到底為什麼需要政策制定者和政府呢？在傳統的經濟模式中，人會為本身的幸福做出最有利的任何事情，所以自願性交

易（voluntary exchange）的過程，會帶來最大可能的整體幸福（受一些條件限制——見下文）。在這個基礎上，自由放任的行為會解決大部分問題。但現代的行為科學，挑戰了這個世界觀，而且行為科學的創始人丹尼爾・康納曼（Daniel Kahneman）因深具挑戰性的研究而榮獲諾貝爾經濟學獎。

這方面有兩大問題。首先，人們沒有那麼善於追求本身的最佳利益。許多人吃得太多或缺少運動。有些人做某些惡習成癮。有些人做出他們認為會改善生活的轉變，殊不知他們很快就習慣了新的情況，結果感覺並不比以前好（也就是「適應」的過程）。此外，人們會受到「選擇所呈現的方式」很大的影響，因此他們的偏好往往很難明確定義。人們厭惡短期的損失，長遠來看損失可能更大。

第二個關鍵問題是，每個人都受到其他人的行為（自願性交易以外的方式）極大影響。這就是經濟學家所說的「外部性」（externality），也就是發生在你身上的事情，並不是因為自願性交易產生的。經濟學家一直明白表示，「外部性」需要政府採取行動，但他們並不總是了解外部性在人的生活中有多普遍：

- 生活週遭是什麼樣的人，對我們來說真的很重要——他們值得信任嗎？不自私自利嗎？
- 其他人（整個社會）會影響我們的品味，不管影響的好壞。
- 如果其他人或同事領得更高的薪資，會降低我們從既定收入獲得的幸福感。

由於所有這些原因，政府和教育工作者在影響我們所生活的環境，以及因此得到的幸福方面，扮演著重要的角色。

我們的想法

　　但是我們個人也扮演舉足輕重的角色，因為這會決定我們的生活經驗如何影響自己的感受。我們怎麼想很重要，因為我們的想法會影響自己的感受。當然，反之亦然，也就是我們的感受會影響自己的想法。但是掌握好我們的想法，可以打破這個循環。許多古老的智慧形式（例如佛教、斯多噶學派和許多宗教傳統）都強調「心靈訓練」的重要。但在西方，這方面的重要性直到近五十年才重新確立，並以最先進的隨機實驗得到證明。

　　在這段探索的過程中，第一步是針對憂鬱症或焦慮症患者實施認知行為療法（cognitive behavioural therapy，CBT，由亞倫・貝克〔Aaron T. Beck〕領導）。透過正向心理學（positive psychology，由馬汀・塞利格曼〔Martin Seligman〕領導），這些觀念接著擴展成所有的人都能做的事。此外，對許多人來說，心靈訓練日益師法東方的做法，例如正念和悲憫冥想。

我們的身體和基因

　　引人注目的新研究指出，上述的心理狀態如何影響身體的運作。在此同時，反之亦然：對身體所作的干預（例如服用精神科藥物或運動）也能影響我們的心靈。

　　但我們是誰？我們是誰很重要的一部分，是由基因決定的。基因的重要性，證據有兩個來源。第一個是雙胞胎研究。這些研究顯示同卵雙胞胎（有相同的基因）和異卵雙胞胎比起來，彼此相似的程度高得多。例如，同卵雙胞胎之間的幸福相關性，是異卵雙胞胎之間

的兩倍。生育至少兩個孩子的父母,都知道孩子之間的差異有多大,即使教養方式完全相同。我們的基因很重要,而且現在我們開始能夠追蹤哪些特定的基因對幸福很重要。

但是我們的環境(社會和自然環境)也極為重要。此外,大多數情況下,一個人的發展不是取決於兩個獨立的過程(基因和環境),而是取決於基因和環境的共同交互作用效應。因此,我們不可能單獨確定個人特質的哪一部分是基因造成的,哪一部分是環境造成的。起於基因的問題,和起於經驗的問題一樣都是可以治療的(treatable)。這是極重要的一件事,

幸福不平等

那麼我們的經驗如何影響我們?探討這個問題的最一般性方法,是觀察人與人之間幸福的巨大差異,並找出最能解釋差異的因素。

全球幸福的巨大差異,將近 80% 的因素存在於國家內部。一國之內,解釋差異的主要「**個人因素**」有(大致依解釋力排序):
- 心理和身體健康,
- 家庭和工作中的人際關係,
- 社區中的人際關係,
- 收入,
- 失業。

這些因素也是造成不幸(misery,以生活滿意度低去衡量)普遍存在的主要原因(依相同的順序排列)。所以我們需要新的匱乏(deprivation)概念。它不能只是根據貧窮來定義,而必須包括妨礙人們享受生活的一切因素。

然而我們的幸福也取決於社會的更廣泛特色；這些特色在人與人之間沒有差異，但在不同的社會之間有所不同。我們可以比較不同國家的幸福，找出這些因素。這些因素包括信任、支持和慷慨等社會規範，以及個人的自由程度。因此，如果我們觀察各個國家，解釋平均幸福差異的主要「**社會因素**」有（依解釋力排序）：

- 平均每人所得，
- 健康平均餘命（healthy life expectancy，譯注：預期可以健康生活的年數），
- 社會支持，
- 個人自由，
- 互相信任的社會關係和有為的政府，
- 慷慨，
- 和平。

這兩組因素（個人和社會）為本書的後半部分提供了框架。我們首先觀察生活中比較偏向個人的面向（家庭、學校、健康、工作、收入），接著談比較偏向社會的面向（社區、環境和政府）。一些關鍵發現如下所述。

家庭和學校教育

我們成年後的生活，大多可以從童年預測得到，而快樂的成年生活，最好的童年預測指標不是優秀的學業成績，而是快樂的童年。那麼什麼事情決定了孩子是否快樂？父母當然很重要，但你上哪所學校和老師是誰，也會造成巨大的差異。

在家裡，孩子的關鍵需求是至少有一位成人給予無條件的愛，

同時也需要明確的界限。父母（尤其是母親）的心理健康，是影響孩子幸福的最重要可衡量因素。父母彼此的相處方式，也會對子女造成深遠的影響。幸好現在有以證據為基礎的好方法，能夠幫助發生衝突的父母，以及一開始就降低衝突的可能性。

學校對孩子的幸福也有重大的影響，就像孩子父母的所有可衡量特徵一樣。因此，學校對於兒童幸福是一個明確、可衡量的目標，這件事十分重要。而且，正如許多實驗指出的，如果由訓練有素的教師使用經過充分測試的教材，指導兒童各種生活技能，他們這方面的技能可以顯著改善。

心理和身體健康

然而目前至少有三分之一的人，在一生中的某個時點，會出現可診斷的心理健康問題。嚴重的心理疾病，需要藥物治療。但所有的心理疾病也應該接受相應的心理治療。針對憂鬱症和焦慮症，現代以證據為基礎的治療，至少有 50% 的康復率，療程相當短且費用低廉。但令人驚訝的是，即使在最富裕的國家，有心理健康問題的人，只有不到 40% 接受任何種類的治療（包括只是用藥物治療）。成人和兒童都是這樣。

相比之下，至少在富裕國家，大多數身體疾病都接受治療。但慢性身體疼痛仍然十分常見，世界上有四分之一的人說「昨天有嚴重的身體疼痛」。這是生活滿意度的重要決定因素。

雖然現代醫學沒辦法消除所有的疼痛，卻極其成功地延長了壽命。社會福祉的一個綜合衡量指標，將平均幸福乘以預期壽命納入考慮。這個衡量指標提供了每個出生者的平均幸福年數（Wellbeing-

Years 或 WELLBYs）估計值。如果我們用它來衡量人的處境，可以看到一個世紀以來和十年來，人的處境改善有多大。

失業

人類處境的另一個關鍵面向是工作。工作和幸福之間的關係極為重要且複雜。幸福學最有力的發現之一，是失業造成沉重的成本。失業勞工的生活滿意度下降程度，和喪偶不相上下。某些情況下，受影響的人即使重返職場，多年後也無法恢復到幸福的基線水準。失業對幸福的影響，遠不止是失去薪資收入。工作可以讓我們覺得人生富有意義，是人際關係、社會地位和生活規律的來源。當我們失去工作，我們失去的不只是薪水。因此，對致力於促進和支持幸福的政策制定者來說，降低失業必須是首要之務（並且要找到方法，在不提高通貨膨脹的情況下，實現這一目標）。

工作品質

不過，有一份工作不代表問題就解決了。我們在工作上的時間是怎麼使用的，同等重要。雖然有一份工作，對生活滿意度整體而言很重要，大多數人卻覺得工作是日常生活中比較不愉快的活動之一。薪酬固然重要，但我們樂在工作的程度，其他許多條件的影響甚至更重要。工作中的人際關係欠佳（尤其是和主管的關係），會嚴重傷害工作的幸福；對一般人來說，一天當中最糟糕的時間，是和直屬主管相處。此外，無法在我們想要的時間工作，或者找不到工作的意義，是對幸福的重大威脅。

對公司和政策制定者來說，改善工作的品質，可能不只是原則上重要，也是業務上的重大課題。比較快樂的員工，生產力更高，比較不可能辭職或請病假，而比較快樂的公司會有比較快樂的顧客和賺取比較高的利潤。因此，支持員工工作上的幸福，潛在效益十分巨大。許多公司為了這個目的，已經開始試用彈性工作時間安排和對家庭友善的管理方式。本書會介紹研究人員用來執行和評估這些行動方案的各種方法，以及未來的職場會有什麼樣貌。

收入

話說如此，工作的一個主要動機是收入。那麼核心問題是：比較高的收入在多大程度上會帶來更高的幸福感？ 1974 年，理查·伊斯特林（Richard Easterlin）提出了他認為的重要悖論：

(1) 當我們比較某個時點的個人，比較富有的人平均比較幸福。
(2) 但是長遠來看，比較高的平均每人國民所得（national income），不會帶來更高的國民幸福。

第一句話當然是對的：在富裕國家，一個人的收入是另一個人的兩倍，會更幸福約 0.2 點（最高 10 點）。這方面的影響不是很大，但確實存在。此外，窮人從額外的一塊錢獲得的幸福，遠高於富人。這是所得重新分配的核心論點。

但第二句話仍然有爭議。在某個時點，較為富裕的國家肯定比較為貧窮的國家幸福。不過，隨著時間的流逝，各國之間經濟成長的影響似乎有很大的差異。一些國家有明顯的正向影響，可是美國、西德和中國等其他國家雖然經濟成長強勁，現在的幸福感並不比幸福紀錄首次出現時為高。

有個顯而易見的原因，可以解釋為什麼更多的收入對個人（在特定的情況下）的作用，可能大於對整個人口（當每個人同時更加富有）的作用。原因在於人會拿自己的收入和其他人的收入相互比較。有大量證據（包括實驗證據）顯示，其他人的收入水準愈高，人對自己收入的滿意度會降低。這是個重要的負外部性（negative externality），也就是當其他人更加努力工作並且賺進更多錢，便會減低我的幸福感。就像污染問題，應對這種負外部效果的標準方法，是徵收矯正稅（corrective tax）。所以課徵所得稅或消費稅的效率，可能沒有大多數經濟學家認為的那麼低，因為它們有助於抑制職場上你死我活的競爭，以免每個人的幸福感降低。

　　幸福方面的研究也揭露和經濟景氣循環有關的重要事情。幸福有它的週期。短期內收入增加，人會比較快樂，收入下降，則會比較不快樂。但收入減少的負向影響，是收入增加的正向影響的兩倍。所以景氣循環是不好的事，政策制定者應該努力維持經濟穩定。即使較高的穩定性多多少少會減緩了經濟的長期成長率，也應該這麼做。

　　關於收入的大致結論是這樣：絕對收入增加是可喜的，尤其是在貧窮的國家。但我們不需要不計任何代價追求更高的長期經濟成長，因為收入只是對人類幸福做出貢獻的眾多因素之一。

社區

　　正如我們看到的，影響幸福的最重要個人因素，是健康和在家庭、工作、社區中的人際關係。社區提供了重要的社會關係形式。其中一些來自各式各樣的志工組織，從運動俱樂部到宗教組織等等。證據顯示，當更多的人加入志工組織，全國會更快樂。此外，這些

組織主要依賴志工的付出，而且研究指出，個人參與一些志工工作會更感到快樂。

社會規範也極為重要。在運作良好的社區中，人們高度信任其他的公民──當丟失的錢包更有可能找回來，而且犯罪率低的社會，人們會比較快樂。這種社會的幸福不平等通常也比較低，而這也是平均幸福高的強有力預測指標。（它也比收入不平等更能預測平均幸福。）

移民對社會的和諧構成挑戰，但到目前為止，沒有明確的證據顯示他們傷害了現有居民的平均幸福，但有明確的證據指出移民的幸福大幅提升。

在每個社區中，有些群體不如其他群體那麼快樂。少數族群傾向於比較不快樂（但是至少在美國，這種差距不斷縮小）。年輕人往往比中年人和老年人快樂（北美和歐洲除外）。但幾乎每個國家，男性和女性的平均幸福幾乎相同。

地球的自然環境和氣候

人類的生活終究必須取決於所處的自然環境。證據清楚顯示，人的幸福如何因為和大自然的接觸而改善。但絕大多數人現在生活在都市中，工作地點離家有段距離。有證據指出，長途通勤會減低幸福，因為通勤族享受的較低房價，不足以低到足以彌補通勤之苦。同樣的，空氣污染和飛機噪音也降低人的幸福（而房價的調整幅度不足以彌補）。

但我們對環境最大的破壞，是對氣候的影響。世界平均氣溫已經比工業化之前的水準高出攝氏 1 度以上，如果增幅超過攝氏 1.5 度，

科學家預測洪水、乾旱、火災、颶風等天災會大增，海平面會大幅升高。

首當其衝的會是未來世代。但是依我們使用的幸福方法，每個人都一樣重要，不管他們活在何時何地。所以如果我們依照這個方法，就必須極大化現在已經出生的人和未來世代每個人的總WELLBYs。由於未來不確定，將來的WELLBYs應該相對於現在的WELLBYs略為折減，但每年不超過1.5%。（相比之下，經濟學家通常將未來的實質所得每年折現約4%，結果未來的重要性大減。）

氣候變遷十分重要，因為我們關心未來世代的幸福。因此，關心幸福的人和關心氣候變遷的人，自然而然就結成聯盟。還有另一個原因——兩個群體都同意：重要的不只是收入，還有現在和未來的整體生活品質。

政府

決定世界各地幸福差異的原因，很大程度上和個人的差異有關，包括基因、健康、就業、家庭、收入等。然而我們的生活品質，也受到我們所在國家的影響。不管是好或壞，政府在決定我們的生活結果和機會方面，扮演極為重要的角色。因此，要了解世界各地的幸福差異，務必了解政府治理和幸福之間的關係。

兩者的關係可以在不同的層級上加以評估。首先，我們可以探討什麼類型的政府比較有利於或比較不利於幸福。我們發現能把某些必要職能做得很好的政府，公民比較快樂的可能性高得多，這一點也許不令人驚訝。這些必要職能是：(1) 實施法治，(2) 提供良好的公共服務，(3) 通過有效的法令規定，(4) 控制貪污腐敗。民主和幸福

也有類似的關係。事實告訴我們，不管實際做出什麼樣的決定，允許人民有更多的機會以民主的方式參與決策，能夠改善幸福。不過，在比較富裕的國家，這方面的關係通常比較強。

依類似的道理，我們可以探討幸福和政治意識形態之間的關係。如果我們在一條光譜上，從左到右分析各項政治計畫，哪一組政策最有可能改善幸福？由於政治意見多如過江之鯽，這裡的故事很快就會變得非常複雜。雖然如此，實證文獻已經開始出現大略一致的發現。這方面的研究結果告訴我們：減少不平等、擴大社會安全網、壓低經濟不安全感，最有利於促進和支持人民的幸福。

我們也可以換個角度，觀察幸福本身在多大的程度上可以預測政治結果。比較快樂的選民比較有可能支持和投票給執政黨。事實上，一些研究中，國民的幸福水準比平均每人 GDP 和失業率等領先經濟指標，更能預測政府的得票率。研究觀察到的這個結果，為民選政治人物和政府必須關心選民的幸福，提供了強有力的理由。

同樣的，不滿可能引發政治抗議。埃及和敘利亞等國家即使經濟機會不斷增加，也因為幸福水準下降，導致人民揭竿而起，發動政治抗議。在一些西方國家，尤其是法國和美國，和比較快樂的選民相比，不滿的選民支持民粹主義者、不信任政治制度和貶低民主價值的可能性高得多。

如何選擇好政策

因此，如果幸福是至善至美的目標，那它就應該主導所有政策制定者的選擇。不管他們是財政部長、地方政府官員，還是非政府組織（NGOs）的領導人，都是如此。他們不只應該考慮政策對幸福的

影響，也應該考慮人民能活著享受這種幸福多少年。因此，衡量成功的關鍵指標，是每個人終其一生所體驗的幸福總量。這表示要將他們在世每一年的幸福分數加起來。我們將因此得到的分數稱為「幸福年」（Wellbeing-Years，或者 WELLBY）。

因此，握有預算大權的人所選擇的政策，每一塊錢的成本必須能提供最高數字的 WELLBYs（經過適當的折算）。這就是最「划算」的正確意義。效益是以幸福而非金錢為單位去衡量。金錢效益會以金錢如何影響幸福的估計值，轉化為幸福效益。

但是許多政策制定者當然比較熱衷於減少不幸，而不是提升已經很高的幸福。在他們看來，尋找新政策時，可以特別著重於現在造成幸福不平等最嚴重，因而產生最大量不幸的生活領域。這是很好的起點；接著在我們評估特定的政策時，可以使用敏感度分析，給目前擁有極少幸福的人，額外的幸福權重。

愈來愈多政府對這種制定政策的方式感興趣。紐西蘭已經編列年度幸福預算（Wellbeing Budget），而且注重幸福的方法可能很快就會成為許多國家的標準做法。在此同時，民眾對幸福的興趣快速升溫（見圖 0.3）。聯合國每年發表的「世界幸福報告」（World Happiness Report）對此大有幫助。

方法

總之，幸福學談的是我們最珍惜的一切。但它必須以嚴格的定量方式來追求。要解釋幸福，我們必須用到公式。但要找出幸福的原因並不容易。橫斷面公式（cross-sectional equations）容易有遺漏變數的問題。使用「固定效應」（fixed effects）的縱向追蹤研究

（longitudinal panel studies），可以幫助我們處理這個問題。但確定因果效應最有說服力的方法是透過實驗。本書使用全部三種方法，而且（對於還不熟悉這些方法的人）我們會從基礎開始說明。

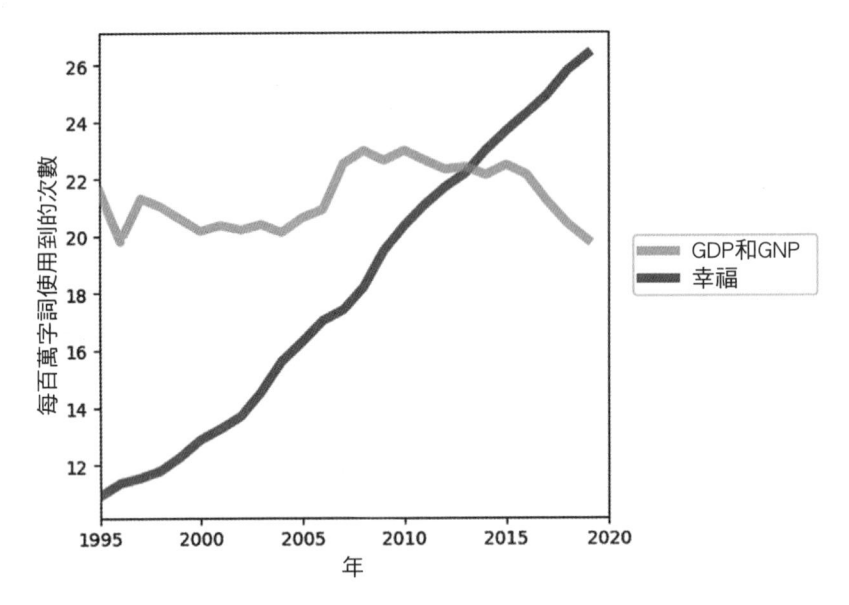

圖 0.3　英文書籍中用字頻率的最新趨勢

資料來源：Barrington-Leigh (2022)

注：深色線條依 Google Books 的 n-grams 資料庫所列，顯示「happiness」（幸福）一字在每年出版的所有英文書籍中的相對出現頻率。淡色線條則顯示「GDP」（gross domestic product，國內生產毛額）和「GNP」（gross national product，國民生產毛額）的相對出現頻率。

學習目標

因此你會在這本書學到很多東西。

- 第一，你將反思我們社會的合適目標是什麼，以及最好的目標是人民的幸福這個觀念。

- 第二，你將了解討論幸福決定因素的知識之現狀，以及能夠改善幸福的政策。
- 第三，你將熟悉社會科學中研究因果關係的許多不同方法，也將學會自行研究。本書的網站上，每一章都有練習。
- 最後，你將看到不同的學科（尤其是心理學、社會學和經濟學），可以如何各自做出實用的貢獻，引導我們理解如何打造更快樂的世界。

幸福學是全新且極具雄心的科學。它匯集了許多學科的洞見，成果不只和我們如何過自己的生活有關，也和我們希望政策制定者如何施政表現有關。思考人類的未來，沒有比這更重要的方式了。如果我們想要更幸福的世界，幸福學可以幫助我們。

第一篇
為什麼要追求幸福?

真不知道他們腦子裡在想什麼

1
主觀幸福是什麼？
為什麼重要？

國民生產毛額（GNP）衡量一切，卻不包括讓生活有價值的東西。

羅伯・甘迺迪（Robert Kennedy，美國政治家，曾任第 64 任司法部長）

主觀幸福是人生至善至美之事

將幸福視為終極的善並不是什麼新觀念。但現在由於多種原因，它越來越引人注目。一個原因在於幸福（wellbeing）這一門新科學的誕生。而另一個原因是，人們愈來愈不相信單單收入增加，就能解決我們所有的問題。

提倡「**超越 GDP**」的運動以多種形式出現。過去五十年來，學者們發起了強有力的運動，在 GDP 之外，提出「社會指標」。諾貝爾獎得主經濟學家阿馬蒂亞・森同時明確指出，一個人能夠正常生活所需的許多「能力」。[1] 隨後，經濟合作發展組織（OECD）為會員國發展出許多「幸福指標」，不只包括教育、健康等，更有心理衡量指標。[2] 這項努力啟發了紐西蘭政府以幸福為目標，並且加入名為「幸

福經濟政府」（Wellbeing Economy Governments）的多國聯盟。[3]

在此同時，全世界對氣候狀況之急迫大感震驚，這凸顯了只顧追求最高的當前 GDP，而不考慮更遠的未來之眼光短淺。為了處理這個問題，聯合國的 2030 年 17 項永續發展目標（Sustainable Development Goals），堅定地放眼未來，但也確立了對人類而言，遠比單純經濟更為寬廣的觀點之崇高地位。

然而每一位政策制定者仍面臨一個核心問題。如果你有多個目標，如何在各種政策之間做選擇？例如，就某目標而言，A 政策可能優於 B 政策，但就另一個目標而言，A 政策可能比 B 政策差。你要如何選擇？

當你只有單一目標，才可能做出不自相矛盾的選擇，因為所有的政策都能夠根據這個目標排序。做決策時，我們需要一個「**共同貨幣**」。取得共同貨幣的一種方法，是計算所有不同目標的加權平均值，得出一個指數。但你仍然必須選擇權數（weights）。當你擁有單一目標，才能找出這些權數。

這個單一目標可能是什麼？最明顯的答案是「**人們對自己的生活感受如何**」。我們談到「主觀幸福」（subjective wellbeing，有時稱為 SWB）時，就是這個意思。

然而，有些批評者說，感受並沒有那麼重要，因為那「只是主觀的」。他們是對的嗎？當然還有其他很多好事情，包括健康、收入、自由、尊重與和平。這些事情中的每一個，你可以問人們為什麼覺得它好，通常他們都會給出答案。例如，健康很重要，因為人們覺得生病十分難受。同樣的，其他大多數好東西之所以美好，是因為它們對我們的感受有好的影響。但為什麼人們的感受如何這件事很重要？這個問題沒辦法給出理由，因為這是**不言而喻的**（self-evidently）。

所以當人們提倡幸福,是因為他們認為這是終極之善,而其他的事物如果對幸福有貢獻,那就是好的。導讀中的圖 0.1,說明了這個基本觀念。

因此,我們的幸福方法(wellbeing approach)建立在人們明確列舉多個目標的方法之上,也就是採用「儀表板」(dashboard)的方法。[4] 但它更進一步。提出了一種社會的願景:人們親身經歷的生活品質,是終極的試金石。它的意思是,人民的幸福應該是社會、政策制定者和我們個人的目標。如果你覺得這個觀念有問題,那麼不妨試著想想有沒有更好的替代目標。

還有一點。依這個幸福方法,重要的是所有人的整體幸福。因此,這種方法並不表示人們應該只追求自己的幸福。相反的,它要的是每個個人和每個組織都應該盡其所能,為社會創造最大的整體幸福。

我們應該如何衡量幸福?

但幸福應該如何衡量?有三種重要的幸福概念可以衡量:[5]
- 評估性(Evaluative,生活滿意度)
- 享樂性(Hedonic)
- 良善性(Eudaimonic)

評估性衡量指標:生活滿意度法

衡量第一個概念時,會詢問人們現在的生活感受。最常見的問題是:「整體而言,你多滿意現在的生活?」[6] 受測者必須在 0 到 10 之間選擇一個數字,回答這個問題,其中 0 表示「一點都不滿意」,

10 表示「非常滿意」。這是針對生活滿意度提出的問題。或者，給受測者一條連續線，兩端是「一點都不滿意」和「非常滿意」，要求他們標記自己的答案位於這條線的什麼地方。使用像這樣的「視覺類比量表」的結果，不論是在記錄的分數，還是解釋分數的各種因素方面，和 0 到 10 之間的整數答案結果非常相似。[7] 用「你覺得生活很快樂」替代「對你的生活感到滿意」，結果也相近。[8]

另一種變化方式，是問人們以下的**坎特里爾階梯**（Cantril ladder）問題：

請想像一把梯子，梯級編號從底部的 0 到頂部的 10。假使我們說梯子的頂部代表你可能過的最好生活，梯子的底部代表你可能過的最糟生活。你覺得自己此時是在階梯的哪一級？

「世界幸福報告」就使用了人們回答蓋洛普世界民意調查（Gallup World Poll）中坎特里爾階梯問題時給的答案。[9] 這項民意調查每年詢問幾乎每個國家各一千多人。調查時，受測者被問到生活滿意度，也被要求回答坎特里爾階梯的梯級，兩者之間的相關性很高。[10] 因此，為了方便言語表達，我們將坎特里爾階梯的結果，稱為「生活滿意度」。

蓋洛普世界民調顯示，各國之內和各國之間的生活滿意度的離散度（spread）很大。為了方便說明，圖 1.1 顯示美國和印度的離散度。一些關鍵事實浮現出來：

- 每個國家的生活滿意度離散度都很大。這符合我們本身的經驗，以及認識的人的生活滿意度範圍。
- 美國的生活滿意度平均值遠高於印度。

任何國家內部的生活滿意度確實存在巨大的差異，這種國家內部的差異，實際上可以解釋全世界人口生活滿意度整體差異的 78%。[11]

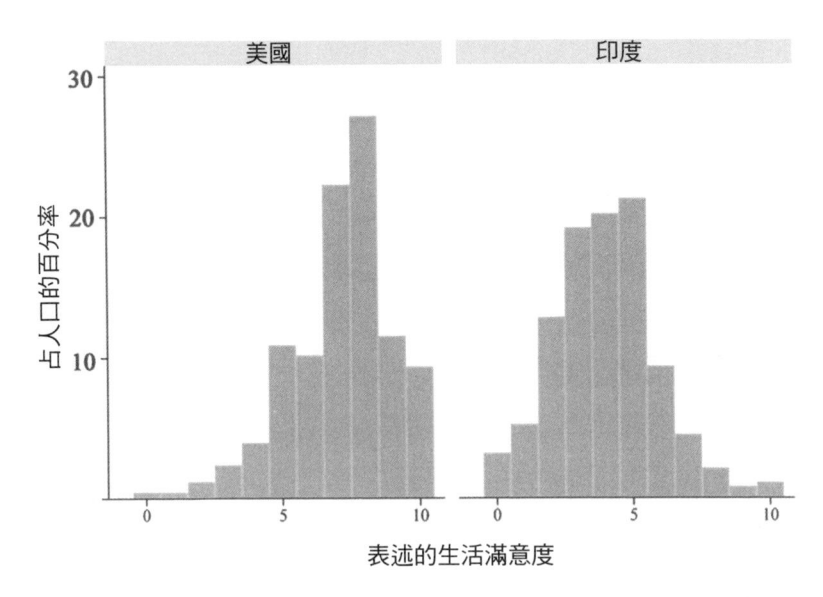

圖 1.1　美國與印度各種生活滿意度水準（0-10）占人口的百分率
資料來源：2016-2018 年蓋洛普世界民調；坎特里爾階梯

探討國家內部的差異，提供了人類生活中最重要的**個人因素**的關鍵資訊（請見第 8 章）。例如，正如我們將談到的，收入差異解釋了國家內部約 2% 的生活滿意度差異，遠低於心理健康、身體健康和人際關係所能解釋的 20%。（有點令人驚訝的是，大多數國家的男性和女性平均生活滿意度非常相近。）

然而，**各國之間**的平均生活滿意度差異也十分巨大。表 1.1 揭露了世界各地的人類處境有極大的差異。[12] 四個斯堪的納維亞國家的平均幸福為 7.5 或以上，而敘利亞、葉門、阿富汗、中非共和國和南蘇丹等飽受戰火蹂躪的國家則為 3.5 或以下。解釋這種差異，可以告訴我們人類生活中最重要的**社會因素**的線索（另見第 8 章）。

48　幸福感

表 1.1　各國平均生活滿意度（0-10）排名

1	芬蘭	7.8		美國	6.9
	丹麥	7.6		捷克共和國	6.9
	瑞士	7.6	20	比利時	6.9
	冰島	7.5		阿拉伯聯合大公國	6.8
	挪威	7.5		馬爾他	6.8
	荷蘭	7.4		法國	6.7
	瑞典	7.4		墨西哥	6.5
	紐西蘭	7.3		台灣	6.4
	奧地利	7.3		烏拉圭	6.4
	盧森堡	7.2		沙烏地阿拉伯	6.4
10	加拿大	7.2		西班牙	6.4
	澳洲	7.2	30	瓜地馬拉	6.4
	英國	7.2		義大利	6.4
	以色列	7.1		新加坡	6.4
	哥斯大黎加	7.1		巴西	6.4
	愛爾蘭	7.1		斯洛維尼亞	6.4
	德國	7.1		薩爾瓦多	6.3

	科索沃		6.3
	巴拿馬		6.3
	斯洛伐克		6.3
	烏茲別克		6.3
	智利		6.2
	巴林		6.2
40	立陶宛		6.2
	千里達與托巴哥		6.2
	波蘭		6.2
	哥倫比亞		6.2
	塞浦路斯		6.2
	尼加拉瓜		6.1
	羅馬尼亞		6.1
	科威特		6.1
50	模里西斯		6.1
	哈薩克		6.1
	愛沙尼亞		6.0

1 主觀幸福是什麼？為什麼重要？　49

菲律賓	6.0		波士尼亞與赫塞哥維納	5.7	貝南	5.2
匈牙利	6.0	70	摩爾多瓦	5.6	馬爾地夫	5.2
泰國	6.0		塔吉克	5.6	剛果（布拉薩市）	5.2
阿根廷	6.0		蒙特內哥羅	5.5	亞塞拜然	5.2
宏都拉斯	6.0		俄羅斯	5.5	馬其頓	5.1
拉脫維亞	5.9		吉爾吉斯	5.5	迦納	5.1
厄瓜多	5.9		白俄羅斯	5.5	尼泊爾	5.1
葡萄牙	5.9		北塞浦路斯	5.5	土耳其	5.1
牙買加	5.9		希臘	5.5	中國	5.1
南韓	5.9		香港	5.5	土庫曼	5.1
日本	5.9		克羅埃西亞	5.5	保加利亞	5.1
秘魯	5.8	80	利比亞	5.5	摩洛哥	5.1
塞爾維亞	5.8		蒙古	5.5	喀麥隆	5.1
玻利維亞	5.7		馬來西亞	5.4	委內瑞拉	5.1
巴基斯坦	5.7		越南	5.4	阿爾及利亞	5.0
巴拉圭	5.7		印尼	5.3	塞內加爾	5.0
多明尼加共和國	5.7		象牙海岸	5.2	幾內亞	4.9

60

90

100

表 1.1　各國平均生活滿意度（0-10）排名（續）

	尼日	4.9	120	莫三比克	4.6	馬達加斯加	4.2
	寮國	4.9		肯亞	4.6	埃及	4.2
	阿爾巴尼亞	4.9		納米比亞	4.6	獅子山	3.9
	柬埔寨	4.8		烏克蘭	4.6	蒲隆地	3.8
	孟加拉	4.8		賴比瑞亞	4.6	尚比亞	3.8
	加彭	4.8		巴勒斯坦領土	4.6	海地	3.7
	南非	4.8		烏干達	4.4	賴索托	3.7
110	伊拉克	4.8		查德	4.4	印度	3.6
	黎巴嫩	4.8		突尼西亞	4.4	馬拉威	3.5
	布吉納法索	4.8		茅利塔尼亞	4.4	葉門	3.5
	甘比亞	4.8	130	斯里蘭卡	4.3	波札那	3.5
	馬利	4.7		剛果民主共和國（金夏沙）	4.3	坦尚尼亞	3.5
	奈及利亞	4.7		史瓦濟蘭	4.3	中非共和國	3.5
	亞美尼亞	4.7		緬甸	4.3	盧安達	3.3
	喬治亞	4.7		葛摩	4.3	辛巴威	3.3
	伊朗	4.7		多哥	4.2	南蘇丹	2.8
	約旦	4.6		衣索比亞	4.2	阿富汗	2.6

資料來源：Helliwell et al (2020)、2017-2019 年蓋洛普世界民調；坎特里爾階梯

一個明顯的問題是,「隨著生活水準的提高,幸福是否與時俱進?」有些情況,答案為「是」,其他情況則為「否」。1970年代到2007年間,全世界的平均幸福上升了。[13]但是在這之後停滯不前。[14]而且有些國家自開始研究以來,幸福並未上升。美國(自1950年代以來)、西德(自1970年代以來)和中國(自1990年以來)都是如此。[15]圖1.2顯示美國的資料。

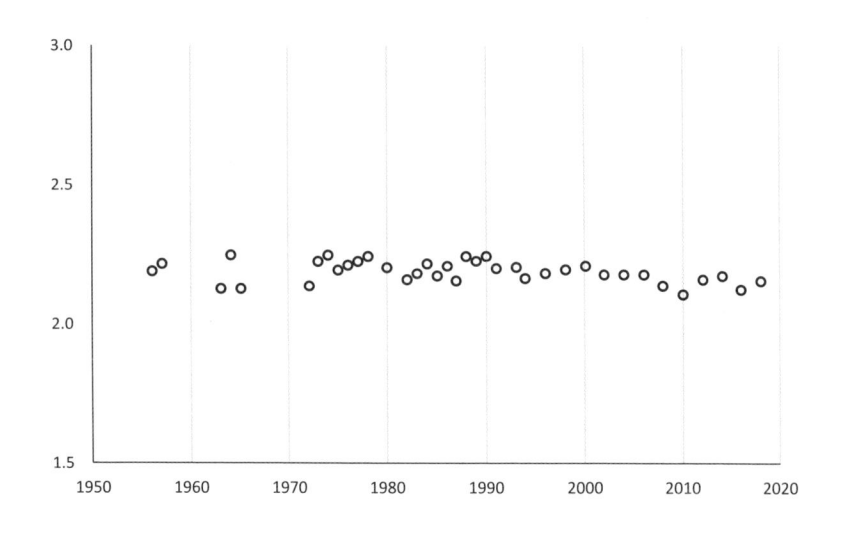

圖1.2 美國的平均幸福(量表為1-3)
資料來源:AIPO (1956-1970);NORC (1963-1976);GSS (1972-2018) 依據重疊年份,一起移動到 GSS 量表上(見線上附錄1.1)

要是我們能更了解早期的幸福趨勢就好了。[16]當然有很強的證據顯示,現在人類生活的大多數外部條件都比歷史上大多數時期要好。正如史蒂芬‧平克(Stephen Pinker)指出的,[17]暴力減少、人權改善等等。因此,在世界上大部分地方,現在的生活可能是有史以來最好的。

根據「情感」的享樂性衡量指標

到目前為止，我們的研究是根據人們對一個特定問題的回答，也就是受測者如何評估他們「現在」的生活。[18] 但有些人喜歡採用不同的方法去研究人類的幸福——更直接地研究人們在當下的感受。相較之下，評估性衡量指標涵蓋了比較長的未指定期間，也包含判斷的元素（雖然他們通常在幾秒鐘之內作答完成）[19]。

另一種衡量指標稱為**享樂性衡量指標**（源自希臘文 hedone，意為愉悅〔pleasure〕）。心理學家常用「情感」（affect）一詞來描述不同類型的感受。有些類型的情感是正向的（快樂、享受、歡笑），有些是負向的（憂慮、悲傷、憤怒和壓力）。捕捉這些感受的主要方法有三種。一種是向人們發出嗶嗶聲，並立即問他們現在感覺如何（稱為**生態瞬時評估**〔Ecological Momentary Assessment〕）。第二種是一天後請人們坐下來，寫下前一天每小時的感受，以及他們那時在做什麼、和誰在一起（稱為**日重建法**〔Day Reconstruction Method〕）。第三種方法也是蓋洛普世界民調採用的，是請人們總結前一天的不同感受，回答「是或否」的問題，例如「昨天你覺得很幸福嗎？」。

人們做不同事情時的感受非常有趣。康納曼領導的團隊使用日重建法，調查了大約 900 位德州女性前一天的感受。[20] 表 1.2 呈現她們最享受做什麼事和最不喜歡做什麼事。

這些資訊和我們每個人可以如何改善日常生活，高度相關。[21] 原則上，享樂性衡量指標可用於產生一段期間的單一幸福衡量指標。你可以挑一個問題（例如你現在或昨天有多幸福），也可以將所有的正值分數加起來，再減去所有的負值分數，計算出「情感差值」（affect balance）。[22] 或者，使用全新的方式，分析人們在社群媒體（尤其是推

表 1.2　不同活動的幸福

活動	平均幸福	平均每天小時數
性愛	4.7	0.2
社交	4.0	2.3
放鬆	3.9	2.2
祈禱／敬拜／冥想	3.8	0.4
飲食	3.8	2.2
運動	3.8	0.2
看電視	3.6	2.2
購物	3.2	0.4
料理食物	3.2	1.1
講電話	3.1	2.5
照顧孩子	3.0	1.1
電腦／電子郵件／網際網路	3.0	1.9
家事	3.0	1.1
工作	2.7	6.9
通勤	2.6	1.6

資料來源：Kahneman et al. (2004) 表 1。900 位德州女性

注：日重建法。平均幸福的衡量方式，是取正向情感（0-6）和負向情感（0-6）之差。有關美國的類似研究，請見 Krueger (2009)；英國的類似研究，請見 Bryson and McKerron (2017)。有關性愛對幸福的影響，進一步的證據請見 Blanchflower and Oswald (2004)。

特〔Twitter〕）的活動，並計算正向和負向字詞或言論之間的差值。[23] 或者，你可以利用 Google 搜尋找到的字詞加以分析。

比較評估性和享樂性的衡量指標

因此，上述的兩種衡量指標，哪一個更適合用來指導政策的選擇呢？正如我們在本章開頭所說的，人們的感受如何，不言可喻是很重要的事。談到痛苦相對於滿足／享受（經驗的「享樂性」構面）時，這一點極為明顯。但它也適用於人們「覺得自己的生活如何」（「評

估性」構面）。

　　生活滿意度作為幸福的衡量指標，有許多優點。第一，它涵蓋的時間超過一兩天。[24] 第二，研究人員和政策制定者懂得它的意思，因為它是根據他們自己也能回答的單一問題。第三，它很民主，因為不需要分析師去編製一份指標清單，然後用他們自行決定的權重，算出一個總指數。[25] 相反的，每位公民用上自己的權重，並告訴我們結果：對自己的生活感覺如何。第四，政策制定者常問人民對他們的服務有多滿意，那麼也可以問人們對自己的生活有多滿意。

　　享樂性衡量指標是更直接的經驗衡量指標，但是要在夠長的時間內收集和許多基本社會議題相關的資料，是很困難的。然而，在分析鄉間散步、網球比賽或參加演出等短暫的經驗時，享樂性衡量指標很有用。而且隨著科學的發展，它們會愈來愈容易衡量（包括透過使用生物標誌〔biomarkers〕，請見第 5 章）。因此，本書同時使用生活滿意度和享樂性衡量指標，但以生活滿意度為主。如果可能，我們會指出兩種方法產生不同結果的地方。[26]

良善性衡量指標

　　第三種常用的幸福衡量指標，通常稱為**「良善性」**（eudaimonic），源自希臘哲學家亞里斯多德（Aristotle）使用的「eudaimonia」一字。eudaimonia 很難翻譯，但它的字面意思是有「良善的品性」（good demon），亞里斯多德大致理解為具有圓潤而善良的性格。[27] 因此，幸福的任何衡量指標應該含有善良的觀念。一個典型的問題是：「你覺得這一生所做的事情有價值嗎？」

　　不過，這種方法遭遇兩個反對的理由。首先，良善難以衡量。如果你想知道某人是否良善，你沒辦法問那個人而知道，例如，納

粹認為他們做的事情是正向且有價值的。其次,幸福方法中,良善只是達到目的的手段。

我們希望人性良善,有兩個理由:這會提高他人的幸福,而且經常(雖然並非總是)提高良善之人的幸福。因此,舉例來說,圖 0.1 中,如果:

(i) 我遇到的人——我的「社會關係」——是良善之人,而且
(ii) 我自己有良好的利他「價值觀」,

則我的幸福就會提升。但這些只是決定幸福的許多事情中的一部分,並不是幸福結果本身的一部分。將良善納入結果,就是將手段與目的混為一談。我們應該深入研究良善,卻不應該將它納入幸福的衡量指標中。[28] 因此,本書不使用幸福的良善性概念。[29] 我們主要仰賴幸福的評估性和享樂性衡量指標,而且有時也把幸福稱為快樂(happiness)。Box 1.1 總結了前面的討論,幫助讀者記憶。

Box 1.1　關於幸福的幾個概念

幸福的類型	典型的問題
評估性	整體而言,你對現在的生活有多滿意?(0-10)
享樂性	昨天你有多快樂?
	或
	每小時重建昨天,記下你那時的感受(日重建法)
	或
	固定時間發出嗶嗶聲,立即記下你的感受(生態瞬時評估)
良善性	你覺得這一生所做的事情有價值嗎?(0-10)

我們可以相信自我表述嗎?

隨著時間的推移,我們無疑更能衡量幸福。神經科學會進步,我們也會使用來自推特(Twitter)和 Google 愈來愈多的大數據資料。

但我們目前使用的問卷，真的能提供任何有用的資訊嗎？當我們問受測者這些問題，他們的回答是真確的嗎？這些答案真的有意義嗎？或者不同的人解讀問題和量表的方式相當不同，以至於他們的答案無法比較？換句話說，這些衡量指標對它們想要衡量的事物，是「可靠」和「有效」的證據嗎？

就**可靠性**而言，問題是「重新測試時，受測者會給出一致的答案嗎？」在一項研究中，相隔兩週的兩組答案之間的生活滿意度相關性為 0.55，淨情感相關性為 0.64。[30] 這還不錯，但顯示資料中存在一些雜訊。

另一個問題是，量表是不是我們想要它代表的事物的「**有效**」代表，包括不同的人是不是以相同的方式使用量表。[31] 至少有四個理由，讓我們可以相信受測者的答案，在顯示他們的主觀幸福和同一國家中其他人的主觀幸福相比之下，能提供重要的客觀資訊。

與大腦活動的相關性

首先，人們對主觀幸福的評分方式，和大腦特定部位電流活動的客觀衡量有相關性（請見第5章）。他們表示身體疼痛時也是如此。在一個有趣的實驗中，研究人員將同樣熱的墊子敷在所有受測者的腿上，請他們對疼痛評分，然後將所得分數和前額葉皮質相關部位的電流活動做相關性分析。他們發現相關性很好。[32] 此外，隨著時間的推移，同一個人表示的幸福感和她腦電波的客觀衡量之間，存在相當高的相關性。[33]

與第三方表述的相關性

其次，我們可以請一個人的朋友或同事，評估這個人的幸福。

他們的評估和個人本身的表述，相關性相當高。[34] 另一項研究探討笑和生活滿意度之間的關係。研究人員評估了被研究者最近臉書（Facebook）個人資料照片呈現的正向情感，和他們自我表述的生活滿意度，相關性相當高。[35]

預測力

再下來，這些自我表述是未來行為許多面向的良好預測指標，例如辭職、離婚或投票行為。它們甚至是個人預期壽命（life expectancy）的良好預測指標。這些發現非常重要，我們會在本章的結尾更詳細說明。

可解釋性

最後，我們可以透過人們應該很重視的一些事物，來解釋這些衡量指標很大一部分的變動。這就是研究幸福如此令人興奮的原因。

所以我們有很好的證據指出，同一國家的不同人，是以類似的方式表述他們的感受。我們也有證據顯示，隨著時間的推移，同一個人會以類似的方式表述自己的感受。然而，**不同國家的人**是否以相同的方式表述自己的感受，或者國際比較非常不可靠？畢竟，人們是用不同的語言表述，而且許多字詞在其他的語言中並沒有完全相當的對應字詞。然而我們有三個理由相信國家排名確實符合實際上的差異。[36]

- 很大範圍內的字詞，排名都很相似，例如生活幸福、生活滿意度，以及在坎特里爾階梯上的位置。
- 一個國家內，講不同語言的人（例如瑞士）回答非常類似，而這些回答和使用其中某種相同語言的其他國家的人的回答不同（例如，法國人和講法語的瑞士人，回答就有差異）。

- 一個國家屬於何種語系，對於那個國家幸福的標準解釋幾乎沒有影響。

表述量表

另一個問題是：人們到底如何使用提供給他們的表述量表（0, 1, ... ,9, 10）。他們是否將它看成像是公制量尺，其中 3 和 4 公分之間的距離，與 8 和 9 公分之間的距離相同？這種做法會使量表成為「**等距量表**」（interval scale，或經濟學家所說的「**基數量表**」〔cardinal scale〕）。或者量表上的點數只是反映不同心理狀態的**排序**（使它成為「**序數量表**」〔ordinal scale〕）？

那麼，所謂的基數量表，是什麼意思？如果我們想要衡量某種感覺的水準差異，則該差異的標準基本單位應該是體驗者的**最小可覺差**（just-noticeable difference，JND）。換句話說，感覺的自然單位是 JND。[37] 因此，如果回答 3 和回答 4 之間的 JND 數量與 8 和 9 之間的 JND 數量相同，我們會說量表是等距量表（或基數量表）。

真的是這樣嗎？量表是否為基數量表，有一個簡單的實證檢驗方法：請受測者寫下他們的生活滿意度（0-10），和再次請他們寫下生活滿意度時，在量表的所有點上，平均的絕對差應該相似。確實如此。[38] 因此，有很好的理由假設人們以基數的方式使用那個量表，正如我們定義的那樣──受測者顯然自然而然地回答，就好像 3 和 4 之間的差異，與 8 和 9 之間的差異一樣可察覺。

我們前面提過另一個相關的事實。有時，給某個變數評分時，不是要求受測者選一個整數，而是在連續量表上選一個點（「視覺類比」法）。這種研究得出的迴歸分析結果，和使用整數量表的迴歸分析結果非常相似。[39]

> **Box 1.2　心理學中的「表述函數」**
>
> 感覺方面的研究，都假設人是以基數（cardinal）方式表述他們的感覺。然後要處理的問題是：他們的感覺和外部現象（例如亮度）的強度有多大的關係？換句話說，所表述的感覺與外部刺激（以它本身的單位衡量）關係的「表述函數」（reporting function）是什麼？舉例來說，受測者陳述的光線亮度，和以每平方公尺受光表面的流明（lumen）為單位衡量的實際亮度，兩者之間有什麼關係？
>
> 這種情況下，亮度的最小可覺差（JND）和實際亮度（以流明／平方公尺為單位衡量）呈等比例變化。因此亮度的「表述函數」就是
>
> $$感覺 = 亮度的對數$$
>
> 這就是所謂的韋伯—費希納效應（Weber-Fechner effect）。學者已經發現了聲音強度的類似「表述函數」，實際上，可以從 0 向上往巨大範圍內變動的許多事物，也是如此。但當變動範圍相對於平均值比較窄（例如人的身高），表述函數大致呈線性。[40]
>
> 這些表述函數告訴我們，人們如何表述**外部**現象。至於幸福，我們談的是相當不同的東西——人如何記錄**內部**的狀態。沒有明顯的理由說他們不會以我們提過的基數方式做這件事，心理物理學也假設人們是這麼做的。

因此，心理學家研究感覺時，通常假設人們將量尺視為基數的（Box 1.2 有更詳細的說明）。相較之下，很難看出受測者可以如何以序數（ordinal）方式使用量表（0-10）。如果這麼做，他們所有可能的幸福狀態，必須先排名，然後以某種方式，將這分為十一個範圍（0-10）。然而，由於一種狀態和另一種狀態之間不存在距離概念，因此極難看出不管什麼時候或者什麼人，他們如何以始終一致的任何方式進行這一過程。[41]

因此，本書從頭到尾，假設不同的人以相同的方式使用量表、使用的量表從一個期間到另一個期間是穩定的、量表是正常的（就

像米尺〔metre rule〕那樣）。

是什麼因素讓人感到幸福？

那麼是什麼因素決定了人們的幸福？如果我們想要改善（自己或他人的）幸福，我們必須知道什麼因素會影響它，和影響的程度。為了找到原因，我們有兩大證據來源。第一是實施調查，問人們的幸福感，也問他們生活上的其他許多面向。幸福和其他這些事物之間的關係，能告訴我們不同的事物對人們有多重要。但是這些調查，總是很難確定確切的因果關係，也無法詳細告訴我們，可以怎麼做來改善狀況。因此，我們需要來自實驗的證據，讓有些人接受特別的干預，再拿他們的幸福變化和對照組比較。過去四十年，調查和實驗這兩種類型的證據，以很快的速度發展，所以我們現在有了幸福這門新科學，它的研究發現就是本書的主題。

這些知識有什麼用？

這些知識給我們力量，去大幅改善人的幸福。它幫助我們個人管理自己的外在生活和內在體驗。它給了學校和企業等組織新的目的。它也給政府的施政表現一個全新的框架。

每一種情況，知識都依兩個階段進行。首先，提出一個總目標，用以測試各種選項，協助確定**優先順序**。設定的目標是我們自己和身邊的人享有的最大可能幸福。其次，證據給了詳細的資訊，告訴我們哪些**具體行動**，對提升幸福最有效果。

(i) 對**個人**來說，知識提供了什麼事情是最重要的看法。雖然人人不一樣，但它指出我們都因過度依賴某些東西（例如金錢）而

犯下系統性的錯誤。它顯示我們因與他人過度比較而如何遭受痛苦，以及我們可以如何培育自己的心靈，從而對自己和他人產生更多的同理心。有了這些工具，我們就能在私人生活和工作上，為他人的生活做出更多的貢獻，因為我們現在有了倫理指南針，也學到如何使用的知識。

(ii) 對學校和企業等組織來說，知識可以檢定它們是否正在執行必要的職能，以證明它們的存在有理。例如，知識指出大多數學校需要更關注孩子的幸福甚於考試成績，並且提出如何培養更快樂孩子的實驗證據。至於企業界，愈來愈多的執行長現在認為，企業的存在不只是為了促進股東的幸福，也是為了促進勞工、顧客和供應商的幸福。[42] 現在已經有很好的實驗證據告訴我們如何做到這一點。

(iii) 對政府來說，知識首次提供內部條理分明的目標。長久以來，各國發表的言論，好像經濟成長是最高的目標，事實上各國有多個目標且無法互相比較。現在第一次有了一個內部條理分明且可衡量的總目標，也就是人民的幸福。這不是新觀念。正如湯馬斯・傑佛遜（Thomas Jefferson）所說的：「人的生命和幸福，是政府唯一正當合理的目標」。[43] 但長期以來，應用這個原則的資訊還不可得。現在有了，而且正如我們會談到的，愈來愈多的國家正在應用這個原則。另外，現在有愈來愈多的實驗，測試哪些政策對幸福的影響最具成本效益。對於相信幸福是終極目標的人來說，這是令人興奮的前景，為千百萬人帶來希望，以及深具價值的新職涯機會。

幸福幫助我們實現其他寶貴的目標

然而，許多人質疑以幸福為目標的觀念。我們會在第 2 章討論這個問題。但即使不重視幸福本身的人，也應該知道幸福的價值，因為這是實現他們所重視的其他目標的重要手段。以下是一些重要的例子。

- **教育**。讓孩子更快樂，會使他們學得更好。[44]
- **健康**。你的幸福對壽命影響很大。[45]
- **生產力**。更高的幸福可以提升生產力，並有助於解決問題。[46]
- **家庭／社會凝聚力**。快樂的人可以建立更穩定的家庭，快樂的人也更具利社會性（pro-social）。[47]
- **政治穩定**。幸福影響選舉結果甚於經濟。不快樂的人傾向於支持民粹主義政黨。[48]
- **慈善捐贈**。快樂的人布施更多給別人。[49]

幸福所可能導致的這些結果非常重要。因此，本書從頭到尾將討論幸福和人類生活不同面向之間的雙向關係。

總結來說，這兩種關係是這樣的：

- 一種關係是生活的每個面向對整體幸福的影響，如圖 0.1 所示，箭頭指向幸福。
- 另一種關係是幸福對生活每個面向的影響。這也需要像圖 0.1 那樣來呈現，但箭頭方向相反。

本書研究這兩組效應，但我們最感興趣的是第一種關係：幸福本身是如何決定的。

人的需求

因此，我們來檢視如何確定幸福的一些基礎知識，並且運用所知來解釋本書的結構。有證據顯示，所有的人都有相似的**基本需求**[50]，而且他們的幸福可以（至少部分）用這些需求獲得滿足的程度來解釋。

這些需求的典型清單包括：
- 食物和住所，
- 不受攻擊的安全，
- 愛和支持，
- 尊重和自豪，
- 自己決定要做什麼事，
- 選好要做什麼之後擁有自主權。

自 2005 年起，蓋洛普世界民調每年都會在每個國家調查具代表性的樣本。問受測者的生活滿意度，以及他們的不同需求是否得到滿足，[51]分析結果證實，更多的需求得到滿足時，生活滿意度會提高。而且，本身和其他國民的需求都得到滿足，人們會更加滿意。這證實了幸福具有傳染力的共同研究發現。[52]

但其中一些需求是否比其他需求更重要？例如，如果你的實體生活相當艱苦，那麼感覺到尊重和自豪有多重要？根據馬斯洛（Maslow）的說法，[53]需求是有層級的（從生理需求而上到安全、愛和歸屬、自尊，最後是自我實現）：最好的策略是依序向上，滿足各層級的需求。因此，「和食物或安全相比，自尊是可有可無的奢侈品」。雖然馬斯洛層級非常有名，但支持的證據不足。蓋洛普世界民調的證據指出，當每一種需求都得到滿足，幸福就會提升。但滿足一種需求，幾乎不影響滿足另一種需求的價值。[54]

人和環境如何互動

本書要談的是，什麼事情決定了我們的需求得到滿足的程度。這個問題的第一個答案是，這取決於我們的基因（我們帶著基因來到這個世界）和外在環境之間的互動。外在環境是指我們本身之外的整個社會和實體世界。如圖 1.3 所示。

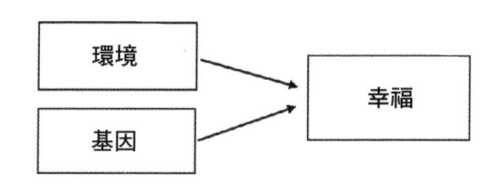

圖 1.3　基因和外在環境如何決定幸福

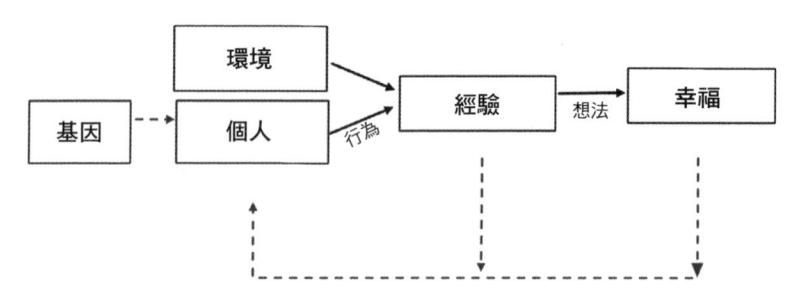

圖 1.4　個人和外在環境如何互動，以產生幸福

但這給人的印象是，個人本身是整齣戲中的被動演員，環境只是和人的基因互動以產生結果。但事實上，每個人都有某種程度的**主動性**。我們以兩種關鍵方式，影響自身的幸福：
- 我們的**行為**會顯著影響我們經歷的狀況和他人對我們的行為。
- 我們的**想法**會影響這些經歷如何改變我們——經由我們的態度，以及我們如何看待生活。

圖 1.4 試著捕捉其中的一些邏輯。在我們之外，有個既定的社會

環境,但我們會有什麼樣的經驗,受到我們自己的態度很大的影響。所以個人的行為和環境互動,產生個人的經驗。這種經驗接著影響個人的幸福,但影響程度也取決於個人的想法。這個過程一再重複。在每個階段,一個人的幸福會回饋到她人生下一階段的性格和行為(如虛線所示)。

從這個分析可以清楚看出,我們的幸福不只取決於社會環境,也取決於我們所具有的東西,特別是

- 我們的行為,
- 我們的想法,
- 我們的基因。

第3章到第5章將討論以上所說的每個過程,然後在本書的第三篇詳細討論環境。

幸福學是一門什麼樣的學科?

最後,幸福學是一門什麼樣的學科?這是個新興的領域,完全跨越學門界限。近年來出現的許多最重要的學科都跨越學門,例如分子生物學或人文地理學。但幸福學這門學科相當特別,因為它提供每一種個別的社會科學一個根本理由:它們之所以重要,只是因為它們有助於解釋幸福。如果你看圖0.1,就會明白我們的意思。例如,國際關係之所以重要,是因為它們對人類幸福做出貢獻等等。從這個意義上說,幸福學可以成為社會科學之后:它以量化的方式,指出各個學科如何對整體的美好做出貢獻,而在這個過程中,每一門科學都有各自扮演的角色。

但是,正如我們將在接下來各章中談到的,有四門關鍵學科,居於研究幸福學最為核心的位置:心理學、社會學、經濟學和統計學。

- **心理學**。對幸福的研究始於心理學。[55] 心理學家透過調查和實驗，研究個人層級的人性如何運作。他們研究個人性格、家庭經驗和教育如何影響幸福。他們也研究如何改善個人情況（臨床心理學）和工作情況（職業心理學）。然而除了社會心理學，心理學家往往忽略了社會規範和社會結構在促進人類幸福上扮演的角色。
- **社會學**。社會學家接著上場。他們首先研究人在群體中互動的方式，以及這如何影響他們的幸福。
- **經濟學**。經濟學帶來四大貢獻。第一，經濟學家總是聚焦在幸福，視為至善至美的結果（稱之為「效用」〔utility〕），即使他們對幸福及其成因的看法往往相當狹隘。第二，他們從極大化那個單一結果的角度討論政策。第三，他們把人們選擇的事情和發生在他們身上的事情（他們稱之為「外部性」〔externalities〕）分得很清楚。第四，他們引導我們了解市場、所得和失業。
- **統計學**。這是前面幾種學科的核心。用它來分析人口特徵的分布時，有時稱為流行病學（epidemiology）。

還有其他三個研究領域，雖然相關，但和幸福學不同。

- **行為科學**。近年來，經濟學家一直和心理學家聯手，更深入了解人們的實際行為方式。這一學科有時稱為行為經濟學。但是研究幸福是不太一樣的。它不研究如何讓人們以某種方式行事。它研究行為的結果，從而研究哪些行為會極大化社會幸福。
- **健康和幸福**。這句話日益被人掛在嘴上，表示健康科學往外延伸，除了關心身體狀況，也關切心理狀態，而這樣的發展很受歡迎。但它通常不將幸福視為人生至善至美之事；健康只是影響幸福的許多因素之一。相較之下，幸福學研究生活中的一切對於人類幸福的影響。

- **最後是哲學**。「幸福是什麼？」、「它有那麼重要嗎？」、「它該如何分布？」等等，當然都是哲學問題。我們將在第 2 章討論這些問題。在那之後，本書的其餘部分，是探討幸福的成因以及如何改善的科學。

小結

(1) 對許多人來說，之所以研究幸福，是因為相信它是唯一最重要的事。
(2) 依這種觀點，健康、自由、收入等其他許多事情之所以是好事，是因為（而且只是因為）它們會影響幸福。
(3) 我們所說的幸福，是指主觀幸福——人的感受如何。這可以用三種不同的方式來衡量：
- 評估性：人們現在對生活的感受如何
- 享樂性：人們每一刻的感受如何
- 良善性：人們是否相信自己的生活有價值

　　最常用的衡量指標是評估性，例如「生活滿意度」，但我們也應該在合適的地方使用享樂性衡量指標。
(4) 評估性幸福在各國之間和一國之內存在巨大的差異，而享樂性幸福也因不同的活動而異。
(5) 有充分的證據顯示這些衡量指標可靠、有效。它們和客觀的大腦衡量指標、第三方的表述、許多結果（如壽命、投票、生產力和學習），以及許多可能但不確定的原因（這是本書主要探討的內容）有相關性。
(6) 大多數人有類似的基本需求，而且他們的幸福隨著這些需求的滿

足程度而改變。然而,人們並不是被動的行動者,只受到環境的影響。他們本身的行為會影響自己和其他人的經驗。他們自身的想法會調節這些經驗如何影響他們自己的幸福。

所以第 2-5 章談

- 社會整體目標
- 行為扮演的角色
- 想法扮演的角色
- 基因扮演的角色和我們身體的運作。

這些都是基本人性的問題。

到了第三篇,我們轉向探討不同的人體驗截然不同,以及它們如何影響我們的幸福,也就是家庭生活和學校、健康照護、就業、工作品質、收入、社會關係、自然環境和氣候,以及政府扮演的角色。我們會研究它們的影響,以及在每個面向上可以如何改善幸福。最後,我們探究政策制定的技術,並且指出每個政策制定者可以如何利用幸福資料,去營造更美好的世界。

問題討論

(1) 還有什麼比我們的感受更重要?幸福是至善至美的目標嗎?如果不是,那什麼才是呢?我們應該如何權衡多個目標?
(2) 衡量幸福的最佳方法是什麼?這些衡量方法是「基數的」嗎?
(3) 幸福學和你研究過的其他學科有什麼關係?

延伸閱讀

Coghill, R. C., McHaffie, J. G., and Yen, Y. F. (2003). Neural correlates of interindividual differences in the subjective experience of pain. *Proceedings of the National Academy of Sciences*, 100(14), 8538-8542.

Helliwell, J. F. (2021). Measuring and using happiness to support public policies. In Lee et al. (Eds.). *Measuring Well-Being: Interdisciplinary Perspectives from the Social Sciences and the Humanities* (pp. 29-49). Oxford University Press.

Sen, A. (1999). *Development as Freedom*. Alfred Knopf.

Tay, L., and Diener, E. (2011). Needs and subjective well-being around the world. *Journal of Personality and Social Psychology*, 101(2), 354.

World Happiness Report, New York: Sustainable Development Solutions Network. Chapter 2 of the latest report.

注釋

[1] Nussbaum and Sen (1993); Sen (1999).

[2] OECD (2013).

[3] 截至撰稿時，成員有芬蘭、冰島、紐西蘭、蘇格蘭和威爾斯。

[4] 這個方法的主要倡導者是 Sen (1999)。但其他許多傑出作者也遵循儀表板方法，包括 Pinker (2018)（健康、幸福、自由、知識、愛、經驗的豐富性）；Seligman (2018)（正向情緒、參與、關係、意義與成就）；以及 Skidelsky and Skidelsky (2012)。

[5] 這一節的內容請見 Helliwell (2021)。

[6] 這是英國國家統計局（Office for National Statistics，ONS）使用的版本。

[7] Couper et al. (2006)。但另見 Cowley and Youngblood (2009)。這兩份調查都沒有衡量生活滿意度。

[8] Helliwell and Wang (2012) p. 14.

[9] 本書大量使用蓋洛普的資料，因為它涵蓋幾乎所有國家。但是許多情況中，歐洲晴雨表（Eurobarometer）和世界價值觀調查（World Values Survey）等資料來源已經先有類似的發現。

[10] Helliwell and Wang (2012).

[11] Helliwell and Wang (2012) p. 16.

[12] 表 6.1 有 15 歲青少年生活滿意度的類似排名。

[13] A. E. Clark et al. (2012); Figure 3.4.

[14] Helliwell et al. (2020); Figure 2.2.

[15] 請見 Layard et al. (2010)；以及 Easterlin et al. (2017)，由 Helliwell et al.

(2020) 補充。

[16] 有關這方面的嘗試，請見 Hills et al. (2019)。

[17] Pinker (2018)。然而，對馬賽人（Masai）和因紐特人（Inuit）（兩者都是舊石器時代文化）所作的研究，調查顯示相當高程度的正向情感。Biswas-Diener et al. (2005)。

[18] 一個明顯的問題是，當人們在回答這個問題時，會想到哪個時間段的心情。Benjamin et al. (2021) 研究這個問題的方式，是問人們當「評估他們的狀況」時是指目前，或是也包括過去或將來。因為人們現在的感受如何，顯然會受到已經發生或可能發生的事情影響。但他們的回答可能仍然反映了目前的感受狀態。

[19] Frijters and Krekel (2021).

[20] Kahneman et al. (2004).

[21] Dolan (2014).

[22] Bradburn (1969).

[23] Jaidka et al. (2020)。Metzler et al. (2022) 指出，以文字為基礎和以問卷為基礎的主觀幸福（SWB）估計值之間，跨期相關性（intertemporal correlation）相當高。新冠肺炎（COVID-19）大流行期間，根據 Google 搜尋所做的有趣情緒分析，請見 Brodeur et al. (2021)。

[24] 不管是工作日，還是週末，生活滿意度的回答相似，但問到昨天的幸福，會給週末較高的分數。

[25] 享樂性衡量指標通常受到某種形式的權重影響，例如，計算情感差值的衡量指標時就是這樣。

[26] 哲學家討論幸福時，關於幸福到底是什麼，一般有三個主要的理論：(i) 欲望滿足理論，幸福在於獲得你想要的東西；(ii) 享樂主義，幸福在於快樂，也就是你感覺有多美好；(iii) 客觀清單理論，幸福可能因為快樂或欲望得到滿足，但也在於一些「客觀」的美好，也許那是成就、愛、知識或良善。由於我們前面提出的理由，我們不接受 (iii)，因為它無法解決多重目標的問題。我們的「享樂」衡量指標是 (ii)，生活滿意度也是如此（除非我們認為人有一個至高無上的欲望，需要在他們的生活中去滿足）。

至於 (i)，存在著人們真正的欲望是什麼的經驗問題。調查顯示，人們被要求做選擇時，最常（但不總是）選擇讓他們快樂的事情（例如，見 Benjamin et al. 2012；以及 Perez-Truglia 2015）。另一項研究中，人們被要求做的選擇，需要在快樂和收入、健康等其他的結果之間作取捨（Adler et al. 2017）——除了健康，快樂排在首位（但這項研究並沒有區分健康是一種生活品質，或健康是影響生存的因素）。可是我們不接受欲望滿足的方法，因為人們做的選擇，經常產生不良的影響。

因此，我們選擇 (ii) 人們的感受如何，因為它有不言而喻的價值（也就是我們已找不到進一步理由以說明它的重要性）。

[27] 關於 eudaimonia 的現代經驗定義，請見 Ryff (1989)。

[28] 我們確實迫切需要知道如何培養良善之人（請見第 3 章）。但這和幸福的定義是不同的問題。

[29] 事實上，它和評估性的幸福有高度相關。請見 Keyes et al. (2002), Model 4；以及 Ryff and Singer (2003)。

[30] Krueger and Schkade (2008)。也見 Fujita and Diener (2005)。

[31] 經濟學家對可比較性問題的討論，請見 Sen (1970)。

[32] Coghill et al. (2003)；以及 Coghill (2010)。

[33] Davidson (2004)。

[34] Diener and Suh (1999)。

[35] Seder and Oishi (2012) r = 0.38。和三年後生活滿意度的相關性甚至更高（r = 0.57）。

[36] Veenhoven (2012)。也見 Diener et al. (1995)。學者有時表示，人們會根據自己的經驗，重新定義量尺。Odermatt and Stutzer (2019) 提出反對這一論點的證據。

[37] 例如，請見 Stevens (1986), chapter 1（但不容易讀懂）。

[38] Kruger and Schkade (2008)。

[39] 請見注 7。

[40] Oswald (2008)。

[41] 關於這一切的不同觀點，請見 Bond and Lang (2019)。對 Bond and Lang (2019) 論點的回應，請見 Kaiser and Vendrik (2020)。

[42] US Business Roundtable (2019)。關於工作和幸福，請見第 12 章。

[43] Jefferson (1809)。

[44] 最好的證據來自干預以改善幸福。請見 Durlak et al. (2011)；Hanh and Weare (2017)；Adler (2016)；以及 Frederickson and Branigan (2005)。

[45] 英國的資料請見 Steptoe and Wardle (2012)。美國的資料請見 Lee and Singh (2020)。

[46] Bellet et al. (2020); Edmans (2012); Isen et al. (1987)。

[47] Idstad et al. (2015).

[48] Ward (2020) 和 Ward et al. (2020) 指出，當人們不那麼快樂，表示現任政府表現差。關於民粹主義，請見 Nowakowski (2021)。

[49] Kessler et al. (2021).

[50] Brown (1991).

[51] 請見 Tay and Diener (2011)。問題是二元的（是／否）。食物和住所：有足夠的錢買食物和有地方住，免於挨餓。安全：獨自行走安全，過去十二個月不曾遇竊或遭到攻擊。愛和支持：昨天感到被愛，而且有人可以依靠。尊重和自豪：受到尊重，並且因為某件事感到自豪。自決：在工作上做你最擅長的事，並學到一些東西。自主：選擇自己的時間最好用在哪裡，並且感到自由。這些和 Maslow (1954)、Deci and Ryan (2000)、Ryff and Keyes (1995)，以及 Sen (1999) 確認的基本需求類似。

[52] 例如，請見 Fowler and Christakis (2008)。

[53] Maslow (1948).

[54] Tay and Diener (2011).

[55] 一些關鍵人物包括 Hadley Cantril (1906–1969) 和 Angus Campbell (1910–1980)，請見 Cantril (1965) 和 Campbell, Converse and Rodgers (1976)。

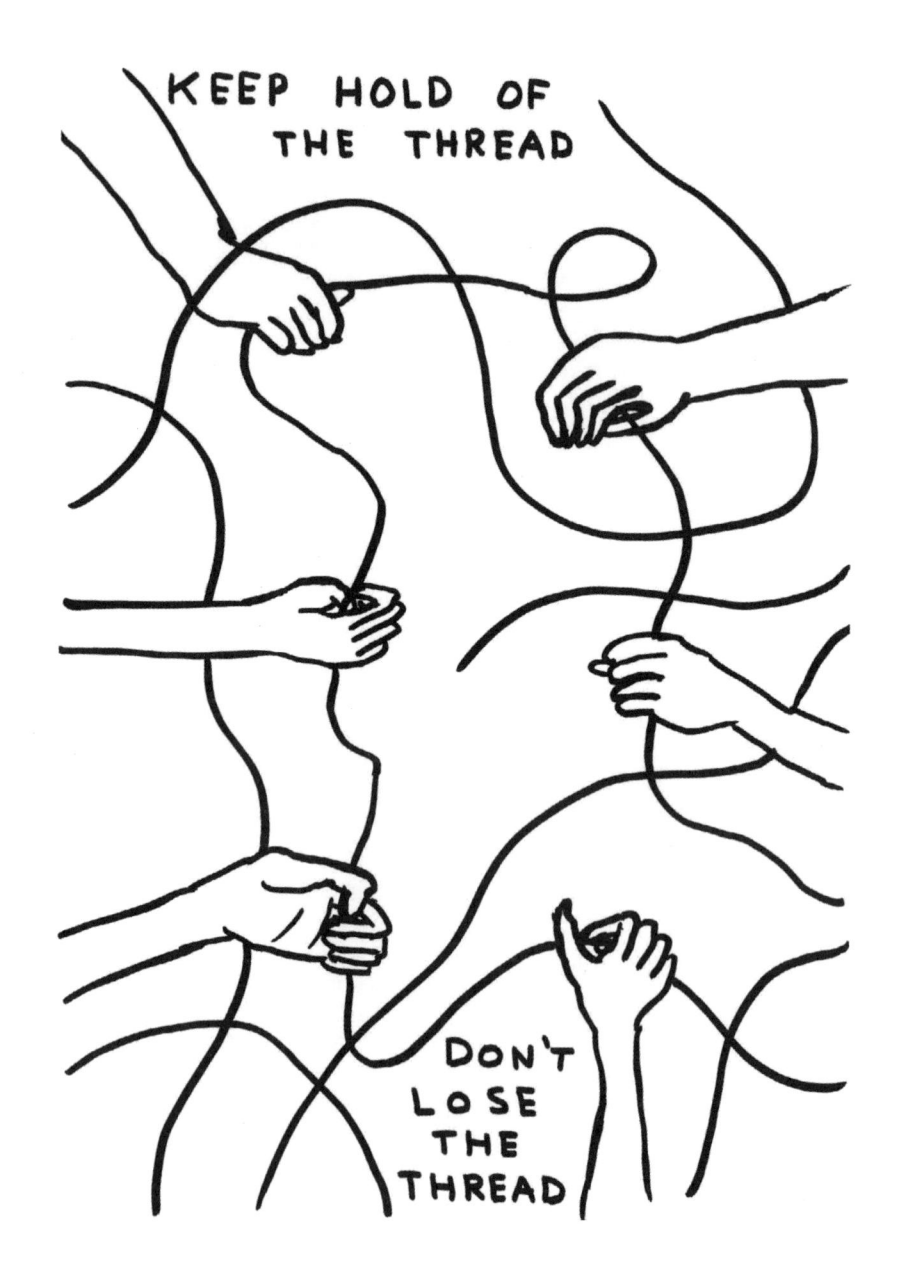

抓緊主線

不要失焦

2
以幸福為社會目標

創造你能創造的所有幸福：消除你能消除的所有痛苦。

傑瑞米・邊沁（Jeremy Bentham）

淺談歷史

我們要如何看出一個社會是美好的？以公民的幸福作為一個美好社會的定義的概念，至少可以追溯到古希臘人。[1] 本章將說明這個概念從那時到現在如何演進。我們接著會給這個概念一個嚴謹的現代公式。最後，我們將討論人們提出的一些主要反對意見。

希臘和羅馬

我們可以從偉大的希臘哲學家**亞里斯多德**（西元前 384-322 年）談起。我們應該追求某種終極目標這個觀念，首先要歸功於他。財富、健康和良好的人際關係等其他事物之所以美好，是因為它們對這個終極目標有貢獻。這樣的層級觀念我們已經在圖 0.1 看過。他將終極目標稱為「eudaimonia」（良善的品性），設想為一種平衡、理性和良性的存在狀態。他特別強調德行（virtue），認為你的生活體

驗若要真正充實，德行缺之不可。他並沒有像本書那樣確切地定義德行，但對於應該如何獲得德行，他懷抱著很實際的現代經驗主義觀點，也就是透過不斷的重複和養成習慣。

亞里斯多德之後的希臘哲學家紛紛強調他所提出的理念的不同面向。伊比鳩魯（Epicurus，西元前 341-270 年）強調生活簡單的重要性、專注於你真正享受的事情，例如友誼和家庭生活。斯多噶派的芝諾（Zeno the Stoic，西元前 333-264 年）強調公民德行，以及無論遭遇什麼逆境，都要保持頭腦冷靜。這兩位思想家的觀念廣泛流傳於羅馬世界。斯多噶主義最後成為許多羅馬中產階級的哲學，包括羅馬皇帝馬庫斯·奧勒留（Marcus Aurelius，西元 121-180 年），他針對幸福的祕訣，留下了許多看法。中國的孔子，印度的佛陀，也提出了類似的思想。

但是在接下來幾個世紀，基督教帶來相當不同的觀點。幸福仍然需要追求，但只在死後才有。今生今世，人的目標只有培德養性，死後才會幸福。[2]

十八世紀的啟蒙運動

直到十七世紀末，哲學家才敢重新確立人間的幸福是此生的目標。偉大的英國哲學家約翰·洛克（John Locke，1632-1704）認為人們理所當然想要感覺幸福，而且獲得這種感覺是他們的主要動機。但蘇格蘭人弗朗西斯·哈奇森（Francis Hutcheson，1694-1746）邁出了一大步，將幸福確立為社會目標，而不只是個人目標。他指出，凡是能為「最多人」產生「最多幸福」[3]，或者更準確地說，能夠產生最大的總幸福，才是合乎倫理該做的事。他認為，任何「公正的旁觀者」都會這麼想。

從幸福的角度來看，這可能是現代最偉大的觀念。它有三個關鍵含義。

(1) **判斷方面**：如果我們想要比較兩種不同的情況，說哪一個比較好，就應該以人民的幸福作為檢定標準。例如，如果我們問哪個國家表現得比較好，或者現在是否比過去好，或者花費公共資金的最佳方式是什麼，便需要這麼做。

(2) **個人行動方面**：如果我們問「什麼是合乎倫理該做的事？」，答案是「凡是能夠產生最大的整體幸福之事」。

(3) **政府政策方面**：當我們問「政府應該努力實現什麼？」，答案是「人民的最大可能幸福」。

隨著十八世紀的推展，這些觀念在英語系國家（包括北美）的知識階級根深柢固。[4] 美國憲法的起草者湯馬斯・傑佛遜（Thomas Jefferson）寫道：「人民的生活和幸福是良好政府的首要且唯一目的。」但使這些觀念永垂不朽的是英國人**邊沁**（1748-1832）所寫的《倫理與立法原則》（*The Principle of Morals and Legislation*）。邊沁在書中主張，所有的行動都應該根據它們的結果來判斷，也就是根據它們對每個人幸福的影響。換句話說，行動應該根據它們的「效用」去判斷。因此，邊沁的倫理觀如此人性化，卻被稱為「功利主義」（utilitarianism），聽起來恰恰相反。（同樣的，由亞當斯密〔Adam Smith，1723-1790〕所創立的經濟學——旨在研究創造最大幸福的經濟條件——通常也用「效用」〔utility〕一詞來描述個人的幸福〔wellbeing〕，而不是用「快樂」〔happiness〕）。

十九世紀時，最大幸福的原則激發了許多重大的社會改革。約翰・史都華・彌爾（John Stuart Mill，1806-1873）在他的著作《功利主義》（*Utilitarianism*）和所寫的文章〈婦女的屈從地位〉（The

Subjection of Women）都大力陳述這個觀點。然而他也表示，有些愉悅本質上優於其他的愉悅（例如，閱讀詩歌比玩插釘遊戲要好）。我們認為這混淆了手段和目的。如果你生活中有明確的目標（正如我們在第4章清楚表示的），通常一定會比較快樂。如果你德性良善，還會讓別人更快樂。但是社會的終極試金石始終是人們有多幸福（不管他們如何變得如此幸福）。

十九世紀的經濟學家繼續關注幸福，視之為經濟措施的終極試金石。經濟學家艾奇沃斯（Francis Ysidro Edgeworth，1845-1926）談到需要一種像是「快樂計」（hedonimeter）的東西，用計數的方式來衡量幸福時，揭開了現代幸福學的序幕。十九世紀的大多數經濟學家相信，多賺一塊錢給窮人的額外幸福多於給富人。同樣的，心理學的領域中，偉大的心理學家威廉・詹姆士（William James）關切的主要是人們從內心體驗到的生活。

行為主義

但是到了二十世紀，心理學從研究幸福轉向研究行為。伊凡・巴甫洛夫（Ivan Pavlov）和約翰・華森（John B. Watson）等學者認為，我們無法得知人們內心發生的事情或他們感受如何，只能研究他們的行為方式，以及外在的刺激如何影響行為方式。這一學說很快就對經濟學產生影響，1932年，經濟學家萊昂內爾・羅賓斯（Lionel Robbins）斷言：我們無法比較一個人和另一個人的幸福。[5] 他認為，即使是同一個人，我們也只能把不同的情況排序為A、B、C；我們沒辦法說從A到B是否比從B到C給一個人更多（或更少）的額外幸福。

這對於經濟學產生重大的影響。要評估和所得分配有關的任何

問題將變得不可能。我們不能說兩個人各有 50,000 美元，或是一個人有 20,000 美元，另一個人有 80,000 美元，哪一種情況比較好。我們可以說的是，如果有人獲益，卻沒有人受損（所謂的帕累托改善〔Pareto improvement〕），那麼這種改變是好的。羅賓斯表示，我們通常看到情況改變之後，有人獲益，有人受損，這時經濟學家便無話可說。但事實上，這並沒有阻止他們在這種情況下發聲，約翰・希克斯（John Hicks）和尼古拉斯・卡爾多（Nicholas Kaldor）很快就提出他們認為合理的說詞。他們指出，即使有些人受損，如果獲益者能夠補償受損者（即使實際上沒有補償他們），改變也是好的。[6] 這就是所謂的**希克斯—卡爾多福祉改善標準**（Hicks-Kaldor criterion）。

這項標準也使得第二種有問題的做法站得住腳：用**國民所得**（或**國內生產毛額**〔GDP〕）作為國民幸福的衡量指標。GDP 是經濟活動規模的衡量指標，而經濟活動是指人們為了獲得報酬所做的事。國民所得的計算，是把每個人的收入加起來，而不管是誰有這些收入；而且，如果國民所得增加，那就是希克斯—卡爾多改善，即使許多窮人愈來愈窮。但西蒙・顧志耐（Simon Kuznets）提出 GDP 的觀念，目的是要分析景氣循環和失業波動，並不是為了衡量幸福。正如顧志耐所說的：「一個國家的福祉幾乎無法用衡量國民所得來推論。」[7] 這個觀點有兩個明顯的理由：

- GDP 將富人和窮人的錢加起來，好像它們等值一樣。
- 除了能夠買到的東西之外，GDP 並不包括任何能導致幸福的東西。正如羅伯・甘迺迪說的：「GDP 沒有考慮我們孩子的健康、他們所受教育的品質或玩耍的樂趣。」[8]

儘管如此，平均每人 GDP 仍然成為第二次世界大戰後國家成功

的圖騰。

然而近幾十年來，GDP 適合用來衡量國家進步的觀念遭到強大反彈。1974 年，經濟學家理查・伊斯特林（Richard Easterlin）使用心理調查發現，雖然美國的經濟大幅成長，但自二戰以來幸福感並沒有上升。[9] 隨後的研究指出，經濟成長並不能保證幸福感提升（見第 13 章）。因此，早在 2008 年西方經濟成長減緩之前，公眾已日益要求採用比經濟成長更寬廣的目標，也就不足為奇了。

再次正視人的感受

但要求採用新方法的關鍵，在於我們衡量幸福和理解其成因的能力不斷增強。這裡的關鍵人物是**愛德華・狄納**（Edward Diener，1946-2021）。他從 1980 年代初期開始，證明了幸福可以有效地衡量和解釋。[10] 隨著時間的推移，愈來愈多心理學家加入這個陣營，包括 2002 年榮獲諾貝爾經濟學獎的康納曼。經濟學家也跟進，利用大型人口調查，揭示不同的經驗對個人幸福的影響。

在此同時，一般**公民**也愈來愈注意到本身的心理狀態，並且對如何改善自己的感受產生興趣。這裡有兩股力量發揮作用。一個是認知心理學（體現在認知行為治療），另一個是從東方引進的心靈訓練技巧。我們會在第 4 章詳細討論這兩股力量。

社會福祉的定義

因此，我們現在可以以社會的幸福為目標，更正式地提出一種倫理觀。[11] 整體目標稱為「**社會福祉**」（social welfare，S）。我們在比較一種情況和另一種情況時，就可以用社會福祉的概念，找出哪種

情況最好。任何社會福祉公式顯然都必須滿足一些基本原則,包括:
- 每個人的幸福同等重要。因此,我們在計算社會福祉時,應該以相同的方式,對待每個人的幸福。[12]
- 如果一個人的幸福升高,而其他人的幸福沒有下降,那麼社會福祉一定更高。

但是我們需要更具體一點。哈奇森和之後的邊沁提出的社會福祉衡量指標,是將全部人口中個別成員的幸福(W)簡單加總。換句話說,如果 W_i 是第 i 個人的幸福,Σ 是人口中所有成員的幸福之總和,那麼在任何時間點,社會福祉是

$$目前的社會福祉 = S = \sum_i W_i \qquad (1)$$

這是典型的功利主義方法。本章後面會考慮更平等或「優先權」方法。但古典的功利主義方法是不錯的起點。

隨著時間推移的幸福與 WELLBYs

大多數的決定當然都會影響一段期間內的幸福。例如,影響氣候的決策,將會影響到尚未出生的世代。所以我們需要一個社會福祉函數,讓我們能夠涵蓋未來,而不只是當前期間的最佳幸福路徑。那麼我們應該如何計算**未來幸福**的價值?

每個人每一年的幸福同等重要,是個明顯的起點。但由於未來有很大的不確定性,我們應該將未來各年可預期的幸福稍微打個折,方法是將未來第 t 年的幸福乘以 $(1-\delta)^t$,其中 δ 是每年的折現率。(在英國,這個「純時間偏好率」〔pure time preference rate〕的官方值是每年 1.5%)。[13] 以這種方式進行,我們假設一個人任何一年遭受的痛苦同等重要,不管他們之後的生活是否幸福。

在這個基礎上，**跨期**社會福祉（S*）不問是誰經歷的幸福，就只算所有未來幸福的折現總和：

$$未來社會福祉 = S^* = \sum_i \sum_t (1-\delta)^t W_{it} \qquad (2)$$

因此，如果我們想要判斷政策的改變是否可取，就應該評估下式是否為正值：

$$\Delta S^* = \sum_i \sum_t (1-\delta)^t \Delta W_{it} \qquad (3)$$

為了使這切實可行，我們必須確定每段期間的長度。如果我們取一年，那 ΔW_{it} 就是 i 這個人在第 t 年的幸福變化。換句話說，這是**幸福年**（Wellbeing-Years，或 WELLBYs）的變化。因此，我們在第 18 章談評估政策的方法時，關鍵問題將是：一項政策如何影響（折現後的）WELLBY 數。

永續性和氣候變遷

因此，幸福方法提供了一個全面的框架來考慮我們社會的未來，從最小的選擇到最大的選擇。其中，最重要的是地球的未來。這裡的一個核心課題是**未來世代的幸福**。[14]

幸福學傾向於使用低折現率，所以當我們決定現在做什麼事，會使未來世代遭遇什麼情況真的很重要。未來幸福折現的唯一合理理由，是因為未來不確定性的「純時間偏好」。純時間偏好的典型折現率是每年 1.5%。相較之下，經濟學家主要是以實質所得水準去分析未來。他們通常假設實質所得會穩定增加，而這會使得未來的額外所得對未來幸福的影響降低。因此他們將未來的所得至少每年折現 3.5%，使得未來的重要性相對於現在低得多。[15] 所以希望以幸福

來衡量一切的人,和希望更關注地球未來的人會成為強有力的盟友,也就不足為奇了。對這兩個群體來說,永續性極為重要。

壽齡和出生率

還有一個問題——出生和死亡的問題。提高未來社會福祉(如公式 2 所示)的一種方法是幫助人們活得更久。如果一個人壽命變得更長,而且幸福大於零,那麼社會福祉就會升高。[16]

但我們能夠透過提高出生率來增加未來社會福祉嗎?如果我們做得到的話,這會是增加未來社會福祉的最便宜方式之一,因此我們應該選擇這麼做,即使這會使得每個在世者的幸福年(WELLBYs)數量減少。但彌爾不接受這種社會福祉取決於人口多寡的觀點,他認為我們應該關注的是**每個在世者的 WELLBYs 數量**。

今天的醫療政策制定者已經採取這樣的方法。它們的目標是為每個在世者產生儘可能最高的品質調整後的生命年數(Quality-Adjusted Life Years,經適當折算)。[17] 我們依循這種方法。所以我們使用公式 (3) 去評估政策改變的影響時,不會包含政策改變對在世者人數的任何影響。

我們應該多平等?

到目前為止,我們採取的是古典功利主義的立場,也就是重要的是平均終生幸福,不管分布有多麼不均。這表示以下 2 種幸福分布情況的價值相等:

	情況 1	情況 2
張三	8	5
李四	2	5

但是今天，許多人比哈奇森和邊沁更重視平等，認為提高最不快樂者的幸福，比提高已經相當快樂者同等程度的幸福更重要。[18] 換句話說，i 的幸福（W_i）之社會價值，不等同於 W_i。相反的，它隨 W_i 上升，但上升的速度越來越慢。因此，W_i 的社會價值是 W_i 的「函數」，即 $f(W_i)$，它具有我們剛才描述的屬性。[19] 而社會福祉是所有社會成員的 $f(W_i)$ 之和。因此，

$$\text{對平等主義者而言：} S = \sum_i f(W_i) \quad (f' > 0, f'' < 0) \qquad (4)$$

因此，我們有兩種不同的社會福祉概念可用於判斷一種情況是否優於另一種情況。我們應該用其中的哪一種？在邊沁主義（或者嚴謹的「**功利主義**」）觀點和更平等主義（或「**優先權**」）觀點之間做選擇時，一個好方法是二戰後，揚·哈薩尼（Jan Harsanyi）和約翰·羅爾斯（John Rawls）開創的方法。[20] 這種方法要我們想像自己處於「**無知之幕**」（veil of ignorance）後的「**原始位置**」，不知道我們實際上會成為什麼樣的人。我們接著要自己在不同的情況中做選擇，但不知道每一種情況中我們會是什麼樣的人。

那麼我們要如何評估不同的情況？使用這個架構的平等主義者認為，大多數人都有一定程度的風險厭惡（risk-aversion）。他們因此不會完全根據平均值，去評估可能的幸福水準分布。他們也會觀察可能結果的離散度。他們所偏愛的前景，是幸福感低落的機率比較低。換句話說，就任何一定的人口平均幸福來說，他們偏愛更為平等的幸福分布，甚於比較不平等的分布。[21] 表示這組價值觀的最簡單方法，是使用我們描述過的那種社會福祉概念 $\sum_i f(W_i)$，其中額外增加的 W 的社會價值隨著 W 增加而下降。[22]

如果接受這個論點，那麼問題就成了「下降得有多快？」[23]。最

極端的觀點,是受哈佛大學哲學家羅爾斯的研究啟發的。[24] 依這種觀點,下降十分劇烈,以至於唯一真正重要的是最不快樂者的幸福。因此社會福祉等於最不快樂者的幸福。

$$\text{對接受羅爾斯觀點的人而言:} S = Min\,(W_1, \ldots,\ W_n) \quad (5)$$

另一個不那麼極端的觀點是,唯一真正重要的是低於某種可接受幸福水準的人數。[25]

選擇社會福祉函數不是科學問題——它涉及規範性(normative)考量,即使我們試著透過「積極的」思想實驗或人口調查來解決這個問題。這就是為什麼無論幸福學進步了多少,關於社會福祉的確切定義,總是會有相當不同的看法。

因此,在任何需要選擇的情況中,最**實用**的方法是先檢視 $\sum_i W_i$ 的差異,然後觀察改變 $f(W_i)$ 形式的假設,結果會改變多少。[26] 進一步的實用步驟,是先在造成最大不幸的生活領域中,尋找新政策(第8章提出了相關的證據)。

批評

現在必須面對現實,不能再逃避了,因為儘管根據主觀幸福的哲學,方法很強大,卻一直飽受批評。以下是一些主要的批評,以及幸福支持者的典型回應。應該指出的是,其中許多問題用任何哲學系統都極難處理,真正的問題是:是否有其他的倫理體系,比基於幸福的倫理體系更站得住腳。

結果論與權利：胖子難題

第一個批評是：我們只考慮行動的結果（儘管我們的確包含了行動期間發生的經驗）。批評者經常援引以下的例子。[27]你在天橋上，往下望看到一列火車駛來，而沿線有五個人在鐵軌上，即將被火車撞死。然而天橋上坐著一個胖子，他的噸位足以讓火車停下來而解救那五個人。你應該為了救那五個人而把胖子推下去送死嗎？

簡單算術告訴我們：這樣的行動將淨增加四條人命（5減1）。那麼這是該做的正確事情嗎？批評者表示，幸福方法的答案是肯定的，而這顯示幸福方法的不適當。然而，如果這種行為是可以接受的話，我們社會中千千萬萬人會對自己的生活有什麼感受？社會顯然必須制定一些規則，讓它的成員得以發展。功利主義哲學因此有兩個功能。[28]首先，它幫助我們選擇通常應該遵循的規則；其次，幫助我們決定何時應該違反規則（例如，何時應該為了保護猶太人躲避納粹追殺而撒謊）。

有些規則會是我們教導孩子的倫理原則，有些則是法律確立的權利。我們會教導孩子待人友善，因為這會讓別人感覺更好。但我們也需要法律賦予的權利，尤其是針對少數群體。如果我們希望防止不幸，就必須確立許多法定權利。但這些都是刻意為之的立法行為，旨在促進社會福祉；它們不是承認某些早就存在的「自然權利」（natural rights）。[29]唯一的自然權利是每個人的感受同等重要。

體驗機

但良好的感覺是唯一重要的事嗎？1974年，哈佛大學哲學家羅伯特・諾齊克（Robert Nozick）提出以下的假設問題，質疑感受的首要地位：「假設有一台可以和你連接的『體驗機』（experience machine），讓你感受你想要的任何事情，而且其他人同樣也可以使用，你會連上這台機器嗎？」[30]

很多人會說不。他們表示，體驗的真實性很重要。但如果真實的體驗很可怕，而且我們把問題反過來問，又會怎麼樣呢？想像一下：一個是你在體驗機中度過了愉快的時光，另一個是你在老鼠出沒的牢房中單獨監禁的真實體驗。你會選哪一個？[31]

更可能的是，科學家研製出一種藥物，能讓每個人感覺更好，卻沒有不良的副作用。阿道斯・赫胥黎（Aldous Huxley）在他的書《美麗新世界》（*Brave New World*）中，以引人注目的形式提出這個問題。他在書中讓人們服用虛構的藥物索瑪（soma），讓自己感覺更好。這是為了震驚讀者。但是歷史上大多數人都是藉由酒精或其他物質來改善情緒。問題是所有已知的這類物質，也會帶來不良的副作用。不過人們可能很難抗拒能夠改善情緒，卻沒有任何不良副作用的物質。

適應

然後是我們的感受逐漸適應的問題（見第 3 章）。大多數人能在很大的程度上適應困境，所以它造成的不幸比可能的預期要少。[32] 批評者說，如果考慮到這個事實，我們為了減少人們的困境，所應做的事就會比原本應該做的要少。[33] 但這樣的說法並不成立，因為比較幸運的人也會適應他們的好運。所以如果我們從天選之人那裡取走一些，給那些不幸的人，那麼好運者所遭受的痛苦也會比可能的預期要少。因此，重新分配的理由，幾乎不因為適應的事實而受到影響：因為窮人從中獲得的額外幸福少於可能的預期，但富人遭受的痛苦也少於可能的預期。[34] 所以上述論點的差值並不受影響。

然而如果某些體驗比其他的體驗不容易適應，那麼適應確實有重要的意涵。因此，區分無法適應的困境和能夠適應的困境很重要。難以或不可能適應的困境包括精神痛苦、慢性身體疼痛、監禁、酷刑、侮辱和無法忍受的噪音。[35]公共政策需要高度重視這些類型的困境。

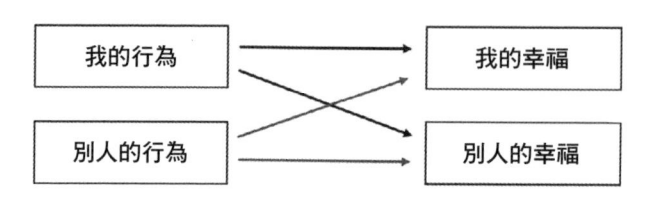

```
我的行為  ──────→  我的幸福
         ╲     ╱
          ╲   ╱
           ╲ ╱
           ╱ ╲
          ╱   ╲
別人的行為 ──────→  別人的幸福
```

圖 2.1　行為如何決定幸福

鼓勵自私

批評者經常質疑，如果我們接受幸福為至高無上的目標，那麼這表示個人應該只極大化自身的幸福。其實絕非如此。每個人的幸福受他人的善意行為影響很大。如圖 2.1 所示。

在這張很重要的圖中，我們關心的結果是社會的整體幸福，也就是圖的右側部分。它可以如何極大化？答案是：唯有每個人的行為目標是極大化**社會整體**的幸福。這是邊沁和所有支持最大幸福原則的人所宣稱的根本倫理原則。這個願望應該貫穿一個人的全部生活──不管是私人事務，還是他們選擇從事的工作。依這個觀點，倫理不只要求你**不應該**做什麼，也要求你**應該**做什麼。例如，傷害某人是錯的，但不幫助他們也是錯的。

有些人說這太「苛求」了[36]，因為它占了你生活的太多部分。就像其他所有的倫理理論，很難去確切明訂我們應該為了他人而犧牲自己的個人幸福到什麼程度。但是如果我們想要減少社會上的痛苦，顯然不只必須避免傷害他人（有為之罪），也不能不幫助他們（無

為之罪）。

要促進美好的生活，我們可以借用兩個關鍵的心理特徵。第一是人們從幫助他人中獲得愉悅：做好事並不總是令人愉快，但通常是愉快的（請見第 3 章）。第二是規範對於習慣的影響。如果人們從小就被期望表現良好，那麼這就會成為一種習慣。這是亞里斯多德強調的方法。

這兩種方法都和德國啟蒙運動的偉大哲學家伊曼紐爾·康德（Immanuel Kant）的學說相左。他提出與幸福極大化為基礎的倫理系統不同的重要替代系統。[37] 在康德的系統中，一個人行動的倫理正確性，是以那個人的動機判斷，不是看行動的結果。一個合乎倫理的行為必須是自覺的意志行為，而愉悅和習慣被認為與真正的倫理行為對立。然而，康德主義和邊沁主義的方法有一個關鍵特徵是一致的：每個人都有同等的重要性。這是基於理性的任何倫理理論之根本。

保姆國家

至於政治理論，批評幸福方法的人有時聲稱，如果政府關心人民的感受，這將導致過度干預人民的生活。但幸福學本身指出，對個人的幸福而言，自由極為重要（請見第 8 章和第 16 章）。因此，以幸福為目標的任何政府，都將持續受到這種考量的限制。只要有可能，政府就會提供機會，讓人民可以根據自己的喜好，決定要不要利用。

然而，很重要的一件事情是，了解對人民最重要的許多事情，都非常個人化（他們的心理健康、家庭關係和工作狀況），而這些面向的失敗，是人們痛苦的主要根源。因此，如果有具成本效益的協助形式可用，親民的國家必然會提供協助。

社會正義

　　最後一個問題影響所有的倫理理論——要給最不幸者的利益多大的權數？我們可以批評古典功利主義，因為不管是已經幸福的人，還是不幸的人，它都給他們額外增加的幸福同等的價值。但我們先前倡導的「優先權方法」，可以避開這個問題，並提供立法創造權利更強有力的基礎。它也斷言，收入不平等是壞事，因為**窮人多得一塊錢，比富人多得一塊錢更有價值**。因此良好的社會會確立權利（作為一種安全網形式）並重新分配所得。[38]

　　沒有任何倫理理論是完美的。如果你發現幸福方法有問題，你能想出如何生活或如何制定政策更好的標準嗎？

　　我們可以用一個不同的問題來作結。老天造人是為了讓他們感受幸福嗎？「**演化心理學**」（evolutionary psychology）的答案是「部分是，部分不是」。人性的基本特徵，是大約二十萬年前在非洲透過天擇而創造的。在生存鬥爭中倖存下來的基因，是使我們的「包容適應性」（inclusive fitness）極大化的那些基因。換句話說，這些基因最有可能繁殖攜帶相同基因的後代。那麼，這些被選擇的基因對於幸福有多大的幫助？我們生來當然是為了享受生存和繁衍所需的許多東西，例如性、食物、飲料，以及合作的能力（請見第3章）。此外，正如我們說過的，幸福對有利於我們生存的其他許多事情極有好處，例如對我們的身體健康、生產力和創造力都有幫助。[39]

　　但是要在非洲大草原生存，非擁有不可的一些特徵，並不特別有助於快樂的生活。其中最明顯的就是焦慮。如果獅子在附近，你感到焦慮是件好事。但今天的生活遠比從前安全，而且大多數人如果不那麼焦慮，生活會更加愉快（請見第4章）。

　　如同本書所說，我們擁有知識去改善自己和其他人的幸福，這

是個崇高的使命。

小結

(1) 我們談的是一個很強有力的觀念，也就是社會幸福只取決於整體人口的主觀幸福。這個觀念，從公共政策制定到個人行為的生活所有面向都適用。這個概念至少有三個用途。
- 它提供了比較各種情況的衡量指標，例如比較各個國家，或比較同一國家在不同時期的情況。
- 它提供了倫理哲學的根本原則：我們個人應該時時刻刻都盡己所能，極大化社會福祉。
- 它提供了政治哲學的根本原則：政府應該為最大可能的社會福祉提供各種條件。

(2) 幸福自古以來就是哲學的核心課題。

(3) 十八世紀，盎格魯—蘇格蘭哲學家提出人民的「最大幸福」為倫理和政治行動的目標。因此，個人應該以成為「幸福的創造者」為目標，政策制定者應該以人民的幸福為目標。

(4) 二十世紀初，行為主義認為我們不可能知道別人的感受。結果，經濟學家放棄了極大化幸福的政策目標，轉向極大化總所得（GDP）。

(5) 現在有一股強大的運動，反對使用 GDP 作為幸福的指標，轉而贊成改用生活品質的某種衡量指標。

(6) 「社會福祉函數」的一個版本是 ΣW_i，其中 W_i 是第 i 個人的幸福。但是大多數政策都會影響許多年，因此，前瞻性的社會福祉是以 $\sum_i \sum_t (1-\delta)^t W_{it}$ 來衡量，也就是未來幸福年（WELLBYs）的折現

總和。

(7) 折現率應該要低。在這種情況下，未來世代的幸福能得到應有的權數。這樣一來使得氣候變遷和永續性也成為極重要的課題。

(8) 平等主義者偏愛使用 $\Sigma f(W_i)$，而不是 ΣW_i 來衡量今天幸福的社會價值，其中 $f(W_i)$ 隨著 W_i 增加，其增加的速度會遞減。評估政策時，實用的方法是從 ΣW_i 開始，然後測試不同形式的 $f(W_i)$ 對它的敏感度。此外，我們可以把重點放在最為不幸的生活領域並尋找新政策。

(9) 幸福方法遭到許多批評，包括權利、「體驗機」、適應、自私和「保姆國家」等方面。本書會討論這些批評。

問題討論

(1) 你是否同意一個前後一致的政策制定需要某種單一的至高無上標準？這個標準應該是幸福嗎？
(2) 同樣的觀念是否應該指引我們的個人倫理選擇？
(3) 社會福祉函數應該是所有人幸福的簡單總和嗎？或是應該根據不幸的程度給予額外的權重？
(4) 你對幸福的倫理和政策選擇方法，遭到的主要批評有什麼看法：
- 結果主義、權利與社會正義
- 體驗機
- 適應
- 自私
- 保姆國家

延伸閱讀

de Lazari-Radek, K., and Singer, P. (2017). *Utilitarianism: A Very Short Introduction*. Oxford University Press.

Layard, R., and Ward, G. (2020). *Can We Be Happier? Evidence and Ethics*. Penguin UK.

Mill, J. S. (1863). *Utilitarianism*. Parker, Son & Bourn, West Strand.

Nozick, R. (1974). *Anarchy, State, and Utopia*. Basic Books.

Smart, J. J. C., and Williams, B. (1973). *Utilitarianism: For and Against*. Cambridge University Press.

注釋

[1] 我們將在第 4 章討論佛陀的貢獻。

[2] 當然，基督教也預言地球上會有個新世界，但要等到基督再臨之後。

[3] Raphael (1969).

[4] 歐洲大陸也有支持者，但人數沒那麼多。貢獻最力的著名人物包括義大利法學家切薩雷．貝卡里亞（Cesare Beccaria，1738-1794）和法國哲學家克勞德．阿德里安．愛爾維修（Claude Adrien Helvétius，1715-1771）。

[5] Robbins (1932).

[6] Kaldor (1939)；以及 Hicks (1940)。

[7] Kuznets (1934).

[8] 羅伯．甘迺迪（Robert Kennedy）1968 年 3 月 18 日在堪薩斯大學（University of Kansas）發表的演講。

[9] Easterlin (1974).

[10] 請見 Diener (1984)。重要的先驅還有 Cantril (1965)；Campbell, Converse and Rodgers (1976)；以及 Andrews and Withey (1976)。這些書都使用新的幸福指標。

[11] 有些幸福學家只把社會福祉函數用於指引政治體制的選擇，而不是指引個別政策（請見 Frey 2008）。

[12] 我們稍後會提到，未來的幸福應該略微折價。

[13] HM Treasury (2020, 2021).

[14] Budolfson et al. (2021).

[15] HM Treasury (2020).

[16] 我們現在用「**等比量表**」（ratio scale）來衡量幸福，意思是我們可以說 A 的快樂是 B 的兩倍。這是超出（但並不抵觸）我們在第 1 章所提等距量表的進一步假設。

[17] 請見第 10 章。

[18] 例如，Rawls (1971)——請見下面的公式 (5)。

[19] 符號 $f(W_i)$ 是隨著 W_i 變動的量。符號 f' 表示當 W_i 增加 1 個單位，那個量的增幅。符號 f'' 表示當 W_i 增加 1 個單位，f' 的增幅。如果我們假設死人沒有社會價值，就必須選擇一個有 $f(0) = 0$ 屬性的 $f(W)$ 函數。

[20] Harsanyi (1953, 1955); Rawls (1971).

[21] Dolan (2014) p. 179.

[22] 這並不抵觸 Harsanyi (1953, 1955) 所主張的，應該根據未來前景的「預期效用」，評估它們價值的原則，也就是根據 $\Sigma \pi_i u_i$，其中 π_i 是結果 i 發生的機率，u_i 是結果 i 的「效用」。這是因為對於每個結果 i，都有一個 u_i 值，讓人覺得結果 i（確實的經驗），以及另一種情況中，最佳結果的機率 u_i 加上最差結果的機率 $(1 - u_i)$，兩者之間並無差別。但平等主義者會辯稱，如果人們厭惡風險，則 u_i 會是真實幸福 W_i 的凹函數：因此 $u_i = f(W_i)$ $(f' > 0; f'' < 0)$ 。

[23] 這個問題的一種表述方式，是假設 $S = \Sigma \frac{1}{\lambda} W_i^\lambda$ $(\lambda \leq 1)$。我們接著要辯論 λ 的值。

[24] Rawls (1971)。（羅爾斯只將這個判斷應用於「初級商品」的分布）。

[25] 這種方法稱為「充分主義」（sufficientarian）。為了鼓勵把重點放在痛苦上，康納曼和他的同事設計了所謂的 u **指數**（u-index），衡量一個人一天當中主要處於不幸狀態的時間百分率（Krueger 2009）。

[26] 一些現代哲學家，例如舉足輕重的功利主義哲學家彼得·辛格（Peter Singer），認為我們應該停在 ΣW_i，部分原因是再進一步，會讓我們走得太遠，離開原則上可以客觀衡量的東西。De Lazari-Radek and Singer (2017)。

[27] Sen and Williams (1982)。至於不同的觀點，請見 Smart and Williams (1973) 中 Smart 的論述。

[28] Hare (1981).

[29] 根據邊沁的意見，自然權利學說「極為荒謬」。請見 Bentham (2002)。

[30] Nozick (1974).

[31] 請見 Hindriks and Douven (2018)。
[32] 關於多種體驗的適應程度,請見 A. E. Clark et al. (2018)。
[33] Sen (2009).
[34] 事實上,一旦考慮到社會比較,就沒有太多證據顯示有收入適應那回事——請見第 13 章。
[35] 關於噪音,請見 Weinstein (1982)。
[36] 請見 Railton (1984)。
[37] 例如,請見 Scruton (1982)。
[38] Layard and Walters (1978) pp. 47-51 及其參考文獻。
[39] 請見 De Neve et al. (2013)。關於創造力,請見 Fredrickson (2000)。

第二篇
人性與幸福

人生不是毫無意義

3
我們的行為如何影響幸福

在心理學家看來，不言而喻的是，人既非完全理性，也不是全然自私，而且他們的喜好一點也不穩定。

丹尼爾・康納曼

個人責任 vs. 集體行動

如果社會福祉是目標，也就是需要極大化的事物，那麼接著的問題是：「誰」來實現這個目標？

傳統的經濟學，非常仰賴個人自由不受約束的選擇。正如亞當斯密在《國富論》（*Wealth of Nations*）中所說，人可能自私，但是為了得到他們想要的東西，最佳做法是也提供給別人他們所需的東西。這種自願交易的過程，其結果是**有效率的**（如果能滿足四個假設），但是它不可能在不損及其他人的狀況下，讓某個人的處境變得更好。這四個假設是：

- 沒有獨占或寡占，
- 沒有公共財（如道路或公園），
- 人人都能獲得全部的資訊，

- 除非透過自願交易，否則沒有人會影響到其他人（也就是不存在「外部性」）。

空氣污染是負「**外部性**」（externality）的經典例子。不管我是不是同意，污染都會降臨我身上。因此，外部性是指未經我選擇，卻發生在我身上的事。心理學家和社會學家會立刻發現，外部性構成了一切所發生事情的很大一部分，從我們如何學習價值觀，到我們是否會遇到搶劫都是。[1] 如果我們想要一個高效率的社會，就必須設法應對外部性。

純粹的自由放任（也就是個人的行動不受約束）還有另一個問題，就是公平（equity）問題。即使這個框架的效率很高，但也可能使得某些人遠比其他人不幸福。人的才華、繼承的財富，以及最重要的是過上愉悅生活的內在能力等方面，存在巨大的差異。

因此，純粹的自由放任既缺乏效率（不滿足四個假設），也不公平。所以我們需要社會和國家一起積極致力於促進人民的幸福和預防不幸。所以我們需要幸福這門科學。

還有一個更進一步的原因。人本身和傳統經濟學的假設有很大的不同。一方面，他們遠不如經濟學家所想的那麼擅長於促進本身的最佳利益。另一方面，他們確實經常關心他人的幸福。所以本書一開始必須從根本上觀察人類行為的一些基本面。

本章將探究兩個問題。

- 人們會追求本身的最佳利益到什麼程度？
- 除了自願交易，人們還會受到其他人的行為以何種方式影響。換句話說，外部性的關鍵例子有哪些？

人的決策

人顯然確實會在某種程度內追求本身的最佳利益。這是人類得以生存的一個原因。人會被有利於生存的事物「吸引」，而且實現這些事物（進食、交配等）會感到更快樂。他們會「避開」對生存不利的事物。這種「趨近／迴避」系統，是人性的基本組成部分。但真相比這要複雜。

2002年，諾貝爾經濟學獎首次頒給心理學家。有人會說「早該如此」，因為經濟學是建立在人們行為方式的心理學理論之上。但是丹尼爾‧康納曼的想法和經濟學家有所不同。正如康納曼所說，經濟學家通常假設人「理性、自私，喜好不會改變」。[2] 康納曼和朋友阿莫斯‧特佛斯基（Amos Tversky）共同研究數十年之後，相信事實並非如此。

他們共同創立了一門新學科，有些人稱為**行為經濟學**（behavioral economics），有些人稱為**行為科學**（behavioral science）。其他許多人也追隨他們的腳步，特別是經濟學家／心理學家理查‧塞勒（Richard Thaler，另一位諾貝爾獎得主）和律師凱斯‧桑思坦（Cass Sunstein）。他們在所著《推力》（*Nudge*）[3] 一書中，明顯區分傳統經濟理論的人（他們稱之為理性經濟人〔Econs〕）和真實的人（他們稱之為「普通人」〔Humans〕）。

有兩個核心問題需要探討：人追求本身的幸福，效果有多好，以及他們如何影響他人的幸福？普通人至少會因為以下五個原因，而無法極大化自己的幸福：
- 成癮且缺乏自制力，
- 不可預見的適應，

- 框架，
- 厭惡損失，
- 無私。

成癮與自制

人們經常決定戒菸、戒酒、戒毒或戒賭之後，最後還是做不到。他們往往決定明年再做，等到明年，又決定下一年再說。這是「動態不一致」（dynamic inconsistency）的情況。不一致是因為第一年他們是根據第一年的偏好去規劃；但是第二年到來時，他們第二年的偏好發生了變化。推而廣之，人們展望未來時，許多人給當期相較於隨後所有期間非常高的優先性：他們在現在和明年之間，使用非常高的折現率。但當他們比較明年和下一年，卻使用低得多的折現率，依此類推。這就是他們計劃明年戒掉什麼，而不是今年戒掉的原因。有趣的是，神經科學家已經證明，今年和明年之間的決定，與更遙遠未來各年之間的決定相比，是由大腦比較原始的部位做出的。[4]

不可預見的適應／習慣養成

做出壞決定的另一個原因，是不可預見的適應（unforeseen adaptation）。人類的適應力通常相當強。他們會適應困境，有了好經驗，也會習以為常。換句話說，一件事情改變，對幸福造成的初步影響，最後會部分或全部消失。[5] 正如本書會談到的，人會（至少部分地）適應離婚、殘疾和貧困，也會適應新房子、新車、新伴侶，或者新生兒。[6]

如果適應是**完全的**，那麼要永遠改變你的幸福水準，唯一的方法就是持續不斷的改變。因此，「完全適應」時，我們可能有

$$W_t = b\,(X_t - X_{t-1}) \tag{1}$$

其中 X 是對你很重要的任何事物。所以如果你喜歡 X，當 X 增加，你的心情會更好。但是一旦 X 停止增加，你的幸福就會回到先前的水準。換句話說，幸福有一個「設定點」（set point）——不管是好的變化，還是壞的變化，都不會有任何永遠的影響。[7]

但事實上，如果我們追蹤人的一生，會發現他們的幸福經常從一個十年到下一個十年之間波動很大。[8] 因此，完全適應相當少見——例如，比較窮的人不如富人那麼快樂（其他條件相同的話）。但如果你想想假使明年你突然變得那麼貧窮，會有什麼感受，他們遭受的痛苦可能也比你想像的要少。

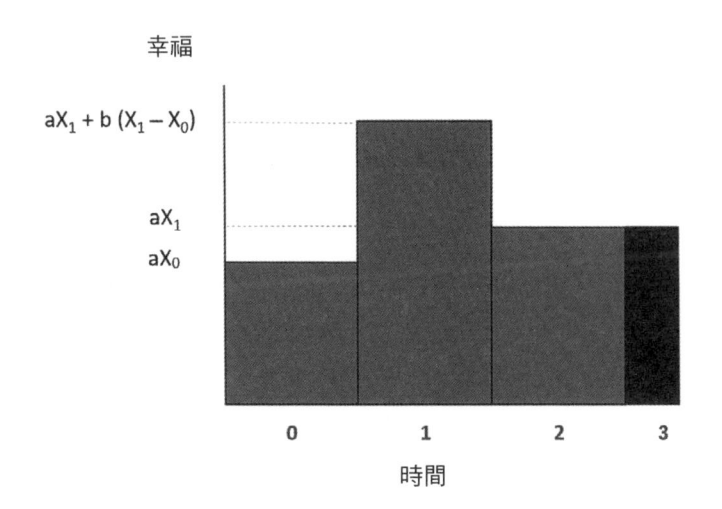

圖 3.1　X 改變之下，部分適應的幸福狀況

現實生活中最常見的情況是「**部分適應**」。這很常見。在你搬家時，新房子起初讓你感覺很棒，但後來你慢慢視之為理所當然（你對它的關注減少），接著你回到搬家之前的感覺。[9] 同樣的情況也發

生在買新車或收入增加上。部分適應的典型狀況是

$$W_t = aX_t + b(X_t - X_{t-1}) \qquad (2)$$

所以假設我們從 X 等於 X_0 的位置開始，這時

$$W_0 = aX_0$$

然後 X 上升到 X_1，而且保持在那裡。第一段期間裡，幸福水準是

$$W_1 = aX_1 + b(X_1 - X_0)$$

但在接下來的期間，X 並沒有進一步受到刺激而升高。所以

$$W_2 = aX_1$$

這個過程如圖 3.1 所示，其中 X 是人們想要的東西。[10] 關鍵點在於，適應的程度是取決於 b 對 a 的比率。b 相對於 a 越高，適應的程度就越多，且 W 在起初的變化後移回原始的位置越多。這種型態常見於尋找伴侶、失去伴侶、生孩子和許多基本體驗給人帶來的影響。

如果更深入探究適應的原因，它和人的**注意力**顯然有很大的關係。當你注意某些事物，它們就變得非常重要。如果不注意，它們就沒那麼重要。正如康納曼說的：「生活中的萬事萬物，當你想到它時，它才如你所想的那麼重要。」像錢那麼突出和顯眼的東西，很容易吸引人的注意，但很多時候，大多數人真的沒有想到它們。例如，大多數人認為加州人比美國中西部地區的人快樂。這是因為他們評估這件事時，想到的是氣候的差異。不過事實上，兩地居民的幸福並沒有什麼差別，因為他們實際上沒有花很多時間想氣候的事。[11] 同

樣的，過了一陣子之後，大多數人也不會那麼關注他們的新車了，除非有人引起他們注意車子。

那麼適應對個人的幸福有什麼含意？關鍵問題在於個人是否預見他們的適應。如果人們能預見這種適應，他們就能做出最適當的決定。但在許多情況下，人顯然高估了他們從一件事的改變（例如更高的收入、一輛新車、一棟新房子，甚至一位新伴侶），所能增加的幸福。這種情況下，人會為了獲得新東西而付出過多的心力，有時更會後悔投入那麼多心力。[12] 哈佛大學心理學家丹尼爾·吉伯特（Daniel Gilbert）將這稱為「空思妄想」（miswanting）的情況。[13]

框架

人的行為也會受到一個選項所呈現的方式很大的影響。每一家廣告商都知道這一點：要賣出一項產品，就需要將它和某種吸引人的東西掛勾，不管多麼不相關。而且你要確保人們儘可能經常聽到它的名稱。[14] 廣告明顯會影響到人的喜好，尤其是，廣告常常讓他們覺得自己需要以前不需要的某種東西。因此，有些證據顯示廣告降低了人的幸福感，一點也不足為奇。[15]

但框架（framing）最明顯的狀況是「預設情況」（default）造成的影響。例如，可以用兩種方式向人們說明，讓他們決定是否加入退休金計畫，為老年生活儲蓄：

(1) 問你是不是想要選擇加入（opt in）該計畫
(2) 除非你選擇退出（opt out）該計畫，否則將你自動註冊加入。

這對於你會怎麼做產生很大影響。例如，有四家美國公司從必須選擇加入轉為必須選擇退出。[16] 在選擇加入時，只有 25～43% 的人加入公司的退休金計畫，但一旦採取自動加入（除非你選擇退出），

86～96%的人都加入這項計畫。最後的結果天差地遠。一個重大的決定，竟然只看你是否必須按下按鈕而定。像這麼重要的問題，人們顯然沒有明確的偏好，大多數經濟學家卻認為他們有。事實上，許多人偏偏讓框架替他們做決定。

在可以預立遺囑死後捐贈器官方面，也發現類似的行為。在必須選擇同意捐贈的國家，捐贈率可能低到4%；但是必須選擇不同意時，捐贈率接近100%。[17] 在所有這些情況，選擇加入似乎會有精神成本，但如果其他人為你選擇加入，這種成本就會消失。

因為框架如此重要，所以想要影響人們行為的任何人，都必須審慎地框架他們接觸人的方法。這適用於政府，也適用於其他所有的人。這個觀念是塞勒和桑斯坦所倡導的**推力**（Nudge）政策的核心。他們認為，如果我們曉得自己希望人們表現什麼樣的行為，就應該儘可能正確地框架他們的選擇（而不是向他們發號施令），促使他們這麼做。這種方法被稱為「**自由意志家長主義**」（libertarian paternalism）。[18]

當你希望好好地框架給人們的選擇時，應遵循三個關鍵原則：
(i) 力求訊息簡單。
(ii) 如果你希望某人做某件事，可以指出其他許多人正在做那件事。
(iii) 將做那件事和正向的某件事產生關聯，而不是和負向的某件事產生關聯。

下面的實驗說明了最後一點。隨機選取兩組（A和B），提供如下的選擇：

_____

A組　你願意接受這樣的賭博嗎？
　　　有10%的機會贏得95美元，

同時有 90% 的機會損失 5 美元

B 組　你願意花 5 美元買這樣的樂透彩嗎？

有 10% 的機會贏得 100 美元，

同時有 90% 的機會贏不到錢

A 組的絕大多數人拒絕接受賭博，而 B 組的絕大多數人同意買樂透彩。兩者的結果相同（不妨仔細算一下）。答案不同的原因是 A 組聽到了「損失」一詞，B 組則沒聽到。

損失厭惡和稟賦效應

這直接帶出了人類的另一個關鍵特徵：損失厭惡（loss-aversion）。即使是小東西，人厭惡失去它們，更甚於得到它們的價值。這是所有動物的深層心理特徵——他們最強烈的衝動，就是保住自己擁有的東西。不妨試著從貓嘴邊拿走食物看看。

塞勒稱此為「**稟賦效應**」（endowment effect），可以用非常簡單的實驗來說明。[19] 把學生隨機分成兩組。給第一組看一種特定類型的杯子，並且問他們願意花多少錢買它。平均答案是 3.50 美元。另一組則免費獲得相同的杯子。過了一會兒，問他們需要給他們多少錢，才肯割愛他們的杯子。平均開價是 7 美元。所以說，相同的杯子，一旦你擁有它，就值 7 美元，但你只願意花一半的錢買它。因此，即使對同一個人來說，杯子的價值，也沒有簡單的答案：這取決於是否已經擁有它。[20] 也就是，價值取決於「**參照點**」（reference point）。

另一個損失厭惡的明顯例子，是人們對於不確定性的反應，康納曼因他和特佛斯基所謂的「前景理論」（prospect theory）而榮獲諾貝爾獎。用個簡單的實驗來說明。問你是否接受下述的賭博：

- 有 50% 的機會贏得 150 美元，同時
- 有 50% 的機會損失 100 美元。

　　接受這種賭博的人，平均可望贏得 25 美元。可是絕大多數人拒絕下賭。[21] 這無法藉由假設幸福和收入之間存在平滑的關係來解釋，不管受測者目前的收入是多少。[22] 相反的，當人們重視未來的收入，他們會拿它和目前的收入比較。而且他們厭惡損失甚於喜歡利得。換句話說，如圖 3.2 所示，如果一個人一開始的收入為 Y。那麼她損失 100 美元失去的幸福感，會比贏得 150 美元獲得的幸福感要多。

　　厭惡損失不只表現在我們對收入的態度，也以各種方式影響行為。[23] 例如，職業高爾夫球手在需要避免博忌（損失）時，比想要拿到博蒂（利得）時，更有可能推桿進洞。天氣不好時，計程車司機的工作時數會拉長，即使客人並不多。房屋價值出現虧損時，屋主會堅

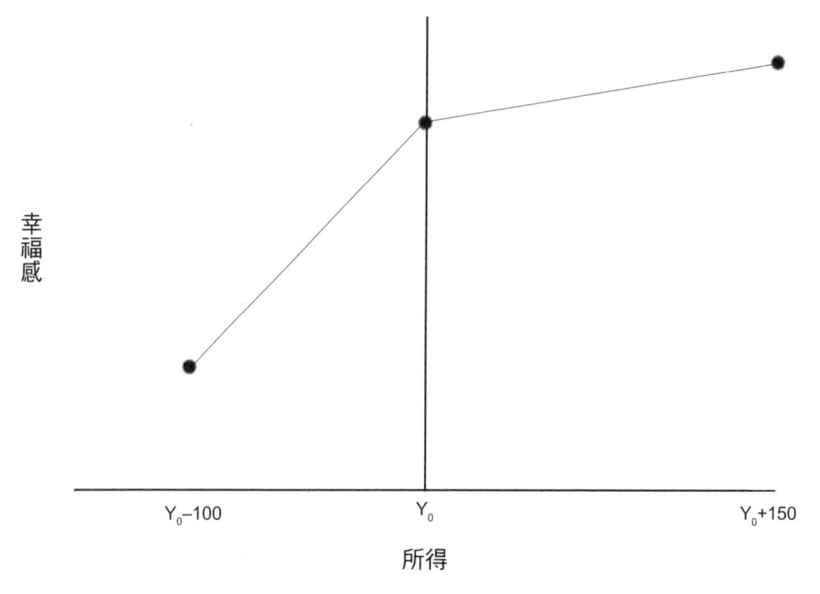

圖 3.2　厭惡損失

持以較高的價格出售。投資人比較有可能出售（自買進以來）價值上漲的股票，而不是賣出下跌的股票：他們討厭「實現」虧損。試圖避免損失的這些嘗試，都不符合理性的期望結果極大化者的利益。[24]

許多研究利用損失相對於利得的幸福／所得關係的斜率，試著衡量厭惡損失的程度。典型的發現是比率為 2:1。例如，假設有

- 50% 的機會贏得 x 元，同時有
- 50% 的機會損失 100 元

然後問你：x 的值是多少，才會讓你願意一賭？典型的答案是 200 美元。[25]

在**整體經濟**（whole economy）的層級，也能發現類似的效應規模──這一次是和實際體驗的幸福有關，而不是和預期的幸福有關。當景氣衰退，收入下降時，國民幸福的降幅，是經濟綻現榮景，收入上升時，幸福增幅的兩倍之多。[26] 這個比率又是 2:1。厭惡損失解釋了標準經濟學無法解釋，但聰明人一直注意到的許多行為形式。其中之一是工資向下的僵固性。如同凱因斯指出的，人們非常抗拒名目工資的縮水。如果物價下跌得夠多，這可能顯得不理性，因為即使一個人的名目工資下降，實質收入甚至可能是升高的。但人並不會用這種方式看事情，厭惡損失和「貨幣幻覺」（money illusion）的組合，使得工資無法下降，並加劇經濟衰退。這個簡單的觀察，是凱因斯經濟學的核心，但和純理性不一致。

推而廣之，正是厭惡損失使得許多經濟改革難以實施。即使有 95% 的人口受益，改革也常常因為 5% 的人受損而挫敗。每個國家都有許多例子。1930 年代的英國，大量失業幾乎沒有引起任何政治抗議，直到政府改革失業救濟制度，讓大多數失業者受益，卻傷害到少數人才出問題。[27]

結束討論厭惡損失之前,我們要再談另一件事實:**敏感度遞減**(dminished sensitivity)。其中一個面向是經濟學的常用規律:隨著你獲得的愈來愈多,每一單位的額外利得,你會覺得其價值愈來愈少。損失也是如此——隨著你失去的愈來愈多,每多一單位的損失,造成的額外痛苦也愈來愈少。例如,再次假設我們觀察金錢的利得和損失,幸福的相應變化如圖 3.3 所示。

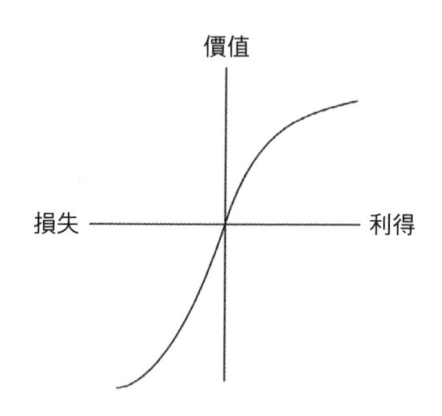

圖 3.3 厭惡損失的敏感度遞減
資料來源:改編自 Kahneman (2011)

這會帶來驚人的結果。假設有人必須在以下的選項之間做選擇:
- 有 50% 的機會損失 100 美元
- 確定損失 50 美元

他們會偏愛放手一賭,因它至少有 50% 的機會不會失去什麼。為了保有避免損失的希望,全世界的決策者都傾向於冒很大的風險,雖然接受小得多的損失並繼續往前走可能更為理性。[28]

厭惡損失和敏感度遞減結合在一起,構成了康納曼和特佛斯基所說的「前景理論」,康納曼正是因此榮獲諾貝爾獎(但特佛斯基

不幸已過世)。每位受獎者都會收到一幅個人化的畫,康納曼證書上的畫就是圖 3.3 的更藝術性版本。

無私

最後,人類行為的一個關鍵面向,並不經常出現在標準經濟學當中:**無私**(unselfishness)。人們經常為再也見不到面,以及絕對不可能回來報恩的人做一些事情。他們將撿到的錢包歸還失主,而且錢包裡的錢愈多,歸還的可能性愈大。[29] 人們匿名捐款給慈善機構;他們跳到河裡拯救溺水的陌生人。這些行為只能用具有道德感來解釋。道德感部分是後天習得的,部分是來自於基因。[30] 人的道德感強度當然各不相同。那麼,可以怎麼解釋人性的雙重面向,也就是混合了自私和無私?你可能認為,在個人的層級,比較自私的人最後會在達爾文的生存之爭中勝出。如果是這樣的話,無私的基因就會愈來愈少見。但是這種事情並沒有發生。有兩件事維繫著它們合作無間。

第一個是**社會制裁**(social sanctions)。你的公民同胞知道,為了達成許多目的,合作比競爭的效率高。所以他們會懲罰不合作的人:這樣的人會遭到排擠;其他人不會和他們一起工作。因此,正如證據顯示的,不合作的人一般表現比其他人要差。[31] 同樣的情況也發生在黑猩猩群體。最近對黑猩猩做的一項實驗令人印象深刻,牠們的合作行為是不合作行為的五倍之多;不合作者不是被排擠,就是遭到身體上的懲罰。[32] 所以人們合作的一個原因,是為了贏得他人的好感。

但還有第二個原因:一般而言,利社會(pro-social)行為使我們自己**內心感覺良好**——「很溫馨」。一項實驗中,學生被隨機分成兩組。第一組拿到的錢花在自己身上,第二組拿到的錢花在別人身上。實驗結束之後,被問到快樂的感覺時,捐錢出去的人覺得比較

快樂。這項實驗在四個國家重複進行,針對幼兒的一項類似實驗,也得到相同的結果——他們常常微笑。[33]

神經科學證實了有這種機制。玩「囚犯困境」(Prisoner's Dilemma)遊戲時(你可以「合作」或「不合作」),合作的人在處理其他正向獎勵的標準大腦區域,顯示更多的活動。[34] 而這種情形甚至在他們知道其他的玩家會不會合作之前就有了。換句話說,如果你想感覺良好,就做好事。

外部性

到目前為止的結論是,普通人並不總是極大化自己的幸福。當因此而產生不好的結果時,好的建議、輕推,甚至政府的干預,可能會幫助到他們。[35] 但政府干預的另一個原因,也源於人性,也就是**外部性**扮演的角色。我們簡單談一下外部性的三種形式:他人的可信度、我們的社會規範的來源,以及社會比較。

他人的可信度

我們深受周遭人們的品德所影響(見圖 2.1)。自由主義者可能會說,我們可以選擇身邊有什麼樣的人。但這麼說不是很正確,只有一部分人能夠選擇。如果他們選擇了最值得信賴的人,那麼其他人最後就會和不太值得信賴的人往來。對整個人群來說,重要的是可以與之往來的品德高尚總人數。所以我們同胞的善惡對我們的幸福有巨大的外部影響。這一直是我們需要有公立教育的原因之一。

我們的社會規範的來源

我們本身的喜好和規範,主要是我們在童年和青少年時期,從外在世界吸收而來。它們影響我們喜歡什麼,以及對待他人的方式。自由主義者例如諾貝爾獎得主、經濟學家蓋瑞‧貝克（Gary Becker）和喬治‧史帝格勒（George Stigler）認為,喜好沒有高低之分（拉丁文是「de gustibus non est disputandum」〔品味無須辯駁〕）。[36] 幸福學提供一個不同的觀點。正如我們談過的,我們的偏好對其他人影響巨大。我們的基因肯定對我們的喜好和行為規範有一些影響。但我們也受父母、學校、同儕和整個社會的巨大影響。只要想想每個年代的時尚或音樂品味,或者我們對性別、種族和抽菸的態度如何變化,就懂得這一點。

人類的基本需求可能沒有太大的變化。根據某個學派,我們的社會需求可以彙總為三大類：自主、能力和關係。[37]

- **自主**（Autonomy）。我們需要有當家作主的感覺,也就是能夠掌控自己的人生。
- **能力**（Competence）。我們需要覺得有能力去做該做的事。
- **關係**（Relatedness）。我們需要覺得受人賞識,也賞識他人,也就是我們需要彼此正向的連結。

這可能是對的。但我們渴望的具體事物,很大程度上取決於我們生活其中的社會規範。

社會比較

人們和其他人比較起來如何,對他們的影響很大。他們會在意自己的收入和同事相比如何,或自己的子女和其他人的子女相比如何。我們會在第 13 章進一步討論這一點。人們也傾向於互相模仿。這種

群體行為（herd behavior）通常是群體的成員尋求安全感的結果。[38]

小結

傳統的經濟模型中，人們擁有定義明確的偏好，並且始終一致、自私自利地追求這些偏好。根據這樣的模型，在自由放任的世界中，除了一些問題之外，幸福能夠以很高的效率促進。其中最大的問題是「外部性」，也就是人們在未經他人同意的情況下影響他人的情況。

但事實上還存在其他問題。人們在許多方面不同於傳統經濟模型所描述的：

- 他們常常缺乏自制力（例如吸毒、酗酒和賭博），而且他們為明天擬定的計畫，往往沒有執行。
- 他們經常不了解自己會適應改變到什麼程度，因此他們可能投入了心力以獲得新東西，但結果發現所造成的改變，少於他們的預期。
- 他們會受到要做的決定的框架方式，很大的影響。例如，如果需要特別費心去做選擇退出的動作，許多人會加入退休金計畫，但如果必須選擇加入，他們就不會選擇參加退休金計畫。
- 人們非常厭惡損失，這常常使得應該做的改革變得很困難。
- 另一方面，他們經常互相幫助而不求任何回報。

這些複雜性表示我們通常需要政府干預或者輕推，才能產生高效率的結果。當我們考量許多普遍存在的「外部性」影響我們的體驗，這些論點變得更加有力：

- 如果我們生活在相互信賴的社會中，我們會受益。
- 我們的許多規範和喜好是從社會得來的。

- 由於人和人之間有比較的心理,如果其他人更成功,我們的幸福感會減低。

因此,簡單的經濟模型雖然可以解釋關於企業和勞工的許多行為,但對於人們通常的行為方式,解釋得非常不完整。我們顯然需要理解人們為什麼會表現那樣的行為。但為了知道應該鼓勵哪些行為,我們也需要知道行為如何影響幸福。這是本書接下來的章節要探討的核心課題。

問題討論

(1) 如果人們不能追求本身的最佳利益,政府除了輕推他們,應該做更多的事嗎?
(2) 競爭與合作應該有什麼樣的適當組合?
(3) 培養好公民是誰的工作:(i) 父母,(ii) 學校,(iii) 政府,(iv) 信仰組織,(v) 其他?
(4) 傳統經濟理論在思考公共政策方面的用處如何?它的主要缺點是什麼?

延伸閱讀

Choi, J., Laibson, D., and Madrian, B. C. (2006). Saving for retirement on the path of least resistance. In E. McCaffrey and J. Slemrod (Eds.). *Behavioral Public Finance: Toward a New Agenda* (pp. 304-351). Russell Sage Foundation.

Gilbert, D. T., and Wilson, T. D. (2000). Miswanting: Some problems in the forecasting of future affective states. In J. P. Forgas (Ed.). *Studies in Emotion and Social Interaction, Second Series. Feeling and Thinking: The Role of Affect in Social Cognition* (pp. 178-197). Cambridge University Press.

Kahneman, D. (2011). *Thinking, Fast and Slow*. Allen Lane.

Layard, R., and Walters, A. A. (1978). *Microeconomic Theory*. McGraw-Hill.

Rilling, J. K., Gutman, D. A., Zeh, T. R., Pagnoni, G., Berns, G. S., and Kilts, C. D. (2002). A neural basis for social cooperation. *Neuron*, 35(2), 395-405.

Thaler, R. H., and C. R. Sunstein (2008). *Nudge: Improving Decisions about Health, Wealth, and Happiness*. Yale University Press.

注釋

[1] 金錢也是有外部性的，因為我的行為會影響其他人買進或賣出的市場價格。Layard and Walters (1978) p. 226。

[2] Kahneman (2011) p. 269。本章大量引用這本書的內容。

[3] Thaler and Sunstein (2008)。另見 Thaler (2015)。

[4] Laibson (1998) 與 Rabin (1998)。

[5] 成癮常常是起於這個原因。起初，這種物質可以提高幸福感，但隨著時間的消逝，你需要愈來愈多，才能得到相同的好效應。

[6] 請見後面各章和 A.E. Clark et al. (2018)。

[7] 當然，如果你能讓 X 年年成長，你會過得更好，但那時你就落在「享樂性跑步機」（hedonic treadmill）上。

[8] Headey (2006).

[9] Odermatt and Stutzer (2019).

[10] 如果公式 (2) 中出現更多滯後項（lagged terms），則下降到 aX_1 的速度會比較緩慢。

[11] Schadke and Kahneman (1998); Loewenstein, O'Donaghue and Rabin (2003).

[12] Loewenstein and Schadke (1999) p. 90.

[13] Gilbert and Wilson (2000).

[14] 關於產品或服務只要經常曝光就具有吸引力，請見 Zajonc (1968)。

[15] Michel et al. (2019).

[16] Choi et al. (2006).

[17] Johnston and Goldstein (2003) p. 1338.

[18] 他們特別喜歡輕推（nudge）重大、長期和複雜的決定。

[19] Kahneman et al. (1990).

[20] 另一個引人注目的例子是，隨機發給學生一個咖啡杯或一塊巧克力（兩者價格相同），然後給他們交易的機會。一般人會預期 50% 的人會偏愛他們

沒有的東西。事實上只有 18%。List (2003)。

[21] 這當然不適用於下注數百次的交易員。對於下這種賭注許多次的人來說，幾乎肯定是贏很多。

[22] 正如 Rabin (2000) 指出的，所得效用函數（utility-of-income function）平滑的人，如果拒絕了贏得 200 美元或損失 100 美元機會各半的賭注，也必然拒絕贏得 20,000 美元或損失 200 美元機會各半的賭注。這表示所得效用函數平滑不是厭惡損失的原因。

[23] Camerer et al. (1997); Odean (1998); Genesove and Mayer (2001); Kahneman (2011).

[24] 這是人們有不同的「心理帳戶」（mental accounting）的一個例子，也就是我們會分開評斷事物，而不是在整體的情境中評斷它們。

[25] 例如，請見 Kahneman (2011)。

[26] 至少兩倍──請見 De Neve and Ward (2017)。

[27] Runciman (1966).

[28] 也有很多文獻提到人們傾向於誇大小風險的機率，這就是保險公司賺錢的方式。Tversky and Kahneman (1992)。

[29] Cohn et al. (2019).

[30] Ricard (2015).

[31] 一些證據請見 Schwartz (1970)；以及 Lyubomirsky et al. (2005b)。但是一些作弊者也確實在競爭之下生存下來。Frank (1988) 對作弊者和非作弊者可以如何在平衡狀態下生存，做出了很好的解釋──透過和他們一樣的人交往。另見 Fehr and Fischbacher (2003)，指出多種平衡是有可能的：如果自私的人夠多，即使無私的人也會表現出自私的行為。

[32] Suchak et al. (2016).

[33] Otake et al. (2006)；Dunn et al. (2008)；Aknin, L. B. et al. (2012)；Aknin et al. (2013, 2015, 2019)；Lane (2017)。正如 Helliwell et al. (2018c) 在第 10 頁指出的，當伸出援手的行為，是為了他人而做，而不是出於自我的原因時，幫助者更感愉悅。

[34] Rilling et al. (2002)。另見 Harbaugh et al. (2007)。

[35] 另一個問題是，人們是否確實選擇他們認為會快樂的事情？這個領域的有趣研究指出，一般來說，他們的確這麼做，但並非總是如此。然而許多反例，可以是因為無私，或者是他們用比一般研究調查更長的時間視角，來看待他們未來的快樂（例如，你先接受一份不太愉快的工作，為了日後踏

進令人滿意的職業生涯鋪路）。請見 Benjamin et al. (2012)； Fleurbaey and Schwandt (2015)； Glaeser et al. (2016)。

[36] Stigler and Becker (1977).

[37] Deci and Ryan (2000). Self-Determination Theory.

[38] Hamilton (1971).

我要翻轉人生
就從把我的長褲燙平開始

4
我們的想法如何影響幸福

人不是被事物所困擾,而是被他們對事物的看法所困擾。

愛比克泰德(Epictetus,古希臘哲學家)

我們的體驗會影響幸福,不過,我們對這些體驗和未來是怎麼想的,也會影響幸福。當人們學習如何把自己的想法控制得更好時,可以得到這個過程的最佳證據。因此本章將探討三種心靈訓練:

- 臨床心理學(針對處於困境的人)
- 正向心理學(針對我們所有的人)
- 冥想和正念

實驗方法

在上述每個領域,我們將仰賴來自嚴格控制的實驗所提供的證據。這種實驗是幸福研究極為重要的部分,也是建立一般因果關係的最確實方法,如果我們想知道如何改善某件事,它們尤其重要。人們很容易認為某種方法有效,因為接受實驗的那些人(「實驗組」)有所改善。但會不會不管怎麼樣,他們都會改善?除非你有一個與

「實驗組」（treatment group）非常相似，但沒有接受實驗的「對照組」（control group），才能回答這個問題。「對照組」的進展提供「反事實」（counterfactual），可用來和實驗組的進展比較。

隨機對照試驗（randomised-controlled trial 或 RCT）是這種比較的黃金標準。進行這種試驗時，實驗組和對照組是從單一母體隨機抽取的。這並不保證它們完全相同，但可以大幅降低由於實驗組和對照組之間預先存在的差異而得出有偏差結論的風險。

任何干預的關鍵問題都在於效應的大小。這比效應是否顯著不同於零（很大的程度上也取決於樣本的大小）更重要。

效應的大小可以用兩種方式來衡量。首先，我們以被衡量的結果的單位去衡量它。舉例來說，我們可以在 0-10 的量表上，以生活滿意度的單位去衡量效應，而發現干預提高了生活滿意度例如 1 單位。

但也可以和母體生活滿意度的整體離散度相比，來觀察這個效應有多大。因此，假設生活滿意度的標準差（standard deviation，SD）為 2。同樣的干預提高了生活滿意度 0.5 個標準差。這個統計量稱為**效應量**（effect size 或 Cohen's d）。[1] 所以對結果變數 Y 來說，干預的效應量以下式計算：

效應量 = 效應（以 Y 的單位表示）/SD(Y) = Cohen's d

認知行為治療（CBT）

那麼，我們從臨床心理學談起，並問：陷入困境的人是否只是本身過去的受害者，只有揭露他們的過去才能得到幫助？或者他們可以改變當下的思考模式，來改善自己的心理狀態？

奧地利精神病學家西格蒙・佛洛伊德（Sigmund Freud，1856-1939）是第一種觀點的主要支持者。佛洛伊德表示，我們目前的感

受，很大程度上是童年時期發生的事情的結果。如果我們的經歷很糟，便有持久的影響，尤其是如果糟糕經歷的記憶遭到「壓抑」，深埋在心靈的「無意識」部分。佛洛伊德認為，只有將這些記憶喚醒到表面，人才能繼續往前走下去。這最好透過精神分析來實現，做法是請患者躺在沙發上，治療師在他身後，由患者進行「自由聯想」（free association）。透過這種自由聯想，被壓抑的記憶會浮現出來，病人的痛苦也得以緩解。

許多人受益於佛洛伊德的治療方法，但由於對照試驗少之又少，很難知道到底有多少人受惠。[2] 佛洛伊德對我們的文化影響很大，尤其是對性的態度更加開放這點。但佛洛伊德對人類的各種可能性有些悲觀。他在《文明及其不滿》（Civilisation and Its Discontents）一書中寫道：「造人的計畫並無意讓人們快樂。」

佛洛伊德之後的一代心理治療師，大多對人的福祉抱持比較樂觀的看法。卡爾·羅傑斯（Carl Rogers，1902-1987）尤其如此，創立了他所稱的人本心理學（humanistic psychology）。[3] 羅傑斯比任何人都更強調治療師與患者之間結成治療聯盟，在心理治療過程中的重要性。今天這成了許多治療的核心。但是這種諮商（現在是面對面）的主要焦點，仍然是了解過去，以及它如何影響現在。

認知革命

然而到了1970年代，亞倫·貝克（Aaron T. Beck）基於以下的關鍵事實，發展出一種全新的方法：
- 我們的想法會影響我們的感受，
- 我們可以（在某種程度內）選擇不同的想法，
- 因此，我們可以直接影響我們的感受。

這種方法並沒有忽視過去（尤其是造成創傷時），但是它聚焦在我們目前的想法如何持續著過往的不良感受。這些不良的感受導致了**自動負向想法**（automatic negative thoughts）。但我們可以觀察這些想法，（在適當的情況下）質疑它們，並設法讓自己脫離它們，而不是被它們占有。透過這種方式，可以為更正向的想法創造空間──更加珍惜我們擁有的，並對未來抱持更美好的希望和計畫。這通常需要重新評估我們的目標，因為無法實現的目標是憂鬱症的主要成因之一。我們可以用「重新框架」（reframing）我們的想法來復原。

「**認知革命**」（cognitive revolution）因此誕生[4]──之所以稱為認知，是因為它專注於認知（cognition，也就是想法〔thoughts〕）。貝克的研究重點是憂鬱症問題。他學以致用，成為佛洛伊德式心理治療師。據他所學，人是因為壓抑憤怒，進而將憤怒轉向自己而感到憂鬱。根據這個理論，憤怒會在夢中顯露，而揭露這些憤怒，患者可以緩解憂鬱情緒。貝克為了促使精神分析成為科學，和一組同事做了安排，比較憂鬱症和非憂鬱症者的夢。結果發現，有憂鬱症的人，**較少**作有敵意的夢。不過，有憂鬱症的人，其夢境相當貼近他們醒著時，有意識狀態下的想法──身為受害者、世界與他們作對，以及自己受到折磨、排拒或遺棄等想法。[5]

貝克因此改變他的治療方法。他請患者觀察他們的「負向自動想法」，並以更具建設性的想法取代。1977年，貝克發表了第一個憂鬱症認知治療的隨機對照試驗，並和主要的抗憂鬱藥物療效作比較。[6]結果令人震驚──認知治療的效果比較好。從那時起，這類試驗進行過數千次，目前的看法是，認知治療和抗憂鬱藥物治療，在治癒重度憂鬱發作方面同樣有效。[7]但是憂鬱症治癒後，抗憂鬱藥物對後來舊病復發的風險沒有效果（除非繼續服用藥物），而認知治療（一旦做過）

可以將隨後的復發率減半。[8]

臨床心理學的行為革命

心理治療的「認知革命」起初是將重心放在憂鬱症。其間，**行為革命**（behavioral revolution）也在進展，用於治療焦慮症。這是根據俄羅斯生理學家伊凡‧巴甫洛夫（Ivan Pavlov，1849-1936）的觀念。他指出可以如何依一種刺激和好或壞事件的連結，制約狗對於那種刺激產生的反應。南非醫生約瑟夫‧沃爾普（Joseph Wolpe，1915-1997）由此推斷，如果有人對於做某件事感到害怕，就可以用按部就班的體驗，讓他們知道做那件事（例如公開演講或走出屋外）不會有不好的事情發生，而逐步去除敏感，消除恐懼。他因此開創了行為治療法。

1960年代，戈登‧保羅（Gordon Paul）在臨床心理學領域進行第一個對照實驗，以檢驗這個理論。實驗的目的是治癒公開演講的恐懼症。保羅比較了系統性減敏（systematic desensitisation）和另外兩種方法：洞見取向治療（insight-oriented therapy，根據佛洛伊德的觀念）和根本不加以治療。結果發現，系統性減敏的效果最好。[9] 接下來幾十年，人們發現焦慮症不只可以透過行為方法，也可以透過更好的思考方式得到緩解。同樣的，憂鬱症不只可以透過更好的思考方式，也可以透過行為啟動（behavioral activation）得到幫助。**認知行為治療**（Cognitive-Behavior Therapy，CBT）於是誕生，重點在於幫助人們改變無益的思考型態，從而帶來行為、態度和情緒的改變。

但CBT其實並不是一件事。它是針對不同問題的一組不同治療方法。例如，對於創傷後壓力症候群（post-traumatic stress disorder，PTSD），必須詳細回顧創傷的經驗。但CBT的根本重點，是直接恢

復人們對內在精神生活的控制,使他們能夠繼續往前走。如果在這個領域落實進行,CBT 在大約十次療程後產生的康復率至少為 50%,而對於焦慮症,後續的復發率非常小。[10]

批評 CBT 的人說得很對,它關心的是處理令患者痛苦的症狀,而不是揭露這些症狀的成因。因此他們說,它只不過是一片「OK 繃」。但到底好不好,肯定要看患者體驗的結果。處理症狀而不是處理成因並沒有錯——醫學上一直這麼做,尤其是在外科手術。令人高興的是,它可以立即帶來希望,因為它表示,人經過適當的訓練,可以藉著有意識的活動,控制自己的內心世界。

CBT 不是唯一有效的心理治療形式。對焦慮症來說這是最好的,但對憂鬱症來說,英國政府提供的指南也建議採用人際心理治療、短期的心理動力治療,以及特定形式的諮詢。[11] 藥物當然有助於治療重度憂鬱症和某些形式的焦慮症。但我們之所以關注 CBT,是因為它點出了「我們的想法可以影響我們的情緒」這個關鍵點。

正向心理學

如果想法能影響真正受苦者的情緒,那麼其他每個人也一定可以。這是貝克的主要追隨者的見解。1998 年,塞利格曼(Martin E. Seligman)在美國心理學會(American Psychological Association)的主席演說中提出一個新概念,稱為**正向心理學**(positive psychology)。[12] 它運用和 CBT 相同的原則到每個人的生活上。這門學科說,如果每個人都能把自己的精神生活控制得更好,也設定更明智的目標,他們就會更快樂。祕訣在於發揮自己的長處,而不是改正自己的短處。[13] 任何情況和任何人,都看最好的一面——敞開心胸擁抱世界,並對自

己所擁有的心懷感激。

正向心理學領域有很多好書[14]，也針對它所建議的如下作為，做了許多對照試驗：

- 每天練習感恩，
- 每天多做一件好事。

談到這裡，正好介紹一下從「**為快樂而行動**」（Action for Happiness）運動的文獻，汲取其中精華而得到的「活得更快樂的十把鑰匙」（10 Keys to Happier Living）。左欄五個項目（見圖4.1）是每天建議的五項行動──在心理學的領域，這相當於世界衛生組織（WHO）建議的每日五蔬果。[15] 右欄五個項目是我們應該自我培養的主要長期傾向。「為快樂而行動」為了推廣十把鑰匙，提供八堂課程，並且進行隨機對照試驗。試驗結果顯示，課程結束後兩個月，實驗組的生活滿意度提高1點以上（量表從0到10點），比起（失業後）找到工作或找到一起生活的伴侶，生活滿意度的增幅還要高。[16]

正向心理學的一個關鍵問題是**注意力**（attention）。我們關注的焦點不只影響我們做的事（如第3章所述），也影響我們的感受。正如我們談過的，人類在非洲大草原上演化時，每天都面臨著死亡的風險，因此高度的焦慮是有用的，而且已經嵌入我們的基因之中。就像心理學家里克・漢森（Rick Hanson）說的：「對負向的想法而言，心就像魔鬼氈（Velcro），對正向的想法而言，心就像不沾鍋材料鐵氟龍（Teflon）。」[17] 但在當今世界上大部分地方，人遠比以往任何時候安全，不會受到暴力侵害。[18] 因此，大多數人的焦慮超過了對他們有利的程度──他們過度關注出錯的事情。想要更快樂，就要更專注於對的事情。

活得更快樂的十把鑰匙

GREAT DREAM　偉大的夢想

- 布施　為別人做點事情
- 往來　建立人際關係
- 運動　注意身體健康
- 覺察　用心生活
- 嘗試　不斷學習新事物
- 方向　有前瞻目標
- 韌性　設法從谷底翻身
- 情感　一心求善
- 接納　安於接受自己
- 意義　身為更大事物的一員

為快樂而行動

圖 4.1　活得更快樂的十把鑰匙
資料來源：為快樂而行動，活得更快樂的十把鑰匙

　　正向想法遭到《笑或死》（*Smile or Die*）一書作者芭芭拉・艾倫里奇（Barbara Ehrenreich）等人的大力批判，她說，正向想法會鼓勵盲目樂觀的態度（Pollyanna attitude）。這些批評者說，我們因此忽視了正在發生的壞事。相對地，這些批評家提倡「務實思考」（realistic thinking）。顯然，攸關他人時，務實極為重要——我們應該關切他人受到的痛苦。我們需要注意這件事並幫助他們——證據指出，比較快樂的人更會幫助別人。[19]但是對我們自己來說，可以在某種程度上創造本身的現實。杯子可能既是半空，又是半滿；但如果把它想成半滿，那就會好多了！

冥想與正念

CBT 和正向心理學鼓勵的習慣與東方智慧，尤其是佛教所倡導的有很多共同點。[20] 東方早已發展出比西方更有效的心靈訓練方法。[21] 那就是**冥想**（meditation）。冥想有許多種形式，但最常見、研究最多的是正念。[22]

正念（mindfulness）的意思是以開放、覺察和不批判的心靈框架，關注當下。你拋開過去和未來，只觀察眼前此刻。你選擇要專注的事情，然後專注在它上面。如果你的心思游移，就把它輕輕地拉回來。

首先，最自然的關注對象是你的呼吸（簡單的呼吸練習也非常有用）。[23] 隨後你可以轉移到身體的其他部位（包括完整的「身體掃描」），然後可以觀察你的思緒，不管是快樂，還是悲傷。不必把悲傷或焦慮推開，而是以友善的方式，由外觀察它，這樣它就不再占有你。而且你要練習對自己有同理心。如果你覺得自己做了一件愚蠢或錯誤的事情，不妨想一下：我會對處於這種狀態的朋友說什麼？然後就對自己這麼說。

西方許多的正念冥想都是根據喬・卡巴金（Jon Kabat Zinn）在麻州大學開的八堂正念減壓（Mindfulness-Based Stress Reduction，MBSR）課程。這原本是針對慢性疼痛患者的課程，卻證明對其他許多人非常有幫助。研究發現，MBSR 對成人的情緒和睡眠、成癮性物質濫用、專注力和同理心等方面帶來有益的影響。[24] 它也影響身體。研究發現，正念可以增加大腦和脊髓中的灰質（grey matter）數量（攸關學習）和情緒的調節，以及增加端粒酶（telomerase），可以延長壽命。[25] 在一項隨機試驗中，MBSR 課程結束四個月後，實驗

組和對照組成員都注射流感疫苗，結果冥想者產生更多的抗體。[26]

至於孩童，33個獨立研究的統合分析，評估類似的正念課程。研究發現，它們對憂鬱、焦慮和社交行為有顯著的正向影響，d（效應量）分別是 0.22、0.16 和 0.27。[27] 一些研究也發現對課業的學習有好影響。[28]

正念冥想完全不帶批判。但東方智慧還有另一股強大的力量：悲憫（compassion）很重要。這是另一種形式的佛教冥想，著重於對他人心生悲憫。這種形式中，冥想者首先祈願自己的幸福，然後是所愛之人的幸福，接著是敵對者的幸福，最後是全人類的幸福。針對21項研究的統合分析，發現這種做法可以增加幸福和悲憫，並且減輕憂鬱和焦慮——效應量都在 0.5 左右。[29] 悲憫冥想也被發現可以增加身體中的愉悅荷爾蒙催產素，並且改善控制心率的迷走神經（vagus nerve）的狀況。[30]

即使如此，冥想對某些人來說效果並不特別好。但每個人都有可能找到調節自己想法的方式，以改善自己的幸福。

所有宗教都提供了改善幸福的一些方法，但我們將在第14章才討論宗教。可以用達賴喇嘛的啟示結束這一章。在所有的東方導師中，他在西方最具影響力。直到最近，他仍是西藏流亡政府的領袖，但過著僧侶般的生活。他也在西方四處旅行和教學。他的許多著作都教導獲得幸福的方法，其中可能包括冥想，也可能不包括。但是在每個階段，具有強烈科學意識的達賴喇嘛，都強調身心合一。[31] 這就是第5章的主題。

小結

正如我們談過的，有許多干預措施可以透過影響我們的思考模式和對周遭世界的反應，來讓我們感覺更好。但這些干預措施告訴我們的不只如此。它們（透過實驗）指出一個更普遍的事實：我們的想法對我們的感受有重大影響。當然反之亦然：我們的感受影響我們的想法。但主要是透過我們的想法，才可能去管理我們的感受。

問題討論

(1) 如果一個人正遭受痛苦，即使你無法發覺或消除成因，讓他緩解症狀是否就夠了？
(2) 看事情的光明面，是不是終究是很危險的事？

延伸閱讀

Goleman, D. (1995). *Emotional Intelligence*. Bantam Books.

Greenberger, D., and Padesky, C. A. (2015). *Mind over Mood: Change How You Feel By Changing the Way You Think*. Guilford.

Lyubomirsky, S. (2008). *The How of Happiness: A Scientific Approach to Getting the Life You Want*. Penguin Press.

McManus, F. (2022). *Cognitive Behavioural Therapy: A Very Short Introduction*. Oxford University Press.

Seligman, M. E. P. (2011). *Flourish: A Visionary New Understanding of Happiness and Well-being*. Free Press.

Williams, J. M. G., and D. Penman. (2011). *Mindfulness: A Practical Guide to Finding Peace in a Frantic World*. Piatkus.

注釋

[1] 下述的關係也成立。
   (1) 如果效應量（以 d 表示）低於 0.5 左右，則起初處於中位數（median）的接受實驗者，將在分布上升高約 $40 \times d$ 個百分點（假設分布為「常態」）。
   (2) 實驗虛擬變數和結果變數的相關性為 $d\sqrt{p(1-p)}$，其中 p 為接受實驗者的比率。在隨機實驗中，當母體的一半接受實驗，該值為 $d/2$。

[2] 其中兩個對照試驗，請見 Fonagy (2015)；以及 Leichsenring et al. (2009)。現在有時間較短的佛洛伊德治療方法，稱為「心理動力學」（psychodynamic）。

[3] 卡爾・古斯塔夫・榮格（Carl Gustav Jung，1875-1961）也是，率先定義了外向和內向，以及情結（complex）的概念。阿爾弗雷德・阿德勒（Alfred Adler，1874-1937）亦然，率先定義了自卑情結（inferiority complex）。

[4] Beck (1979)。另見 Beck and Beck (2011)；以及 Layard and Clark (2014)。

[5] Beck (2006)。

[6] Rush et al. (1977)。

[7] Roth and Fonagy (2005)。

[8] Hollon and Beck (2013)。

[9] Paul (1966)。

[10] Hollon and Beck (2013)。

[11] 請見英國國家健康與照護卓越研究所（NICE）最近提出的指南。

[12] 這種方法的先驅，是 Goleman (1995) 所提出而廣為人知的情緒智商（Emotional Intelligence）概念。

[13] Seligman (2002) 提供了一些辨識技巧，可藉以發現你的長處。

[14] Seligman (2002)；Ben-Shahar (2007)；Lyubormirsky (2008)；Gilbert (2009)；Dolan (2014)；以及 King (2016)。

[15] 這些最初是由新經濟基金會（New Economics Foundation）發展出來的，請見 Foresight Mental Capital and Wellbeing Project (2008) p. 24。

[16] Krekel et al. (2020)。這門課程現在有六堂課，可以線上或面對面上課。線上學習平台 Corsera 還有另一門線上課程，是耶魯大學蘿瑞・桑托斯（Laurie Santos）所教授的非常叫座的課程，名為「幸福的科學」（The Science of Well-Being）。

[17] Hanson (2016)。

[18] Pinker (2011).

[19] Huppert (2009).

[20] 佛教教義也和羅馬帝國的斯多噶學派相似,但斯多噶學派並沒有建議任何特定的精神練習。

[21] 每種宗教信仰當然都有冥想(請見下文)。

[22] 關於實用的自助指南,請見 Williams and Penman (2011)。最好的正念非正式入門導引,來自越南的一行禪師(Thich Nhat Hanh)(Hanh [2001],[2008])。至於學術入門,請見 Williams and Kabat-Zinn (2013)。

[23] 減輕壓力的一種立即有效的方法,是深深吸氣並閉氣 20 秒,然後吐氣,再重複兩次。請見 Zaccaro et al. (2018)。

[24] Baer (2003).

[25] Holzel et al. (2011);以及 Jacobs et al. (2011)。但請注意,Kral et al. (2021) 發現灰質沒有變化。

[26] Davidson et al. (2003).

[27] Dunning et al. (2019)。在一項試驗中,正念訓練也被證明能夠減輕教師的憂鬱和倦怠(Jennings and Greenberg [2009])。但另見 Kuyuken et al. (2022) 提到當課程結束後,少了組織化練習的影響。

[28] Bakosh et al. (2016);以及 Bennett and Dorjee (2016)。

[29] Kirby et al. (2017)。效應量如下:悲憫 0.55、幸福 0.51、憂鬱 0.64、焦慮 0.49——效應很大。

[30] Frederickson (2013);Kok et al. (2013)。另見 Goleman and Davidson (2017)。

[31] 他是心智與生命研究院(Mind and Life Institute)的共同創辦人。該機構出版了一系列關於身心互動的科學書籍。

WHAT I USED TO BE

WHAT I AM NOW

以前我是這樣

現在是這樣

5
我們的身體、基因與幸福

我選擇快樂，因為這對我的健康有好處。

伏爾泰（Voltaire）

　　我們的想法、感受和行為並不是發生在肉體的空間之外——而是發生在我們的身體裡。本章探討身心關係的四大問題：
- 我們能在大腦裡找到感受的位置嗎？
- 我們的心理幸福如何影響身體的其他部位？
- 我們的身體又如何影響心理幸福？
- 我們的基因如何影響心理幸福？

感受與大腦

　　神經科學仍處於起步階段。但我們已經可以定位人們經歷心理幸福和痛苦的大腦區域在哪裡。所用的方法是去問人們感受如何，然後觀察他們的答案和大腦不同部位電流活動的相關性。測量大腦不同部位電流活動的最佳方法，是採用功能性磁振造影（functional Magnetic Resonance Imaging，fMRI）。[1] 使用 fMRI，可以發現幸福

衡量指標和大腦許多不同區域的電流活動之間存在顯著的相關性。例如，威斯康辛大學的理查・戴維森（Richard Davidson）和他的同事發現，幸福和腹側紋狀體（以及其中的伏隔核）之間存在很強的關係。[2] 隨著時間的推移，不但同一個人的這種關係成立（例如把孩子的照片給母親看時），更重要的是，不同的人這種關係也存在。因此，腹側紋狀體持續活動較高的人，心理幸福較高（請見圖 5.1）。他們的腎上腺產生的皮質醇也較少，這是幸福的另一個正向跡象（請見下文）。

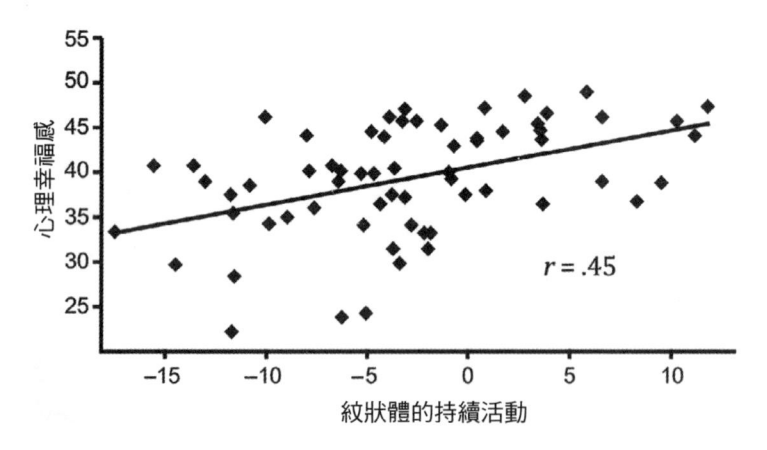

圖 5.1　腹側紋狀體的持續活動可以預測心理幸福
資料來源：Heller et al. (2013)

　　腹側紋狀體是人類和其他哺乳動物共有的皮質下區域。但神經科學家也發現幸福和前額葉皮質的不同部分（包括腹內側和背外側）的活動之間有相關性。[3] 研究人員同時發現大腦中的預設模式網路（Default Mode Network），在沒有很多事情發生時會接管大腦的運作。它關注的是自我，而這個網路較為活躍的人表示自己比較不快樂。[4]

因此，客觀的衡量和主觀經歷的表述有相關性，而這證實了主觀的幸福表達當中含有一些客觀的資訊。但我們對幸福的神經相關性，理解的還是太少了。

然而疼痛的神經科學研究有更多進展。人們感到疼痛時，覺得不適的主要區域，是在另一個皮質下區域的前扣帶皮質（anterior cingulate cortex，ACC）。**身體疼痛**（physical pain）有兩個組成部分——「感官」面向和「情緒」面向。感官面向告訴我們疼痛從哪裡來（背部、腿等）及其性質（例如抽痛、持續、熱、冷），並且記錄在體感皮質中。但是作為疼痛的一部分而感受到的情緒困擾，則位於 ACC。[5]

從**社交痛苦**（social pain）而來的情緒困擾也是如此。[6] 因此，止痛藥撲熱息痛（paracetamol，如美國的泰諾〔Tylenol〕）對身體疼痛和社交痛苦的經歷具有相同的緩和效果，也就不足為奇了。不論是何種痛苦，藥物都會調節 ACC 附近的電流活動。

所以我們知道了有意識的幸福和疼痛感是在哪裡經歷的。但是我們的心理生活如何影響身體的其他部位呢？

心靈如何影響身體

心靈對身體最明顯的影響，是對**壽命**（longevity）的影響。1932 年 9 月，美國聖母學校修女會（American School Sisters of Notre Dame）院長決定要求所有的新進修女寫一篇生平簡介。這些簡介保存了下來，過了很久，請心理學家根據它們所揭露的正向感受數量，對它們進行獨立評等。接著比較這些評等和每位修女的壽命長度。值得注意的是，修女在 20 多歲時所揭露的正向感受數量，是她會活多

久的極佳預測指標。1991 年還在世的修女中,最快樂爽朗的四分之一中,只有 21% 在接下來的九年裡去世,而最不快樂爽朗的四分之一修女中,有 55% 去世。[7] 這顯示快樂可以如何延長一個人的壽命。

最近,隨機抽樣的 50 歲以上英國成人,詢問他們有關快樂的問題,以及他們是否被診斷患有任何長期的身體疾病,如心臟病、肺病、癌症、糖尿病或中風。[8] 追蹤他們九年,觀察他們是否死亡。粗略結果如圖 5.2 所示。最不快樂的三分之一,死亡的可能性是最快樂三分之一的三倍。而且,即使控制起初所有的身體疾病,最不快樂的三分之一,死亡的可能性仍然高出 50% 左右。另一項研究追蹤挪威某個郡的每一個人六年。一開始先診斷所有人的心理狀態,也問了其他問題,例如是否吸菸。接下來的六年,研究發現,原先診斷為憂鬱症者,和吸菸一樣,是死亡率的強有力預測指標。[9]

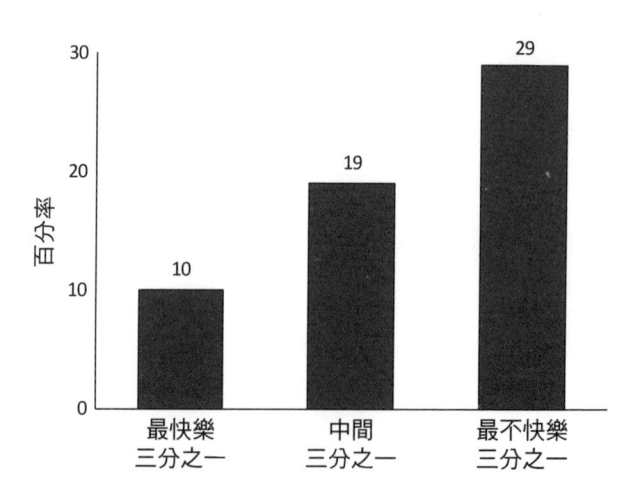

圖 5.2　未來九年的死亡百分率(開始時為 50 歲以上的成人)
資料來源:Andrew Steptoe。另見 Steptoe and Wardle (2012)

如何解釋心情對於身體健康的影響？最清楚的管道是透過**壓力**（stress）產生影響。身體有一種機制，不管壓力是身體上的還是心理上的，都會以類似的方式對壓力做出反應。有時這稱為「**戰或逃**」（fight or flight）反應：我們的心率、血壓和呼吸頻率增加；我們流更多汗，口乾舌燥。

反應始於大腦，大腦透過兩組主要的神經，和身體的其他部位連結。其中一組包括感覺神經和運動神經，向我們的四肢發出做什麼事的有意識指示。另一組是「自主神經系統」，在很大的程度上不受我們意識的控制，而且會調節我們所有內部器官的運作。

自主系統有兩大分支：交感神經和副交感神經。**交感神經系統**（sympathetic nervous system）啟動戰或逃的反應。它會立即指示腎上腺產生英國人所說的 adrenaline 或美國人所說的 epinephrine（譯注：*兩者的中文都譯為腎上腺素*）。這是進入血液並激活整個身體採取行動的荷爾蒙（hormone，希臘語意為信使〔messenger〕）。它也動員免疫系統產生促炎細胞因子（pro-inflammatory cytokine），準備應對可能的感染。相較之下，**副交感神經系統**（parasympathetic nervous system）會使身體平靜下來。在它活躍時，身體的器官會比較不活躍。例如，在冥想或呼吸練習中，迷走神經會活躍起來以降低心率。但是只要壓力持續存在，交感系統就會最為活躍。

在此同時，腎上腺的另一部分會產生第二種荷爾蒙：**皮質醇**（cortisol）。一則訊息從大腦的下視丘，傳遞到腦下垂體，再到腎上腺，將皮質醇釋出到血液中，然後釋放儲存的葡萄糖以刺激肌肉。

當壓力是短暫時，壓力反應是完全正常之事。但當壓力持續不去，可能導致**免疫系統過度活躍**（尤其是 C 反應蛋白和 IL6），以及全身持續性發炎（inflammation），而這最終會縮短預期壽命。[10] 它

還會導致血液中產生更多的纖維蛋白原（fibrinogen），目的是在傷口形成血栓，但從長遠來看是不必要的。在西方國家，長期壓力的最常見來源是精神上的，而且由於婚姻衝突、照顧精神錯亂的親戚、社會孤立、社會劣勢和憂鬱，觀察到炎症的增加。[11]

造成長期影響的另一個壓力成因是**兒童虐待**（child abuse）。有一項研究，追蹤了紐西蘭但尼丁（Dunedin）出生的兒童。在十歲之前曾遭受虐待的人，二十年後發炎標誌增加。[12] 關於兒童虐待的這些發現，在許多類似研究的統合分析得到證實。[13] 相較之下，生活中保持樂觀和目標，可以防止冠狀動脈心臟病和中風。[14]

心靈影響身體的最簡單證據，可能是來自一項簡單的實驗，給受測者一個小的**實驗傷口**（experimental wound）。因此而憂鬱或焦慮的人，需要最長的時間才能康復。[15] 另一項實驗中，受測者接受注射，心理最感不適的人產生的抗體最少。[16] 既然我們可以藉由心理干預影響心靈，也能用那種方式影響身體。例如，正念冥想可以降低促炎細胞因子的水準。[17] 它也增加端粒酶的產生，從而延長預期壽命。[18]

安慰劑效應（placebo effect）也許是心靈對身體最引人注目的影響。對許多疾病來說，服用安慰劑藥片（不含任何有效成分）的人中，高達 30% 的人會康復。[19] 人們會康復，是因為相信自己會。

因此，心靈對身體有著深遠的影響。這些是我們的幸福如何產生的主要原因，而相關的不同化學物質，提供了我們的幸福如何發展的實用**生物標誌**（biomarker）。

身體可以如何影響心靈

但也有一連串反方向的因果關係──從我們的身體到幸福。身

體事件可以改變我們的心理狀態。健康的生活對我們的心理幸福極為重要,而這表示要大量運動、充足的睡眠,以及保持良好的飲食習慣。[20] 同樣的,身體疾病和失智症會降低我們的幸福。

但身體對心靈影響最明顯的例子之一,是**藥物**的力量,不管是娛樂用途還是身心治療用途。藥物是透過影響化學**神經傳導物質**(neurotransmitters)的運作而發揮作用,這對大腦的運作有很大影響。大腦是由大約 1,000 億個腦細胞或神經元組成,每個神經元都和其他數千個神經元相連。訊息是一次一個神經元在大腦裡傳遞。當某個神經元「放電」(fire),電化學脈衝就會從那個神經元的一端傳到另一端。但隨後它會到達那個神經元和下一個神經元之間的間隙(gap),這個間隙稱為「突觸」(synapse),訊息是藉化學神經傳導物質,從發送神經元到接收神經元,跨越間隙傳遞。[21]

因此,大腦中的不同迴路由不同的神經傳導物質運作:

- 血清素可以帶來好心情。
- 多巴胺和乙醯膽鹼是刺激(以及能夠增強)心理活動的神經傳導物質。(「興奮」的感覺通常和多巴胺激增有關。)
- GABA(γ-氨基丁酸)和內源性大麻素(endocannabinoids)會降低心理活動。
- 內啡肽可減輕疼痛。

藥物會影響神經傳導物質的運作。有些藥物會刺激神經傳導物質的產生,有些則減少它的產生,有些則和某些神經傳導物質結合相同的受體,因此和它們模仿的神經傳導物質具有類似的效應。表 5.1 列示主要的**娛樂用途藥物**透過改變神經傳導物質的運作,改變我們的心理狀態。遺憾的是,這些藥物都可以令人上癮。[22]

然而還有其他藥物可以讓人感覺更好:**精神科藥物**。這些藥物

的成癮性通常較低。表 5.2 列出針對不同精神疾病所建議的精神科藥物。舉百憂解（Prozac）為例，它是一種精神科藥物，可以增加血清素的流動，進而增加它所影響迴路的活動。它以抑制血清素的再攝取來實現這個效果，因此能增加血清素的供應並改善情緒。換句話說，它是一種選擇性的血清素再攝取抑制劑（SSRI）。對於許多憂鬱症患者，百憂解可以改善情緒。多巴胺顯然是一種棘手的神經傳導物質：增加它可以產生刺激作用，但多巴胺過量會導致精神分裂症（多巴胺缺乏則會導致帕金森氏症）。精神科藥物和心理治療一樣，並不總是有效。當然對於治療重度憂鬱症，強烈建議使用，康復率可達 50%。但除非繼續服用，否則它們對抑制復發沒有效果。

表 5.1　一些娛樂用途藥物及其影響

效果	藥物	對主要神經傳導物質的影響
興奮劑	搖頭丸（MDMA）	增加血清素
	古柯鹼、安非他命	增加多巴胺
	尼古丁	模擬乙醯膽鹼（acetylcholine）
鎮靜劑／鬆弛劑	酒精、巴比妥酸鹽類（Barbiturates）	增加 γ - 氨基丁酸（GABA）
	大麻	增加內源性大麻素 *
止痛劑	鴉片類藥物（海洛因、嗎啡）	模擬內啡肽（endorphins）**

* 也能增加多巴胺，作用有如興奮劑。　** 內啡肽是內源性嗎啡，因此得名。

表 5.2　一些精神科藥物及其影響

問題	藥物	神經傳導物質的行動
憂鬱症	百憂解（Prozac）	增加血清素
精神分裂症	氯丙嗪（Chlorpromazine）	減少多巴胺
注意力不足過動症（ADHD）	利他能（Ritalin）	增加多巴胺
焦慮症	地西泮（Diazepam）	增加 GABA

關於大腦的一個關鍵事實，是它很容易被經驗改變。[23] 換句話說，大腦有高度的「**神經可塑性**」（neuroplasticity）。盲人可利用部分視覺皮質來聽聲音。倫敦的計程車司機必須記住許多街道和路線，因此他們的大腦中形成異常大的海馬迴（hippocampus）。[24] 本書有很多地方會提到幸福干預對大腦活動的影響。

我們的基因如何影響幸福

基因是我們身體中永遠不變的部分。它們是在我們受孕的那一刻就決定的，除了突變之外，我們的基因終生保持不變。我們身體中幾乎每一個細胞的細胞核，都存在相同的基因。基因的連續性，在很大的程度上解釋了我們一生中性格、外表和行為的連續性。

但我們如何知道這一點，以及我們基因的差異在多大程度上能解釋人們幸福的差異？為了探究這些問題，我們應該這樣進行：

(1) 我們將檢視雙胞胎，並指出同卵雙胞胎（有相同基因）在幸福方面，遠比異卵雙胞胎（有許多不同的基因）相似。
(2) 我們要觀察被收養的孩子，並證明他們在許多方面仍然很像親生父母。
(3) 我們將指出基因和環境對我們的幸福並沒有獨立效應；它們是互動的。因此，不可能以任何有意義的方式，說明幸福的離散度有多少是由於基因的差異，以及多少是由於環境的差異造成的。
(4) 我們將說明影響幸福的特定基因方面的開創性研究。
(5) 最後，我們將檢視基因、性格和幸福之間的相互關係。

來自雙胞胎的證據

要了解基因的重要性，只需要看看挪威中年同性雙胞胎的以下資料（見表 5.3）。有些雙胞胎是同卵：兩人來自同一顆卵子。他們因此有相同的基因，而且外觀幾乎一模一樣。另一組雙胞胎是異卵：每一對雙胞胎來自不同的卵子。因此她的基因有一半和她的雙胞胎相同，但有一半不同（就像其他任何一對兄弟姊妹）。[25]這會造成很大的差異！如表 5.3 所示，同卵雙胞胎的生活滿意度相當接近（兩個雙胞胎的相關性為 0.31）。但異卵雙胞胎的生活滿意度相似水準就差得多（兩個雙胞胎之間的相關性只有 0.15）。

表 5.3　每一對雙胞胎之間生活滿意度的相關性（挪威中年人）

同卵雙胞胎	0.31
異卵雙胞胎	0.15
差異	0.16

資料來源：Roysamb et al. (2018)

造成這種差異的原因是什麼？顯然一定是因為同卵雙胞胎的基因比較相似。即使兩組雙胞胎一起被扶養長大，他們最後的幸福也會非常不同。這表示家庭環境的影響比許多人所以為的要小。

無數的雙胞胎研究證明，我們的基因不只對我們的幸福有影響，也對我們的心理健康有影響。例如，如果你患有雙極性情緒障礙（bipolar，或稱躁鬱症），而且你是同卵雙胞胎，那麼你的孿生手足兄弟姊妹也患有躁鬱症的可能性為 55%。（這就是「一致性」〔concordance〕程度。）但如果你的孿生兄弟姊妹不是同卵，那麼其患有躁鬱症的機率只有 7%。[26]因此，如果某人患有雙極性情緒障礙，那麼同卵雙胞胎兄弟姊妹的風險會比異卵雙胞胎兄弟姊妹高出

48個百分點（55%–7%）。圖 5.3 列出其他許多種精神疾病的比較數字。每一種情況的差異都很大。這是基因力量的驚人證明。

來自收養子女的證據

探討基因問題的另一種方法，是觀察**被領養**的孩子，並問：他們和養父母更相似，還是和親生父母更相似？1960 年代以前，一般認為（主要是受佛洛伊德影響）心理疾病主要是由我們父母的行為方式引起的。但是到了 1961 年，奧勒岡大學的倫納德·赫斯頓（Leonard Heston）發表了關於精神分裂症的經典論文。赫斯頓研究了被收養的孩子，發現的結果十分驚人。這些被收養的孩子有 1% 患有精神分裂

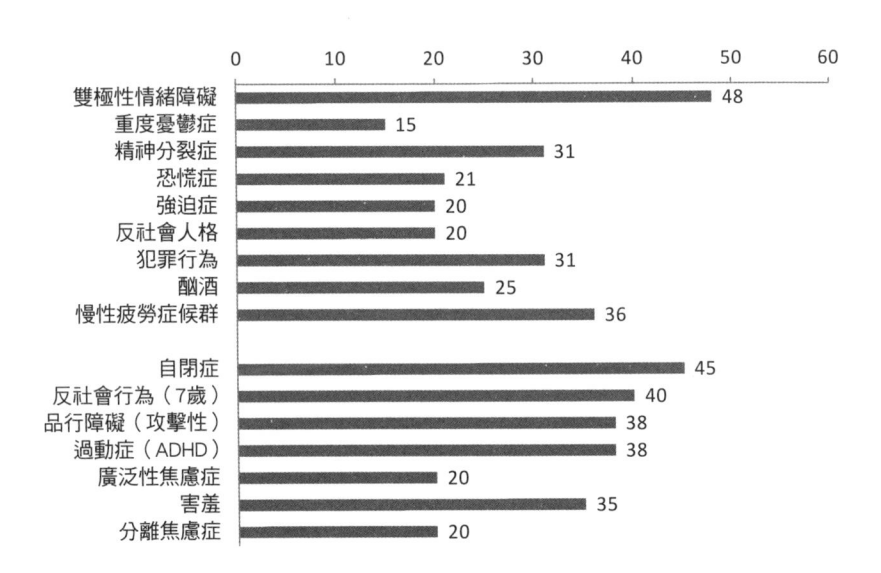

疾患	差異值
雙極性情緒障礙	48
重度憂鬱症	15
精神分裂症	31
恐慌症	21
強迫症	20
反社會人格	20
犯罪行為	31
酗酒	25
慢性疲勞症候群	36
自閉症	45
反社會行為（7歲）	40
品行障礙（攻擊性）	38
過動症（ADHD）	38
廣泛性焦慮症	20
害羞	35
分離焦慮症	20

圖 5.3　同卵雙胞胎和異卵雙胞胎兩人之間的一致性差異

資料來源：Plomin et al. (2013) pp. 245, 249, 251, 252, 259, 265, 290

注：對每一種疾患，我們去計算同卵同性雙胞胎和異卵同性雙胞胎的一致性，並報告它們的差異。對於強迫症（OCD）、酗酒、和除了自閉症之外的所有兒童疾患，我們列示雙胞胎兩人相關性的差異（以連續性的測量值）。對於罕見的二元疾患，一致性和相關性非常相似。

症（和其他孩子的比率一樣），但親生母親患有精神分裂症的話，則有10%患上精神分裂症。因此，造成這種差異的原因是母親的基因，而不是住在一起的養父母行為。事實上，如果你的母親患有精神分裂症，那麼你和她住在一起，患上精神分裂症的可能性，不比不和她住在一起的可能性高。[27] 但不是所有的收養研究都像赫斯頓的研究那樣結果顯著。憂鬱症和焦慮症的研究結果就不是那麼驚人。但它們和我們剛剛提到的雙胞胎研究證據並不矛盾。[28]

研究幸福時，一個關鍵的證據來源是明尼蘇達雙胞胎登記處（Minnesota Twin Registry），包括一起扶養的雙胞胎和分開扶養的雙胞胎（作為被收養者）。研究顯示，分開扶養的同卵雙胞胎的幸福感（r = 0.48）遠比親生父母扶養的異卵雙胞胎（r = 0.23）相似。[29] 這再次凸顯遺傳因素的重要性。

遺傳力

現在自然而然要問的一個問題是：個人之間的幸福感差異，有多少部分是基因造成的？[30] 換句話說，幸福感的遺傳力（heritability）有多少？**遺傳力**的問題通常是用一些很強的假設來回答的，本書稍後會質疑它們。

我們假設有個加性（additive）模型（以最簡單的形式）包含兩個成分：G 代表遺傳成分，E 代表環境成分。因此，幸福（W）由 $W = G + E$ 決定。因此，幸福的變異等於遺傳成分的變異加上環境成分的變異，再加上遺傳成分和環境成分的共變異數（covariance）的兩倍：

$$\text{Var}(W) = \text{Var}(G) + \text{Var}(E) + 2\,\text{Cov}(G, E)$$

很重要的一點是，行為遺傳學（behavioral genetics）認為這個**共變異數是基因引起的**。但事實上，可以歸因於環境的部分，不下於可以歸因於基因的部分。因為雖然擁有良好基因的人確實善於尋找良好的環境，但同樣正確的是，大多數社會中，良好的環境比較會接受擁有良好基因的人。[31] 因此，行為遺傳學的第一個武斷假設是，和基因有關的個人結果，是由基因造成的。第二個武斷假設（我們會回頭再談）是，**沒有基因和環境的交互作用存在**。[32]

但如果我們希望消除這兩個問題，可以去證明一種特質（如幸福）的遺傳力等於該特質在同卵雙胞胎中的相關性和在異卵雙胞胎中的相關性之間差異的兩倍。[33] 因此，如果我們使用表 5.3 的數字，生活滿意度的遺傳力為 2 (0.31-0.15) = 32%。這是從全球雙胞胎研究獲得的生活滿意度遺傳力的典型估計值。[34]

基因與環境

所以基因真的很重要。但我們所經歷的環境也很重要。其實整體來說，環境更為重要。即使是我們所知遺傳力最高的精神特質（雙極性情緒障礙），雙極性情緒障礙雙胞胎的兄弟姊妹也只有略多於一半患有這種疾病。其他大多數的疾患，數字則少得多。

此外，基因不會自行運作，環境只會增加進一步的影響。相反的，基因和環境交互作用，基因會影響到環境對我們的影響，反之亦然。我們可以在下述負面生活事件對於維吉尼亞州雙胞胎樣本之影響的研究中，清楚看到這一點。[35] 負面生活事件包括親人死亡、離婚／分居和暴力攻擊。問題是經歷過負面事件的人，在接下來一個月裡出現重度憂鬱症的機率是多少？

因此，研究衡量了每個人

(i) 他們經歷過哪些負面事件，
(ii) 一個月內是否罹患重度憂鬱症，以及
(iii) 其雙胞胎兄弟姊妹的心理健康和相關性。

如表5.4所示，如果一個人的雙胞胎兄弟姊妹（尤其是同卵雙胞胎）患有憂鬱症，則他們更有可能罹患重度憂鬱症。但如果其雙胞胎兄弟姊妹沒有憂鬱症（尤其是同卵雙胞胎），那麼他們比較不可能罹患憂鬱症。這是人們有不好經歷的明顯例子，但影響也取決於他們的基因在多大的程度上容易誘發憂鬱症。

表5.4　很嚴重的生活事件發生之後一個月內罹患重度憂鬱症的可能性

雙胞胎之一的疾患	一個月內罹患重度憂鬱症的機率（%）
另一雙胞胎憂鬱且同卵	14
另一雙胞胎憂鬱且異卵	12
另一雙胞胎沒有罹患憂鬱症且異卵	8
另一雙胞胎沒有罹患憂鬱症且同卵	6

這種交互作用的證據無所不在。例如，在一項針對被收養兒童的研究中，發現如果養父母反社會，被收養兒童青少年時期的反社會行為會更常見。但當親生父母也反社會，這種影響更大。[36]

不過，也有一些令人鼓舞的消息。正如我們看到的，有不利遺傳傾向的人，對不良事件的反應比其他人差，但對於良好事件的反應**比較好**。[37] 例如，帶有和憂鬱症最密切相關的基因不利變體的兒童，對認知行為治療的反應比其他兒童要好。[38]

基因和環境在決定幸福方面的交互作用，不應該令人驚訝。因為這種交互作用在身體健康中也很常見。苯酮尿症（phenylketonuria，會導致智能不足）是個典型的例子。需要兩件事發生，才會得到這種病：

- 首先，你需要有不利的基因。
- 其次，你必須吃苯丙胺酸（phenylalanine），它存在於許多食物中。

不吃這些食物，就不會患上這種疾病。[39] 因此，即使基因不利的人，我們也可以藉改善環境來大幅改善他們的命運。

來自 DNA 的證據

前面的討論並沒有依賴任何實際的基因資料——我們只是比較不同雙胞胎或被收養者的幸福。但是今天，我們可以將每個人攜帶的實際**去氧核醣核酸**（DNA）排序。遺傳物質串上面有數百萬個位置，每個位置都存在三種變異之一。這些變異稱為**單核苷酸多態性**（Single Nucleotide Polymorphisms，或 SNPs，發音為 Snips）。借助這方面的資訊，我們能夠獲得基因所扮演角色更為直接的證據。

一項全面性的幸福研究，針對 11,500 名彼此無關的受測者和超過 50 萬個 SNPs，評估樣本中可能的每一對受測者的遺傳相似性。研究評估結果和幸福的關聯，發現人的基因（視為加性）可以解釋幸福差異的 5% 到 10%。這是最低估計值，因為排除了不同基因之間任何交互作用產生的影響。[40]

另一項不同的努力可能相當重要，方法是透過**全基因組關聯研究**（genome-wide-association studies，GWAS），尋找每個基因對於所研究特質的影響，以發現哪些特定的基因造成最大的差異。第一個開創性研究找到了三個 SNP，能通過對幸福造成顯著影響的檢定。[41] 每個 SNP 解釋了 0.01% 的幸福變異。最近的一項研究已經能夠識別 148 個顯著的 SNP，它們共同解釋了 0.9% 的變異。這有部分應歸功於樣本更大和結果的衡量相當精確；進一步的研究將有助於增進我們的理解。[42]

結論是：幸福不是靠單一基因，甚至不是靠少數基因。相反的，需要數千個或更多的基因以複雜的方式與彼此及環境交互作用。這些基因合在一起，使人或多或少能夠過著幸福的生活。

個性與幸福

正如我們說過，基因影響我們幸福的一個重要方式，是透過我們的心理健康。但更普遍的方式，是透過我們個性的所有面向。心理學家發現，從我們遇到的人身上能看到的許多性格差異，都可以用五個構面來描述：開放性（Openness）、責任心（Conscientiousness）、外向性（Extroversion）、親和力（Agreeableness）和神經質（Neuroticism），英文縮寫是 OCEAN。其中一些構面和我們生活滿意度的相關性似乎較少，但有兩個構面和生活滿意度高度相關：神經質（從先前的分析，你可能料想得到）和外向性。所以如果我們回頭拿本章一開始談的挪威中年雙胞胎來說，個性整體上解釋了幸福差異的三分之一左右。而個性本身有一部分是由我們的基因決定的（見表 5.5）。因此，幸福的遺傳力有很大一部分來自個性的遺傳力。

表 5.5　雙胞胎兩人各種個性面向的相關性（挪威中年人）

	同卵雙胞胎	異卵雙胞胎
神經質	0.56	0.27
外向性	0.46	0.27

資料來源：Roysamb et al. (2018)

也就是說，很重要的是了解到，個性（和幸福一樣）在人的一生中會有很大的變化。隨著時間的推移，我們一般會更有責任心、

親和和情緒平衡，卻也變得比較不開放和不外向。而且，由於所面對的生活不同，我們相對於同時代的其他人也會有很大的變化。[43] 基因很重要，但從現在開始，我們要將重點放在政策制定者可以影響的效應上，也就是我們生活於其中的環境的經驗。

小結

(1) 自我表述的幸福和大腦許多區域的活動有關。疼痛感在前扣帶皮質（ACC）的感受最為明顯。ACC會記錄身體疼痛和社交痛苦。
(2) 心靈影響身體。幸福感和吸菸一樣，可以用來預測死亡率。長期的心理壓力，會導致腎上腺素和皮質醇產生過多、免疫系統過度活躍、體內過度發炎。正念冥想可以減輕這些影響並延長壽命。
(3) 身體影響心靈。最明顯的影響是娛樂用途和精神治療方面的藥物的影響。
(4) 基因對我們的幸福影響很大。我們透過兩件事知道這一點：
    - 同卵雙胞胎（具有相同基因）的幸福感遠比異卵雙胞胎（只有50%的基因相同）相似。
    - 被收養孩子的心理健康和親生父母的相似程度高於養育他們的父母。重要的是，父母和專業人士要了解這些遺傳效應的重要性，而且不會自動將孩子的問題歸咎於父母的行為。
(5) 然而，由於以下兩個原因，不可能把基因和環境的影響分得一清二楚：
    - 基因和環境在對幸福的影響上，經常有交互作用。
    - 基因和環境有相關性，而且沒有簡單的方法能夠確定某部分的幸福變異是來自基因和環境的共變異。

我們永遠不應該認為，因為一個問題有部分源於遺傳，就不能像環境問題那樣去加以有效處理。[44]

至此，我們就完成了對全人類共有的一些基本流程——我們的行為、想法、身體和基因——的探討。現在應該接著談談我們所體驗到的特定因素，對我們的影響。

問題討論

(1) 來自大腦的證據，會讓人的自我表述更加可信嗎？
(2) 心靈在解釋身體的健康時有多重要？
(3) 各種藥物能夠在多大程度上改善我們的幸福？
(4) 知道一個人的幸福受基因的影響有多少，有幫助嗎？知道如何受影響有幫助嗎？
(5) 大多數情況下，基因和環境交互作用決定了人的性格，這麼說是什麼意思？
(6) 為什麼很難說幸福的差異有多少百分率是由基因造成的？
(7) 如果某件事受基因影響很顯著，那麼是否就可以理所當然說它比主要受環境影響的事更難改變？

延伸閱讀

關於大腦的衡量

Eisenberger, N. I., Lieberman, M. D., and Williams, K. D. (2003). Does rejection hurt? An fMRI study of social exclusion. *Science*, 302(5643), 290-292.

關於心理幸福對身體的影響

Kiecolt-Glaser J. K., Marucha P. T., Malarkey W. B., Mercado A. M., and Glaser R. (1995). Slowing of wound healing by psychological stress. *Lancet*, 346(8984), 1194-1196.

Steptoe, A., and Wardle J. (2012). Enjoying life and living longer. *Archives of Internal Medicine*, 172(3), 273-275.

Wilson, S. J., Woody, A., and Kiecolt-Glaser, J. K. (2018). Inflammation as a biomarker method in lifespan developmental methodology. In Braddick, O. (Ed). *Oxford Research Encyclopedia of Psychology*. Oxford University Press.

關於大腦可塑性

Dahl, C. J., Wilson-Mendenhall, C. D., and Davidson, R. J. (2020). The plasticity of well-being: A training-based framework for the cultivation of human flourishing. *Proceedings of the National Academy of Sciences*, 117(51), 32197-32206.

關於基因

Røysamb, E., Nes, R. B., Czajkowski, N. O., and Vassend, O. (2018). Genetics, personality and wellbeing. A twin study of traits, facets and life satisfaction. *Scientific Reports*, 8(1), 1-13.

Van de Weijer, M., de Vries, L., and Bartels, M. (2020). *Happiness and Wellbeing: The Value and Findings from Genetic Studies*. Mimeo.

注釋

[1] 這個方法是測量葡萄糖代謝率（和神經元的放電有關）。

[2] Davidson and Schuyler (2015).

[3] Volkow et al. (2011).

[4] Raichle et al. (2001).

[5] 嚴格來說，它位於背側 ACC（上面的部分，dACC）。如果 dACC 以某種方式與大腦的其他部分分離，從身體疼痛而來的情緒困擾就會消失，但是疼痛的感覺還會存在。同樣的，如果體感皮質分離了，疼痛的性質就會變得不清楚，但仍然會有情緒上的困擾。

[6] Eisenberger et al. (2003)；以及 Lieberman (2013)。社交痛苦如果被誘發（例如，玩線上遊戲中遭到拒絕），dACC 會受到刺激。要是服用泰諾，就不會發生這種 dACC 反應，人們也不會表示有那麼多的不適。關於這種分析的條件，請見 Ferris et al. (2019)。

[7] Danner et al. (2001)，表 3，第 5 列和第 8 列。

[8] Steptoe and Wardle (2012).

[9] Mykletun et al. (2009) 表 1 和表 2。

[10] Murabito et al. (2018).

[11] Wilson et al. (2018).

[12] Danese et al. (2007)。發炎指數是根據高敏感度 C 反應蛋白、纖維蛋白原（fibrinogen）和白血球數量的總和。另見 Steptoe et al. (2007)。

[13] Baumeister et al. (2016).

[14] Kubzansky et al. (2018) 及其中的參考文獻。關於正向情感和神經內分泌、發炎、心血管活動水準降低的相關性，另見 Steptoe, Wardle and Marmot (2005)。

[15] Kiecolt-Glaser et al. (1995)。另見 Cole-King and Harding (2001)。

[16] Cohen et al. (2001).

[17] Cresswell et al. (2016).

[18] Schutte and Malouff (2014).

[19] Evans (2003).

[20] 請見第 14 章。也有愈來愈多的證據指出，我們腸道中的微生物群會影響情緒。請見 Michels et al. (2019)。

[21] 接收神經元有「受體」（receptor），目的是接收神經傳導物質。

[22] 因此是否應該禁用它們是另一個問題。其中一種觀點，請見 Layard and Ward (2020) pp. 156-58。

[23] Dahl et al. (2020).

[24] Maguire et al. (2000).

[25] 在每個基因座（gene locus），我有二個基因表達（二個「等位基因」〔alleles〕），其一來自我父親，另一來自我母親。同理，我父親在那個基因座也有二個等位基因。但我只得到父親二個等位基因中的一個。我得到二個中的哪一個是隨機決定的。我的兄弟姊妹也是如此。因此，如果我得到某個特定的等位基因，我的兄弟姊妹也有那個等位基因的機會是 1/2。所以我們同樣擁有父親等位基因的一半。我們從母親得到的等位基因也是如此。因此，一般的兄弟姊妹「大約有一半的基因是相同的」。但是同卵雙胞胎來自同一顆卵子，所有的基因都相同。（這種分析適用於因人而異的那些基因，也就是所謂的多態基因〔polymorphous genes〕。這些基因約占我們所有基因的四分之一；所有人的其餘四分之三相同。）

[26] Plomin et al. (2013) p. 246.
[27] Layard and Clark (2014).
[28] Plomin et al. (2013) 第 6 章。
[29] Tellegen et al. (1988)。幸福感是以正向情感的指標來衡量。對於一起扶養長大的同卵雙胞胎來說，相關性為 0.58，並不比分開扶養的同卵雙胞胎高出多少。
[30] 這顯然取決於環境的結構。例如，第二次世界大戰後英國的教育機會改善，學校課業表現的遺傳力急遽增加 (Haworth et al. 2016)。
[31] Wootton et al. (2017).
[32] 請見 Plomin et al. (2013) p. 401，解釋了當時有多難以解釋遺傳力的概念。
[33] 推導請見線上附錄 5.1（來自 Layard and Clark 2014）。
[34] Bartels (2015)；Roysamb et al. (2018)；Van der Weijer et al. (2020)。相較之下，身高的遺傳力約為 90%，身體質量指數（Body Mass Index，BMI）的遺傳力為 70%（Plomin et al. [2013]）。
[35] Kendler et al. (1995).
[36] Cadoret et al. (1995).
[37] 關於「差異敏感度」（differential sensitivity）假說，請見 Belsky (2016)；以及 Pluess (2015)。
[38] 血清素基因。請見 Eley et al. (2012)。
[39] Plomin et al. (2013)。基因和環境交互作用的一個特殊形式和表觀遺傳學（epigenetics）有關。當環境因素決定基因是否「表達」出來，就會發生這種情況（例如，基因的啟動子區域〔promoter region〕的甲基化〔methylation〕會阻止基因發揮任何作用）。
[40] Rietveld et al. (2013)。這相當於拿幸福對所有 SNPs 進行多元迴歸分析，解釋變異的百分率。考慮衡量誤差後，估計值上升到 12-18%。
[41] Okbay et al. (2016)。顯著性檢定要求很高，因為必須考慮多重檢定的問題。
[42] Baselmans et al. (2019)。Jamshidi et al. (2020) 的統合分析根據 GWAS，估計遺傳力約為 0.5% 到 1.5%。
[43] Specht et al. (2011).
[44] Haworth and Davis (2014).

第三篇
我們的經驗如何影響幸福

INEQUALITEA

6
幸福不平等的一些基本事實

事實不會因為人們視而不見就不存在。

阿道斯・赫胥黎

現在該來討論本書的核心課題了：我們的經驗如何影響幸福。起點是一國之內和各國之間，幸福存在著巨大的不平等。人們所經歷的整體生活品質不平等，是最根本的不平等。所以我們從全球幸福水準和分布的關鍵事實談起。

世界幸福水準與不平等

關於**全球幸福分布**（worldwide distribution of wellbeing）的最佳證據，來自蓋洛普世界民調。這項引人注目的調查每年進行，幾乎涵蓋世界上每個國家。每年在每個國家調查約一千名成人。受調查者應該儘可能在該國人口中具有代表性，必要時，結果會重新加權，以盡量具有代表性。在比較貧窮的國家（至少在COVID-19之前），訪談採面對面的方式進行，在比較富裕的國家則透過電話。

主要會詢問的幸福問題，是第1章介紹的「坎特里爾階梯」。[1]

在蓋洛普也詢問生活滿意度的那些年頭,這兩個問題的答案,相關性非常高。[2] 因此,我們可以將坎特里爾階梯視為幸福的標準評估問題。

第 1 章已經列出各國的幸福平均值。但人與人之間的差異,比國與國之間的差異更重要。因此,圖 6.1 顯示 COVID-19 之前全球成人幸福的分布狀況,每個人都給予相同的權重。離散度很廣——世界人口有超過六分之一回答 3 或以下,也有超過六分之一的人回答 8 或以上。這必定是當今地球上人類處境的最基本事實之一。

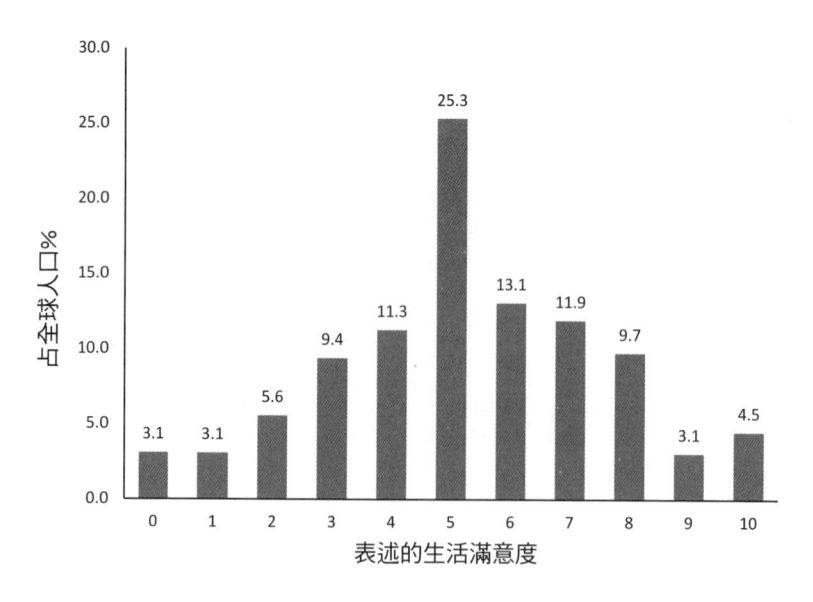

圖 6.1　全世界各個生活滿意度水準的人口百分率

資料來源:Helliwell et al. (2018a) 圖 2.1;來自 2015-2017 年蓋洛普世界民調、坎特里爾階梯

還有另一種方式可以顯示幸福的這種巨大離散度,只是同樣的事實用不同的方式來闡述。圖 6.2 將人口分成人數相同的 10 組,從

圖左最不幸福的一組開始，到圖右最幸福的一組。如圖所示，最不快樂的一組平均幸福為 1.1 點，最快樂的一組平均幸福為 9.2 點。這個世界，許多人生活受到限制，只有少數人生活富足興旺。COVID-19 爆發之前，世界各地的平均幸福為 5.3 點（最高為 10 點），但以標準差衡量的離散度為 2.3 點。[3]

但全世界這麼巨大的幸福離散度，有多少是由於國與國之間的離散度造成的，又有多少是發生在國家內部？回答這個問題的最簡潔方法，是取標準差的平方，稱為變異數（variance）。我們接著可以將全球個人幸福的差異劃分為兩個要素：

- 一國之內的差異，
- 國與國之間的差異。

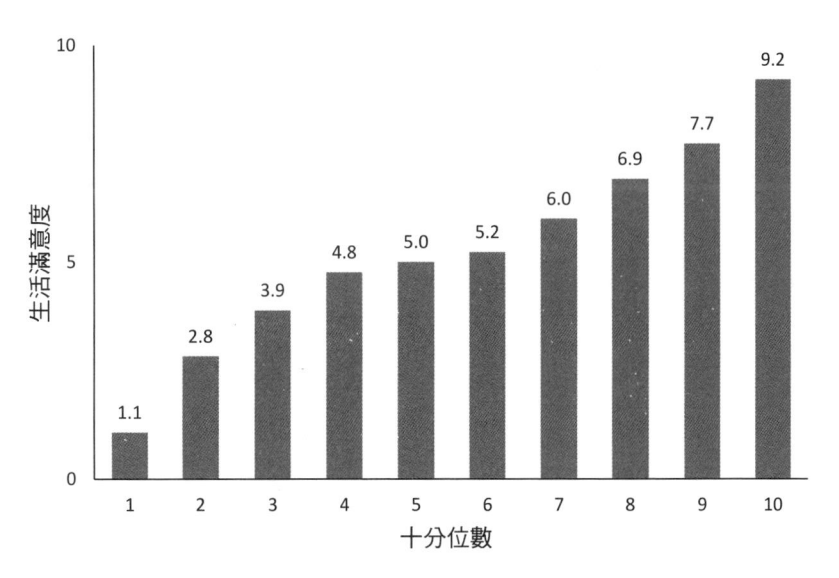

圖 6.2　在每個十分位數，人們的生活滿意度（0-10）
資料來源：2015-2017 年蓋洛普世界民調、坎特里爾階梯

結果發現，國與國之間的差異只占總變異的22%，主要的變異（78%）是在一國之內。[4] 因此，各國之間的平均幸福標準差約為1.1，而國內的平均標準差約為2.3。

與時俱變

人們很容易認為我們生活在特別可怕的時代。但從幸福的標準來看，事實並非如此。從 2005-2008 年到 2016-2018 年間，確實有一些國家的幸福下降，[5] 其中包括美國、印度、埃及、巴西、墨西哥、委內瑞拉、南非和受內戰影響的國家。但自 2005-2008 年以來，幸福上升的國家和下降的國家一樣多。幸福上升的國家包括中國和大多數過去的共產主義國家。早些時候，1980 年到 2007 年間，幸福上升的國家多於沒有上升的國家。[6] 因此，總的來說，整個世界不曾像現在這麼幸福。[7]

但幸福的提升，絕不是自然而然出現的，而且值得注意的是，在一些重要的國家，現在的幸福並不比開始有紀錄的時候來得高。在美國，1950 年代開始有紀錄；西德是 1970 年代；中國是 1990 年。我們將在第 13 章更完整討論這個問題。

相較之下，如果我們從景氣循環來看幸福的短期變化，幸福通常沿著它的趨勢上下波動——經濟展現榮景時升高，衰退時下降。我們也會在第 13 章詳細討論這個問題。

在此同時，幸福不平等如何隨著時間的推移而變化？在大多數國家，2006 年到 2018 年間，幸福上升，尤其是北美和撒哈拉沙漠以南非洲地區激升，可是目前其區域內的不平等最高（見圖 6.3）。另一方面，歐洲的幸福不平等下降，目前的幸福不平等是全世界最低的。

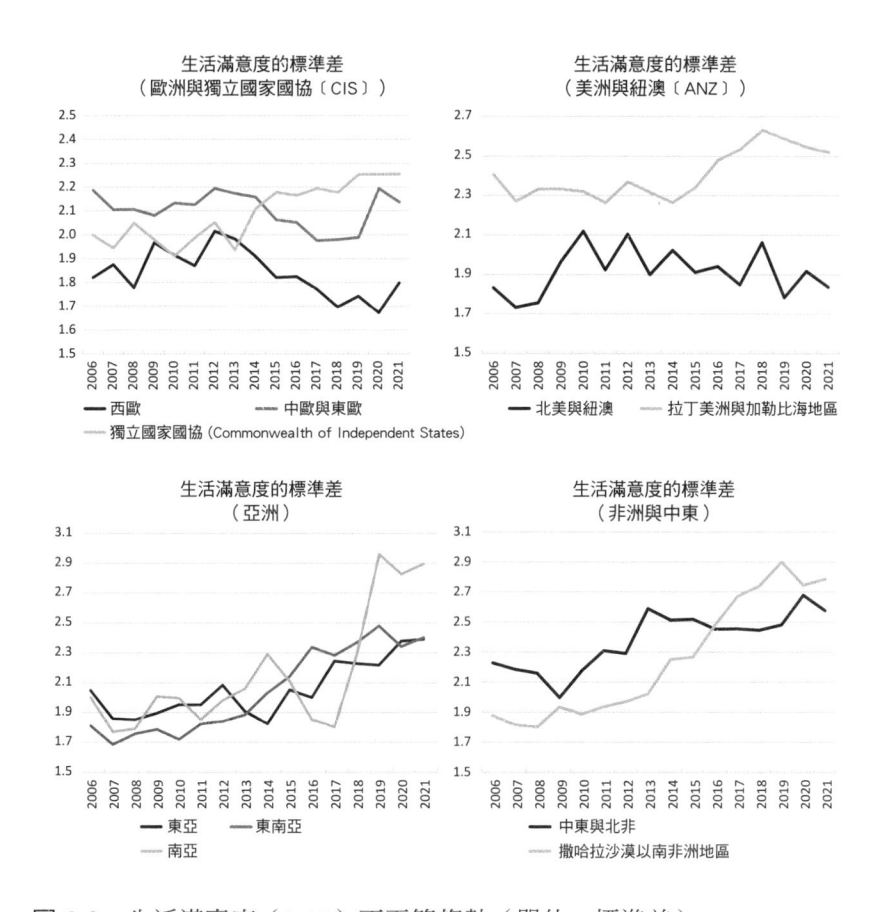

圖 6.3 生活滿意度（0-10）不平等趨勢（單位：標準差）
資料來源：Helliwell et al. (2019) 圖 2.6；2006-18 年蓋洛普世界民調

幸福的享樂性衡量指標

到目前為止的分析是根據坎特里爾階梯。蓋洛普世界民調也針對人們的**情緒**（emotions），問了一些問題，也就是我們在第 1 章提到的享樂性幸福衡量指標。這些問題提供了與時俱變的有用資訊。在世界層級，我們可以根據「昨天你經歷 X 很多嗎？」這個問題，建

立正向和負向情緒的指數。正向情緒的 X 包括關於幸福、享受、微笑或大笑等個別問題。計算每個問題回答「是」的平均人數百分率，可以將這些合成單一指數。負向情緒也是如此──問題和憂慮、悲傷、憤怒有關。圖 6.4 顯示世界層級的正向情緒和負向情緒趨勢。如圖所示，正向情感和坎特里爾階梯呈現略微下降趨勢。但負向情感大大提高，尤其是憂慮。再加上針對壓力方面的提問，證實了這一點，我們在圖 6.5 重現了美國、西歐和整個世界的答案。這些發現令人深感不安。但在本章的其餘部分，我們將回到根據坎特里爾階梯的衡量指標。

組別差異

那麼，不同組別的平均幸福狀況又是如何呢？

男女

引人注目的是，世界上男性和女性的幸福分布幾乎相同。平均而言，女性略比男性幸福，但差距只有 0.09 點（最高 10 點）──是最幸福國家和最不幸福國家之間差距的五十分之一。此外，幾乎每個國家男性和女性的平均幸福都差不多，即使各國之間的幸福差距很大（見圖 6.6）[8]。

但是男性和女性的相對幸福趨勢又是如何？ 50 年來，許多國家透過立法，規定同工同酬和平等的工作機會，女性在工作場所的權利有了變化。同時，女性在教育方面相對於男性取得巨大的進步，而且透過避孕藥，對生育能力取得前所未有的控制。因此我們可能預期，女性的幸福相對於男性有所提升。但真的有嗎？[9]

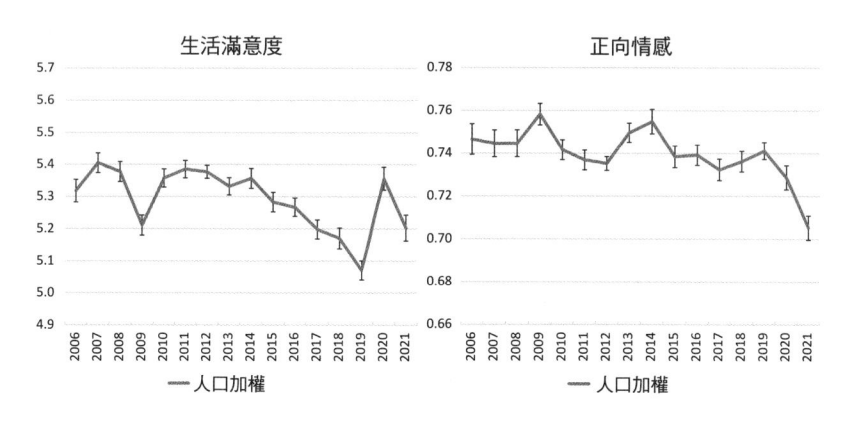

圖 6.4　世界的平均幸福趨勢

資料來源：Helliwell et al. (2019) p. 14、2006-18 年蓋洛普世界民調。生活滿意度＝坎特里爾階梯；正向和負向情感的定義，請見內文

自 1970 年代以來，美國的男性和女性都變得比較不幸福，白人女性尤其如此。歐洲的情況則不一樣——平均而言，女性和男性對自己的生活都更加滿意，但歐洲女性的幸福相對於男性下降，而且回溯到 1970 年代，全部 12 個國家都發生這種情況。

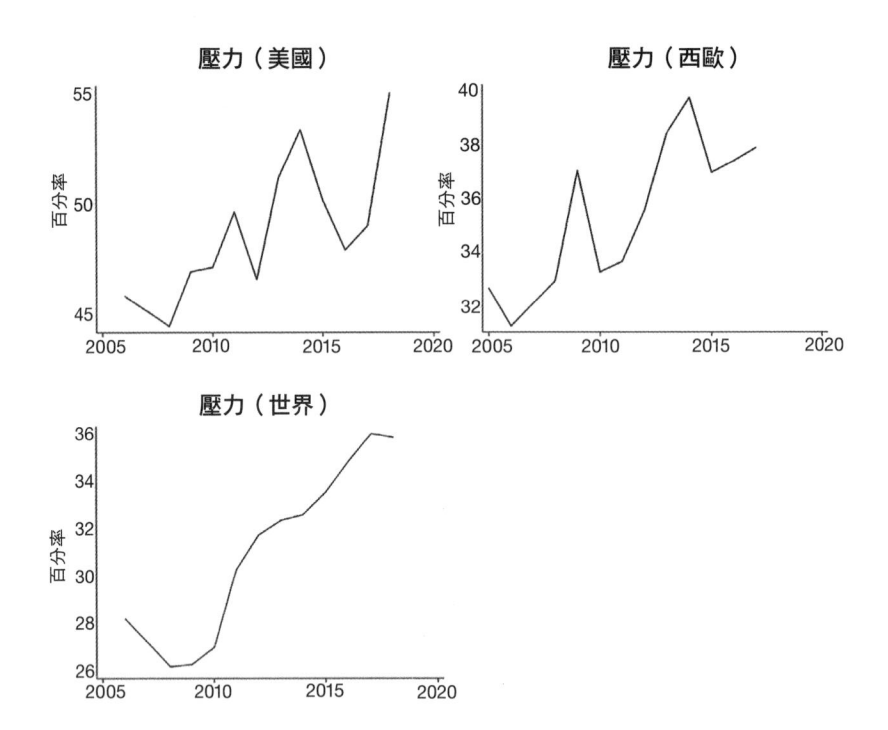

圖 6.5 壓力趨勢（百分率是指表述「我昨天覺得壓力很大」的人數比率）

資料來源：2006-18 年蓋洛普世界民調

為什麼會這樣？[10]到目前為止的實證研究還沒能給出解釋。最有可能的一種說法（對人類來說非常基本）是社會比較。隨著愈來愈多女性投入職場，她們可能日益拿自己和男性同事（而不是和其他女性）比較。在工作上，女性仍然經常處於劣勢。另一個可能性是，女性現在經歷比較大的角色衝突（和男性相比）。美國的證據指出（至少到 2005 年為止）女性的總工作量相對於男性沒有變化（花在有薪工作、家務和育兒的總時間）。[11]但是這不代表責任感也相當。女性在家中的工作仍然多於男性，在職場也承擔遠比從前要重的責任。還

有一種可能是家庭矛盾。在美國，男性和女性對婚姻的滿意度都降低了，而且降幅相同。但婚姻滿意度影響女性的幸福大於男性，因此，對婚姻不滿的增加有助於解釋美國性別幸福差距擴大的原因。[12]最後，大男人主義是個持續存在的事實。雖然這種情況可能隨著時間的推移而減少，但經歷這種事可能讓人更難以忍受，正如 #MeToo 運動所證明的那樣。

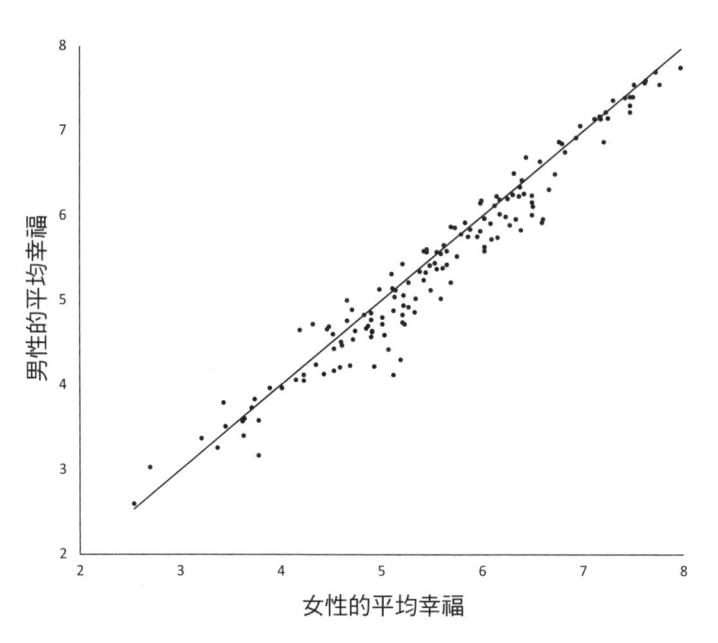

圖 6.6　男性和女性的平均幸福：依國別（直線代表相等）
資料來源：2017-19 年蓋洛普世界民調、坎特里爾階梯

年齡

下一個問題是：隨著年齡的增長，我們會更快樂嗎？老化對於幸福的影響涉及到許多因素，但社會性的因素也在其中。當我們的人生進入成年，家庭生活和工作上都會承擔更多責任。但過了一段

時間，我們變得更加穩定，孩子也離家了。我們更加放鬆。但最後我們的健康會衰退。那麼我們人生旅程對幸福的整體影響是什麼？[13]

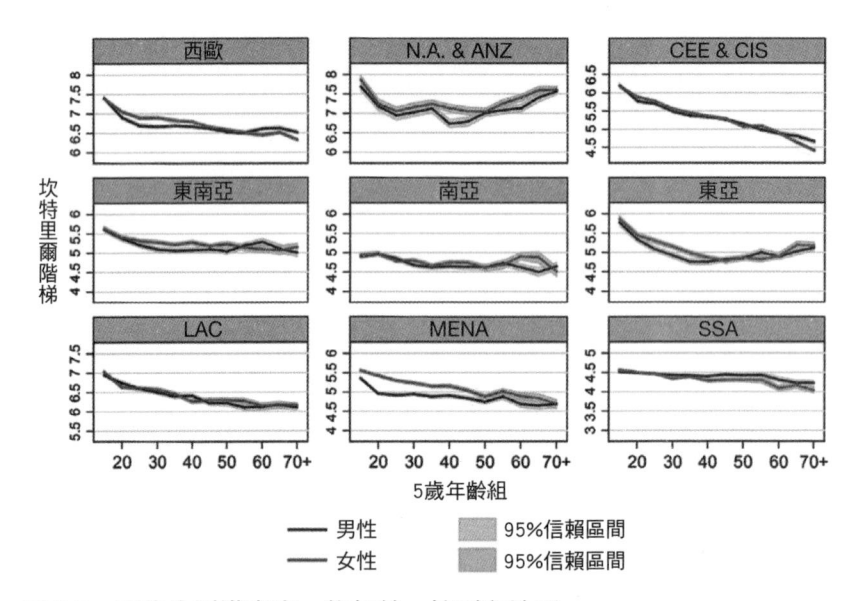

圖 6.7　平均生活滿意度：依年齡、性別和地區

資料來源：Fortin et al. (2015)、2004-14 年蓋洛普世界民調、坎特里爾階梯

注：N.A. & ANZ ＝北美和紐西蘭、澳洲。CEE & CIS ＝中東歐與獨立國家國協。LAC ＝拉丁美洲與加勒比海地區。MENA ＝中東與北非。SSA ＝撒哈拉沙漠以南非洲地區

在大多數國家，從接近 20 歲到 40 多歲，一般人的幸福逐漸下降。但隨後在一些國家（包括美國和英國），他們在 70 多歲前再次覺得比較幸福（最後會下降）。圖 6.7 顯示世界各地區，人的一生中幸福如何變化。到了 40 歲左右，各地區的幸福都會下降。然後在北美，幸福會回升，東亞幸福有小幅度的回升；西歐保持穩定；其他地方則進一步下降。（在前蘇聯和華沙公約國家，老年人的幸福明顯較差，但這是轉型遺留下來的結果，未來幾十年可能不會繼續這樣）。

那麼如何解釋人生歷程（life-course）中的這些幸福型態？如果年齡影響幸福，那麼它一定是透過某些中介變數（mediating variable）造成的。[14] 但它們是什麼？第一步是觀察解釋幸福的一些標準變數，我們會在第 8 章討論。從 20 歲到 40 歲，這些變數大多朝著產生更高幸福的方向發展。因此，它們對於人生歷程中的幸福變化不太能提供什麼洞見。[15]

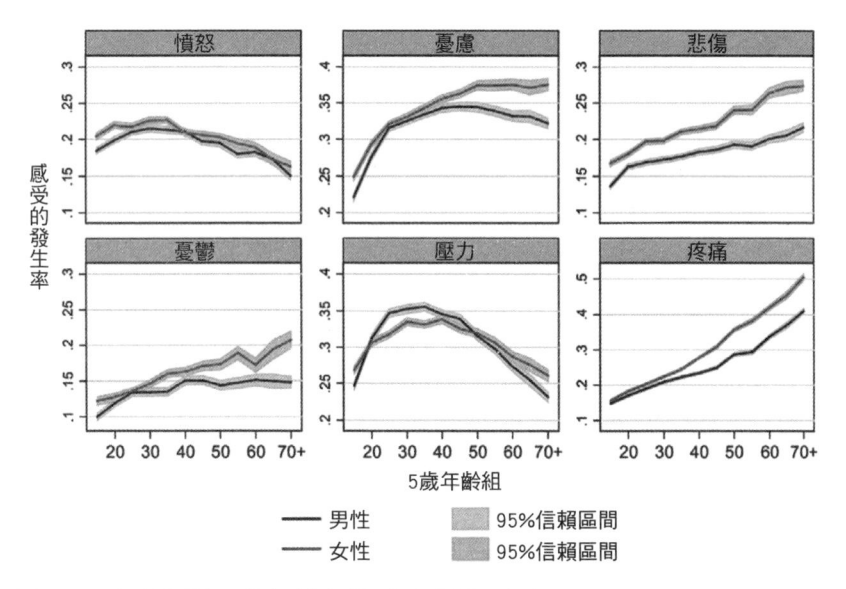

圖 6.8　負向經驗：依年齡和性別（世界層級）
資料來源：Fortin et al (2015)；2004-14 年蓋洛普世界民調；至於問題，請見內文

觀察蓋洛普世界民調的情感證據，可以找到更多線索。正如我們提過的，它提供了負向和正向情感的資料。我們從負向情緒談起（圖 6.8），中年之前壓力急遽上升，然後下降。憤怒也是如此，只是不那麼明顯。中年以後這些下降的情形在北美和西歐尤其明顯。

相較之下，憂慮、悲傷、憂鬱和疼痛在一生中穩定上升，但隨著時間的推移，會因為壓力和憤怒減低而取得平衡。再來談正向情緒（圖6.9），人一生中的快樂、歡笑、愉悅和有趣穩定下降。此外，隨著年齡漸增，人們比較沒辦法在需要時有人可以依靠，但確實感到更加放鬆（rested）。

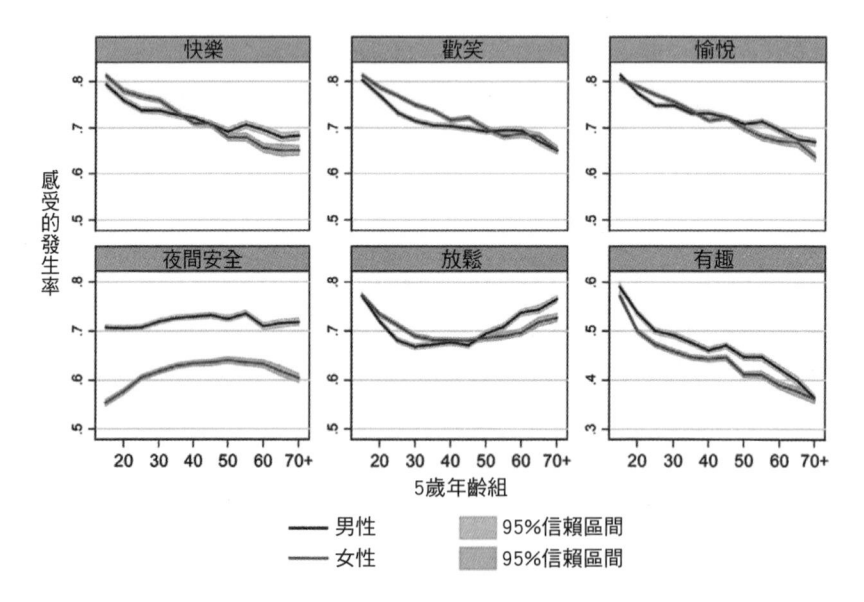

圖 6.9　正向經驗：依年齡和性別（世界層級）
資料來源：Fortin et al (2015)、2004-14 年蓋洛普世界民調；問題請見內文；「歡笑」意指「大笑或微笑」

族群差異

不同族群之間的差異又如何？每個社會中，大多數少數族群的平均幸福低於多數族群。但透過政策行動，可以縮小，甚至消除這些差異，例如
• 縮減教育和收入差距，

6 幸福不平等的一些基本事實　171

- 禁止就業和居住歧視，
- 嚴厲懲罰出於種族動機的犯罪和煽動種族仇恨的行為，
- 改善（公民、警察和法律）對所有人的尊重。

　　透過這些行動，情況可以改變。例如，美國少數族群的幸福顯著改善，而同時，白人的平均幸福下降。[16]如圖 6.10 所示，該圖根據綜合社會調查（General Social Survey）。（使用的幸福分數是非常幸福是 3；相當幸福是 2；不太幸福是 1。）從圖 6.10 可看到，白人和黑人公民之間的幸福差距明顯縮小。[17]

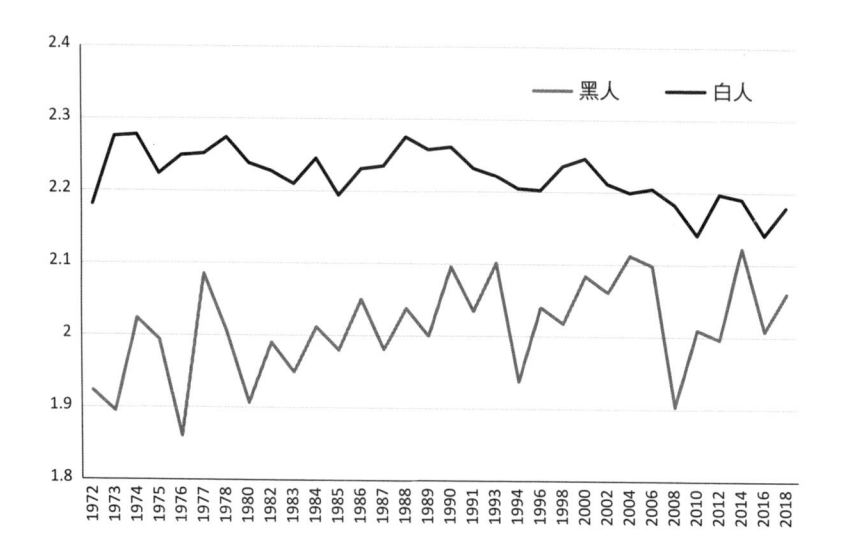

圖 6.10　美國不同種族群體的平均幸福（1-3）
資料來源：Blanchflower and Oswald (2019b) 更新版；綜合社會調查

　　然而，美國仍然存在嚴重的種族問題，「黑人的命也是命」（Black Lives Matter）運動證明了這一點。其他大多數國家也是如此，但相關的群體差異很大。一些國家因為族群緊張而爆發內戰。

孩子們的幸福

　　成人的情況就是這樣。但孩子呢？2015 年和 2018 年，OECD 在定期進行的國際學生能力評量計畫（Programme for International Student Assessment，PISA）中，調查 15 歲青少年的幸福。提出的問題是生活滿意度（0-10），調查涵蓋大多數的 OECD 國家和其他許多國家。各國的調查結果如表 6.1 所示。

表 6.1　15 歲青少年的平均生活滿意度（0-10）

OECD 國家		其他國家	
墨西哥	8.11	哈薩克	8.76
哥倫比亞	7.62	阿爾巴尼亞	8.61
芬蘭	7.61	科索沃	8.30
立陶宛	7.61	北馬其頓	8.16
荷蘭	7.50	白俄羅斯	8.10
瑞士	7.38	多明尼加共和國	8.09
西班牙	7.35	烏克蘭	8.03
冰島	7.34	哥斯大黎加	7.96
斯洛伐克共和國	7.22	沙烏地阿拉伯	7.95
愛沙尼亞	7.19	巴拿馬	7.92
法國	7.19	羅馬尼亞	7.87
拉脫維亞	7.16	波士尼亞與赫塞哥維納	7.84
奧地利	7.14	克羅埃西亞	7.69
葡萄牙	7.13	蒙特尼哥羅	7.69
匈牙利	7.12	摩爾多瓦	7.68
盧森堡	7.04	泰國	7.64
智利	7.03	塞爾維亞	7.61
德國	7.02	喬治亞	7.60
瑞典	7.01	烏拉圭	7.54
希臘	6.99	印尼	7.47

表 6.1　15 歲青少年的平均生活滿意度（0-10）（續）

OECD 國家		其他國家	
捷克共和國	6.91	越南	7.47
義大利	6.91	俄羅斯	7.32
斯洛維尼亞	6.86	秘魯	7.31
美國	6.75	阿根廷	7.26
愛爾蘭	6.74	巴庫（亞塞拜然）	7.24
波蘭	6.74	菲律賓	7.21
南韓	6.52	保加利亞	7.15
日本	6.18	巴西	7.05
英國	6.16	馬來西亞	7.04
土耳其	5.62	摩洛哥	6.95
		約旦	6.88
		阿拉伯聯合大公國	6.88
		卡達	6.84
		黎巴嫩	6.67
		中國	6.64
		馬爾他	6.56
		台灣	6.52
		香港	6.27
		澳門	6.07
		汶萊	5.80

資料來源：OECD PISA 2018 卷 III，圖 III.11.1

看得出來，在 OECD 國家中，滿意度最低的是土耳其、英國和日本。美國的排名也接近墊底。如同我們經常看到的，芬蘭接近榜首。非 OECD 國家中，拉丁美洲和後共產主義國家的滿意度高得引人注目。大多數國家中，15 歲男孩平均比 15 歲女孩快樂，72% 的男孩表述的分數為 7 或以上，而女孩則只有 61%。大多數國家中，背景優越的年輕人滿意度較高，來自非移民家庭的滿意度也略高。

從 2015 年到 2018 年，所有被調查的國家（南韓除外），年輕

人的生活滿意度都下降了。這是個值得注意的事實。平均值下降 0.3 點（從 7.3 降為 7.0）。但英國（0.8 點）和美國、日本、愛爾蘭（皆為 0.6 點）的跌幅尤其驚人。

預期壽命與 WELLBYs

最後，我們要帶進一個完全不同的構面——壽齡。正如我們在第 2 章所說的，一個社會成功與否的最終考驗不只在於人們所經歷的幸福，也在於他們所經歷幸福的年數。換句話說，我們關心的是每個在世者的幸福年數（WELLBYs）。[18]

當然，並沒有直接且有意義的方法在某個時點衡量人的壽齡。但如果特定年齡的死亡率維持在現在的水準，統計學家衡量某個時點預期壽命的方式，是現在出生的人會活多少年。因此，一個社會目前成功程度的一個自然的衡量指標是

目前的社會福祉 = 平均當前幸福 × 預期壽命

這當然不是適當的政策效果最大化（maximand）的做法。政策也應該考慮在世者和未來世代的未來幸福。但這是衡量我們現在處境的有意思的衡量指標。

表 6.2 提供了 2017/19 年（COVID-19 之前）以及 2006/8 年（第一個可用日期）世界各地區的評估。如表所示，平均當前幸福在兩個時期之間略有下降，特別是在南亞、中東／北非和北美。但世界各地的預期壽命都增加，尤其是在撒哈拉沙漠以南非洲地區，預期壽命增加了多達 7 年。因此，世界上每個在世公民的平均 WELLBYs 從 369（5.4 × 68.7）上升到 373（5.2 × 72.4）。在後共產主義地區，增

幅尤其大。但在南亞、中東／北非和北美，目前的社會福祉下降了。

表6.2　幸福、預期壽命和社會福祉的趨勢

	平均每年幸福		預期壽命（年）		社會福祉（每人 WELLBYs）		
	2006/8	2017/19	2006/8	2017/19	2006/8	2017/19	增減
全世界	5.4	5.2	68.7	72.4	369	373	4
北美	7.3	7.0	78.6	79.5	576	556	-21
南美	6.2	6.1	73.4	75.3	455	463	8
西歐	6.9	6.8	80.3	82.2	550	561	11
中東歐	5.4	6.1	74.6	77.4	402	488	66
前蘇聯國家	5.2	5.4	67.5	72.2	352	393	41
東南亞	5.1	5.4	69.4	72.5	354	391	37
東亞	4.9	5.2	74.8	77.8	369	408	39
南亞	5.1	4.0	65.7	69.5	334	278	-56
中東和北非	5.3	4.9	71.9	74.6	380	364	-16
撒哈拉沙漠以南非洲地區	4.5	4.5	53.6	60.7	240	271	31

資料來源：Layard and Oparina (2021)

小結

(1) 人類的幸福差異巨大。世界人口有超過六分之一，幸福為 3 點或更低（最高 10 點）――這是十分悲慘的狀況。另有六分之一的幸福為 8 點或以上。

(2) 全球幸福的差異有約 80% 發生在國家內部，約 20% 發生在各國之間。

(3) 1980 年到 2007 年間，平均幸福上升的國家多於下降的國家。但自 2008 年以來，幸福下降的國家數量和上升的國家大致相同。印度、美國和中東／北非的幸福顯著下降。美國的平均幸福並不

高於 1950 年代，而且幸福不平等程度是 OECD 中最高的國家之一。

(4) 自 2008 年以來，歐洲除外，大多數國家的幸福不平等升高。目前歐洲的幸福不平等低於其他地區。

(5) 自 2006/8 年以來，負向情緒和壓力都大幅增加。

(6) 幾乎每個國家的男性和女性平均幸福都非常相似。在全世界大多數地區，平均幸福隨著年齡增長而下降，但在北美和歐洲，中年之後則有所改善。大多數國家的大多數少數族群，平均幸福低於平均值。

(7) 2015 年到 2018 年間，兒童的幸福明顯下降，尤其是在英國、美國和日本，這些國家 15 歲青少年的幸福低於 OECD 其他大多數國家。

(8) 在此同時，世界所有地區的成人預期壽命都提高了，特別是在撒哈拉沙漠以南非洲地區。因此，自 2006 年到 2008 年以來，除了南亞、中東／北非和北美之外，世界所有地區現在出生的人，可以預期的幸福年數都已經增加。

　　本書第三篇的其餘章節將試著解釋其中一些事實──包括人類的幸福水準及其不平等。但我們首先必須整理出實現這個目的所需的工具。

問題討論

(1) 你相信本章所描述的幸福型態嗎？

(2) 你可能會想要對導致這些事實的原因提出一些假說。

延伸閱讀

Fortin, N., Helliwell, J. F., and Wang, S. (2015). How does subjective well-being vary around the world by gender and age. In Helliwell, J. F., Layard, R., and Sachs, J. (Eds.). World Happiness Report 2015, 42-75.

Stevenson, B., and Wolfers, J. (2009). The paradox of declining female happiness. *American Economic Journal: Economic Policy*, 1(2), 190-225.

World Happiness Report (latest version). De Neve, J. E., Helliwell, J. F., Layard, R., and Sachs, J. (Eds.). World Happiness Report New York: UN Sustainable Development Solutions Network.

注釋

[1] 「請想像一把梯子，梯級編號從底部的 0 到頂部的 10。假使我們說梯子的頂部代表你可能過的最好生活，梯子的底部代表你可能過的最糟生活。你覺得自己此時是在階梯的哪一級？」答案從 0（可能的最糟生活）到 10（可能的最好生活）。

[2] 各國的平均坎特里爾排名和平均生活滿意度排名的相關性為 r = 0.94。請見 Helliwell and Wang (2012) p. 14。

[3] 有 N 個觀察值的變數 X_j，其標準差為 $\sigma_j = \sqrt{\frac{\sum(x_{ij}-\bar{X}_j)^2}{N}}$。換句話說，是先計算與平均值之差的平方，再取其平均數的平方根（或稱「均方根離差」〔the root mean squared deviation〕）。變異數為 σ_j^2。幸福不平等的國家資料請見線上附錄 6.1。

[4] Helliwell and Wang (2012) p. 16。如果 W_{ij} 是第 j 國第 i 個人的幸福，那麼變異數是相對於總平均值計算的平均平方離差（mean squared deviation），如下式

$$\sum\sum(W_{ij} - \bar{W})^2 = \sum\sum(W_{ij} - \bar{W}_j + \bar{W}_j - \bar{W})^2$$

再除以人數。由於第一項和第二項彼此獨立，因此這等於 $\sum\sum(W_{ij} - \bar{W}_j)^2 + \sum\sum(\bar{W}_j - \bar{W})^2$，兩者都除以人數。

[5] Helliwell et al. (2019) 圖 2.8。

[6] Sacks et al. (2010) 圖 8。

[7] 人類幸福上升的一些原因之有力討論，請見 Pinker (2018)；以及 Rosling (2019)。
[8] 基本數字請見線上附錄 6.2。更詳細的資訊請見 Fortin et al. (2015)。
[9] 分析是根據 Stevenson and Wolfers (2009)；以及 Blanchflower and Oswald (2019b)。
[10] 更完整的討論，請見 Stevenson and Wolfers (2009)。
[11] Krueger (2007)。多國的證據請見 Gimenez-Nadal and Sevilla (2012)。
[12] Stevenson and Wolfers (2009).
[13] 整節內容是根據 Fortin et al. (2015)。我們所述的內容來自橫斷面資料。但縱向資料通常也能證實（例如 Cheng et al. 2017）。
[14] Blanchflower and Oswald (2019a) 的看法有點不同，認為在排除所有可觀測因素的影響後，年齡差異型態仍然具有內在的研究價值。
[15] 請見 Frijters and Beatton (2012)。
[16] 過去十年，預期壽命的差距也是如此，請見 Case and Deaton (2020)。
[17] 從 1970 年代到 2010 年的改善，不能用客觀環境的變化來解釋，請見 Stevenson and Wolfers (2008)。
[18] 對特定個人來說，這等於 $\sum W_t = \bar{W} Y$，其中 $\bar{W}$ 是每年的平均幸福，Y 是生命年數。

LIFE IS LIKE A BOWL OF NOODLES

I WILL GIVE NO FURTHER EXPLANATION

人生就像一碗麵

恕不多做解釋

7
解釋幸福的工具

謊言有三種：謊言、該死的謊言和統計數字。

馬克吐溫（Mark Twain）

為了解釋幸福的水準和不平等，我們使用定量社會科學的標準工具。這些主要是多元迴歸（multiple regression）的技術。本章將說明多元迴歸如何處理以下的問題。[1]

(1) 不同因素對幸福水準的影響為何（使用調查資料）？
(2) 估計的過程中會出現哪些問題，以及如何處理？
(3) 不同因素對觀察到的幸福不平等影響有多大？
(4) 如何透過實驗和準實驗知道干預手段改善幸福的效果？

因此，假設一個人的幸福（W）由一系列解釋變數（$X_1, ..., X_N$）以加法方式決定。但此外還有一個無法解釋的殘差（e），在平均值 0 附近隨機分布。那麼第 i 個人的幸福（W_i）以下式計算

$$W_i = a_0 + a_1 X_{i1} + \ldots + a_N X_{iN} + e_i$$

我們也可以寫成

$$W_i = a_0 + \sum_{j=1}^{N} a_j X_{ij} + e_i \tag{1}$$

這個公式中，幸福由這些 X_j 來解釋。因此，幸福是「應變數」（dependent variable，或左側變數），X_j 是「自變數」（independent variable，或右側變數）。這些右側變數可以有多種形式。它們可以是連續的，例如收入或收入的對數，或者年齡或年齡的平方。或者可以是二元（binary）變數，例如失業：不是失業，就是沒有失業。這些二元變數通常稱為虛擬變數（dummy variable），當你處於某種狀態（例如失業），它們的值為 1；不處於那種狀態（例如沒有失業），它們的值為 0。

如果我們想要解釋幸福，就必須找出影響幸福的每件事產生的效應量。換句話說，我們必須找出 a_j 的大小。例如，假設

$$W_i = a_0 + a_1 \log 收入_i + a_2 失業_i + e_i \tag{2}$$

到了第 8 章，你會發現作為標竿數字，$a_1 = 0.3$ 和 $a_2 = -0.7$。這表示當一個人收入的對數增加 1 點，她的幸福會增加 0.3 點（最高 10 點）。同樣的，當一個人不再失業，她的幸福會增加 0.7 點（忽略收入同時變化的任何影響）。而如果兩件事同時發生，幸福會增加整整 1 點（0.3 + 0.7）。

估計變數的影響力

但是我們如何盡其所能去估計這些 a_j 係數的真值（true value）？要做到這一點，最好的無偏差（unbiased）方法是找到一組 a_j，在所研究的整個人群樣本中，留下的殘差平方 e_i^2 的和最小。[2] 這

稱為普通最小平方法（Ordinary Least Squares，OLS）。STATA 等標準程式會自動為你做好這件事。然而，從母體的橫斷面取得這種估計時，會有四個可能的問題。

遺漏變數

假設公式 (2) 不是正確的模型，另一個 X 變數也應該納入公式。例如，假設正確的模型是

$$W_i = a_0 + a_1 \log 收入_i + a_2 失業_i + a_3 教育_i + e_i \tag{3}$$

其中的教育是指受教育年數。顯然，教育和收入可能有正相關。因此，如果 a_1 和 a_3 為正值，收入較高的人會有較高的幸福，係出於兩個原因：

收入的直接影響（a_1），以及
教育因為和收入有關而產生的影響。

因此，公式 (2) 會誇大了收入對幸福的直接影響（a_1）。[3] 遺漏了教育就等於遺漏了一個**干擾變數**（confounding variable）。任何這樣的干擾變數必然有兩個屬性：

它和應變數有因果關係，以及
它和某個自變數有相關性。

如果我們缺了干擾變數的資料，克服這個問題的經典方法，是使用同一個人的時間序列追蹤研究資料（panel data）。只要遺漏變數隨著時間保持不變，它就不會引起問題，因為我們現在可以估計同

一個人的收入變化如何影響她的幸福變化。因此，如果我們使用時間序列資料，就不再比較同一時間點的不同個人，而是比較不同時期的同一個人。用代數方法時，我們是以擴展公式 (2) 以包含多個時期（t），並給每一個人加進固定效應虛擬變數（f_i）來做到這一點。這捕捉了個人所有固定特徵的影響（對大多數成人來說，包括教育）。因此，我們現在以下式解釋第 t 期第 i 個人的幸福：

$$W_{it} = a_0 + a_1 \log 收入_{it} + a_2 失業_{it} + f_i + e_{it} \tag{4}$$

我們有包含固定效應的標準程式可用。和這類似的一種方法是用於分析實驗的效果，但稍後再來討論。

反向因果關係

然而還有另一個問題。假設我們對「收入對幸福的影響」感興趣。但假設也存在相反的影響——「幸福對收入的影響」。[4] 我們如何確定：估計公式 (2) 時，我們真的是在估計「收入對幸福的影響」，而不是反向關係或混合兩者。換句話說，公式 (2) 原則上是「**可確認的**」（identifiable）嗎？

一條公式要可確認，必須**排除**出現在第二種關係中的至少一個變數（能影響收入的變數）。[5] 但是，即使可確認，內生變數（endogenous variable）效應的因果估計仍然是個問題。

我們的目的是：隔離由於系統外生因素而產生的內生變數部分。能夠隔離內生變數那部分的變數，稱為**工具變數**（instrumental variable，IV）。例如，如果稅率或最低工資與時俱變，這些將是好工具。工具變數也可以用來處理遺漏變數的問題。任何情況下，良好的工具變數

(i) 與它所隔離的內生變數有不錯的因果關係，以及
(ii) 本身不應該出現在公式中（也就是它和公式中的誤差項沒有相關性）。

有些程式可以使用工具變數。

隔離因果關係的另一種方法，是透過影響發生的時間。例如，收入會影響下一期，而不是當期的幸福。我們接著可以用迴歸分析，確認上一期的收入對當前幸福的影響。失業也可以這麼做。所以我們有這樣的公式

$$W_{it} = a_0 + a_1 \log 收入_{i,t-1} + a_2 失業_{i,t-1} + f_i + e_{it} \tag{5}$$

衡量誤差

估計產生偏差的另一個來源是衡量誤差（measurement error）。如果**左側變數**有較高的衡量誤差，這**不會**使估計係數 a_j 產生偏差。但是如果某個**解釋變數** X_j 的衡量存在誤差，這將使 a_j 偏向零。如果衡量誤差為已知，則可用於校正偏差。但是如果不是已知，工具變數可以再次派上用場，只要它和所隔離內生變數的衡量誤差沒有相關性。

中介變數

最後一個問題如下所述。如(3)之類的多元迴歸公式，告訴我們：**其他條件保持不變時**，每個變數對幸福的影響。但假設我們感興趣的是改變一個變數對幸福的**總影響**。例如，我們可能會問失業對幸福的總影響是多少？

總影響顯然是：

- a_2，加上
- a_1 乘以失業對收入對數的影響。

　　這是你可以估計的一種方法。另一種方法是採用公式 (2)，並將收入排除在公式之外，這樣一來，估計的失業係數就會包括失業透過它對收入的影響，而對幸福產生的任何影響。

　　這種情況下，收入就是**中介變數**（mediating variable）。如果我們只對失業的總影響感興趣，可以單純地將中介變數排除在公式之外。或者我們可以估計由 (2) 和決定收入的公式組成的結構化公式系統。這方面的討論，帶出了幸福研究的一個關鍵點。我們應該始終非常清楚想要回答什麼問題，而據此選擇一或多條公式。

標準誤和顯著性

　　所有係數的估計，都有不確定性邊際（margin of uncertainty）。每個估計係數在估計值附近都有一個「**標準誤**」（standard error，se，也常譯為「標準誤差」）。95% 的樣本中，真值將位於估計係數兩邊的 2 個「標準誤」以內。因此，a_j 係數的「95% 信賴區間」（95% confidence interval）就是從 $\hat{a}_j - 2se_j$ 到 $\hat{a}_j + 2se_j$，其中 $\hat{a}_j$ 表示 a_j 的估計值。如果這個信賴區間不包括零，則稱估計係數「在 95% 信賴水準下顯著不同於零」。

　　許多心理學家認為**顯著性**（significance）的問題極為重要，因為它回答了「X 到底有沒有影響 W？」的問題。但是在政策制定目的上，更重要的問題是「X 對 W 的影響到底有多大？」，因此係數本身比它的顯著性水準更令人感興趣。對任何樣本數來說，估計係數是回答「X 改變 W 多少」這個問題的最佳答案。而且，如果增加樣本數，估計 a_j 的期望值不會改變，但它的標準誤會自動降低（它和樣本數

的平方根成反比）。因此本書注重係數的大小遠甚於它們的顯著性（但我們有時會在表中的括號內列示標準誤）。

到目前為止，本章一直在問的問題是：一項自變數改變時，幸福如何改變？用代數術語來說，我們一直在研究 dW/dX_j，這是我們評估政策改變時需要的數字。例如，假設我們將窮人的收入對數提高 20%，他們的幸福會發生多大的變化（量表為 0-10）？如果 $a_j = 0.3$，則會增加 0.06 點（0.3 × 0.2）。一個完全不同的問題是：我們應該在哪些生活領域，投入最大的心力尋找更好的政策？

變數的解釋力

如果我們的主要目標是幫助幸福最低的人（正如我們在第 2 章討論的），那麼我們的重點應該放在什麼因素可以解釋幸福的不平

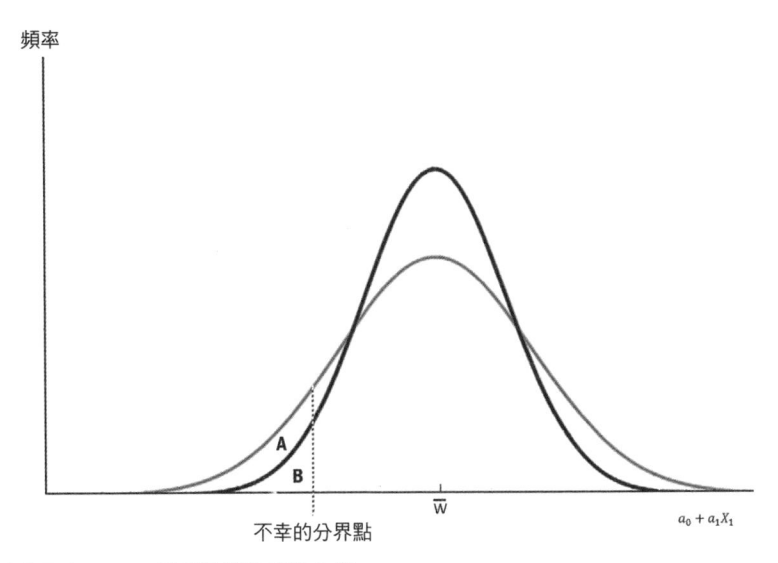

圖 7.1　$a_1 \sigma_1$ 如何影響不幸人數

等。要知道為什麼，首先假設幸福只取決於一個變數 X_1，公式是 $W = a_0 + a_1 X_1$。那麼 W 的分布只取決於 X_1 的分布。如果 W 不相等，那是因為 X_1 不相等且 a_1 很大。當 X_1 的標準差（σ_1）愈大，而且 a_1 愈大，W 的不平等就愈大。如圖 7.1 所示。當 W 的變異較大，不幸的人數相當於 A 和 B 區。但當 W 的變異較小，不幸人數只有 B 區。

自然而然的下一步，是比較 $a_1\sigma_1$ 的標準差和幸福本身的標準差。如果它們的大小相等，X_1 的離散度顯然就能「解釋」幸福 σ_w 的整體離散度。換句話說，這兩個變數完全相關。所以，W 和 X_1 之間的相關係數（r）就是：

$$r = \frac{a_1 \sigma_1}{\sigma_w} = 相關係數$$

然而，這取決於 a_1 的符號，它可以是正值，也可以是負值。因此，右側變數的**解釋力**（explanatory power）的自然衡量指標是 r 的平方（通常也寫成 R^2）：

$$r^2 = \frac{a_1^2 \sigma_1^2}{\sigma_w^2} = 能解釋變異數的百分率$$

由於分母是幸福的變異數，因此這個公式代表 X_1 的變異數解釋幸福變異數的百分率。

現實世界中，幸福取決於一個以上的變數（請見公式(1)）。政策制定者接著可能會問：這些變數中的哪一個造成數量最多的不幸？[6] 因此，我們需要比較不同變數的解釋力。要做到這件事，需要計算每個變數與幸福的偏相關係數（partial correlation coefficient）。這個偏相關係數通常描述為 β_j，公式如下

$$\beta_j = \frac{a_j \sigma_j}{\sigma_w} = 偏相關係數$$

這個 β 係數將在本書經常出現。[7]

這些 β 係數非常有趣，我們將用兩個步驟來談。首先，從公式 (1) 開始，我們可以輕而易舉導出下式。[8]

$$\frac{W_i - \bar{W}}{\sigma_w} = \sum \beta_j \frac{(X_{ij} - \bar{X}_j)}{\sigma_j} + \frac{e_i}{\sigma_w} \quad (6)$$

在此我們已將每個變數**標準化**，方法是衡量它和平均值的差距，然後除以它的標準差。這些標準化公式在本書會多次出現。[9]

但是，為了了解這些 β 的重要性，我們接著談第二條公式。這條公式是從 (6) 推導而來。[10] 也就是

$$r^2 = \sum \beta_j^2 + \sum\sum \beta_g \beta_k r_{gk} \quad (g \neq k) \quad (7)$$

r^2 是由右側變數解釋的 W 變異數的百分率。r_{gk} 是 X_g 和 X_k 之間的相關係數。

因此，左側是所解釋的幸福變異數的百分率。右側是由 $\Sigma\beta_j^2$（包括各 X_j 獨立變異的所有影響），加上它們所有的共變異的影響。因此，β_j（或偏相關係數）可以衡量一個變數的解釋力（就像簡單二元關係中的相關係數）。

但有些讀者可能想知道這個方法能否處理二元的自變數。可以的，因為二元變數的標準差就是 $\sqrt{p(1-p)}$，其中 p 是對二元問題回答「是」的人數百分率。例如，失業的標準差是 $\sqrt{u(1-u)}$，其中 u 是失業率。因此，如果 X_j 代表失業，它的 β 係數就是 $a_j\sqrt{u(1-u)}/\sigma_w$。

二元應變數

應變數是二元時，問題更加複雜。例如，假設我們將人口分為處於不幸狀態的人（例如幸福低於 6）和其他人。我們如何處理這個

問題?一如以往,最自然的方法是建立其他所有變數影響二元變數的迴歸模型。我們在本書經常這麼做,因為它提供了標準類型的統計資料,所以很容易理解。[11]

Box 7.1　勝算比

分析一個二元變數對另一個二元變數的影響時,心理學家和社會學家經常使用「勝算比」(odds ratio)的概念,而不是我們一直在討論的 a_j 和 β_j 值。例如,假設我們問:和沒有失業的人相比,失業者陷入不幸的可能性高多少?假想 100 個人的分布如下(表 7.1):

表 7.1　依失業狀態和不幸狀態區分的 100 人分布

	不幸	沒有不幸	合計
失業的人	2	8	10
沒有失業的人	9	81	90
合計	11	89	100

這種情況下,失業者陷入不幸的機率遠高於非失業者陷入不幸的機率。勝算比是

$$\frac{2}{8} / \frac{9}{81} \simeq 2.25.$$

但勝算比無法回答本章要談的兩大問題。首先,如果我們對減少失業對幸福的影響感興趣,那麼衡量這種影響的適當標準不是勝算比,而是失業者和非失業者陷入不幸機率的絕對差值(absolute difference),也就是 0.2 - 0.1 = 0.1。其次,如果我們對失業解釋不幸普遍性的力量感興趣,正確的統計量(statistic)是兩者之間的相關係數。所以我們不會在本書列出勝算比,但讀者可以根據必要的資訊去計算它們。

二元自變數的效應量

到目前為止,我們談了報告迴歸結果的兩種方法。其一是以幸福單位來報告(例如)失業對幸福的絕對效應。其二是兩個變數都標準化後,觀察它們的關係。然而,第三種方法通常很有用,也就

是只以標準化方式衡量應變數。例如，我們可能這麼問：「當一個人失業，他的幸福下降多少標準差？」這個衡量指標稱為自變數的**效應量**（effect size，有時稱為 Cohen's d）：

$$效應量 = \frac{絕對效應}{應變數的標準差} = \text{Cohen's } d$$

這在報告實驗的效應時特別有用。[12]

實驗

到目前為止，我們討論的是使用**自然資料**（naturalistic data）——主要是以人口調查獲得。正如我們說過的，通常很難從這類資料，確定一個變數和另一個變數的因果關係。建立因果關係的最簡單方法，是透過適當控制的實驗。此外，如果你想檢視從未嘗試過的一項政策之效果，最好的方法是取得令人信服的效應證據。

那我們要如何估計實驗的「處理」效果呢？我們從一個簡單的例子開始。假設我們想把幸福課程引進學校，目的是觀察它對來上課的人有沒有任何影響。因此我們選擇兩組儘可能相似的學生。然後給實驗組（T）上幸福課程，對照組（C）則不上這個課程。我們也衡量實驗前後兩組學生的幸福。因此，我們有以下四種情況中每一種的幸福值（表 7.2）。

表 7.2　實驗前後各組的平均幸福

	實驗前	實驗後
實驗組（T）	W_{T0}	W_{T1}
對照組（C）	W_{C0}	W_{C1}

要找出實驗的平均效果，我們必須比較實驗組（T）和對照組（C）經歷的幸福。因此，「接受實驗者的平均實驗效果」（average treatment effect on the treated，ATT）以下式估計

$$ATT = (W_{T1} - W_{T0}) - (W_{C1} - W_{C0}) \qquad (8)$$

換句話說，ATT 是「**差異中的差異**」（difference in differences），或簡稱為「diff in diff」。

兩組學生在第 0 期和第 1 期之間當然可能發生很多變化——他們會變老、可能染上流行性感冒或發生其他什麼事情。但這些變化對這兩組人來說應該相似。因此，唯一可觀察到能夠產生幸福變化的事實是 T 組上了課程，而 C 組沒上。

當然也可能有一些觀察不到的經驗差異，這表示 ATT 的估計總是帶有標準誤。因此，為了推導更為一般的形式，假想我們已經觀察了許多年。我們接著估計

$$W_{it} = a_0 + a_1 T_{it} + v_t + f_i + e_{it} \qquad (9)$$

上式的變數 T_{it} 在某人參加課程後，所有期間都取值 1。v_t 是一年虛擬變數，f_i 是個人固定效應，e_{it} 是隨機雜訊。

到目前為止，我們假設在實驗中，可以輕而易舉將實驗組和對照組安排得相當類似。事實上，這永遠不可能完全做到。但最接近的方法是「**隨機分配**」（random assignment）。[13] 這種情況下，我們選擇一整組人來做實驗，然後將他們隨機分配到 T 組或 C 組（例如，針對每個人拋一枚硬幣）。依這種方式，兩群人比其他任何方式更有可能類似。當然了，我們接著可以檢查他們的可觀察特徵（X）是否不同，然後在公式中考量這些變數影響衡量 ATT 的可能性。因此

我們的公式變成

$$W_{it} = a_0 + a_1 T_{it} + a_2 T_{it} X_{it} + a_3 X_{it} + v_t + f_i + e_{it} \tag{10}$$

像這樣的估計公式很常見。

然而，人的隨機分配往往不可行。例如，假設你想要測試較高的所得移轉所提高的幸福，是否足以值得花那些成本。你無法在特定人群中隨機分配資金——這會被認為不公平，因為這種移轉對接受者顯然有利。但是，你可以選擇將資金移轉給某些**地區**所有符合資格的人，而不分配給其他地區，而地區之間的分配是隨機的。這可能不會被認為不公平。同樣的，假設你想測試學校中加強生活技能教學的效果。從組織上講，在一所學校內部，可能無法加強某些學生的教學，而不加強其他學生的教學，甚至無法加強某些班級的教學。但你可以隨機分配，選擇學校。或你甚至可以說，孩子出生在第 t 年或第 t−1 年是「準隨機」的；這種情況下，你可以使用第 t 年出生的孩子作為對照組，對第 t＋1 年出生的孩子進行實驗（請見第 9 章）。因此，如果做得到的話，所有的實驗都應該使用隨機化的方法，以降低實驗組和對照組之間觀察不到的差異。

選擇偏差

但是假設一項創新沒做過實驗，而我們想知道它的效果。例如，設計一套運動計畫之後，有些人決定採用。這對他們有幫助嗎？

我們能掌握的唯一資訊，是創新之後的時期。但我們也有選擇不加入計畫者的資訊。那麼，我們能否比較參加計畫者和未參加計畫者的幸福，來回答我們的問題？也許不能，因為選擇加入計畫的人，可能和未加入計畫的人不同：他們很可能一開始就有比較高的幸福。

所以如果我們只是比較他們的最後幸福和未參加者的最後幸福，兩者的差異在很大的程度上可能是由於「**選擇偏差**」（selection bias）。

處理這個問題的一種方法稱為**傾向分數配對**（Propensity Score Matching）。我們先取得參與者和非參與者的整體樣本，並展開 logit（或 probit）分析，找出最能預測他們是否參與的公式。從這個分析，我們可以得知每位參與者的參與機率。我們接著對於每位參與者，找到參與機率相同（或幾乎相同）的非參與者。那些非參與者成了對照組，現在比較他們和實驗組的幸福。因此我們能估計接受實驗者的平均實驗效果：

$$ATT = 接受實驗者的 \bar{W} - 配對樣本的 \bar{W} \qquad (11)$$

小結

(1) 如果 $W = a_0 + \sum a_j X_j + e$，那麼估計 a_j 值的最佳無偏差方法是使用普通最小平方法（選擇使殘差平方 e^2 和最小的一組 a_j）。
(2) 遺漏變數是干擾變數，估計所包含變數的影響可能因此出現偏差。
(3) 時間序列估計可以消除不隨時間而變化的遺漏變數造成的任何問題。如果因果效應的發生有時間落差，時間序列也有助於確認因果效應，例如 X_{t-1} 影響 X_t。
(4) 如果右側變數有內生變數，則應該儘可能使用與公式中的誤差無關的工具變數來隔離內生變數。工具變數也有助於處理遺漏變數和衡量誤差的問題。
(5) 如果一個解釋變數的衡量有誤差，那麼它的估計係數會偏向零。

使用和原始衡量誤差無關的工具變數，可以再次解決這個問題。

(6) 所有的迴歸估計都會帶有一個「標準誤」。95% 信賴區間就是估計係數加減兩個標準誤的範圍。如果這個區間不包含零，那麼係數「在 95% 的信賴水準下顯著不同於零」。但係數的估計比它的顯著性更令人關注。

(7) 為了找出不同變數的解釋力，我們使用標準化變數來跑公式，也就是原始變數減去它們的平均值，再除以它們的標準差。所得的係數 β_j ──或偏相關係數──反映每一變數 X_j 獨立變異的解釋力。β_j 等於 $a_j \sigma_j / \sigma_w$，其中 w 是應變數。

(8) 確定因果效應的最可靠方法是利用實驗。最好的實驗形式是採隨機分配的方式。接著我們在實驗前後，衡量實驗組和對照組的幸福。這種差異中的差異法可以衡量「接受實驗者的平均實驗效果」。

(9) 在不可能隨機分配的情況下，可以使用自然資料，並且比較實驗組和利用「傾向分數配對」選擇出來的類似對照組兩者的結果。

(10) 如果衡量到的實驗效果為 a（以結果變數 W 的單位表示），則「效應量」為 a/σ_w。

我們現在可以開始運用這些工具。

延伸閱讀

Angrist, J. D., and Pischke, J. S. (2008). *Mostly Harmless Econometrics*. Princeton University Press.

注釋

[1] 此處的講解屬入門級，有些讀者已經讀過。如果不是，我們的說明可以幫

助你在使用統計軟體時了解正在做什麼事。更完整的解說，請參考一些寫得很好的教科書，例如 Angrist and Pischke (2008)。

[2] 這是最好的無偏差估計系統（估計 a_j 的標準誤〔standard error〕最小），前提是誤差是同質（homoscedastic）變異性誤差。

[3] a_1 的偏差符號等於 a_3 的符號乘以 X_1 和 X_3 之間相關性的符號。

[4] 有關反向關係（例如青少年幸福對日後收入的影響）的證據，請見 De Neve and Oswald (2012)。

[5] 在三條公式的系統中，需要從系統的其餘部分排除兩個變數，依此類推。

[6] 正如第 18 章所說，政策制定者接著可以在這些領域制定政策，並將目標對準在這些變數中處於最劣勢的個人。這是相當務實的做法，但要找出幸福最低的那些人，然後針對他們制定最佳的政策並不實際（雖然這是最合乎邏輯的方法）。

[7] 社會學家通常稱之為「路徑係數」（path coefficient）p。

[8] (i) 兩邊除以 σ_w。(ii) X_j 乘以和除以 σ_j。(iii) 推導整個母體的平均公式，並從原始公式中減去它（以消除 a_0/σ_w）。

[9] 變數的標準化的值通常稱為 z 分數（z-score）。換句話說，$\frac{X_{ij}-\bar{X}_j}{\sigma_j}$ 是第 i 個人對於變數 X_j 的 z 分數。

[10] 推導過程是：(i) 將公式 (6) 兩邊平方。(ii) 將所有個人的公式相加。(iii) 注意 $r^2 = 1-\Sigma e_i^2/\sigma_w^2$。

[11] 這個線性機率模型（linear probability model，LPM）有個問題：雖然左側變數不是 1 就是 0，但迴歸公式可以預測不同個人的各種值，包括大於 1 或小於 0 的一些值。因此，二元應變數有一種替代方法，假設有個函數代表一個人的值 X_j 為 1 或 0 的機率，然後選擇使實際發生的情況儘可能出現的函數。根據函數形式，這種類型的分析稱為 **Logit** 或 **Probit**，STATA 也有這個功能。

[12] 相較之下，勝算比的用處小得多（請見 Box 7.1）。知道以下這點也很有用：如果某個人起初位於常態分布的中位數，並且經歷了給定效應量的實驗，那麼這個人在分布中所處位置因此上升的幅度可由下式大約算得

　　　百分位點變化 = 40 × 效應量

除非效應量非常大。

[13] 關於這個方法的局限性，請見 Deaton and Cartwright (2018)。

LIFE CAN ONLY BE UNDERSTOOD BACKWARDS
BUT IT MUST BE LIVED FORWARDS

人生只能事後理解

但必須往前生活

8
解釋幸福：初步探索

知道事物起因的人是快樂的……

維吉爾（Virgil，古羅馬詩人）

我們現在可以利用這些工具來解釋幸福所存在的巨大不平等。這些不平等本身就很令人好奇。它們也提供了自然證據，幫助我們預測不同類型的政策將如何改變人民的幸福。[1] 因此，本章將運用第 7 章介紹的工具，來解釋第 6 章所說的差異，並從中學習。

我們以如下的順序進行：

- 首先，我們概述一個國家內如何確定成人幸福的框架。
- 其次，我們研究一個國家內成人幸福的差異，並且了解如何用成人特徵的差異來解釋這些差異。
- 接著，我們回到童年，觀察孩童時期的遭遇，並看看據此預測成人幸福的效果。
- 最後，我們著眼於社會規範和機制的作用，並且觀察各國之間的差異，研究它們造成的影響。

本章為第三篇的其餘各章設定了框架，因此非常重要。之後會以更詳細的方式，探討每一種影響。

幸福和生命週期

成人的幸福是迄今為止一生的產物（見圖 8.1）。我們的早期發展首先受到父母（包括他們的基因）影響，然後受到學校教育的影響。這些主要因素決定了我們直到童年結束的結果。這些結果接著有助於預測我們的成人結果，進而決定成人的生活滿意度。接下來的內容，我們將以相反的順序進行，先檢視成人成果的作用，然後檢視兒童成果的作用，最後（第 9 章）檢視家庭和學校教育的作用。

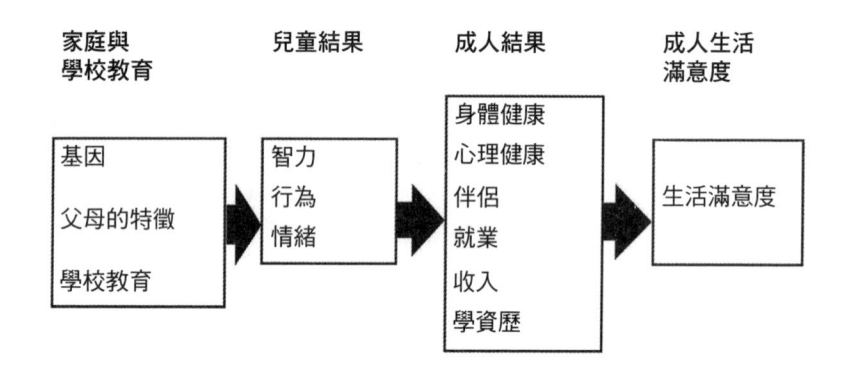

圖 8.1 決定成人幸福的因素

注：比較早期的因素也會直接影響後來的結果

成人幸福的個人決定因素

關於成人幸福的個人原因，相關的研究成千上萬。但它們很難比較，因為常使用不同的幸福衡量指標，而且常常是不同的組成因素產生的影響。因此，本章將聚焦在使用單一的幸福衡量指標（生活滿意度），同時探討所有主要影響因素的一項研究。[2] 主要的影響

因素包括：
- 健康
  身體健康（患病次數）
  心理健康（曾被診斷患有憂鬱症或焦慮症）
- 工作
  失業（相對於就業）
  工作品質（指數）
- 家庭
  有伴（相對於單身）
  分居（相對於單身）
  喪偶（相對於單身）
- 收入（每個等值成人〔equivalent adult〕的家庭收入之對數）
- 教育程度（年數）

　　許多關於幸福的研究沒有納入心理健康作為解釋因素，因為它只是一種感覺。但這就是我們為何沒有將自我表述的感覺作為心理健康衡量指標的原因——相對的，我們納入第三方的客觀診斷。我們問的問題是：「醫生、護理師或其他健康專業人員是否告訴過你，你患有焦慮症或憂鬱症？」因為大多數這些經驗是在調查之前就有的，它們基本上衡量的是外生的事物。此外，解釋幸福時不考慮心理疾病是非常不對的，因為對許多人來說，這是很重要的問題，獨立於其他的右側變數。正如後面的公式所示，**幸福水準低並不等於罹患心理疾病**，而且除了心理疾病，還可能由其他許多因素造成。

　　因此，我們的任務是估計第 7 章的公式 (1)，以當前的生活滿意度為應變數，上面所列的變數為自變數。估計的公式是橫斷面——我們會回頭談這一點。這項研究涵蓋英國、德國、澳洲和美國，四

個國家的結果大致相似。我們在表 8.1 報告的結果主要來自英國的一項調查（英國的長期社會研究計畫「理解社會」〔Understanding Society〕），但其中的心理健康係數來自美國和澳洲（兩國的心理健康衡量指標偏向外生性，結果非常相似）。工作品質結果來自使用歐洲社會調查（European Social Survey）的其他研究。[3]

例如，表 8.1 顯示，曾經確診患有心理疾病的人，目前（其他條件相同）對自己的生活滿意度低了 0.72 點。[4] 失業和沒有伴也有類似的影響。收入對數每增加一個單位，幸福就會提高 0.17 點，這表示收入加倍會使幸福提高 0.12 點。[5] 請注意，這些係數的標準誤（括號中）相對於係數本身來說很小，因此估計值相當明確，而且在 95% 的信賴水準下顯著不同於零。

表 8.1　不同的因素如何影響 25 歲以上英國成人的生活滿意度（0-10）（合併橫斷面）（$R^2 = 0.19$）

	對生活滿意度的影響 (0-10)
身體健康問題（患病次數）	-0.22 (0.01)
心理健康問題（0, 1）	-0.72 (0.05)
失業（相對於就業；0, 1）	-0.70 (0.04)
工作品質（1 標準差的影響）	+0.40 (0.04)
有伴（相對於單身；0, 1）	+0.59 (0.03)
分居（相對於單身；0, 1）	-0.15 (0.04)
喪偶（相對於單身；0, 1）	+0.11 (0.08)
收入（對數）	+0.17 (0.01)
教育程度（年數）	+0.03 (0.00)

資料來源：A. E. Clark et al. (2018) 表 16.2，主要是英國（理解社會〔Understanding Society〕）1996-2014 年，但請見內文。

注：控制變數包括比較群體（comparators）的收入、教育程度、失業和伴侶關係，以及性別、年齡和年齡平方，以及年度固定效應。括號內為標準誤。

我們從表 8.1，知道了每個變數對幸福的影響。但這並沒有告訴我們某個變數的不平等在多大程度上解釋了幸福的不平等。為此，我們必須將每個解釋變數的影響乘以它本身的標準差，然後除以幸福的標準差。這給了我們第 7 章討論過的 β_j 衡量指標。不要忘了 $\beta_j = a_j\sigma_j/\sigma_w$。

變數	值
身體健康	0.11 (.01)
心理健康	0.19 (.05)
未失業	0.06 (.00)
工作品質	0.16 (.04)
有伴	0.11 (.01)
收入	0.09 (.01)
教育程度	0.02 (.00)

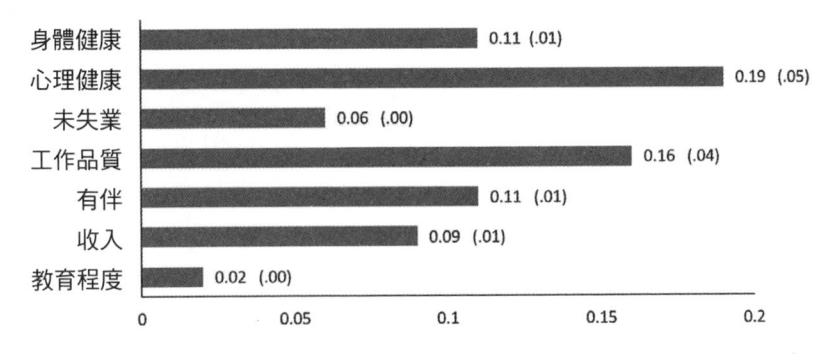

圖 8.2　如何解釋英國 25 歲以上成人生活滿意度的差異？
偏相關係數（β）（$R^2 = 0.19$）
資料來源：A. E. Clark et al. (2018) 表 16.1；也可參考表 8.1；「有伴」是指有人作伴，而不是其他任何關係狀態
注：有關工作品質，請見他們的第 4 章。括號中的數字是標準誤。

圖 8.2 以長條圖來顯示這些 β 值。為了簡化，我們將每個變數視為具有正 β——例如，將失業改稱為未失業。

首先請注意，整個公式的 R^2 是 0.19——我們只解釋了總變異數的 19%。很重要的是，不要過度宣稱解釋力。[6] 將無法解釋的殘差視為「運氣」，也是相當不對的。這很單純就是我們無法解釋的幸福變異，或者是因為衡量誤差造成的。儘管如此，我們確實知道健康極為重要（尤其是心理健康）。工作也很重要——擁有一份工作（如果你想工作的話）和它的品質。家庭生活當然也重要。

收入也是，但它的解釋力沒有高於其他許多變數。圖 8.2 中，它能解釋的生活滿意度變異數不到 1%，因為它的 β^2 值低於 0.01。但正如我們將在第 13 章提到的，某些國家的這個數字可以達到 3%，但仍然沒有高於其他一些影響因素。

在我們接受這個結論之前，必須問我們在第 7 章討論過的一些問題。首先，是不是有衡量誤差的問題？這不可能影響圖 8.2 中收入的排名，因為收入的衡量比其他許多變數更為準確。其次，是不是有重要的遺漏變數或內生性問題？為了探究這些問題，我們可以使用追蹤研究資料，進行固定效應分析，如公式 (7.4) 所示。在追蹤研究迴歸分析中，所有的係數都降低了，部分原因是衡量誤差的問題變得更加嚴重。收入係數的下降幅度大於大多數係數，但部分原因可能是資料沒有把確切的時間捕捉得很好。本章中，我們堅持使用橫斷面結果；但在第 13 章，我們也提出固定效應迴歸分析的結果。

需要強調的是，對於表 8.1 和圖 8.2 中的所有變數，係數反映了該變數造成的影響，**在其他條件相同的情況下**。如果我們想探究收入對幸福的**總**影響，我們就必須透過其他的「中介」變數（例如有伴），納入它的影響。這個計算是很困難的。但我們很容易計算收入（或其他任何變數）的總係數的**最大值**。這是簡單的雙變量（bivariate）係數，本例中，大約是其他條件相同情況下係數的兩倍。

另一個明顯的問題是：收入不能比圖 8.2 所示，對普遍的**低幸福**（low wellbeing）解釋得更多嗎？為了探究這一點，我們建構一個新變數。這是一個簡單的不幸二元變數（M），建構方式如下：[7]

如果幸福為 5 或更低，則 M 等於 1

如果幸福高於 5，則 M 等於 0

如此定義的不幸，影響著英國底層約 10% 的人口——因此這是衡量貧困的很好標準。我們接著可以跑如下的簡單公式：

$$M_i = a_0 + \sum a_j X_{ij} + e_i$$

如果我們取所有個人的平均值，這個公式可以預測不幸者的百分率，計算公式如下

$$\bar{M} = a_0 + \sum a_j \bar{X}_j$$

針對英國、澳洲和美國的一項分析中，心理健康問題比其他任何因素造成更多的不幸。[8] 在英國和澳洲，其次是身體疾病，在美國則是低收入。雖然失業對受影響的人是一大打擊，但由於受影響的人數較少，失業造成影響的排名低於健康和貧困。

一個略微不同的問題是，什麼因素最能解釋**誰**不幸，誰沒有不幸？換句話說，下列關係中最重要的元素是什麼：

$$R^2 = 1 - \frac{\sigma_e^2}{\sigma_M^2} = \sum \beta_j^2 + \sum\sum \beta_k \beta_s r_{ks} \ (k \neq s)$$

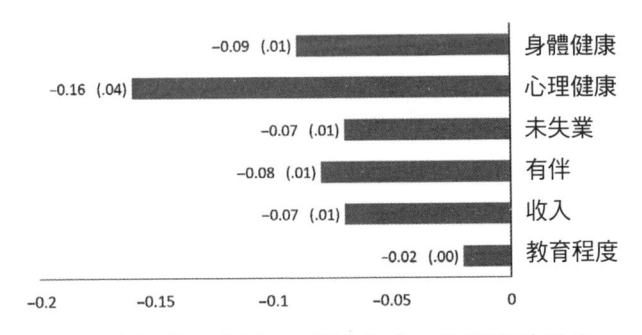

係數	項目
−0.09 (.01)	身體健康
−0.16 (.04)	心理健康
−0.07 (.01)	未失業
−0.08 (.01)	有伴
−0.07 (.01)	收入
−0.02 (.00)	教育程度

圖 8.3　哪些因素解釋了英國 25 歲以上成人的不幸差異？偏相關係數（β）(R^2 = 0.14)

資料來源：A. E. Clark et al. (2018) 表 16.1，主要是英國「理解社會」，但請見內文。

注：參考圖 8.2。

圖 8.3 中，我們顯示 β 係數的值，但這一次，應變數是不幸。看得出來，這些係數比我們檢視生活滿意度完整連續範圍時的係數略小（比較圖 8.2）。這是可以預期的。不過引人注目的是，不管我們是解釋低幸福，還是在一條光譜上解釋整個離散度，不同因素的相對重要性是相同的。

個人幸福的童年預測指標

上面說的是影響成人幸福的成人時期因素。但是我們看到的許多成人時期影響因素，難道不是由我們童年時期的經歷造成的嗎？事實的確如此。**兒童的發展**主要有三個構面：智力、情緒和行為。關於學校的一個大問題是：「這三者哪一個最能預測孩童是否會有令人滿意的成人生活？」

以下的分析來自追蹤 1970 年某一週內出生的所有英國兒童（British Cohort Study 1970）。我們使用的兒童發展衡量指標如下：
- 智力：最高學歷
- 行為：在 16 歲時衡量的行為（問母親 17 個問題）
- 情緒：在 16 歲時衡量的情緒健康狀況（問孩子 22 個問題，問母親 8 個問題）

如圖 8.4 所示，**成人生活令人滿意的最佳預測指標不是你的學歷，而是你 16 歲時簡單的情緒健康衡量指標**。這是教育政策的重要發現，因為如第 9 章所說，學校對孩子的幸福影響巨大。學歷當然很重要，也是迄今為止成人收入的最佳預測指標。但是，就像我們談過的，對成人來說，收入不如心理健康重要，而心理健康最能夠從他們童年時期的情緒健康來預測。

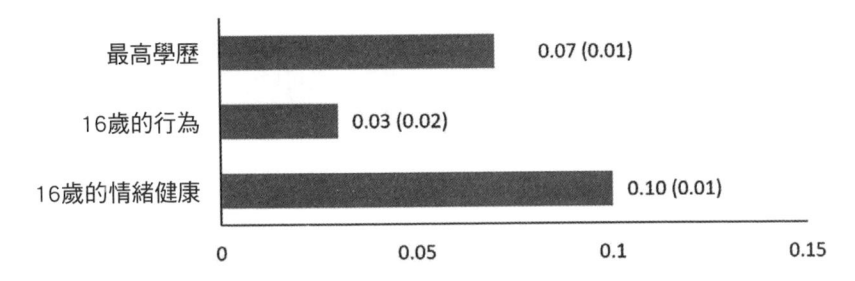

```
最高學歷      ━━━━━━ 0.07 (0.01)
16歲的行為    ━━ 0.03 (0.02)
16歲的情緒健康 ━━━━━━━━━ 0.10 (0.01)
         0    0.05    0.1    0.15
```

圖 8.4　英國成人的生活滿意度如何以童年時期的結果來預測？偏相關係數（β）（$R^2 = 0.035$）
資料來源：請見 A. E. Clark et al. (2018) 圖 1.2、British Cohort Study (BCS)
注：成人生活滿意度是取 34 歲和 42 歲的平均值。控制變數包括家庭變數。括號內的數字是標準誤。

正如我們在第 9 章所說的，兒童的幸福本身很重要——童年是我們一生經歷的重要部分。但兒童時期的幸福也是成人幸福的基礎。

社會規範和機制的影響

到目前為止，我們把重點放在什麼因素能解釋同一國之內，人與人之間的幸福差異。但什麼因素能夠解釋國家之間的差異？一國之內的每個人都共享重要的**社會規範和機制**。雖然我們無法只研究一國人民來找出這些影響，但可以比較一國和另一國來做到這一點。蓋洛普世界民調的資料幫助很大，讓我們能夠研究下列因素造成的影響

- 倫理標準（信任和慷慨）
- 社會支持網
- 個人自由

我們根據每個國家對下列問題的回答來衡量這些因素：

信任	「整體而言，你是否認為大多數人是可以信任的，還是防人之心不可無？」這個問題的前半部分回答「是」的百分率
慷慨	「你這個月是否捐款給公益慈善機構？」這個問題回答「是」的百分率
社會支持	「如果你陷入困境，是否有親朋好友可以依靠，在你需要時幫助你？」這個問題回答「是」的百分率
自由	「你對選擇自己生活方式的自由感到滿意，還是不滿意？」這個問題回答「滿意」的百分率

表 8.2 國民生活滿意度（0-10）如何受到國家層級變數的影響（$R^2 = 0.77$）

	變動	對平均生活滿意度的影響（0-10）
信任	100% v. 0%	1.08 (0.45)
慷慨	100% v. 0%	0.54 (0.41)
社會支持	100% v. 0%	2.03 (0.61)
自由	100% v. 0%	1.41 (0.49)
收入	加倍	0.23 (0.06)
健康	健康生活年數	0.03 (0.01)

資料來源：蓋洛普世界民調、坎特里爾階梯；除了信任主要是 2009 年的資料，其餘是 2009-2015 年的平均資料；約翰・海利威爾（John Helliwell）的分析；括號內的數字是標準誤。

我們也納入平均每人 GDP 和健康的預期壽命（以年為單位衡量）造成的影響。

在表 8.2 的橫斷面分析中，我們列示了當回答「是」的百分率從 0 上升到 100，每個變數的平均生活評價如何變動。全部四個因素都有很大的影響。健康的預期壽命也是如此，例如壽命延長 10 年，生活評價提高 0.3 點。收入對不同國家的影響，和它在許多國家內的影

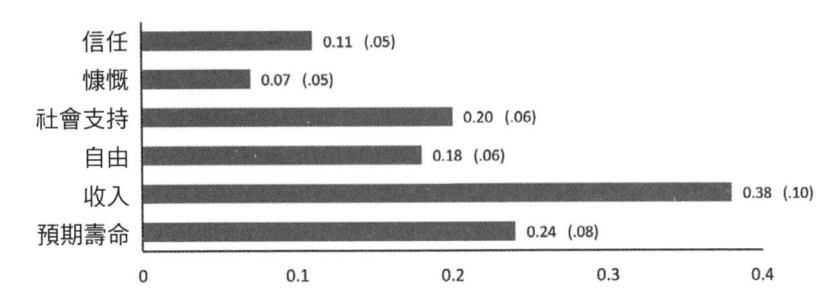

變數	係數
信任	0.11 (.05)
慷慨	0.07 (.05)
社會支持	0.20 (.06)
自由	0.18 (.06)
收入	0.38 (.10)
預期壽命	0.24 (.08)

圖 8.5　如何以國家層級的變數，解釋各國生活滿意度的差異？偏相關係數（β）（$R^2 = 0.77$）
資料來源：請見表 8.2。

響相似，例如收入加倍平均生活評價提高 0.23 點（最高 10 點）。

　　觀察不同因素對各國生活滿意度的實際離散度有多大的影響，也是很有意思的事。由於各國之間收入差異巨大，收入在這裡扮演比較突出的角色。健康的差異也很重要。這可以從圖 8.5 看得出來，它給了和表 8.2 中 a_i 係數相對應的 β_i 係數。社會規範也非常重要。例如，世界上生活滿意度最高的八個國家，特徵不在收入，而是高水準的信任、社會支持、自由和慷慨。[9] 這些國家包括北歐五國和荷蘭、瑞士、紐西蘭（見表 1.1）。排名墊底的國家主要是撒哈拉沙漠以南非洲地區和中東地區飽受戰爭蹂躪的國家（阿富汗、敘利亞、葉門），不但收入和健康照護水準差，幸福所需的社會特徵也低。[10]

小結

　　我們對幸福高低的主要成因，以及世界各地幸福差異巨大的初步概述，到這裡告一段落。所有的研究發現都屬橫斷面，至於時間序列和實驗則留待後面的章節討論。本章的研究結果為本書第三篇

的其餘章節提供框架——從個人因素開始，擴展到和整個社群相關的因素。

- 一國（如果是先進國家）之內解釋幸福變異（以及不幸普遍程度）的主要因素，依重要性粗略排序：

  心理疾病，

  身體疾病，

  有工作和工作的品質，

  有伴，

  家庭收入，

  教育

- 各國之間幸福的變異主要由以下因素（依重要性粗略排序）解釋：

  收入，

  健康，

  社會支持，

  個人自由，

  信任的社會關係，

  慷慨

- 預測孩子會不會成為快樂的成人並不容易。但孩子的幸福比孩子的學業成績更能預測成人生活的滿意度。第 9 章將說明，學校和父母對兒童的幸福都有很大的影響。

問題討論

(1) 圖 8.2 中關於收入的研究發現可信嗎？衡量誤差的問題可能導致排序不正確嗎？

(2) 圖 8.5 是否給了我們很多資訊？

延伸閱讀

Clark, A. E., Flèche, S., Layard, R., Powdthavee, N., and Ward, G. (2018). *The Origins of Happiness: The Science of Wellbeing over the Life Course*. Princeton University Press. Especially chapters 1, 2, 6 and 16.

World Happiness Report (latest version). Helliwell, J. F., Layard, R., Sachs, J., and De Neve, J. E. (Eds.). World Happiness Report. New York: Sustainable Development Solutions Network. Chapter 2.

注釋

[1] 這也需要政策能產生立即影響的證據，最好是透過實驗來證明。

[2] A.E. Clark et al. (2018)。我們在第 13 章會使用蓋洛普世界民調，報告所有國家的結果。

[3] 關於工作品質，請見 A. E. Clark et al. (2018) p. 74。關於心理健康，英國的衡量指標（外生性較低）比美國的衡量指標有較高的係數。

[4] 線上附錄 13.1 當中的蓋洛普世界民調分析中，自我表述的問題「昨天你是不是很憂鬱」也有類似的係數。

[5] $Log_e 2 = 0.7$。請注意，我們總是使用以 e 為底的對數。

[6] 勝算比是廣為人知的誇大宣稱手法。請見第 7 章。

[7] 在「理解社會」（Understanding Society）最初的調查中，生活滿意度是以 1-7 的量表衡量。我們這裡將它轉換為 0-10 的量表。請注意，多元迴歸方法可用於檢視二元結果，而且係數易於解釋。我們也可以使用 Logit 和 Probit 分析，但通常會得到相當類似的結果，只是形式比較難以理解。

[8] A. E. Clark et al. (2018) 表 6.1。

[9] 請見 Helliwell et al. (2019) 表 2.2。

[10] 如果將全球和平指數（Global Peace Index）加進這六個變數的平均生活滿意度固定效應迴歸分析中，則該指數的 1 個標準差會使得平均生活滿意度提高 0.15 點（Helliwell et al. [2019] p. 40）。

I FELL OUT OF MUMMY'S POUCH AND INTO THE MUD

糟了！我從媽咪的育兒袋掉出，跌入泥沼裡

9
家庭、學校教育與社群媒體

> 不要不敬父母。也許有一天你會發現自己處於他們的位置。
>
> 艾維・康普頓・伯內特（Ivy Compton Burnett）

我們的人生始於家庭。過了一陣子，我們去上學。最後大多數人都組成自己的家庭。這些經驗如何影響我們？

父母的影響

父母對待我們的方式，會造成巨大的影響。對人類來說，我們無法用實驗來證明這一點，但對動物可以這麼做——隨機分配後代給不同的父母撫養。麥可・米尼（Michael Meaney）對老鼠做了一項經典研究，將不善於舔舐後代的母鼠所生小鼠，分一些給善於舔舐的養母。[1] 這些小鼠長大後的壓力要小得多，舔舐自己的後代也好得多。史蒂芬・索米（Stephen Suomi）同樣對恒河猴進行了經典的研究，將過度活躍母猴的後代，隨機分配給一些性格比較平靜的養母。[2] 這些後代遠比和生母在一起的後代更加平靜。

但是我們不能對人類做這種實驗，所以必須依賴人們實際生活

經驗所產生的資料。幸好現在有很多縱向研究，追蹤同一個人從搖籃到成人的生活，而我們對家庭和學校教育影響的大部分了解，都來自這些調查。每一項調查中，孩子的幸福首先是向家長和老師提問來衡量，然後（大約 10 次之後）也向孩子提問。以下是一些主要發現。

每個孩子都需要無條件的愛。基本需求是和至少一個特定的人建立安全的情感連結。這種「**依附感**」（attachment）的經歷，是可以持續終生的內在安全感基礎。[3] 六十年前，約翰‧鮑爾比（John Bowlby）就發現了依附感的重要性；[4] 他的觀念已通過時間的考驗。在統合分析中，早期的依附感和後來的社會能力（$r = 0.18$）、利社會行為（$r = 0.15$）、內在幸福（$r = 0.08$）[5] 有相關性，而且這些相關性無疑被低估了，因為依附感難以精確衡量。

一個悲劇性的「自然實驗」，十分引人注目，說明了關懷與照顧的重要性。共產主義終結之後，羅馬尼亞一些孤兒被隨機分配到西方家庭寄養；不幸者則留在孤兒院。平均而言，這些孩子在 21 個月大時被分配到寄養家庭或留在孤兒院，並在 4 歲半時再次接受評估。被分配到寄養家庭的孩子，4 歲半時的心理和認知的幸福比留在孤兒院的孩子要高出半個標準差以上。[6] 開始寄養的年齡愈小，結果愈好。

所以照顧者的愛是不可或缺的。但是要求不可逾矩的**嚴格**（firmness）態度也同樣重要。它和溫情結合，就是所謂的「權威式」養育，也是最為人推薦的方法。這種方法不是讓孩子感到恐懼而遵守規矩，而是教孩子學會將父母的反應內化，然後採取行動以取悅自己的「更好自我」。[7]

虐待型父母會改變孩子的一生。虐待包括心理上忽視，以及性虐待或身體虐待。雖然大多數受虐待的孩童發育正常，但仍有少數

經歷長期的創傷。平均而言，童年時期遭受過虐待的人和未曾遭受虐待的人之間，大腦有顯著的差異。[8] 虐待也會影響孩子的行為，[9] 但對內在幸福的長期影響甚至更強。[10]

所以對孩子來說，和父母的關係極為重要。但**父母之間的關係**也很重要。目前，美國有 50% 的 16 歲青少年生活在分居家庭，英國的這個百分率超過 40%。這還不重要嗎？

關於兒童發展的文獻很多。[11] 然而，大多數的主要發現，可以在一項研究中看到，這使得不同影響因素的研究發現比較容易比較。這就是著名的雅芳父母與兒童縱向研究（Avon Longitudinal Study of Parents and Children，ALSPAC），調查 1991、1992 年出生在英國布里斯托（Bristol）及其周邊地區的所有兒童。表 9.1 列示父母如何影響孩子的幸福，以及其行為和學業成績（都在 16 歲時衡量）。

如表所示，**家庭衝突**對全部三個結果都不好。而且，順帶一提，對於任何程度的家庭衝突，家庭破裂除了影響學業成績，並不會造成更多的傷害。但父母分手後持續的衝突，會增加孩子陷入憂鬱或發展出攻擊性的風險。相較之下，和沒有同居的父母更常見面，會降低這種風險。[12]

與家庭衝突密切相關的是父母的**心理健康**。在布里斯托的研究中，預測孩子 16 歲幸福的單一最重要家庭變數是母親的心理健康。[13] 父親的心理健康也很重要，但影響較小——可能是因為母親通常仍舊是主要的照料者。父母心理健康不佳顯然會造成家庭衝突，反之亦然，但顯而易見的是，如果其他條件相同，兩者都很重要。

還有其他三個因果因素引起廣泛的討論。第一個是**家庭收入**。這對孩子的幸福來說，遠不如對考試成績那麼重要。布里斯托的研究顯示，家庭收入提高 10%，只會使孩子的幸福增加 0.007 個標準差。

表 9.1　家庭與教育如何影響 16 歲青少年的各方面，偏相關係數（β）

	16 歲時的幸福	16 歲時的行為	16 歲時的學業成績
父母之間的衝突	-0.04	-0.14	-0.02
母親的心理健康	0.16	0.17	0.03
父親的心理健康	0.04	--	--
家庭收入（對數）	0.07	0.08	0.14
母親參與孩子的生活	0.04	0.05	0.02
母親外出工作（第一年的百分率）	--	--	-0.02
母親外出工作（其他年數的百分率）	--	-0.05	0.04
父親失業（年數的百分率）	--	--	-0.03
父母教育程度（年數）	--	0.04	0.17
母親對孩子的攻擊行為	-0.03	-0.12	--
所有的父母變數	0.27	0.31	0.35

資料來源：A.E. Clark et al. (2018) 表 16.4、ALSPAC 資料；問卷請見線上附錄 9.1

注：幸福是母親和孩子回答簡短情緒與感受問卷（Short Mood and Feelings Questionnaire）答案的平均值。行為是根據母親回答長處與困難問卷（Strength and Difficulties Questionnaire）的答案。學業成績是根據普通中等教育證書（General Certificate of Secondary Education，GCSE）。控制變數包括性別、種族和中小學名稱。問卷請見線上附錄 9.1。

其他的研究也有類似的發現。[14] 第二個重要的影響是家長參與孩子的生活。這在人生早期很重要，但是在布里斯托的研究中，它的持續性影響微乎其微。第三個問題是母親外出工作以及持續多久。大多數研究中，一旦考慮到母親收入的正面影響，這對兒童的幸福不會產生負向影響。[15]

如表 9.1 最後一列所示，所有觀察到的父母特徵對孩子幸福的總影響，β 係數等於 0.27。[16] 接下來應該來看看學校教育的貢獻如何。

學校的影響

布里斯托的研究涵蓋了那個地區兩年期間內出生的所有兒童。結果，這個地區的每一所學校都教過參與這項研究的一些孩子。這讓我們能夠探討孩子念哪所學校有多大的差異。結果顯示，這有很大的影響──學校確實影響孩子的幸福、行為和考試成績。

這項研究對以下的幸福（W）公式做估計，也估計了行為和學業成績的類似公式：

$$W_i = \sum_s a_s D_{si} + \sum b_j X_{ij} + c\, W_{i\,\text{lagged}} \tag{1}$$

其中的 W_i 是第 i 個孩子的幸福，X_{ij} 是父母的特徵。每所學校還有一個 1/0 虛擬變數 D_s（某所學校是個人就讀的學校時，變數取值 1，否則取值 0）。因此，係數 a_s 可以告訴我們：學生上 s 學校有什麼差別。[17]

我們現在可以問：不同學校的這些不同影響，對兒童母體幸福的整體離散度有多大影響？觀察 a_s 係數（以學生人數加權）的標準差相對於 W 的標準差，可以找到答案，結果如表 9.2 所示。第一列不只保持所有被衡量的家庭變數不變，也保持孩子 11 歲入學時對相同結果的衡量不變，而檢視中學對於 16 歲青少年的影響有多大。第二列對小學也做同樣的事，保持 8 歲時對相同結果的衡量不變，顯示它們在 11 歲時的影響。第三列保持 7 歲時對相同結果的衡量不變，顯示它們在 8 歲時的影響。如表 9.2 所示，學校對學生的幸福產生極大的影響──幾乎和它們對學生學業成績的影響一樣大。而且，回顧表 9.1，學校對兒童幸福的影響，和父母差不多大（在我們能夠衡量父母特徵的範圍內）。

至於小學，我們可以更進一步，把個別教師的影響分離出來。這是可能做到的，因為每個孩子在任何一年只有一位班導師。因此，我們使用和公式 (1) 相同的方法，但以個別教師取代個別學校。表 9.3 列示 11 歲和 8 歲孩童的一般結果（平均值）。引人注目的是，老師對孩子幸福差異的影響，比對數學成績的影響要大。我們也可以追蹤小學教師對於學生在 20 多歲的長期影響。研究發現，善於提高孩子幸福的老師，也會提高她自己的孩子上大學的可能性近 4 個百分點。[18] 而且好老師會降低學生們在 20 歲出頭時產生憂鬱、反社會或酗酒行為的可能性。這類分析清楚指出，學校和教師對孩子的幸福有很大的影響。但它們到底如何造成影響的？這是很難回答的問題。一些負向發現是很確定的：

表 9.2　各種標準化結果的學校虛擬係數的標準差

		幸福	行為	學業成績
中學	16 歲	0.26	0.21	0.29
小學	11 歲	0.24	0.19	0.27
	8 歲	0.19	0.20	0.30

資料來源：A. E. Clark et al. (2018) 表 14.1 和 14.3；ALSPAC 資料
注：學業成績以 16 歲時 GCSE 分數衡量；11 歲以小學學齡期第二階段數學、英語和科學（KS2 Maths, English and Science）學習成果評估衡量；其他年齡則根據各地數學、閱讀和寫作資料衡量。

表 9.3　小學教師影響各年齡不同標準化結果的標準差

年齡	幸福	行為	數學成績
11 歲和 8 歲（合併）	0.22	0.09	0.14

資料來源：A. E. Clark et al. (2018) 表 14.5、ALSPAC 資料
注：幸福和行為是根據家長的報告

- 就對幸福（或智力發展）的影響而言，人數較少的班級沒有明確的優勢。[19]
- 人數較多的學校在幸福方面沒有明確的優勢。

但是在什麼事情會產生影響方面，我們幾乎沒有自然證據。不過，有一種方法可以發現：做實驗。許多出色的實驗告訴我們，可以如何培育出更快樂的孩子。

我們能教學生幸福嗎？

在最早（也是最著名）的實驗中，孩童的幸福並不是這樣衡量的，但其他許多重要的結果是。這些早期的實驗大多是針對學齡前的年幼孩童進行（雖然沒有令人信服的證據，證明早期干預比較晚干預更具成本效益）。[20] 裴瑞學前（Perry Pre-School）計畫和初學者計畫（Abecedarian Project）是兩個著名的學前干預計畫（pre-school intervention）。[21] 裴瑞學前計畫是針對 3 歲和 4 歲高風險非裔美國孩童進行的隨機試驗。這個計畫讓孩子在學校上半天課兩年，每個星期也會拜訪他們的母親。參與計畫的孩子，在以後的日子中表現得比較好，犯罪被捕的可能性也比對照組的孩子低一半。他們的學業成績也比較好，而且經計算後，這項計畫對社會的實質報酬率為每年 7-10%，高於股票的實質報酬率。[22] 初學者計畫為貧困兒童從出生起到 5 歲，提供全天以遊戲為基礎的照護。到 21 歲時，實驗組的犯罪率低於對照組，收入也比較高。[23]

良好行為遊戲（Good Behaviour Game）在巴爾的摩（Baltimore）貧困地區的學校進行，是一個比較不花錢的學齡兒童計畫。實驗組中，每個一年級小學班級分為三隊，每隊根據團隊成員違規的次數

評分。某個團隊的違規次數少於五次,所有的成員都會得到獎勵。玩(或不玩)遊戲的孩童,被追蹤到 19-21 歲,結果發現實驗組成員比較少碰毒品、酒精和菸草,而且患有反社會人格障礙的人數也比較少。[24]

然而我們從個別實驗一般化時應該要小心,因為偶爾會有一項干預行動碰巧顯得有效,實際上卻不然。想知道能夠取得什麼成果,我們真的需要做統合分析(meta-analysis),總結針對學齡兒童進行的大量實驗結果。

學業、社會與情緒學習合作組織(the Collaboration for Academic, Social and Emotional Learning,CASEL)提供了這樣的統合分析(見表9.4)。它分析了 200 項針對學校所有孩童的計畫,涵蓋社會與情緒學習(social and emotional learning,SEL)的基本主題,也就是

● 理解和管理本身的情緒
● 理解和對其他人做出良好的反應

表9.4 社會與情緒學習(SEL)計畫的效果

	平均利得(依標準差)	(計畫數)
計畫對下列各項的影響		
情緒幸福	0.23	(106)
行為	0.23	(112)
學業成績	0.28	(35)

資料來源:Durlak et al. (2011)

整體發現令人鼓舞,一些重要的教訓浮現出來:
● **改善幸福的計畫也能提高學業成績**。這些目標並不互相衝突。這是十分重要且相當普遍的重點。[25]

9 家庭、學校教育與社群媒體　221

- 大多數計畫改善了起初幸福**低落**孩童的幸福比較多。但這並不主張有針對性的改善，因為這項計畫有一部分是透過改變班級的整體風氣來進行，而且避免污名化也很重要。
- 如果計畫「**手冊化**」（manualized，也就是每節課使用詳細的手冊和相關的教材），以及如果使用它們的教師受過使用訓練，計畫的運作成效比較好。[26]
- 計畫如果是關注**值得做的事情**，而不是注意不要做什麼事，成功的可能性更大。如果只關注性、毒品、菸酒、賭博或犯罪的危險，大多數計畫會失敗。[27] 一般來說，兒童和青少年對可望獲得正面獎勵的反應，比面對負面結果的威脅要好。[28]
- 大多數計畫的效果**隨著時間而淡化**。這主要是因為它們為期太短——通常總共不到 20 小時。

　　因此結論是，如果我們想改善孩子的幸福，需要採取野心更大的方法。[29] 這可能包括以下所述：

- 學校以幸福作為明確的目標，而且每年衡量學生的幸福，以了解他們正在進步或落後。世界上已經有一些不錯的檢測方法。[30] 荷蘭法律要求中學這麼做，而且政府為衡量作業提供後勤服務，也會處理得到的結果。[31] 南澳洲使用的系統類似，但學校是否參與，採自願方式。[32]
- 這個幸福目標體現在學校生活的所有面向，包括教師、父母和學生彼此的對待方式上。[33]
- 有明確的每週生活技能教學。它並不仰賴教師的創意或熱情，通常是利用手冊。因此，各機構正競相編製能夠涵蓋學校整個年齡層的課程。英國最近完成了針對 11-15 歲學生，為期四年課程的重

大試驗，名為「健康心態」（Healthy Minds）。這套課程將 15 歲學生的生活滿意度提高 0.25 個標準差（或 10 個百分點）——見 Box 9.1。

Box 9.1　健康心態實驗[34]

這個實驗為期四年，每週都有課程，教師和學生都發給每節課的詳細教材，以及對教師提供專業培訓。涵蓋的主題包括情緒韌性（emotional resilience）、自我管理、與他人的關係（包括性的方面）、健康生活、管理社群媒體、處理心理疾病、為人父母和正念練習。在四年的實驗期間裡，教師要接受 19 天的訓練。

共有 34 所學校參與，隨機分為 A 組和 B 組。A 組學校於 2013 年對 11 歲孩童教授課程，並衡量他們在 11 歲、13 歲和 16 歲時的幸福。B 組學校於 2014 年對 11 歲孩童教同樣的課程；但也在 2013 年衡量它們的 11 歲孩童的幸福。因此 B 組當中年齡較大的一群孩童，就作為 A 組和較年輕 B 組的對照組。課程的整體效果以下式估計（類似於第 7 章的公式 (9)）：

$$W_{ist} = a_0 + a_1 T_{ist} + v_t + f_i + u_s + e_{ist}$$

其中 W_{ist} 是學校 s 的學生 i 在第 t 年的幸福，T_{ist} 表示「完成課程」。

研究結果顯示，最後一年結束時，「總幸福」（試驗前指定的主結果）提高了 0.25 個標準差，生活滿意度也提高類似的幅度。

教師培訓和教學材料可以從 Bounce Forward 的網頁取得，https://bounceforward.com/healthy-minds-research-project/

霸凌與校規

我們可以用兩個具體的主題，來結束學校教育的探討：霸凌和校規。**遭到霸凌**是很多孩童的大問題。霸凌是指一個或一群孩童，對不容易保護自己的受害者反覆進行攻擊行為。霸凌可能是身體暴力（推擠或毆打）、辱罵和嘲諷、散播謠言、公開排擠或猥褻手勢。

也可以在網路上進行（網路霸凌）。在 OECD 國家，平均有 23% 的 15 歲青少年表示每月至少遭到霸凌幾次。[35] 生活滿意度和遭到霸凌之間的相關性顯著為負（$r = 0.26$）。[36] 另有明確的證據指出，受到霸凌的孩童，日後心理健康會惡化。[37] 受害愈嚴重，惡化情況愈糟。而且其中許多影響持續到成年期。[38]

大多數學校都訂有反霸凌的政策，但也許最成功的是現在幾乎普及整個芬蘭的 KiVa 計畫。[39] 這個計畫的基本理念是訓練學生在看到有人遭霸凌時怎麼做：他們接受訓練是為了支持遭到霸凌的人，而不是支持霸凌的行為。這種方法首次試驗時，將（受害者報告的）霸凌發生率降低 30%。全國推廣的效果約為 15%。

在幾乎每個國家，**校規**都是個問題，至少在某些教室裡。調查英國大都市的 11 歲和 14 歲學生顯示，29% 表示每天都有其他學生擾亂他們上課。[40] 教師的報告證實這一點。然而維持秩序的技能是可以訓練的。例如，大學為教師開設「不可思議的歲月」（Incredible Years）課程，上課 3 到 5 天，偶爾會有後續課程。這套課程教老師如何 (1) 保持冷靜，(2) 儘可能讚美，以及 (3) 立即給予輕微的懲罰。這套計畫在一項大型試驗中，第一年就改善了孩童的心理健康（尤其是最不快樂的孩童），但在接下來的年頭，效果消失了。[41]

社群媒體

社群媒體是對年輕人（和成人）生活的另一個重大影響。顯然這為傳播資訊、減少孤立帶來巨大的可能性。但是社群媒體也有一大缺點：它加劇了社會的比較問題。人們在社群媒體上展示自己生活最好的一面，其他人則自慚形穢或者被排擠在外。值得注意的是，

在社群媒體激增的同時，青少年的憂鬱症也在飆升（比較圖 9.1 和 9.2 中，2010 年以後的變化）。說「我經常感到格格不入」或「很多時候我感到孤獨」的人數也在增加。[42]

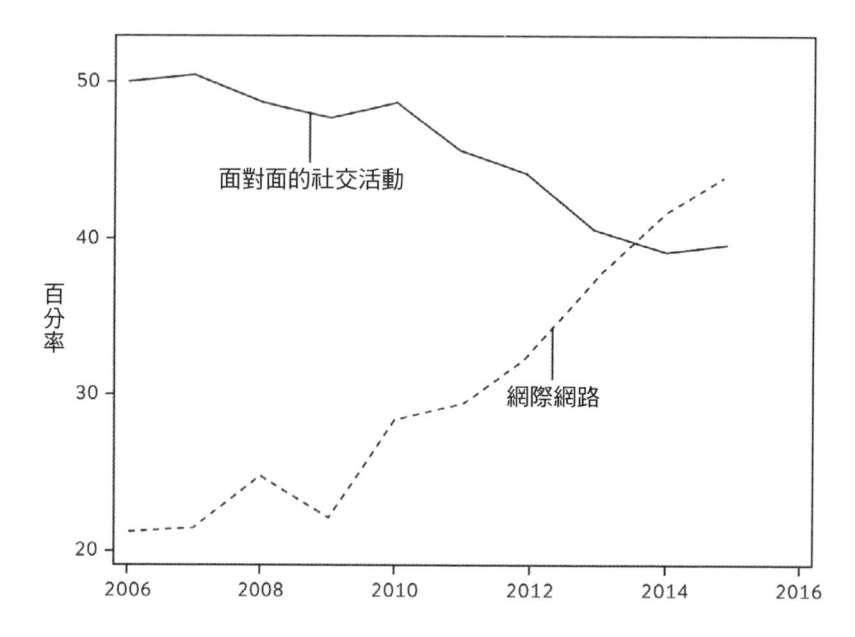

圖 9.1　美國 18 歲青少年每週花 10 或更多小時上網的百分率，以及每週有四次面對面社交活動的百分率
資料來源：Twenge (2017)

然而，有相關性並不表示有因果關係。實驗是確立因果關係最明確的方法。大約有十幾個受控實驗，要求參與者放棄使用臉書（Facebook）。其中大多數都顯示放棄使用對主觀幸福產生了正面的影響。[43] 其中最詳盡的一個實驗，問一組美國公民每個月給多少錢，他們願意停止使用臉書。[44] 研究人員接著選擇要求金額最低的 1,700 人左右，隨機分配到實驗組（支付 102 美元）和對照組。實驗組一

個月沒有使用臉書。結果，這個月實驗組的主觀幸福比原來高了 0.12 點（最高 7 點）。實驗結束後三個月，實驗組使用臉書比對照組少 22%──表示一部分人對臉書投下不信任票。

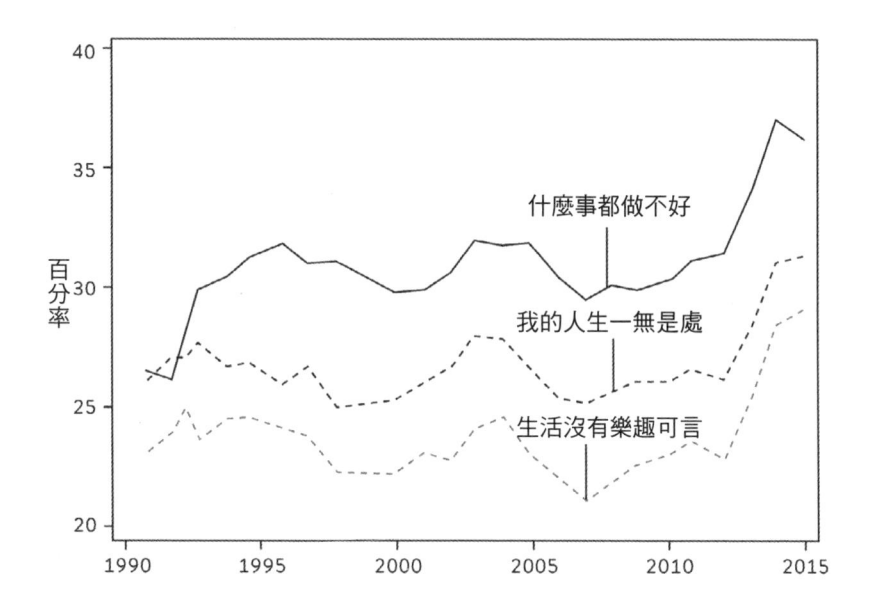

圖 9.2　美國 13-18 歲青少年過去 12 個月有各種負面想法所占的百分率
資料來源：Twenge (2017)

然而，臉書顯然除了負面的用途，也有正面的用途。一些討論中，區分了主動使用（在臉書上張貼內容）和被動使用（只閱讀其他人張貼的內容）兩群人；行為者視主動使用是正向的，被動使用則被認為是負向的，因為經常引起自己和其他人的不利比較。有時甚至出現網路霸凌。[45] 被動使用占了 3/4 的時間，因此主動和被動的綜合效果是負向的。但人們總是會使用社群媒體，核心課題是如何促進正向使用，同時減少負向使用。

家庭衝突

　　青春期後的某個時點，大多數人開始建立自己的家庭。正如我們談過的，一般而言，擁有另一半對一個人的幸福非常有幫助。在英國家庭追蹤研究調查（British Household Panel Survey）中，有伴的人平均比其他人幸福得多（其他條件相同）。他們和沒有伴的人相比，幸福平均高出 0.6 點（最高 10 點）。其他國家也發現類似的結果，但在固定效應迴歸分析中減少約 0.2 點。[46]

　　我們已經看到家庭衝突和分居如何傷害到孩童。但這對成人也很可怕。美國大約 12% 的有伴男性和女性有身體攻擊行為，男性通常有較多的暴力行為。[47]貶損、控制或極端冷漠等心理暴力也有。

　　這些行為往往反映出沙文主義式的態度。社會需要改變這種態度，也需要執行相關的法律。但也有一些服務可以一開始就協助阻止衝突發展。第一個孩子出生時是個關鍵時刻——從那時起，一般夫妻對彼此的關係變得比較不滿意。但如果夫妻兩人都參加產前課程，不只參與孩子身體和情緒的照護，也涵蓋如何維繫夫妻之間的愛，這種情況是可以避免的。[48]這類課程有很多。家庭基金會（Family Foundations）是經營最成功的機構之一，包括和父母舉行八次的群體會議。參加這種課程的父母和對照組相比，壓力較小，合作程度提高 6 個百分點。[49]

　　但即使有了這些課程，許多夫妻仍然會失和。他們需要幫助，而且正如第 10 章所說，有一些不錯的處理方法可以提供利用。

小結

- 父母的行為方式會影響我們的幸福。[50] 溫馨的愛和嚴格的規矩有益於幸福。然而，許多孩童在嚴重的虐待中生存下來，情況卻沒有改善。父母（尤其是母親）的心理健康，對於孩子的幸福非常重要。
- 學校對孩童幸福的影響比一般想像的要大，個別教師也是如此。
- 學校如果希望改善孩童的幸福，就會以此作為校方的重大目標，並且定期評量。
- 學校也會使用以證據為基礎的教材，至少每週教導一次生活技能。
- 成年後，家庭生活一般有益於幸福。但在第一個孩子出生後，夫妻關係的品質往往惡化。如果夫妻兩人都上產前課程，不只學習照護孩子，也了解孩子對兩人關係的影響，這個問題就可以減輕。
- 雖然如此，如果孩子或父母的心理健康惡化，提供專業的心理健康輔導就極為重要。

接下來我們要轉而探討心靈和身體的健康問題。

問題討論

(1) 和學校經驗的影響相比，父母對16歲孩子的幸福，真正的影響有多大？考慮到衡量誤差的大小，是否可能回答這個問題？

(2) 學校能否有效教導孩子生活技能？

(3) 社群媒體讓孩童更快樂，還是更不快樂？它提升還是降低了溝通品質？

延伸閱讀

Allcott, H., Braghieri, L., Eichmeyer, S., and Gentzkow, M. (2020). The welfare effects of social media. *American Economic Review*, 110(3), 629-676.

Bowlby, J. (1969). *Attachment and Loss: Attachment*. Basic Books.

Clark, A. E., Flèche, S., Layard, R., Powdthavee, N., and Ward, G. (2018). *The Origins of Happiness: The Science of Wellbeing over the Life Course*. Princeton University Press.

Heckman, J. J., Moon, S. H., Pinto, R., Savelyev, P. A., and Yavitz, A. (2010). The rate of return to the HighScope Perry Preschool Program. *Journal of Public Economics*, 94(1-2), 114-128.

Lordan, G., and McGuire, A. J. (2019). Widening the high school curriculum to include soft skill training: impacts on health, behaviour, emotional wellbeing and occupational aspirations. CEP Discussion Paper 1630, Centre for Economic Performance, LSE.

Moore, D., Benham-Clarke, S., Kenchington, R., Boyle, C., Ford, T., Hayes, R., and Rogers, M. (2019). Improving Behaviour in Schools: Evidence Review.

注釋

[1] Anisman et al. (1998).
[2] Suomi (1997).
[3] Groh et al. (2014).
[4] Bowlby (1969).
[5] Fearon and Roisman (2017).
[6] Nelson et al. (2007).
[7] Layard and Dunn (2009).
[8] Lim et al. (2014).
[9] Caspi et al. (2002).
[10] Danese and Widom (2020)，根據 1967-71 年美國中西部被送上法庭的虐待型父母樣本，和其他類似但非虐待型父母進行配對。並追蹤他們平均年齡為 29 歲的孩子。
[11] Goodman and Scott (2012).
[12] Pleck and Masciadrelli (2004)。關於分居的影響，請見 Amato and Keith (1991)。

[13] A. E. Clark et al. (2018).

[14] Duncan and Brooks-Gunn (1999)。關於美國,請見 Yeung et al. (2002);以及 Mistry et al. (2002)。至於英國,請見 Washbrook et al. (2014)。此外,Ford et al. (2004, 2007) 利用 2004 年英國兒童與青少年心理健康（Mental Health of Children and Young People）的全國調查指出,如果其他條件相同,不管是從兒童的橫斷面,還是在解釋他們的心理健康隨時間變化方面,家庭收入對兒童心理健康都沒有影響。

[15] 例如,A. E. Clark et al. (2018) pp. 162-163 及其參考文獻。

[16] 先估計本章的公式 (1),然後估計 $W_i/\sigma_w = \gamma_0 + \gamma_1(Z_i/\sigma_Z) + etc$,其中 $Z_i = \sum b_j X_{ij}$。得出 γ_1 的估計值是 0.27。

[17] 滯後幸福（lagged wellbeing）是指學生進入學校（或班級）時的幸福。

[18] 這是提高 11 歲孩童幸福技能一個標準差的影響。請見 Fleche et al. (2021)。

[19] 請見 A. E. Clark et al. (2018) 第 14 章。關於幸福,另見 Jakobsson et al. (2013),但也見 Dee and West (2011);Fredriksson et al. (2013)。關於考試分數,另見 Hanushek (1999) 和 Hoxby (2000),以及 Angrist and Levy (1999) 和 Krueger (2003)。

[20] 早期干預的主張,是十分審慎地針對認知結果,而不是為了幸福（例如,請見 James Heckman 的研究）。但大腦研究強調在成人時期之初的大腦可塑性（Dahl et al. [2020]）,而且在一項訓練活動中,16-30 歲的人比 11-16 歲的人學得更好（Blakemore [2018] pp. 92-94）。

[21] 英國的穩健起步計畫（Sure Start Programme）於 1999 年啟動,和大多數的干預行動相比,結構化的工作方式少得多,也沒有隨機評估。但是拿穩健起步計畫和貧困狀況類似的非穩健起步計畫地區比較,顯示穩健起步計畫顯著改善了 3 歲孩童 14 項結果中的 5 項（Melhuish et al. [2008]）。但到 7 歲時,觀察到的顯著影響相當少（DfE [2012]）。

[22] Parks (2000);以及 Heckman et al. (2010)。

[23] Wilson (2011) p. 215.

[24] Kellam et al. (2011);以及 Ialongo et al. (1999)。

[25] 另見 Frederickson and Brannigan (2005);Adler (2016);Fleche (2017);Hanh and Weare (2017)。

[26] Humphrey et al. (2010) 認為這是英國中學社會與經濟學習面向（Social and Economic Aspects of Learning,SEAL）計畫失敗的原因之一。（不過在實施 SEAL 的學校中,有很好的證據顯示,執行良好會產生比較好的結果,

Banerjee et al. [2014]。）至於初級 SEAL，還沒有和孩童結果有關的對照實驗——但請見 Hallam et al. (2006)；以及 Gross (2010)。

[27] Layard and Clark (2014) p. 228.

[28] Blakemore (2018) p. 155.

[29] 請見 Education Endowment Foundation, Moore et al. (2019)。

[30] 例如，請見 Layard and Ward (2020) 的附錄 6.2，可上網瀏覽：http://cep.lse.ac.uk/CWBH/annexesCWBH.pdf。至於幸福（就學業成績而言），學校應該觀察它的「附加價值」——和國家的參考標準相比。學校之外的一些組織，應該將衡量結果整理好（通常是在網路上）。此外，如果中學以它們如何提高學生的幸福，超越其他機構（也就是小學）已經衡量的水準來評量自己，那麼其運作的範圍就會縮小。

[31] 請見 www.onderwijsinspectie.nl/onderwerpen/sociale-veiligheid/toezicht-op-naleving-zorgplicht-sociale-veiligheid-op-school。

[32] 南澳洲政府在網路上管理問卷並將結果列表顯示。網頁上沒有揭露個人身分，但提供比較用的學校和班級標竿資料。如需更多資訊，請見 www.education.sa.gov.au/department/wellbeing-and-engagement-census/about-census

[33] Weare (2000).

[34] 請見 Lordan and McGuire (2019)。

[35] OECD (2017) p. 136.

[36] Przybylski and Bowes (2017)。霸凌和被霸凌之間也存在密切的相關性（Veldkamp et al. [2019]）。

[37] Moore et al. (2017) 指出明確的因果關係證據。

[38] Wolke et al. (2013).

[39] Salmivalli and Poskiparta (2012)；以及 Menesini and Salmivalli (2017)。

[40] Wilson et al. (2007)。在名為「理解社會」（Understanding Society）的全國性調查，問 10 到 15 歲的孩童，課堂上其他孩童多常行為不端。大約 27% 說「在大多數課程中」，47% 說「在所有課程的一半以上」（Knies [2012] appendix 1）。這顯著降低了他們的生活滿意度（Knies [2012] appendix 2）。

[41] Ford et al. (2019).

[42] Twenge (2017) pp. 96-99.

[43] Allcott et al. (2020) 做了即將說明的實驗。他們也在附錄中列出迄今為止，針對大學生和年長者進行的所有隨機實驗。特別推薦參考 Deters and Mehl (2013)；Tromholt (2016)；以及 Shakya and Christakis (2017)。相較之下，

對上網時間造成什麼影響所做的簡單研究,看不出對幸福有明顯的影響（Orben [2020]）。

[44] Allcott et al. (2020).
[45] Verduyn et al. (2017)。另見 Birkjær and Kaats (2019)。
[46] A. E. Clark et al. (2018).
[47] Epstein et al. (2015).
[48] Layard and Ward (2020) pp. 168-170。關於以社區和學校為基礎,實用的干預措施,請見 WHO (2009)。
[49] Feinberg et al. (2010).
[50] 「共享環境」（shared environment）的影響估計偏低,可能是因為父母對待不同孩子的方式不同（即使他們是同卵雙胞胎）。

I'M HANGING ON
QUITE COMFORTABLY

這樣掛著挺舒服的

10
身心健康與照護

世界上絕大多數人（92%）認為心理健康對整體的幸福而言，和身體健康同等重要，甚至更重要。

惠康全球監測（*Wellcome Global Monitor*）[1]

人的一生總有生病的時候。我們都有過身體生病的經驗，而且在某些時候，至少三分之一的人有過可診斷的心理疾病。[2] 這兩類疾病都會讓我們痛苦，擾亂我們的生活，而且可能縮短我們的壽命。正如我們在第 5 章提到的，心理和身體的疼痛都是在大腦相同的區域（前扣帶皮質和前島葉〔anterior insula〕）感受的。心理疾病會導致身體疾病，反之亦然。

然而，當我們罹患的是心理疾病而不是身體疾病，健康照護系統的反應截然不同。身體生病通常會得到治療。但是心靈生病，往往不予治療，即使最富裕的國家也是如此。這是造成不必要痛苦的主要原因。

因此本章將從心理疾病談起，並探討：
- 它有多普遍，
- 為什麼我們應該更正視它，以及

- 有哪些高成本效益的治療方法存在,以及如何運用它們。

然後,在談過身體的疼痛之後,接著會探討壽命的長短。人的壽命顯著地增長,可見醫學改善人類命運的力量有多大。

心理疾病有多少?

低幸福和診斷出罹患心理疾病之間存在著差異。低幸福可能是由於當前的外在環境(貧窮、失業、最近有喪親之痛等)造成的,也可能是由於更內在的原因,部分或全部源於心理的原因。[3] 當然,幾乎每個人都會有一些心理問題揮之不去或其他的困擾,但要被定義為心理疾病,問題必須嚴重到足以造成重大的痛苦和機能障礙。[4]

因此,要了解問題的嚴重程度,首先必須有明確的診斷定義,然後進行調查,以了解多少人有這方面的問題。診斷心理疾病有兩大系統。一是美國診斷與統計手冊(US Diagnostic and Statistical Manual,DSM5),另一個大致上類似,是世界衛生組織的國際疾病分類(International Classification of Disease,ICD-11)。診斷對於確保患者獲得最有效的治療極為重要。

但是要了解問題的嚴重程度,我們不能只靠人們主動前來接受治療。我們必須進行家庭調查,詢問人們診斷性問題,然後應用 DSM 或 ICD 來確定他們是否患有心理疾病。例如,英國就有這類定期的官方調查。[5]

最常見的心理障礙要不是憂鬱症,就是焦慮症(如創傷後壓力症候群〔Post-Traumatic Stress Disorder,PTSD〕、強迫症〔Obsessive-Compulsive Disorder,OCD〕、恐慌發作、恐懼症和廣泛性焦慮症)。英國有 17% 的成人至少患有所謂的**常見心理障礙**(common mental disorders）中的一種——其中憂鬱症和焦慮症同樣常見。此外，0.7%的人患有更嚴重的「精神病性」心理疾病，如精神分裂症。還有其他嚴重的心理健康問題，如雙極性情緒障礙（bipolar disorder）、成癮和注意力不足過動症（ADHD），但這些問題在很大的程度上和我們剛才提過的其他心理障礙重疊。因此，廣義上講，大約20%的英國成人患有可診斷的心理疾病（不包括癡呆症）。美國的情況也很類似。[6]在比較貧窮的國家，心理疾病的罹患率和比較富裕的國家相似。[7]

這些是某一時刻患病的人數。更多的人在一生中的某個時刻曾經罹患心理疾病——至少三分之一的人是這樣。不少心理疾病始於童年。任何時候，至少10%的5-16歲孩童有可診斷的心理健康問題，主要是焦慮症或品行障礙（兩者都可能在人生的相當早期就開始）。[8]憂鬱症通常要到青少年才開始出現，精神分裂症則始於近20歲或更晚。到20歲出頭，心理疾病的罹患率高於其他任何年紀，然後隨著年齡增長而穩定下降。童年時期有心理健康問題的人，大多數在成年後也有這些問題，除非在早期就處理。[9]

有一些證據指出，心理健康問題愈來愈普遍，尤其是在年輕女性之間（青少年和年輕成人）。[10]心理疾病一直是個嚴重的問題。

至少有四個理由，可以說明為什麼應該比現在常見的做法更重視心理健康：

- 它對幸福的影響
- 它對身體健康的影響
- 它對經濟的影響
- 已有高成本效益的治療方法可用。

心理疾病的影響

對幸福和自殺的影響

正如我們在第 8 章談到的，診斷出憂鬱症或焦慮症，是解釋先進國家幸福離散度的最大因素之一，也是造成不幸的最大單一原因。心理疾病也對社會其他成員，尤其是家人造成巨大的影響。[11]

心理疾病也是造成**自殺**的主要因素。全球約 1.3% 的死亡原因是自殺[12]——先進國家的死亡人數約有 1% 是自殺（請見圖 10.1）。約 90% 的自殺者是罹患心理疾病的情況下結束自己的生命。[13] 雖然自殺者中有一半也罹患身體疾病，但通常是心理的痛苦促使他們自殺：有身體疾病卻沒有心理疾病的人很少自殺。[14] 男性自殺成功比女性更常見，但自殺未遂則是女性較多。幾乎每一起自殺都是一齣悲劇——失去一條生命，並對家人和朋友造成可怕的打擊。現在在美國很常見的其他「絕望死亡」（deaths from despair）也是如此——藥物使用過量或酒精性肝病導致的死亡。[15] 我們鼓勵絕望的人能利用已有的許多資源幫助自己。

對身體疾病的影響

除了自殺之外，心理壓力和疾病也會以其他的方式縮短壽命。心理疾病使你更有可能感染重大的**身體疾病**。[16] 而身體已有疾病的人，如果心理也有疾病，身體疾病更有可能惡化。[17] 為什麼會這樣？有一些明顯的管道造成這種情形。心理疾病患者比較有可能吸菸、喝酒、吸毒、暴飲暴食和運動不足。但除了這些，還存在其他關鍵的因素。正如我們在第 5 章談到的，慢性壓力會以許多方式改變身體的狀況。

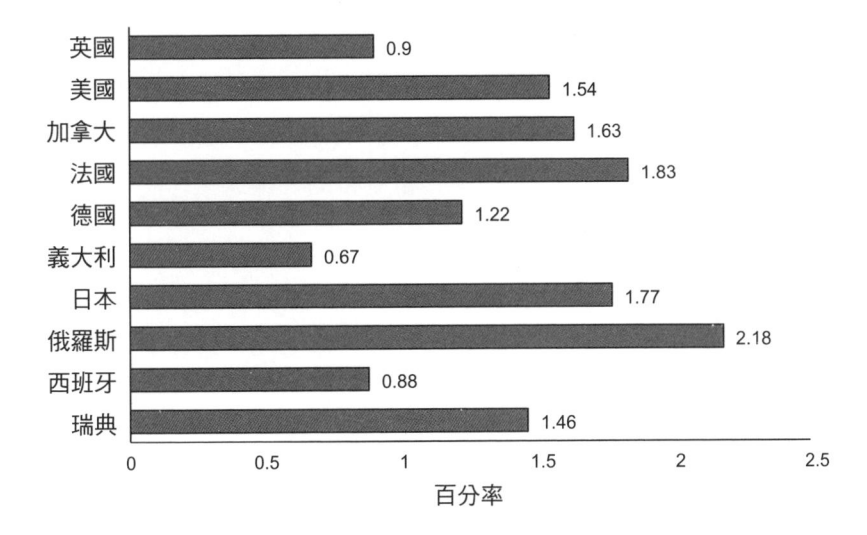

```
英國       0.9
美國       1.54
加拿大      1.63
法國       1.83
德國       1.22
義大利      0.67
日本       1.77
俄羅斯      2.18
西班牙      0.88
瑞典       1.46
     0   0.5   1   1.5   2   2.5
              百分率
```

圖 10.1　自殺占所有死亡的百分率

資料來源：全球疾病負擔協作網（Global Burden of Disease Collaborative Network）；全球疾病負擔研究結果（Global Burden of Disease Study Results，2019）；美國西雅圖：健康指標與評估研究所（Institute for Health Metrics and Evaluation，IHME），http://ghdx.healthdata.org/gbd-results-tool

對經濟的影響

　　心理疾病也會帶來重大的經濟損失。這是因為心理疾病主要是發生在勞動年齡的疾病，而身體疾病則主要發生在老年。圖 10.2 顯示先進國家各年齡組因心理和身體疾病導致的平均生活品質下降百分率。如圖所示，60 歲以下的人中，有一半的致病率是由心理疾病引起的。

　　這些事實對經濟的影響非常大。[18] 首先是失能。OECD 國家所有身心障礙人士有將近一半沒有工作，是因為患有心理疾病，而不是身體疾病。第二，缺勤。上班工作的人當中，有三分之一到一半的病假日是因為心理疾病造成的。第三，「上班亮相」。即使去上班，

許多心理疾病患者也沒有完全「在那裡」，據估計，這給雇主造成的損失至少和缺勤一樣多。因此，根據 OECD 的統計，心理疾病帶來的經濟損失至少占 GDP 的 4%，其中一半由納稅人承擔。由此推論，如果我們能治好更多的心理疾病，讓更多的人重返工作崗位，可以為納稅人、企業和勞工本身節省不少錢。

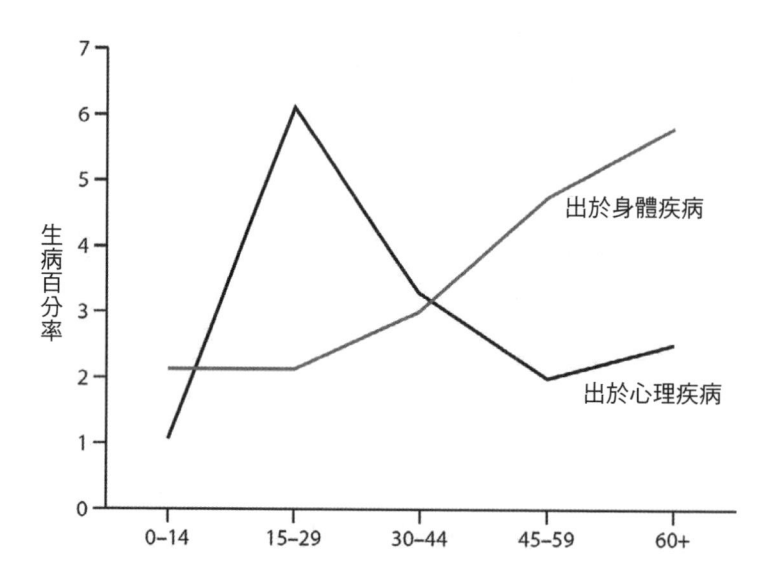

圖 10.2　各年齡組的致病率
資料來源：A. E. Clark et al. (2018) 圖 6.2；根據 WHO (2008)；Michael Parsonage 的分析

心理疾病的治療

但我們真的能夠治療這些疾病，幫助患者康復嗎？答案是肯定的。根據數以千計隨機受控試驗的證據，我們現在能夠針對每一種心理健康狀況，提供適當的治療方法。我們可以在**考科藍文獻回顧**

（Cochrane Reviews）或英國的國家健康與照護卓越研究所（National Institute for Health and Care Excellence，也稱為 NICE）找到推薦的治療方法。[19]

推薦的治療方法包括藥物（針對某些病症）和心理治療（針對所有病症）。**藥物**建議用於

- 精神分裂症（例如氯丙嗪）
- 雙極性情緒障礙（例如鋰）
- 嚴重憂鬱症（例如百憂解〔Prozac〕）
- 一些焦慮症（例如苯二氮平類藥物〔benzodiazepines〕）
- 酗酒（苯二氮平類藥物有助於戒斷，納曲酮〔naltrexone〕可減低渴望）
- 海洛因成癮（例如美沙冬〔methadone〕替代療法和納曲酮）
- 注意力不足過動症（利他能〔Ritalin〕）。

但也建議每一種狀況都提供**心理治療**，表 10.1 列出焦慮症和憂鬱症的最有效治療方法。心理健康問題是社會上其他許多問題的根源——例如，家庭衝突往往是心理健康問題造成的，而且能以有效的心理治療方法去處理，例如認知行為伴侶療法（Cognitive Behavioural Couple Therapy，CBCT）。

有些人認為，提供哪種形式的治療並不重要——重要的是**治療師**的技能和個性。但支持這一觀點的證據，並不是根據隨機試驗，而是根據治療師選擇的病例。[20] 相較之下，當個性不同的許多治療師，全都使用相同的方法，也接受高標準的訓練，不同治療師的成功率非常相似。[21] 最大的區別在於治療師訓練得有多好，以及他們是否針對每種狀況，使用正確的療法。[22] 如果這麼做，在平均 10 次左右的療程之後，至少 50% 的患者會從大多數的焦慮症或憂鬱症康復。對

表 10.1　英國政府對憂鬱、焦慮和飲食失調的心理治療建議

狀況	治療方法
憂鬱症：中度至重度	認知行為治療（CBT）或人際心理治療，都會伴隨抗憂鬱藥物
憂鬱症：輕度至中度	CBT（個人或團體） 人際心理治療 行為啟動 行為伴侶療法 憂鬱症諮詢 短期的心理動力治療（psychodynamic therapy）
恐慌症	CBT
社交焦慮症	CBT 或短期心理動力治療
廣泛性焦慮症	CBT
強迫症	CBT
創傷後壓力症候群	CBT, EMDR*
暴食症	CBT 人際心理治療
厭食症	住院增重計畫 CBT 人際心理治療 認知分析治療

* EMDR＝眼動減敏與歷程更新療法（eye movement desensitisation reprocessing therapy，許多人認為是 CBT 的一種）。
資料來源：NICE 的建議

於憂鬱症來說，這和藥物治療的康復率相同，但經過心理治療後的復發率是藥物治療的一半，繼續服藥才能降低復發率。

治療的經濟效益

那麼，擴大提供心理治療的經濟成本和效益是多少？每位患者的平均治療成本約為一國平均每月工資的一半。相對之下，效益來

自兩方面。首先是治療對患者工作能力的影響。有證據指出，在一組典型的患者中，至少有 4% 原本無法工作，但現在能額外工作至少 25 個月。[23] 因此，對於接受治療的一般患者來說，結果會是額外工作一個月（4% 乘以 25 個月）。那麼即使患者的工資只有全國平均工資的一半，也足以支付最初的治療成本——因為正如我們談過的，成本也只是平均工資的一半。因此，整體的經濟收支平衡相當驚人（但是社會中不同群體，例如納稅人的收支平衡會有所不同，而這要取決於健康照護的資金來源怎麼安排）。

還有第二個主要的經濟效益，也就是**身體健康照護**成本的節省。正如我們談過的，心理健康會影響身體健康，它也會影響一個人實際接受的身體健康照護數量。平均而言，患有特定身體病症的人，如果同時患有心理疾病，則需要多 50% 的身體健康照護。[24] 這同樣適用於患有呼吸問題、心臟病和糖尿病的人。因此，如果他們的心理健康得到改善，身體健康照護成本就會節省很多。在所有這些情況下，心理治療顯示可以透過大量節省身體健康照護成本來吸收支出。[25]

心理健康照護的缺口

由於治療能產生如此高的經濟成本節省，人們可能認為大多數有心理健康問題的人都會接受治療。身體有病時當然是這樣——大多數人都會尋求治療，至少在富裕國家是如此（超過 90% 的糖尿病患者正接受治療）。但大多數患有心理疾病的人卻沒有得到治療。在英國，患有臨床憂鬱症或焦慮症的成人只有 40% 正在接受治療，[26] 大多數先進國家則低於這個數字。[27] 中低所得國家的治療差距更糟，接受治療的人數不到 10%。孩童的情況很糟：英國只有 30% 的可診斷心理疾病孩童接受專科治療，[28] 而貧窮國家幾乎接近於零。

此外，對成人來說，主要的治療方式是以某種藥物治療。極少人接受以證據為基礎的心理治療。例如，2014 年英國患有憂鬱症或焦慮症的成人只有 12% 有接受治療。然而他們中的大多數是偏愛心理治療。[29]

許多名人，包括運動明星和英國王室，都引起人們注意到心理疾病治療率低下的問題。那麼是什麼原因造成的？主要有三個原因。第一是這種病本身的污名（stigma）和性質。人們常常因為自己有心理健康問題而感到羞恥，他們的家人也是如此。他們往往覺得錯在自己。相較之下，大多數人認為人就是會有身體疾病。因此，民眾要求改善癌症照護的壓力，比要求改善心理健康照護的壓力大得多。

第二，大多數人不知道目前對於大部分心理健康問題有什麼有效的治療方法。這是一種技術落差。這種落差也是引來污名的原因之一——如果你沒辦法治好，很多人都會避你唯恐不及。但是隨著人們了解有效的治療方法的確存在，這種污名就會減低。

治療不足的第三個原因，是健康照護提供者和保險公司不積極應對。保險公司通常只支付六次心理治療的費用，就像支付一半的外科手術費用一樣。有個簡單的原則，應該同時用於心理和身體疾病，那就是「同等尊重」。這表示心理疾病患者應該和身體疾病患者同樣接受最先進的治療。

有效的心理健康服務

如何實現這個雄心，將取決於每個國家提供健康照護的系統。但任何系統都有四個基本要素：

(1) 明確決定針對何種病情提供何種治療，

(2) 系統能訓練治療師有能力進行這些治療，

(3) 提供治療的服務網,
(4) 監測每位患者的病情進展,以指引後續治療方式,並了解服務的成果。

　　世界各地都有這些系統的好例子。例如,英國的**改善心理治療可及性**(Improving Access to Psychological Therapies;IAPT)計畫始於 2008 年。[30] 到 2021 年,這項計畫聘用約 9,000 名心理治療師,大部分在系統內接受培訓,而且每年治療超過 64 萬名憂鬱症或焦慮症患者。[31] 其中一半以上在平均 7-8 次治療後康復。目前至少有其他六個國家仿效這個系統。

　　還有另一種模式是針對初級照護——更接近家庭醫生的模式。智利的**國家憂鬱症檢測與治療計畫**(National Depression Detection and Treatment Program)就是一個好例子。依這項計畫,治療是由家庭醫生安排,包括藥物和心理治療。在比較貧窮的國家,最可行的方法是:訓練一般的健康照護人員診斷和治療心理健康問題的基礎技能和原理。[32] 各種試驗指出,這種方法可以收到良好的效果,也是加入中低所得國家新興心理健康系統(EMERging mentAL health systems in low- and miDdle-income countries,EMERALD)的六個較貧窮國家所採用的方法。[33]

　　類似的原則顯然應該適用於兒童的治療,一如治療成人那樣。童年時期的所有主要病症,都有良好的以證據為基礎的治療方法,如果出現心理健康問題的人必須等到成年才接受治療,那是沒有道理的。例如,社交恐懼症通常始於童年,但在美國,一半的患者從未獲得治療,而接受治療的人,已經和這個問題平均共存了 25 年之久。[34]

　　到目前為止,大多數的心理治療都採面對面的方式進行。但由於**數位革命**和新冠肺炎(COVID-19)來襲,這種情況正在迅速改

變。其中一項改變是使用 Zoom 等線上視訊平台展開一對一的治療。這麼做通常更為方便，[35] 但治療的經濟面沒有改變。更具革命性的創新是電腦化治療──和即時互動的治療師簡短通電話或者透過 Zoom 接觸來做這種治療。例如，面對面的社交恐懼症治療，治癒率高達 80%；但現在也以視聽的形式放到網路上（由即時互動的治療師透過電話協助的時間大為減少），治癒率並沒有顯著降低。[36] 隨著愈來愈多的療法經由網路提供，世界各地心理疾病患者的未來將改觀──尤其是如果這些計畫免費，效果更佳。

身體疾病──疼痛和壽命縮短

現在來討論身體疾病。身體疾病會引起疼痛和活動受到限制，從而降低幸福。這也會縮短壽命。

在蓋洛普世界民調中，全世界四分之一的人口表示他們昨天承受了強烈的身體疼痛。[37] 美國一項開創性的時間使用研究，說明了疼痛的重要性。[38] 一些具代表性的美國成人，被要求將前一天切割為幾個片段，然後請他們說出在每個片段中是否感到任何痛苦及其程度，量表為 0-6（0 是完全沒有痛苦，6 是非常強烈的痛苦）。這樣就可以統計每個人前一天陷入任何類型疼痛的時間百分率（另外還有他們經歷 4-6 的嚴重疼痛的時間百分率）。

如表 10.2 所示，生活滿意度高的人，經歷疼痛的時間較少，反之亦然。兩個方向都可能有因果關係。不過這張表的重要性，在於顯示生活滿意度高和沒有疼痛之間存在強烈關係。[39]

身體健康也會影響壽命。壽命長短的不平等是最大的不平等之一。英國死亡年齡的標準差現在是 14 年。但一個世紀前是 29 年。

表 10.2　美國各種生活滿意度水準的人的疼痛經驗

生活滿意度	感到任何疼痛的平均時間百分率	感到極度疼痛的平均時間百分率
非常滿意	22	8
滿意	29	12
不滿意	41	24
一點都不滿意	54	36
全部	29	11
20 歲以下	21	7
80-89 歲	35	15

資料來源：Krueger and Stone (2008)
注：極度疼痛為 4-6（量表為 0-6）

因此，壽命長短的變異係數（SD/平均值）約為 0.17，相比之下，生活滿意度的變異係數約為 0.27。

健康照護政策的制定

顯然，在做政策判斷時，我們應該考慮人們的壽命長短，以及生活品質。當我們評估一項政策（例如健康照護計畫），一定需要考慮人生的長度和品質。但怎麼做呢？

政策制定者每天都面臨這種兩難。例如，假設健康照護提供者有一筆經費可提供治療服務，讓

(A) 100 名癌症患者服用一種藥物，延長壽命一年，幸福水準為 6，或者

(B) 100 名憂鬱症患者接受一種療法，可以在未來 20 年將他們的幸福從平均 6 提高到平均 6.5。

她應該做哪件事？

幸福學的方法告訴我們，重要的是幸福的整體影響。正如我們在第 2 章所說（而且不考慮折算現值），往前看的社會福祉是

$$S = \sum_i \sum_t W_{it} \qquad (1)$$

而檢驗一項政策的標準，是它對社會福祉影響的大小，依下式計算：

$$\Delta S = \sum_i \sum_t \Delta W_{it} \qquad (2)$$

在我們的例子中，兩個備選政策對社會福祉的影響是

A：100 × 1 × 6 = 600

B：100 × 20 × 0.5 = 1000

第一個政策可多產生 600 個幸福年數（WELLBYs）。第二個政策則多產生 1,000 個。因此後者比較可取。

許多國家的健康照護規劃者多年來採用一種與此類似的方法，稱為「QALY」。依這種方法，健康照護系統的目標是產生最大數量的「**品質調整後生命年**」（Quality-Adjusted Life-Years，QALY）。這和第 2 章提倡的方法非常相似，也就是所有公共政策的目標是產生最多的幸福年數。但 QALY 通常只限於所謂的健康相關的生活品質。

英國的 NICE 指南接著建議治療方法的每個 QALY 成本應低於 40,000 美元。在它的分析中，生活品質是以 0-1 的量表衡量，其中 1 對應於正常的健康生活；而在我們的分析中，幸福是以 0-10 的量表衡量，其中 7.5 對應於正常的健康生活。但是基本方法相同：一旦人死了，他們的分數就是 0，無法再計入總社會福祉當中。世界衛生組織（World Health Organisation，WHO）也有類似的做法。他

們講的是「**失能調整後生命年**」（Disability-Adjusted Life Years，DALY），但這和生活品質調整後生命年幾乎相同。

你可能會問：NICE 或 WHO 實際上如何衡量和每種疾病相關的生活品質？WHO 利用醫生小組確定每種疾病對應 0 到 1 之間的分數。NICE 則是問民眾如下的「時間權衡」問題：「假設你會罹患這種疾病 10 年。對你而言，多少年的健康生活和這 10 年的罹病生活價值相等？」如果答案是 8 年，則這種疾病的 QALY（量表是 0-1）是 0.8。WHO 和 NICE 方法都不能令人完全滿意。幸福學可以提供更直接的方法，只要問患有每種疾病的人，對自己的生活有多滿意。[40] 這方面的研究還沒人做，但從這個觀點來看，健康照護政策最後應該以包含對家人影響的幸福年數為基礎。

最後，我們回頭看看人類進步的總圖像。正如我們在第 6 章所說的，自 2006/8 年以來，全球的平均幸福幾乎沒有進步，但預期壽命增長很多——從那時的 68.7 歲增加到 2017/19 年的 72.4 歲。預期壽命增加的幅度在撒哈拉沙漠以南非洲地區（7 年）、前蘇聯（5 年）和亞洲（3 年）特別高。這主要歸功於公共衛生和身體健康照護的改善。

小結

- 心理疾病和身體疾病密切相關。兩種疼痛都是在大腦的相同區域感受到的，都會降低我們機能正常運作的能力。
- 大約 20% 的人會被診斷出患有心理疾病。但在大多數先進國家，只有不到三分之一的人接受治療（主要是以藥物治療）。
- 儘管嚴重的心理疾病需要藥物治療，但建議所有的病情都採取以

證據為基礎的心理治療。這些治療的治癒率至少有 50%，成本效益很高，因為讓更多人能夠工作發揮生產力，也降低昂貴的身體健康照護需求。
• 身體疼痛是生活滿意度的重要決定因素。身體健康也能延長壽命。
• 要評估任何健康照護干預措施，應該以幸福年數（WELLBYs）衡量它的效益，而且效益應該要高於成本。

問題討論

(1) 心理疾病的概念有意義嗎？它和客觀外在環境造成的情緒低落有何不同？
(2) 正確地診斷心理疾病有多重要？
(3) 線上治療對心理疾病可能很管用？或者治療師的品質更重要？
(4) 為什麼有那麼多心理疾病沒有就醫？
(5) 本章提到在一組接受心理治療的憂鬱症或焦慮症患者中，會有 4% 本來不工作的人，現在會至少多工作 25 個月——或者相當於說，接受治療的每個人，會平均多工作 1 個月。看了註 23 引用的證據，你是否相信這一點？
(6) 你是否同意社會福祉採用 WELLBY 衡量指標，是評估政策的良好基礎？
(7) 以非常高的成本維持人們生存，卻只能提供非常低的生活品質，這樣值得嗎？幫助痛苦不堪的末期病人結束自己的生命是否應該合法化？

延伸閱讀

Chiles, J. A., Lambert, M. J., AMD Hatch, A. L. (1999). The impact of psychological interventions on medical cost offset: A meta-analytic review. *Clinical Psychology: Science and Practice*, 6(2), 204-220.

Clark, D. M. (2018). Realizing the mass public benefit of evidence-based psychological therapies: The IAPT program. *Annual Review of Clinical Psychology*, 14, 159-183.

Layard, R., and D. M. Clark (2014). *Thrive: The Power of Evidence-Based Psychological Therapies*. Penguin.

OECD (2012). *Sick on the Job? Myths and Realities about Mental Health and Work*. OECD.

注釋

[1] The Role of Science in Mental Health.
[2] Kessler et al. (2005a) 表 2 估計美國為 46%。
[3] 這當然可能是由於先前的經驗。也可能起源於身心因素（psycho-physical）。
[4] 同樣的，不少身體疾病的診斷需要一個界線，例如，「高」血壓的定義為會導致心臟病發作或中風等不可接受風險的水準。
[5] 有關英國成人的最近調查（2014 年），請見 McManus et al. (2016)。至於美國，請見藥物濫用與心理健康服務管理局（SAMSHA）所做的 2019 年全國藥物使用與健康調查（2019 National Survey of Drug Use and Health）。
[6] 美國的數字是 20.6%，請見 SAMSHA 所做的 2019 年全國藥物使用與健康調查，表 8.7B。
[7] Ayuso-Mateos (2010)；以及 WHO (2017)。
[8] 關於英國，請見 Sadler et al. (2018)。
[9] Kim-Cohen et al. (2003)；以及 Kessler et al. (2005b)。
[10] 有關英國的資料，請見 McManus et al. (2016)；以及 Sadler et al. (2018)。
[11] 請見 A. E. Clark et al. (2018) 表 6.4。
[12] World Health Organization (2014). https://apps.who.int/iris/bitstream/handle/10665/131056/9789241564779_eng.pdf.
[13] Barlow and Durand (2009) p. 251；Blumenthal (1988)；Barraclough et al. (1974)。其中 60% 患有憂鬱症。
[14] Williams (2001) p. 36.
[15] Case and Deaton (2020).

[16] Patten et al. (2008) 表 1。心理疾病患者也比較可能死亡。（但作者們提醒不要存在偏見，因為正面〔陽性〕的研究發現更容易被接受而發表。）關於中風，另見 Pan et al. (2011) 圖 3。關於癌症，另見 Chida et al. (2008)。

[17] Satin et al. (2009)。另見 Nicholson et al. (2006) 的憂鬱症統合分析，以及 Roest et al. (2010) 的焦慮症統合分析。關於氣喘患者的醫院諮詢，請見 Ahmedani et al. (2013)。

[18] 下文請見 Layard and Clark (2014) pp. 72, 73, and 86。

[19] 請見 Layard and Clark (2014)，第 10 和 13 章。

[20] 請見 Layard and Clark (2014) pp. 125-126.

[21] D. M. Clark et al. (2006).

[22] D. M. Clark (2018).

[23] Proudfoot et al. (1997); Wells et al. (2000); Rollman et al. (2005); D. M. Clark et al. (2009); Fournier et al. (2014); Toffolutti et al. (2019).

[24] Katon (2003); Hutter et al. (2010); Naylor et al. (2012) p. 11.

[25] Chiles et al. (1999); Chisholm et al. (2016); D. M. Clark (2018); Gruber et al. (2019).

[26] McManus et al. (2016).

[27] Chisholm et al. (2016).

[28] Sadler et al. (2018) 提供的 2016 年數字為 25%，但最新資訊顯示為 30%。美國疾病管制中心（Center for Disease Control）報告的數字為 20%。

[29] 例如，請見 Chilvers et al. (2001)；van Schaik et al. (2004)；Deacon and Abramowitz (2005)；McHugh et al. (2013)。英國的 NICE 指南說，應該對所有類型的心理疾病提供心理治療。

[30] D. M. Clark (2018).

[31] NHS Digital (2021). https://digital.nhs.uk/data-and-information/publications/statistical/psychological-therapies-annual-reports-on-the-use-of-iapt-services/annual-report-2020-21.

[32] Singla et al. (2017).

[33] Semrau et al. (2015).

[34] Wang et al. (2005) 圖 2。

[35] 改善心理治療可及性（IAPT）計畫提供的療程總數在 COVID-19 封鎖期間沒有減少，患者的治癒率也沒有降低。

[36] 另見 Andersson (2016)。

[37] Macchia and Oswald (2021).
[38] Krueger and Stone (2008).
[39] 男性和女性所經歷的疼痛程度相似。
[40] Dolan and Kahneman (2008).

WE ARE PRODUCTS OF OUR ENVIRONMENT

我們是環境的產物

11
失業

無所事事之勞，讓人難以忍受。

理查・史提爾爵士（Sir Richard Steele）

導讀

　　接下來兩章，我們要談工作的問題：人們是否有工作，而且樂在其中？失業是幸福低落的另一大原因（請見第 8 章）。失業會傷害個人，也常常對他們的家庭造成傷害。高失業率導致全民焦慮，也減低整個社群的總收入。因此我們在本章要問四大問題：
- 失業對個人有什麼影響？
- 失業為什麼如此痛苦？
- 高失業如何影響社群的其他人？
- 哪些政策可以降低均衡失業率（equilibrium unemployment）？

工作有多重要？

　　為了開始回答這個問題，我們可以根據就業狀態來觀察人們之

間的平均幸福差異。圖 11.1 使用蓋洛普世界民調的資料，顯示六個大國的這些差異。我們探討全職、部分工時、自雇、未充分就業、失業和非勞動力成人之間的生活滿意度差異。在這裡，「未充分就業」（underemployed）是指從事部分工時工作，但想要全職工作；「非勞動力」是指沒有工作，而且不積極找工作，它主要包括家庭主婦、提早退休人士、學生和因失能而無法工作的人。

如圖 11.1 所示，每個國家的失業者的平均幸福都低於就業者。在美國和英國，原始差異超過 1 點（最高 10 點），而比較貧窮的國家的差異則較小。部分原因是較低所得國家的就業分類不太有意義。在非洲，85% 的就業是非正規就業。在亞洲，這個數字約為 70%。[1] 在非福利國家或缺乏勞動保護的國家，失業的概念本身，定義起來遠為困難。然而即使在這些地區，工作和不工作的成人之間的幸福差異仍然具統計顯著性。

然而，只看原始差異可能產生誤導。平均值可以告訴我們人口中幸福的分布情況，但根本成因知道得不多。可能有許多**干擾變數**（confounding variable），使分析變得複雜。例如，相對於全職工作者，失業者更有可能是年輕人、女性和沒有受過大學教育的人。[2] 所有這些其他的差異都會獨立影響幸福。如果不考慮它們，就有可能將幸福的差異錯誤地歸因於就業狀態的差異，而不是其他的個人特質。

在第一波的實證幸福研究中，許多研究者試著使用**橫斷面迴歸分析**（cross-sectional regression）處理這個問題。這些模型通常採用以下的形式：

$$W_i = \alpha_0 + \alpha_1 \text{就業}_i + \alpha_2 X'_i + e_i \qquad (1)$$

在這裡，幸福被視為一個連續變數，並以就業狀態和一組控制

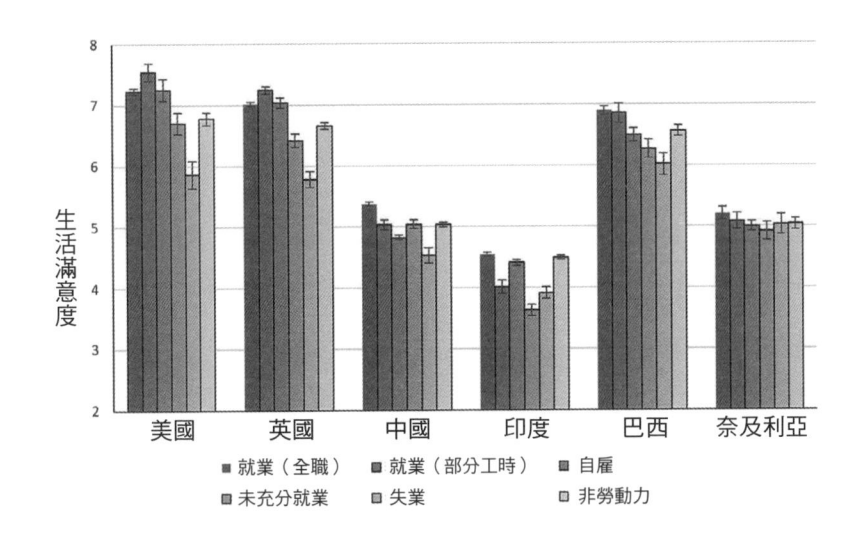

圖 11.1 不同就業狀態下的平均生活滿意度（0-10）

資料來源：2005-2019 年蓋洛普世界民調；坎特里爾階梯；18-65 歲成人。
注：標示出 95% 信賴區間。

變數的向量函數來建模。係數 a_2 代表可歸因於收入、教育、婚姻狀況、年齡等不同人口特徵所造成的幸福平均差異。係數 a_1 則是估計其餘任何幸福變異可以用就業狀態的差異來解釋的程度。換句話說，a_1 衡量的是失業的精神面影響。

海利威爾（Helliwell）用這種方法去分析世界價值觀調查（World Values Survey）的全球資料。他發現，在其他條件相同的情況下，失業成人的生活滿意度，比全職受雇員工低 0.6 點（最高 10 點）。[3] 相較之下，收入減半（失業者也可能經歷這種情況）的影響還比較小（請見第 13 章）。

但普通最小平方法（OLS）產生的橫斷面估計，仍只能告訴我們人與人之間的平均差異。即使加進控制變數，仍然需要考慮兩個重

要的潛在偏差來源：

- **遺漏變數**：例如，幸福可能受到無法衡量的遺傳或性格特徵影響：[4] 失業的人可能只是因為本性傾向於不快樂。
- **反向因果關係**：幸福本身也會影響勞動市場的結果。[5] 如果不快樂是發生在失業之前，那麼做出結論說後者導致前者就是錯的。

為了抵消這些偏差，研究人員使用**固定效應迴歸分析**（fixed-effects regression），觀察勞工在失業之前、期間和之後的快樂變化。固定效應迴歸分析不是比較有工作的成人和沒有工作的成人，而是從比較失業者的現在和以前，來估計失業的影響。進行這類分析需要**追蹤研究資料**（panel data），在一段期間內，多次調查同一個人。這些模型通常以下述的形式呈現：

$$W_{it} = \alpha_0 + \alpha_1 \text{就業}_{it} + \alpha_2 X'_{it} + f_i + e_{it} \qquad (2)$$

上式中，個人 i 在時間 t 的幸福，是以就業狀態和控制變數的函數建模。然而，在這種情況下，加進 f_i 是為了捕捉未觀察到、不隨時間變化的個人效應，例如遺傳或人格特徵。因此，我們不再探討人與人之間的差異，而是探討同一人本身（within-person）的變化。公式右側所有變數的係數因此代表從一種狀態轉變到另一種狀態的效應——例如，從就業到失業、從膝下無子到為人父母、從單身到已婚等等。以這種方式，可以估計從一段期間到下一段期間，生活環境變化對幸福的影響。

這種方法的早期版本，是經濟學家莉莉安娜（Liliana）和雷納‧溫克爾曼（Rainer Winkelmann）夫婦使用**德國社會經濟研究組**（German Socio-Economic Panel，SOEP）的大規模代表性資料提出的。[6] 他們發現，以 0 到 10 的量表來看，失業使生活滿意度降低了

1 點左右。這大致相當於喪偶相關的幸福下降幅度，可見這種影響有多大。[7]

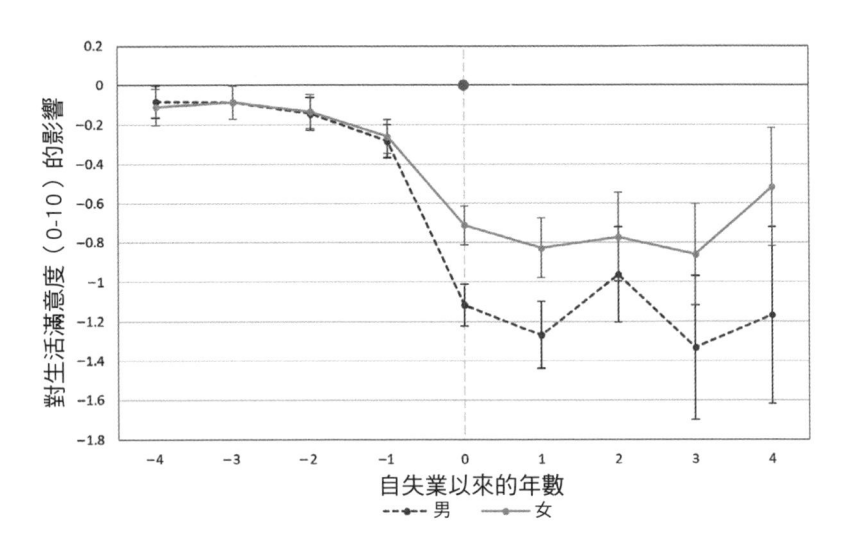

圖 11.2　隨著時間的推移，德國勞工失業對生活滿意度（0-10）的影響
資料來源：De Neve and Ward (2017)；SOEP 資料
注：使用固定效應（同一個人）迴歸進行估計。控制變數包括年齡、國籍、教育、收入、子女人數、健康和婚姻狀態。以相對於失業前五年記錄的基線幸福水準，將各個水準標準化；標示出 95% 信賴區間。

為了了解隨著時間的推移，幸福變化的情形，圖 11.2 使用 SOEP 的資料，畫出德國勞工失業對生活滿意度的影響。[8] 這些影響是控制年齡、國籍、教育程度、收入、子女人數、健康和婚姻狀態等變數，使用固定效應迴歸來估計。生活滿意度的衡量指標接著相對於勞工失業前五年記錄的基線（baseline）水準加以標準化。男女都一樣，失業除了損失收入，也顯著降低生活滿意度。失業對男性的負向影響，比女性大 30% 左右，文獻普遍反映此一趨勢。[9] 重要的是，長期失業的勞工很難提高他們的幸福。即使四年後，失業的男女仍然和剛

失業時一樣不快樂。

在英國、美國和澳洲[10]，以及俄羅斯[11]、南韓[12]和瑞士[13]也發現大致類似的結果。失業對**精神面**（psychic）的影響很大，而且很難適應它。由於其他許多生活事件觀察到相當高的適應力，勞工難以適應失業的情形值得注意。[14]事實上，考慮時間的流逝，長期失業的累積負向影響，比結婚、離婚、喪偶或生孩子的長期影響要大。[15]

但是，自願離職的勞工和因無法控制的原因而失業的勞工，兩者之間的失業影響是否有所不同？辭職是失業的**內生**（endogenous）動因，裁員則是**外生**（exogenous）動因。因此，分別觀察這兩個群體是有意義的。德國做了這類分析，發現因公司關閉而失業的勞工幸福下降（0.8點），高於自願辭職的勞工（0.6點），但兩組受到的影響都具有統計顯著性。[16]同時，不得不關閉公司的自雇者（自營業者），整體下降幅度最大（1.5點）。

由於這麼多的證據，失業對幸福的巨大負向影響，被廣泛認為是實證幸福研究得出的最大、最穩固的發現之一。

傷痕

但這樣就結束了嗎？失業者在找到新工作後，幸福會不會繼續下降？一些研究指出，勞工重返職場後，失業對幸福的影響揮之不去。在一項開創性的分析中，一組研究人員檢視了過去五年失業時間的影響。過去五年中，一個人每失業一年，幸福就會平均降低0.1點（最高10點）。[17]從更長遠的角度來看，英國兩項針對勞工的研究發現，青年多次失業，預示直到成年，生活滿意度會較低。[18]在控制許多個人、父母和童年特徵之後，這些結果依然顯著。同理，在經濟衰退（而

不是景氣繁榮）時期成年的年輕人，日後的生活中更加關心自己的財務安全。[19]

我們如何理解這些影響？一個可能的解讀是，失業時間較長的勞工，對未來的失業可能性更沒有安全感。由此看來，是工作不安全感本身壓低了幸福。一些作者指出，一旦考慮工作不安全感，過去失業對幸福的影響確實會弱得多。[20] 然而，在最近的一項測試，一組研究人員研究了退休人士。對他們來說，工作不安全感根本不是問題。研究人員發現，因為非自願失業而退休的人，對生活的不滿，高於直接從工作退休下來的人。[21] 這種影響超出了可預期的收入損失，看起來比較像是對心情和未來展望的直接影響。

失業為什麼那麼痛苦？

但是為什麼失業那麼痛苦？一個明顯的原因可能是損失收入。但我們已經考慮到這一點。事實上，我們能夠輕而易舉比較非金錢效應和金錢效應的大小。[22] 許多作者做了這些比較，他們都發現非金錢效應大於金錢效應。例如，被廣泛引用的一項分析發現，它們的效應是兩倍大，而這是典型的估計值。[23] 因此，失業的成本遠遠超過損失的收入。

這種領悟的種子，早在 1933 年就已經在學術文獻中播下。那一年，保羅·費利克斯·拉查斯菲爾德（Paul Felix Lazarsfeld）和瑪麗·賈霍達（Marie Jahoda）夫婦領導的社會學家團隊，發表了在奧地利小鎮馬林塔爾（Marienthal）一座工廠關閉，導致鎮上大部分人失業的廣泛實地實驗發現。那時候，奧地利訂有優渥的失業保險，提供失業勞工可觀的經濟福利。然而，受影響的勞工並沒有因為有更多

的休閒時間而使得幸福升高,反而日益沮喪。該鎮的社交和社區生活迅速瓦解。研究人員得出的結論是,就業不只是獲得收入的途徑,更是「在醒著的一天中強加一種時間結構,也就是定期和核心家庭之外的人分享經驗與接觸,將個人與超越他們自身的目標及目的連結起來,強制執行活動,並定義個人地位和身分的各個面向」。[24]

幾十年後,現代對於就業的理論理解,持續關注工作與幸福連結的三種管道:(1) 身分、(2) 社交網絡,以及 (3) 日常生活。[25] 我們稍後將在第 12 章更詳細探究這些管道的實證證據。

對社群的外溢效應

家庭

失業改變了失業者,也會傷害其他家人和更廣泛的社群。失業勞工的**配偶**幸福會下降。早期的一項研究觀察到,配偶失業後,妻子的生活滿意度顯著下降,跌幅高達 0.5 點(最高 10 點),但是沒有觀察到丈夫有類似的影響。[26] 最近,針對德國工廠關閉後失業的一項研究,再次發現失業勞工的同居配偶幸福大幅下降。平均而言,失業對配偶的外溢效應大約是對勞工直接影響的四分之一。這些負向影響對男性和女性來說大致相似——以 0 到 10 點的量表來看,大約為 0.3 點。[27] 英國[28]、澳洲[29]和德國[30]的相關研究發現,配偶失業後,另一半的心理健康同樣會下降。

父母失業也會對**孩童幸福**產生負向影響。這些影響通常很小,但當你十來歲時父母失業,影響往往特別顯著。在英國依這個推論進行的首批研究之一,作者發現父母失業對 12 歲以下孩童的幸福影響通常微乎其微。但對於年齡較大的孩子,影響變得顯著——父親

失業導致 15 歲孩子的幸福下降 0.4 點（最高 7 點），而母親失業導致幸福下降 1 點。[31]

父母失業的較長期影響又如何？只有少數研究曾經探究這件事。一項研究指出，控制其他的因素，在幼兒時期（0-5 歲）或青少年時期（11-15 歲）因工廠關閉，父母失業的 18 到 31 歲人，表示生活滿意度低於父母繼續就業的同儕。影響程度約為 0.6 點（最高 10 點）。[32] 同樣的，另一項研究發現，父母曾經失業的成人幸福較低，尤其是如果他們的父母背景比較優越（因為衝擊更大）。[33]

表 11.1　你自己失業和地區失業率如何影響生活滿意度（0-10）（家庭資料，橫斷面）

	自己的失業狀態（1 或 0）	地區失業率（0-1）
英國	-0.71 (0.09)	-1.38 (0.56)
德國	-0.96 (0.07)	-1.58 (0.36)
澳洲	-0.35 (0.11)	-0.37 (0.42)
美國	-0.45 (0.06)	-1.44 (0.47)

資料來源：A. E. Clark et al. (2018) 表 4.4；稍微改編；英國：Understanding Society、德國：SOEP、澳洲：HILDA、美國：BRFSS；多年的資料和年度虛擬變數、一般控制變數合併

社群

失業的最後一個，也是最重要的外溢效應，是影響整個人口。高失業率讓每個人都感到比較不安全，即使他們仍有工作。因為，如果失業率高，而且你不幸失業，你會發現更難找到另一份工作。表 11.1 列出四個國家資料橫斷面分析的結果。個人 i 的生活滿意度和以下兩個變數進行迴歸分析：

- 首先,個人 *i* 是否失業,
- 其次,地區失業率(以百分率表示)。

看得出來,本人就業的係數低於地區失業率的係數。

那麼,當一個地區的平均失業率改變,那個地區的平均幸福會如何改變?地區 *r* 中個人 *i* 的幸福以下式計算

$$W_{ir} = a_0 + a_1 U_{ir} + a_2 \bar{U}_r + \text{etc} \tag{3}$$

因此,地區 r 的平均幸福以下式計算

$$\bar{W}_r = a_0 + (a_1 + a_2)\bar{U}_r + \text{etc} \tag{4}$$

在這四個國家,都是 $a_1 < a_2$。這表示:當失業率上升,就業者的幸福**總損失**高於新近失業者。[34]

政策啟示

我們當然希望將失業降到和穩定的通貨膨脹相符合的最低水準。[35] 有兩個主要的實務問題需要考慮。
- 裁員的方法。
- 積極的勞動市場政策以刺激就業。

裁員

正如我們說過的,高失業率會降低失業者和勞工的幸福。[36] 此外,勞工的幸福(以及生產力)會因為**就業安全感**而升高。這就產生了一種推測,贊成透過減少工作時數或以休假的方式(如此勞工就不會失業)來適應衝擊,而不是直接裁員。COVID-19 大流行期間,

不少公司就試用這種方法。

大體而言,高所得國家選擇兩種方法之一以應對經濟衰退,一是確保就業,二是提供替代收入。確保就業政策以補貼企業留用勞工的方式,維持雇用契約,替代收入政策通常把重點放在提供失業勞工財務救濟。[37] 從幸福的角度來看,我們可能認為前一種方法比後者更可取。留用勞工的政策和替代收入方案不同,更能保有工作的非金錢利益完好無損。雖然針對這個主題的實證研究仍在起步階段,但主張留用勞工政策的國家,實際上在 COVID-19 危機發生的第一年,失業水準較低,幸福下降也比較不嚴重。[38]

即使就經濟穩定來說,也出現類似的問題。有些國家比其他國家訂有更嚴格的法律阻止裁員。這些法律顯然減少了遭到解雇的勞工數量,卻也降低了雇主願意雇用新員工的數量。總的來說,這些影響可能相互抵消,就業保護對總體失業的影響微乎其微。[39]

積極的勞動市場政策

但是有些人不可避免會失業。接下來極其重要的是,他們是否會陷入長期失業的狀態,使得他們再度就業的機會急遽惡化。就公平和效率而言,關鍵問題是如何防止長期失業。因此,縮短失業時間可能很重要。

為了這個目的,**積極的勞動市場政策**(active labour market policies,ALMP)已經顯示有效的總體經濟成果。[40] ALMP 包括:(a) 補貼雇用失業勞工、(b) 培訓計畫(在職和離職)以及 (c) 提供失業者求職協助。其中許多干預措施現在已經使用適當控制的方法進行評估。針對這些研究的統合分析發現,平均而言,它們在短期內將計畫結束後就業的機率提高 2 個百分點,長期則上升到 9 個百分點。[41]

補貼雇用是最有效的政策,而且從中受益最大的人,是已經長期失業者。但是每一類計畫中,結果的離散度很大,而這取決於設計的有效性。還有一個問題是,幫助失業者會不會因為取代或替代效應,而使其他勞工處於不利地位。這方面的研究少之又少,結果好壞不一。[42]

許多情況下,獲得補貼雇用的失業者被告知:如果他們拒絕接受就業機會,就不能再繼續領取失業救濟金。另一種選擇是「工作福利」(workfare),意思是工作才享有福利(ALMP 的大部分勞工至少領取最低工資)。兩種方案都有強制因素。所以問題自然而然出現了:「參加這些方案的勞工,是否比繼續失業時快樂?」只有少數研究探討這個問題。它們發現,雖然參加這些方案的勞工,不如正常就業的勞工快樂,但他們比仍然失業的人滿意。[43]這是因為工作除了提供收入,也提供重要的心理和社會效益。但我們也應該記住,不要讓人「套牢」在補貼之中,希望他們能儘快轉向正規就業。[44]

小結

- 失業者對自己生活的滿意度通常顯著大幅低於就業者。在就業和失業的差異較為明顯的高所得國家,這種滿意度的差距往往更強烈。
- 研究同一個人隨著時間變化的結果發現,失業通常會使幸福至少降低 0.6 點(最高 10 點)。
- 研究工廠關閉後的情況,研究人員可以區分失業的內生性和外生性影響。因為無法控制的原因而失業的勞工,通常更為不滿意,但失業對這兩群人仍然呈現負向以及具有統計顯著性的影響。
- 失業的時間較長,可能產生傷痕效應(scarring effect),即使在受

影響的人重返工作崗位後,也對幸福產生長遠的負向影響。
- 整體的失業狀況也會影響有工作者的幸福。這造成的幸福總損失,高於失業者本身損失的幸福。
- 失業對幸福的社會心理影響,大於損失收入的影響。因此,如果針對失業的政策方法能夠保護和提供工作的心理和社會效益,而不只是提供收入支持,那麼可能最有利於幸福。

問題討論

(1) 相對於橫斷面OLS(普通最小平方法)迴歸,使用固定效應迴歸,將失業效應建模的兩個好處是什麼?
(2) 你認為應該如何解釋人們難以適應失業?
(3) 世界上有些國家已開始討論提供公民無條件基本收入的提案。本章的結果指出這些政策對幸福的潛在影響是什麼?
(4) 有些計畫要求福利領取者必須接受工作安排才能獲得補貼。你認為合理嗎?

延伸閱讀

Clark, A. E. (2003). Unemployment as a social norm: Psychological evidence from panel data. *Journal of Labour Economics*, 21(2), 323-351.

Clark, A. E., and Georgellis, Y. (2013). Back to baseline in Britain: adaptation in the British household panel survey. *Economica*, 80(319), 496-512.

Kassenboehmer, S. C., and Haisken-DeNew, J. P. (2009). You're fired! The causal negative effect of entry unemployment on life satisfaction. *The Economic Journal*, 119(536), 448-462.

Knabe, A., and Rätzel, S. (2011). Quantifying the psychological costs of unemployment: The role of permanent income. *Applied Economics*, 43(21), 2751-2763.

Winkelmann, L., and Winkelmann, R. (1998). Why are the unemployed so unhappy? Evidence from panel data. *Economica*, 65(257), 1-15.

注釋

[1] International Labour Organization (2018).
[2] 作者使用蓋洛普世界民調的資料去估計。
[3] Helliwell (2003).
[4] 證據請見 Lykken and Tellegen (1996)；Diener and Lucas (1999)；Bartels and Boomsma (2009)。
[5] 證據請見 Frijters et al. (2011)；De Neve et al. (2012)；Oswald et al. (2015)。
[6] Winkelmann and Winkelmann (1995, 1998).
[7] 失業對男性的影響通常比對女性的影響強烈。Frijters et al. (2004) 重現了這些結果，並指出失業對東德婦女的影響比西德婦女嚴重。
[8] 這個迴歸分析針對至少經歷一次失業的人進行。它估計了失業以及 1、2、3 和 4 年後繼續失業的影響。
[9] 例 如，Theodossiou (1998)；A. E. Clark (2003)；A. E. Clark and Georgellis (2013)。另見圖 11.2。Frijters et al. (2006) 得出的結果和這些相反；而 N. Carroll (2007) 分別在俄羅斯和澳洲發現失業對男性和女性的影響類似。
[10] 請見 A. E. Clark et al. (2018) p. 43。
[11] Frijters et al. (2006).
[12] Rudolf and Kang (2015).
[13] Anusic et al. (2014).
[14] A. E. Clark and Georgellis (2013).
[15] A. E. Clark and Georgellis (2013).
[16] Hetschko (2016).
[17] A. E. Clark et al. (2018)。英國、德國和澳洲的結果相似。
[18] Bell and Blanchflower (2011)；以及 Clark and Lepinteur (2019)。
[19] Cotofan et al. (2021a).
[20] Knabe and Rätzel (2011).
[21] Hetschko et al. (2019).
[22] 假設我們有個迴歸式，$W = a_1 + a_2$ 失業 $+ a_3 \log$ 收入；我們只要比較 a_2 和「$a_3 \Delta \log$ 收入」即可。

[23] Knabe and Rätzel (2011)。這個研究的含意驚人。假設失業者一般來說收入減少一半,那麼其精神成本等於減少到原本收入的 1/4。這只能透過收入增加為 4 倍來彌補。

[24] Jahoda (1981) p. 188。引述自 Hetschko et al. (2021)。

[25] 有關心理學和組織行為的相關理論模型簡要彙總,請見 Suppa (2021)。

[26] Winkelmann and Winkelmann (1995).

[27] Nikolova and Ayhan (2019).

[28] A. E. Clark (2003); Mendolia (2014).

[29] Bubonya et al. (2014).

[30] Marcus (2013).

[31] Powdthavee and Vernoit (2013)。另見 Kind and Haisken-DeNew (2012)。A. E. Clark et al. (2018) 發現父親失業有類似的影響（但缺乏母親失業的資料）。

[32] Nikolova and Nikolaev (2021).

[33] A. E. Clark and Lepinteur (2019).

[34] 在使用蓋洛普世界民調進行的世界失業研究中,De Neve and Ward (2017) 也發現 $α_1 < α_2$。他們同時發現證據指出,如果有更多的其他人失業,失業的痛苦會稍微減輕。但是效應微乎其微。如果當地的失業率為 10%（而不是 0）——差異巨大——失業造成的痛苦只會減少 6%。

[35] Layard et al. (2005).

[36] 一個被低估的問題是:勞工幸福受到新近失業人數影響,相對於現有失業人數的影響有多大。

[37] OECD (2020).

[38] OECD (2020);以及 Cotofan et al. (2021)。

[39] Layard et al. (1991)。就業保護愈多,短期失業愈少,長期失業愈多。

[40] Layard et al. (1991).

[41] Card et al. (2018) 表 2 和表 3。

[42] Blundell et al. (2004) pp. 569-606; Crepon et al. (2013); Gautier et al. (2018).

[43] Knabe et al. (2017).

[44] 一些研究發現,工作福利計畫在降低整體失業方面效果甚微（請見 Card et al. [2018]）。但這種工作福利計畫的分析,也可能受到選擇偏差的影響,因為加入這些計畫的勞工,是在不得不參加計畫之前,最不可能找到工作的人。

SUMMARY OF THE SERVICES
THAT YOU ARE EXPECTED TO PROVIDE

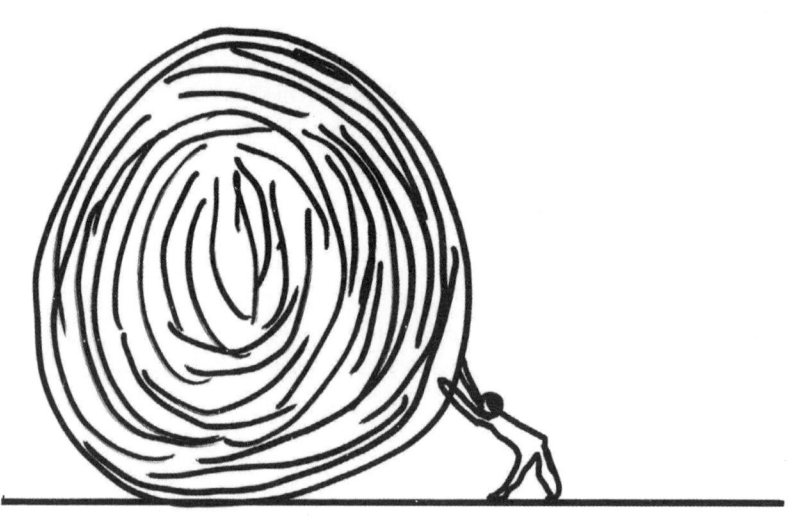

這是我們期望你提供的服務總和

12
工作品質

給年輕人最好的職涯建議是:「找到你最喜歡做的事,然後找到人願意付錢請你做」。

凱瑟琳・懷特霍恩(Katherine Whitehorn)

導讀

作家安妮・狄勒(Annie Dillard)曾寫道:「我們怎麼過一天,當然就怎麼過我們的一生」。嗯,對許多人來說,大部分的時間是花在工作上。如今,一般職場成人大約 30% 醒著的時間都在工作,有些國家甚至達到 50%。[1] 因此,了解人們在工作中的幸福,是了解大多數人如何經歷一生所不可或缺的。

雖然第 11 章引用文獻說明就業極其重要,以及世界各地報告的工作滿意度也相對較高,但是,工作卻是我們每天所做的最不愉快的事情之一。員工有多麼享受工作,其實高度仰賴社交和良善的驅動力,有些情況下甚至比收入還重要。詳細討論以上每個問題後,我們將觀察幸福和生產力/公司績效之間的關係,而做出結論。

我們對自己的工作滿意嗎？

為了更清楚理解工作和幸福之間的關係，我們可以先調查世界各地的工作滿意度。工作滿意度和幸福的評估性構面類似，反映了個人對工作的整體滿意程度。它是所謂的各項領域滿意度指標（domain satisfaction indicators）籃子中的一部分；這個籃子裡面有婚姻滿意度、家庭滿意度、居住地區滿意度等等。[2] 雖然生活滿意度和領域滿意度衡量指標往往高度相關，但後者有助於更準確地估計某些面向的影響。例如，即使生活滿意度本身受到工作滿意度的影響，但工作上的任務多樣性對於後者可能比對前者重要。[3] 如果不考慮工作滿意度，那麼我們對於真正影響勞工幸福的因素，將只剩下一個有點模糊或不完整的畫面。

到目前為止，最大、最具代表性的工作滿意度資料集之一，是由蓋洛普世界民調提供的。圖 12.1 列出世界上十個地區和五種不同工作類型的工作滿意度。線上附錄 12.1 也提供各國的排名。有幾個關鍵點值得注意。首先，各地區的整體工作滿意度差異很大。無論工作類型為何，北美、紐西蘭、澳洲和西歐的勞工，普遍比其他地區的勞工對自己的工作更為滿意。然而，各地區之內的工作滿意度水準也有顯著差異。經理人、企業主和專業人士往往比其他群體對自己的工作更滿意。農、林、漁業勞工的滿意度最低。在此同時，各國之間的工作滿意度也有很大的差異。在比較富裕的國家，最滿意和最不滿意群體之間的差距，遠小於較貧窮地區的差距。在撒哈拉沙漠以南非洲地區，這個差距約為 28 個百分點，而北美的類似差距只有 4 個百分點左右。

談到這裡，讀者可能很容易做出這樣的結論：全球的工作滿意

12 工作品質　271

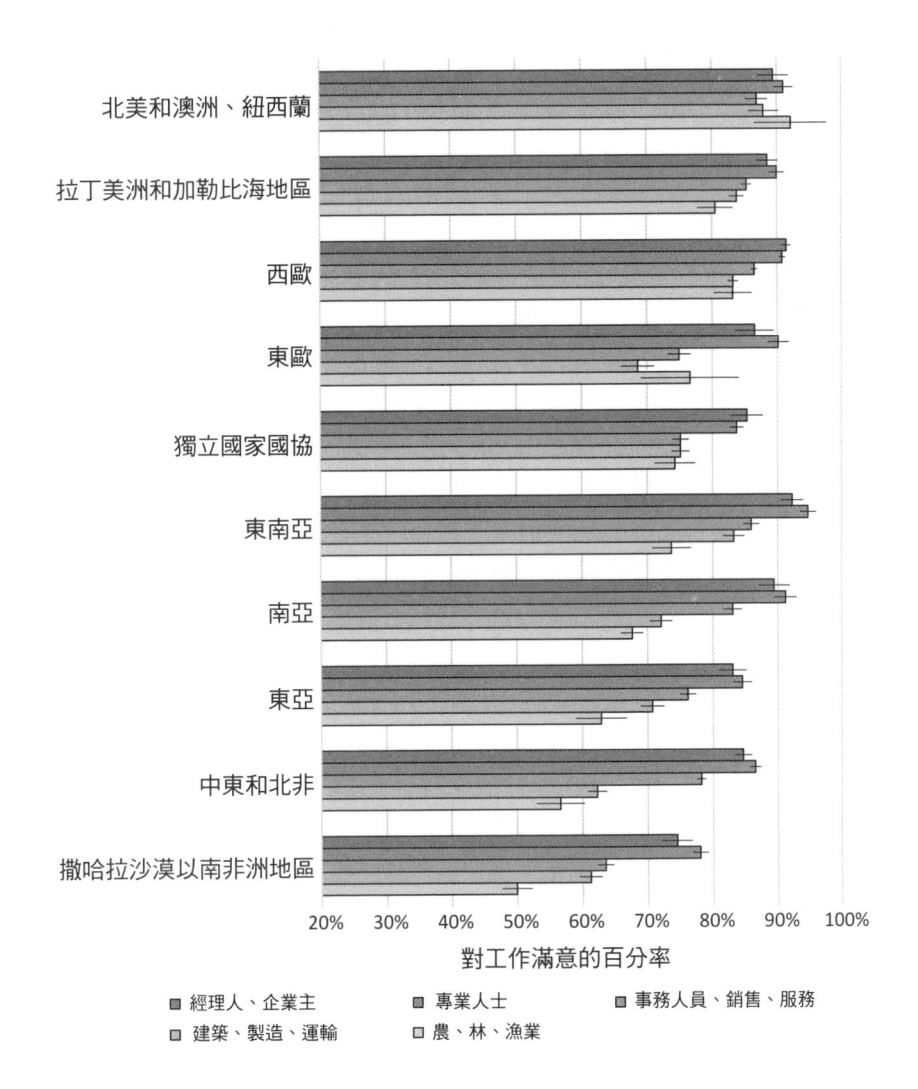

圖 12.1　各地區和各種工作類型的工作滿意度

資料來源：蓋洛普世界民調

注：「你對自己的工作是完全滿意、有些滿意、有些不滿意，還是完全不滿意？」前兩個答案被編碼為滿意，後兩個答案被編碼為不滿意。2006年到 2013 年的平均值；標示出 95% 信賴區間。各國的排名請見線上附錄 12.1。

度分布可以歸因於收入差異。畢竟，平均而言，高所得國家的勞工和高所得專業的勞工，似乎確實對他們的工作更為滿意。然而，雖然薪酬確實是工作幸福的重要動因，但絕不是唯一的動因。更仔細分析，包括社會支持和工作保障在內的其他工作特徵，已證明和收入同樣重要，甚至更重要。本章稍後會更加詳細探討這些關係。

然而到目前為止，從分析得到的最重要結論也許是：不管工作類型為何，世界各地絕大多數的勞工都對自己的工作感到相當滿意。乍看之下，由於第 11 章提到的幸福和就業狀態之間的密切關係，這似乎不令人意外。事實上，一個人對他的整體工作感到滿意，甚至可能被認為是很容易跨越的低標，尤其是如果勞工拿自己和失業者相比的話。對許多人來說，單單擁有一份提供可靠收入來源的穩定工作，就足以讓人感到相當滿足了。但是正如我們將在下一節談到的，認為對工作滿意，就下結論說勞工真的樂在其中，那是錯的。事實上，工作是我們每天從事的最不愉快的活動之一。

我們工作時快樂嗎？

本書到目前為止，主要關注的是評估性幸福衡量指標。大多數研究人員通常將生活滿意度和工作滿意度歸為這一類。評估性指標被認為在政策制定上特別有用，因為隨著時間的推移，它們保持相當穩定，而且往往反映政策可以針對的客觀條件。[4] 然而，本節將重點轉向工作的幸福時，會更加關注幸福的情感性（affective）衡量指標。

包括愉悅、壓力、無聊、興趣等的情感指標，設計的目的是更能反映日常的心情和情緒。情感和生活滿意度不同，會因為一個星

期中的哪一天[5]、一天中的哪一段時間[6]，以及我們所從事的活動，而有很大的差異。[7]因此，它可以提供有用的視角，藉以評估工作對幸福的即時影響。在這方面，我們會在很大的程度上仰賴**經驗抽樣研究**（experience sampling studies，ESS）結果，從而可靠且同步衡量情感。

在規模最大的這類研究中，亞歷克斯‧布萊森（Alex Bryson）和喬治‧麥凱倫（George MacKerron）採用 Mappiness 應用程式的 ESS 設計，彙編了 2010 年到 2011 年間，英國數萬名成人的情緒幸福超過 100 萬個資料點。[8]這項分析的主要結果如圖 12.2 所示。由於每項活動對**短暫幸福**（momentary happiness）的影響，是以固定效應迴歸去評估，所以估計效應被用來代表參與每項活動對幸福的因果影響。換句話說，由於研究調查的目標是多個時間點的同一個人，因此研究人員能夠將幸福的變化和從事任何特定活動與另一項活動相比區分開來。這麼做，可以控制個人不與時俱變的固定效應，並且限制發生反向因果關係的可能性。

就我們的目的而言，最重要的結果是工作對情緒幸福的顯著影響。在 40 種活動中，除了臥病在床之外，有薪工作被證明是最不利於幸福的活動。控制一天中的時間、一週中的某一天、月份、年份、先前調查反應的數量、同時的活動和個人不隨時間變化的固定效應，而得到這種效應。工作對情緒幸福的這種負向影響，也在一系列的相關研究中得到證實。[9]COVID-19 期間進行的一項分析，再次發現花在工作上的時間，是對正向情感第二糟的活動，最糟的是閱讀 COVID-19 方面的新聞。[10]

然而在這一點，我們似乎遇到了一個矛盾。為什麼工作對於我們如何評估整體生活如此重要，可是在日常生活中那麼明顯令人不

愉快？值得注意的是，雖然這個結果令人驚訝，在概念上卻並非不可能。評估性判斷也許比情感性表述，更有可能反映個人所說的事情和社會比較結果。[11] 我們被要求評估自己對生活有多滿意時，可能拿自己和參考群體比較，或者依社會和文化的期望評估自己。世界各地的許多社會中，尤其是在歐洲和北美，擁有工作對於財務、社會和文化極為重要。從這個角度來看，有工作的成人判斷自己的生活比失業者令人滿意，應該不令人意外。日常的情緒不需要在這個公式中占有重要的分量。

另一個可能的解釋，和我們應該去理解工作中情緒經驗的來龍去脈有關。這方面，拿身體運動來類比可能很有用。如果請大多數的跑者停下腳步，問他們馬拉松跑到一半覺得有多快樂，似乎很難想像除了極度的痛苦之外，他們還能說什麼。可是因此做出結論說，跑步有害幸福，顯然是錯的。即使體力消耗的時刻讓人特別不舒服，整體的運動體驗仍可以判斷是正面的，尤其是事後回顧。[12] 同樣的，即使工作的實際體驗常常相當吃力、壓力很大，只要有助於我們的成就感、目標感或歸屬感，我們對整體體驗的評估仍然是正面的。[13]

雖然這兩種解釋都具有直觀的吸引力，現有的證據卻不容易確切接受或拒絕其中一個。為什麼就業對評估性幸福如此重要，可是對情感性幸福顯然具有破壞力，在很大程度上仍然是懸而未決的問題。不管根本原因是什麼，工作明顯令人不愉快這點值得關注。就原則上來說，以及（正如我們將在本章最後一節談到的）就良好的業務運作而言，私人和公共機構設法改善工作時的品質，都是明智之舉。它們應該怎麼做？為了回答這個問題，下一節將提出和評估工作中的幸福最重要的動因。

12 工作品質 275

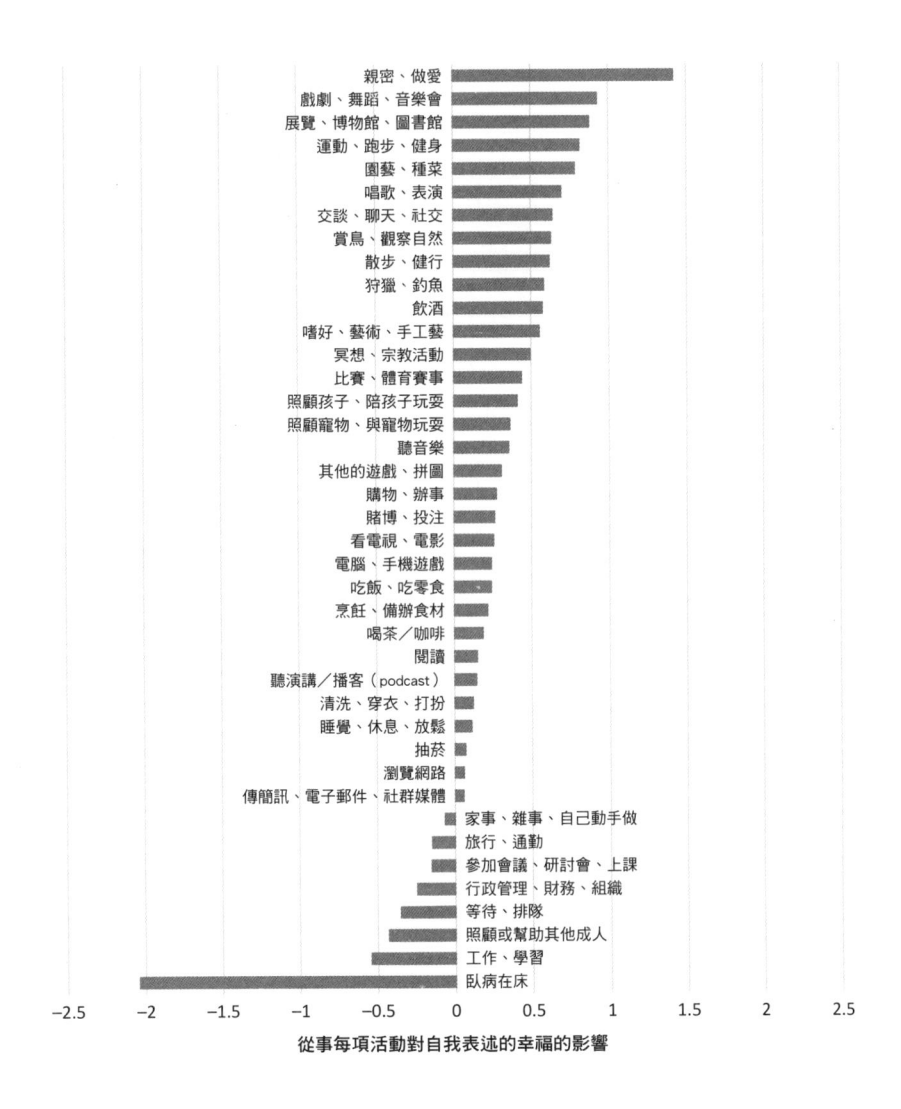

```
親密、做愛
戲劇、舞蹈、音樂會
展覽、博物館、圖書館
運動、跑步、健身
園藝、種菜
唱歌、表演
交談、聊天、社交
賞鳥、觀察自然
散步、健行
狩獵、釣魚
飲酒
嗜好、藝術、手工藝
冥想、宗教活動
比賽、體育賽事
照顧孩子、陪孩子玩耍
照顧寵物、與寵物玩耍
聽音樂
其他的遊戲、拼圖
購物、辦事
賭博、投注
看電視、電影
電腦、手機遊戲
吃飯、吃零食
烹飪、備辦食材
喝茶／咖啡
閱讀
聽演講／播客（podcast）
清洗、穿衣、打扮
睡覺、休息、放鬆
抽菸
瀏覽網路
傳簡訊、電子郵件、社群媒體
家事、雜事、自己動手做
旅行、通勤
參加會議、研討會、上課
行政管理、財務、組織
等待、排隊
照顧或幫助其他成人
工作、學習
臥病在床
```

從事每項活動對自我表述的幸福的影響

圖 12.2　不同的活動對短暫幸福的影響（0-10）

資料來源：Bryson and MacKerron (2017)

注：使用固定效應迴歸，估計每項活動的係數。使用經驗抽樣法（experience sampling method，ESM），以 0 到 10 的量表衡量幸福。

是什麼因素驅動員工的幸福？

到目前為止，我們發現工作和幸福之間的關係很複雜。有一份工作可做，對於評估幸福很重要，卻往往令人不愉快。一定要這樣嗎？儘管上一節揭露了工作和情感性幸福之間存在整體的平均負相關關係，但是當然也有一些勞工確實樂在工作之中。雖然這群人可能只占少數，但檢視有利於幸福的工作特徵，可以揭露如何在其他工作場所提高員工的幸福和參與度。在此同時，出於同樣的原因，觀察最有可能傷害幸福的職場特徵，也深具啟發性。本節將考慮這兩個觀點，以進一步了解對世界各地員工幸福最重要的動因和威脅。雖然我們將主要聚焦在什麼因素可能被視為「個人」在職場上幸福的動因，包括薪資和人際關係，但是在本節末尾，我們也會考慮「集體」動因的影響，包括參加工會或其他形式的組織。

為了協助架構我們的討論，圖 12.3 使用**國際社會調查計畫**（International Social Survey Program，ISSP）的國際資料，呈現 13 種職場特徵和工作滿意度之間的關聯。

薪酬

薪酬似乎是個不錯的起點。有些人甚至急著建議收入本身應該被視為幸福的代理變數（proxy）。在整個經濟學史上，幸福植根於個人有沒有能力自由地滿足他們的渴望，這個觀念深具影響力。由於較高的收入水準，通常會提升一個人滿足渴望的能力，因此人們經常認為收入極大化，是實現幸福極大化最好的方法。如果是這樣，本節篇幅應該相當短。想要增加職場的幸福嗎？給人們更多的報酬就行。然而更仔細觀察就會發現，現實要更複雜一些。

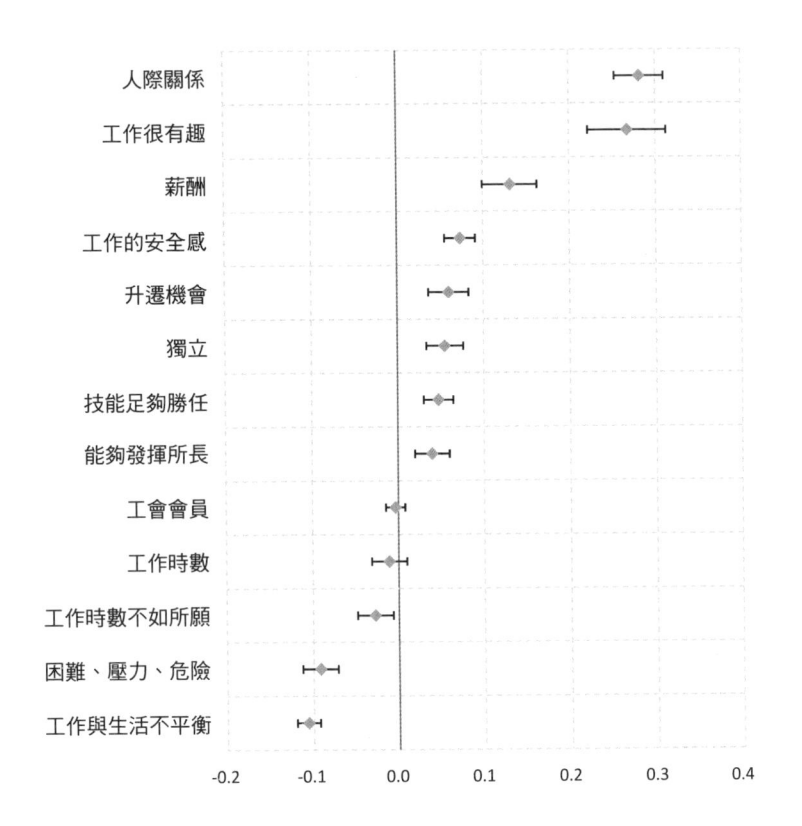

```
人際關係              ⊢●⊣
工作很有趣           ⊢●⊣
薪酬          ⊢●⊣
工作的安全感    ⊢●⊣
升遷機會      ⊢●⊣
獨立         ⊢●⊣
技能足夠勝任   ⊢●⊣
能夠發揮所長   ⊢●⊣
工會會員     ⊢●⊣
工作時數     ⊢●⊣
工作時數不如所願 ⊢●⊣
困難、壓力、危險 ⊢●⊣
工作與生活不平衡 ⊢●⊣
        -0.2  -0.1  0.0  0.1  0.2  0.3  0.4
```

圖 12.3 職場特徵對工作滿意度的影響，偏相關係數（β）

資料來源：De Neve (2018) 使用國際社會調查計畫（ISSP）的資料。

注：偏相關係數是使用 OLS 線性迴歸，以不同的職場領域品質為自變數，對應變數工作滿意度進行迴歸分析而取得。所有變數都以平均值 0 和標準差 1 進行標準化。樣本只限於所有的工作成人。控制變數包括年齡、性別、婚姻狀態、教育程度、子女人數和家庭規模。其他的控制變數包括職業、產業和國家固定效應。資料來自多個區域的 37 個國家；[14] 標示出 95% 信賴區間。

收入和幸福之間的關係，是實證幸福研究中最古老、研究最深入的主題之一。第 13 章將以整章來談這件事。現在值得先做一些簡短的觀察。首先，和職場幸福的其他動因相比，收入確實通常排名相

當高，但極少位居榜首。圖 12.3 中，它排名第三。在線上附錄 12.2 中，我們使用**歐洲社會調查**（European Social Survey，ESS）的資料，做了工作滿意度和職場特徵的類似分析，並呈現所得的結果。其中，工資在工作滿意度的 20 個動因中排名第 9。[15] 使用國際就業網站 Indeed 的資料，對美國勞動市場所做的另一項分析，公平薪酬在職場幸福的 11 個動因中排名第 5。[16] 總而言之，雖然收入很重要，卻不是職場幸福的唯一甚至最重要的動因。

在此同時，有證據指出，重要的不只是我們拿到多少薪酬，給薪的方式也很重要。一個標準方法是根據員工的個人績效，個別發給薪酬。這個所謂的**個人績效給付**（individual performance pay），在高度個人化和團隊協作需求極少的工作，例如技工、水管工和司機，完全合適。大多數研究普遍指出，在這些情況下，薪酬與績效連動，對生產力有正向影響[17]，對生活滿意度則沒有負向影響。[18] 然而，愈來愈多的現代勞工從事需要大量團隊合作的工作。這種情況下，試著根據個人對團隊專案的貢獻來評量員工，對幸福會有深刻的含意。[19] 丹麥對 30 萬名勞工進行的一項研究，研究人員觀察到，引進個人績效給付方案後的幾個月內，抗憂鬱藥物的使用量顯著增加。[20] 另一項實驗中，研究人員在印度一座製造工廠，隨機分配勞工接受固定的每日工資，或者依他們的個人生產力而給付高低不一的工資。[21] 結果後一組勞工的生產力較低，也比較少出現在工廠。然而，如果勞工能夠更容易觀察到生產力的差異，這些影響會極小化。

其他的組織已經開始試用另外的薪酬方案，除了固定薪資，員工還根據團體或公司績效來給薪。這種方法，廣泛定義為「共享資本主義」（share capitalism），或更具體地說是「**團體基礎績效給付**」（group-based performance pay），在幸福方面已經顯示成果看好。

使用歐洲、英國和一家跨國私人公司的三大資料集所做的分析，發現在控制工資水準後，團體基礎績效給付顯著提高了勞工的工作滿意度。[22] 在歐洲和英國，參與公司利潤與員工分享的方案，預測工作滿意度提高 0.07 點。從 2005 年到 2007 年，「美國最適宜工作的百大公司」的相關研究發現，提供更廣泛的團體基礎獎勵薪酬方案的公司，員工表示工作體驗更為正向，對組織的信任度更高。[23] 以上兩篇論文的作者表示，這種給付方案給員工在公司內更大的休戚與共和主動參與感，對動機和幸福產生正向的後續影響。

工作中的人際關係

談到這裡，讀者如果發現工作中的**人際關係**品質通常是職場幸福最重要的單一預測指標，應該不會感到意外。圖 12.3 中，人際關係在工作滿意度的 11 個動因中位居第一。事實上，在歐洲，20 個職場特徵中，員工感受到同事支持的程度，是工作滿意度和生活滿意度的最重要動因。[24] 我們和誰一起工作，往往比我們在工作中做什麼事重要。

許多研究發現，和同事的人際關係可以預測個人和組織的運作結果。在一項廣為引用的分析中發現，在工作上有朋友的勞工，比在辦公室沒有親密朋友的勞工，生產力較高、離職的可能性較低、對工作更滿意、上班時間內更投入。[25] 其他的研究顯示，工作上的友誼可以增強員工的精力和活力。[26] 在 COVID-19 期間，對員工幸福的最大規模研究之一發現，工作上的歸屬感和包容感，是職場幸福的最重要動因。[27] 另一方面，一項研究發現，工作上的密切關係也會增加上班時分心的傾向。[28] 儘管如此，其作者仍然指出，密切的工作關係對工作成果的正面影響，遠遠超過因此造成的缺點。

和主管的關係尤其重要。圖 12.3 中，人際關係的品質是從三個構面考慮：和其他人的接觸、和主管的關係、和其他同事的關係。個別考慮每一個構面時，在預測工作滿意度的差異方面，和主管的關係造成的影響，是和同事關係的兩倍以上。這些細分效應如圖 12.4 所示。在這張圖上，和主管的關係品質對於工作滿意度的重要性，是和同事關係的兩倍以上。兩者的偏相關係數分別是 0.22 和 0.09。蓋洛普的相關研究也發現，經理人占員工敬業度變異的 70%。[30] 蓋洛普的研究人員最近檢視他們迄今為止規模最大的工作品質研究也指出，經理人是組織長期成功和員工幸福的單一最大預測指標。[31] 即使在相同的組織情境中，也能強烈感受到這些影響。英國針對健康照護工作者的兩項研究，發現支持部屬且稱職的經理人，和在同一家醫院工作的差勁經理人相比，能夠顯著增進工作滿意度。[32]

這些類型的動態可以產生極關鍵的後續影響。研究發現，在優秀經理人領導之下的員工，生產力較高，而且離職的可能性較低。針對一家大型服務公司的 23,878 名員工和 1,940 名主管進行為期五年的研究發現，最好的主管（依員工的評等來判斷）每小時提高團

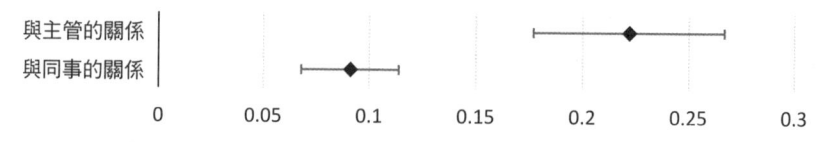

圖 12.4　與主管和與同事關係的細分效應，偏相關係數（β）
資料來源：De Neve (2018) 使用國際社會調查計畫（ISSP）的資料。
注：偏相關係數是使用 OLS 線性迴歸，以不同的職場領域品質為自變數，對應變數工作滿意度進行迴歸分析而取得。所有變數都以平均值 0 和標準差 1 進行標準化。樣本只限於所有的工作成人。控制變數包括年齡、性別、婚姻狀態、教育程度、子女人數和家庭規模。其他的控制變數包括職業、產業和國家固定效應。資料來自多個區域的 37 個國家；[29] 標示出 95% 信賴區間。

隊生產力約22%。[33] 在高評等的經理人領導之下工作的員工，離開公司的可能性也低12%。美國的另一項大規模調查發現，大約有二分之一的美國勞工，在職涯的某個時點會為了逃避壞主管而離職。[34] 事實證明，「勞工不是離職，而是離開他們的主管」這句老話可能和事實相去不遠。

經理人如此重要的部分原因，在於他們對員工的工作時程、日常事務安排和人際關係，有很大的影響力。和經理人的關係不良，會傷害我們工作的幾乎每個層面。由於優秀經理人也難得一見，本節的結果尤其引人注目。蓋洛普的研究指出，只有十分之一的合格應徵者真的具備成功管理的各種技能，而公司有82%的時候未能選到可能是最優秀的應徵者。[35] 這對員工的幸福和公司的績效來說，確實令人擔心。

工作時數和彈性工作制

我們繼續來談工作時數。由於前兩節所說的結果，我們可以合乎邏輯地這麼推斷：提高幸福的一種方法，是在維持就業的同時，把花在工作上的時間減到最少。由此看來，部分工時的勞工應該是最幸福的。一些證據確實支持這個假說。我們在圖11.1，看到美國和英國的部分工時勞工對自己的生活滿意度，真的略高於全職勞工。使用英國的追蹤研究資料所做的另一項更詳細的分析顯示，工作對幸福的正向影響，只在每週工作8小時後呈現顯著，過了這一點，工作更長的時間帶來的額外幸福就變得不顯著。[36]

一些研究也利用國家勞動市場政策改變之後的**自然實驗**（natural experiment）的效果，來探討幸福和工作時數的關係。在日本和韓國曾推動改革，將每週的工作時數分別從48小時減為40小時和從44

小時減為 40 小時，受影響勞工及其配偶的生活滿意度有提高。[37] 觀察法國和葡萄牙類似的政策改變的其他研究，也發現縮短每週的工作時數，對工作滿意度和休閒滿意度[38]，以及主觀健康感覺[39]產生正向影響。在組織內部進行的幾項實驗，也顯示縮短每週工作時數對幸福產生正向影響，對整體生產力的影響大多微乎其微，或者出現正向影響。[40]

所以也許少工作才會更快樂。遺憾的是，其他的證據使故事變得複雜。中國和印度部分工時勞工的生活滿意度實際上低於全職勞工，但巴西和奈及利亞則沒有觀察到顯著的差異（圖 11.1）。全球（圖 12.3）和歐洲的資料（線上附錄 12.2）也發現，總工作時數對工作滿意度的影響不顯著。德國和英國的其他研究中，更長的工作時數甚至和幸福改善有關。[41]

事實上，員工能在多大程度上投入他們想要的工作時數，對工作時數和幸福之間的關係，影響似乎大得多。工時不足和工時過長都會傷害幸福。[42]圖 11.1 中，我們看到部分工時工作但想全職工作的「未充分就業」勞工，對生活的滿意度顯著低於自願部分工時工作的勞工。從圖 12.3 可以看出，實際上，工作時數不如所願和工作與生活不平衡，尤其是工作滿意度的最大威脅。線上附錄 12.2 的圖中，在歐洲，因為太過疲累而無法享受工作以外的活動，對生活滿意度和工作滿意度的傷害，甚於其他任何職場特徵。而且，無法騰出夠多的時間給家人，是工作滿意度的第二大威脅，也是生活滿意度的第三大威脅。

因此，讓員工對自己的工作時程安排握有更大的控制權，能夠帶來可觀的正向影響。在三項相關的研究中，引進協作時程安排程序——允許員工相互協調，決定何時工作和工作多久——顯著提高

了工作滿意度[43]、認知的工作與生活平衡[44]，甚至睡眠品質。[45]另一項研究中，對《財星》（Fortune）雜誌五百大公司之一的 867 名資訊科技（IT）員工進行大規模的隨機試驗，以評估 STAR 的效果。STAR 是個 8 小時的計畫，目的是給員工安排工作時程更大的控制權，以及增進經理人對員工個人生活的支持。這個計畫包括要求經理人上督導培訓課程，引領他們更清楚認識和支持員工的個人生活與工作表現，以及確定和實施新做法的互動課程，讓員工對工作和生活的平衡擁有更大的控制權。仔細分析它產生的效果發現，壓力和倦怠顯著降低，工作滿意度和工作與生活平衡提高了。[46]後續分析顯示，接受試驗的勞工，離職的可能性顯著降低。讓勞工有機會在家工作，成果也令人鼓舞。對中國一家大型旅行社所做的一項研究，記錄了隨機分配員工在家工作的影響。[47]獲選在家工作的員工比起留在辦公室的對照組，工作的滿意度較高，生產力也更高。他們日後也比較不可能離職。

　　這些結果反映在相關的文獻中，顯示勞工願意犧牲部分薪資，換取不同的工作安排。在一項大型線上現場實驗中，研究發現雖然大多數求職者喜歡每天八小時的標準工作時數，但一般勞工願意放棄 20% 的收入，以避免雇主在一週前才通知他們下週的工作時程。[48]尤其是女性，特別是有小孩的女性，也願意放棄 8% 的薪資，選擇在家工作。同樣的，使用美國時薪服務業勞工資料的另一項研究發現，由雇主訂定的工作時程，讓員工覺得難以掌控自己的時間，會導致較高的心理困擾、睡眠品質差和不快樂。[49]這些影響主要是因工作和生活發生衝突造成的。

　　以上這兩項研究都是在 2020 年 COVID-19 大流行開始之前做的。2022 年本書撰稿時，最新的資料指出，2020 年第二季有超過 5.57 億

成人在家工作,相當於全球勞動力的五分之一。[50] 疫情爆發前幾年,替代性工作安排的趨勢已經增強,[51] 疫情本身更成為加快改變的催化劑。最近,包括 Zoom 和 Teams 等視訊會議軟體和通訊平台激增,對於安排在家工作的可行性貢獻極大。

這些發展對幸福的啟示,不是立即顯而易見的。本節的結果指出,某些勞工群體可能重視並受益於彈性的工作安排,特別是婦女和幼兒的父母。大量的證據也告訴我們,花時間通勤上班會急遽降低幸福。[52] 這似乎表示,如果能把員工花在中央辦公室的時間加以限縮,會改善幸福。然而其他的證據卻指向不同的方向。在中國旅行社的實驗中,雖然在家工作的員工,對自己的工作更滿意,但隨著時間的流逝,他們晉升的可能性也低於其他的同事。和同事與主管的人際關係,對於員工的幸福也極為重要。由於在家工作的環境,使得這些關係變弱或更難以掌握,所以轉向更富彈性的工作安排,可能反而降低幸福。檢視並梳理這些影響,將是未來幾年幸福研究人員面臨的主要挑戰。

工作很有趣

到目前為止,我們談過收入、人際關係和工作時數,以解釋世界各地職場幸福變異的相關性。在繼續談下去之前,值得再提另外兩個重要的影響動因。第一個是我們覺得自己的工作有多**有趣**。圖 12.3 中,員工覺得工作有趣的程度,是工作滿意度的第二重要預測指標。線上附錄 12.2 中,工作上任務的多樣性也排名第二。也許因為如此,所謂的工作改造干預(job crafting interventions),讓員工在下面三件事上擁有更多的自主權和控制權:(a) 他們肩負的任務,(b) 他們和組織中其他人的日常互動與關係,以及 (c) 他們身為員工的目標和使

命，已經發現對員工的敬業度和工作滿意度有正向影響。[53]

目的

依類似的思路，員工感覺有目的感或者工作富有意義，對幸福極有幫助。雖然本節討論的主要分析，並沒有直接觸及意義，但不少相關的研究指出，工作富有意義可以促進更高水準的工作滿意度、員工敬業度，甚至生產力。[54] 工作改造干預也顯示它可望提高工作上認知的意義感，進而對幸福產生正向影響。[55] 總而言之，相信我們所做的事情不只對自己重要，對其他人甚至更重要，有助於確保工作不只是我們必須忍受的事情，更能讓人樂在其中。

工會

到目前為止，我們主要關注的是員工幸福的「個人」動因：個別員工所體驗到的支持或破壞職場幸福的工作特徵和環境。然而，職場幸福的另一種「集體」動因也值得考慮，其中又以**工會**（unions）為最顯著的例子。

參加工會和幸福之間的關係已有廣泛的研究，但結果並不太一致。早期深具影響力的分析發現，參加工會和工作滿意度之間存在負相關關係。[56] 這些結果得到大約同期的大量規模較小研究的支持，促使二十世紀末的人們普遍相信，參加工會實際上並沒有提高勞工的幸福。[57] 如圖 12.3 所示，相對於其他的動因，參加工會被認為是工作滿意度無關緊要的預測指標。雖然其中一些影響被歸因於工會會員和非會員之間工作條件的差異，[58] 但一些研究繼續指出，即使在這些影響受到控制後，參加工會對幸福的影響也微乎其微，甚至有負向影響。[59]

然而，一些新興的研究已經開始指出，近年來，參加工會可能已經開始在某些情況下，為會員帶來正面的效益。兩個相關的研究利用二十一世紀頭十年美國和歐洲的資料，發現參加工會和幸福之間呈正相關。[60] 在線上附錄 12.2 中，參加工會似乎也對工作滿意度和生活滿意度有正向影響。大衛・布蘭奇弗勞爾（David Blanchflower）和亞歷克斯・布萊森（Alex Bryson）在迄今為止規模最大的研究之一中，觀察美國和歐洲的大規模縱向資料，探討工會造成的影響。[61] 他們在 1960 年到 1990 年間的資料中，再次發現參加工會和工作滿意度之間的負相關關係。然而，在這之後，關係轉為正向。控制其他的因素之後，美國 2010 年到 2018 年以及歐洲 2006 年到 2012 年間，加入工會的勞工對工作的滿意度，顯著高於非工會勞工。差異分別約為 0.2 點和 0.15 點。工會會員也比較少感受到壓力、憂慮、悲傷、憂鬱和孤獨。

這些結果也反映在對於公司**董事會的勞工代表**的研究上。1991 年芬蘭實施政策改革，要求勞工超過 150 人的公司董事會，必須有經由選舉產生的勞工代表。研究人員探討這件事對幸福的影響。[62] 作者控制個人、組織和社會等多項變數，研究低於和高於 150 名勞工這一門檻的公司員工幸福的差異，發現政策改革使得勞工的工作安全、健康狀況、主觀工作品質，甚至他們的實際工資，感覺略有改善。

簡單回顧一下，本節中，我們特別提到職場幸福的一些重要動因。雖然包括工會和其他形式的勞工代表在內的集體動因，歷來的影響不一，但最近的結果似乎顯示，它們可能開始在某些情況下對幸福有正向的影響。包括人際關係、工作與生活平衡、趣味性、目的和收入在內的個人動因，也證明是員工幸福的關鍵決定因素。雖然前四項最好理解為幸福的內在動因（直接從工作中產生的效益），

但收入是外在動因（外界提供，作為工作的報酬）。心理學的大量相關文獻已經證明，解釋人類行為時，內在動機來源相對於外在來源更重要。自我決定理論（Self-Determination Theory，SDT）是這方面最具影響力的理論之一。SDT認為最重要的人類內在動因是自主、能力和關聯性。[63] 在工作的情境中，最近的方法加進了第四個動因，也就是善行（beneficence）。[64] 所有這些都和本節描述的職場幸福動因密切相關。正如我們已經開始看到的，打造有利於員工幸福的職場，不只可以改善幸福，也對生產力和績效有正向的含意。下一節將把全部的注意力放在後面這一點。

員工幸福對工作績效有幫助嗎？

抱持懷疑態度的讀者，可能想知道：對管理階層來說，勞工的幸福是否真的重要？畢竟，企業不是應該先關心賺錢嗎？強硬的新古典學派思想家會表示，如果企業關注利潤，就會產生最高水準的社會幸福。我們已經質疑這一點。此外，企業領導人和投資人本身正日益將衡量公司績效的非財務衡量指標納入決策程序，尤其是衡量一家公司如何評量它的環境保護、社會責任和公司治理（Environmental, Social and Governance，ESG）構面。美國商業圓桌會議（US Business Roundtable）2019年發布的聲明，或許最能體現這個動向。美國商業圓桌會議是個非營利組織，成員包括亞馬遜（Amazon）、蘋果（Apple）、微軟（Microsoft）和通用汽車（General Motors）等美國一些最強大公司的高階主管。這個集團在由181位執行長簽署的聲明中，承諾重新定義和調整他們組織的經營目的，從產生利潤轉向「為所有的利害關係人，包括顧客、員工、供應商、社區和股東創造價

值」。[65] 這代表主導二十世紀下半葉的企業思維有了巨大轉變,並且反映出企業愈來愈需要創造和展現社會影響力。未來幾年,企業展現社會價值的能力,甚至將成為投資決策的重要因素。這個計畫的根本部分,將是確保優先考慮並支持員工的幸福。未能支持員工幸福的公司,將面臨投資人更嚴格的審視。

即便如此,重要的是要問改善勞工的幸福是否有助於提高利潤。因此,本節的其餘部分將提出幸福影響績效的最重要證據和方法。

對員工幸福和公司績效的研究,可以追溯到一個多世紀前。大約在進入二十世紀前後,許多企業主開始注意到科學管理的新方法。這個方法是由工廠勞工出身的經理人佛德烈・溫斯洛・泰勒(Frederick Winslow Taylor)首創,設法將科學和工程方法應用在管理實務上,以提高勞動生產力。接著在 1930 年代,泰勒的觀念和新興的社會與組織心理學結合,催生了人類關係運動(human relations movement)。一般認為社會學家喬治・艾爾頓・梅奧(George Elton Mayo)是這場運動的創始人,主張將勞工重新概念化為具有心理欲求和需求的人,而不是可互換的經濟投入因素。這使得探討動機和態度的心理學理論,在我們理解勞動生產力時居於核心位置。1930 年代西方電氣公司(Western Electric Company)的霍桑(Hawthorne)工廠因此率先做了幾次實驗,研究勞工幸福和公司績效之間的關係。[66] 這些實驗明顯取得成功和早期盛名遠播,受到亨利・福特(Henry Ford)、喬治・約翰遜(George F. Johnson)和亨利・布拉德福・恩迪科特(Henry Bradford Endicott)等企業巨擘的認同和採取相關的行動方案,使得許多人相信,他們應該提供員工幸福,不只是原則上的問題,更攸關企業經營是否良好。

所有這些掀起了二十世紀中葉的一陣實驗風潮。研究組織的學

者和心理學家開始檢驗這些理論。員工幸福真的和公司績效有關嗎？或者這種關係取決於其他的因素？早期的研究得出的結果正反不一。兩篇最具影響力的文獻評論發現，對於實務目的而言，工作滿意度和工作績效之間的關係很小且微乎其微。[67] 不過這兩篇評論在撰稿時，都因為當時發表的可靠研究數量太少，所以受到一定的限制。隨著 1980 年代和 1990 年代更多的證據開始出現，情況開始改變。提摩西·賈吉（Timothy Judge）和他的同事在一項深具影響力的統合分析中，檢視 254 項研究，包括 312 個獨特不重複樣本，超過 54,000 個獨特不重複的觀察結果，因此改進並擴展了先前的評論方法。[68] 作者們估計工作滿意度和工作績效之間的整體相關性是 0.3，具有統計顯著性。

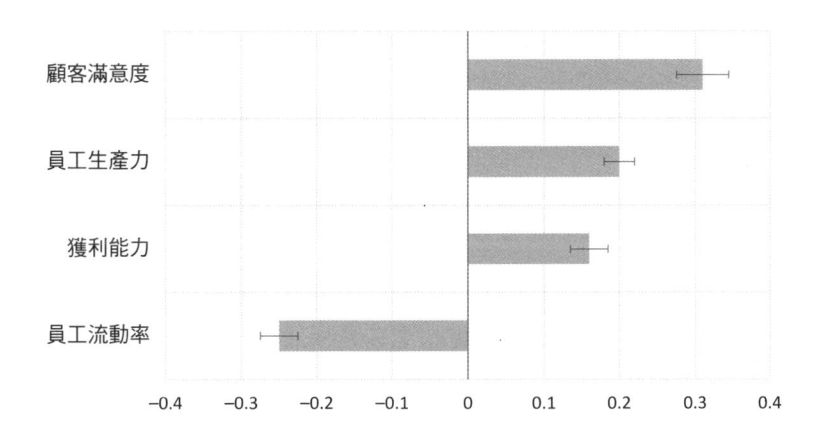

圖 12.5　工作滿意度與公司績效，相關係數
資料來源：Krekel et al. (2019) 使用蓋洛普的資料
注：本圖根據 339 個獨立研究的統合分析，包括觀察 1,882,131 名員工的幸福和 82,248 個業務單位的績效，顯示工作滿意度和不同績效結果之間的調整後平均相關係數；標示出 95% 信賴區間。

最近的評論也有大致類似的發現。迄今為止規模最大的研究之一，分析了蓋洛普從 73 個國家 49 個行業 82,000 個業務單位的 339 項獨立研究蒐集的資料。[69] 分析結果如圖 12.5 所示。研究發現，工作滿意度和顧客滿意度、員工生產力、獲利能力呈現顯著正相關，和員工的流動率呈負相關。在後來進一步設定的研究中，這些結果證明在金融、製造、服務和零售等四種不同的產業，以及美國和非美國公司之間是一致的。這類證據現在被廣泛認為，指出了員工幸福與公司績效之間存在顯著的關係。[70]

但我們必須記住，不要混淆相關性和因果關係。工作滿意度和公司績效高度相關的事實，並不一定表示前者導致後者。事實很可能正好相反。員工在經營比較成功的公司中工作會比較快樂，似乎十分合理，尤其如果是業績最好的公司，比較有可能支付更高的薪資和更好的福利。或者也許兩者的關係更為動態。也許工作滿意度和工作績效在正向回饋的循環中相互作用與影響。解析這些因果關係可能很複雜，單單觀察相關性並不能了解真相。

文獻中討論幸福和績效的因果關係問題，並不是新課題。許多研究人員採用富有創意的分析技術，闡釋這件事。其中一些可能耳熟能詳。第一種策略是分析縱向追蹤研究資料（最好使用固定效應迴歸分析），以確定幸福增加是否先於公司績效提升。早年對 16 項研究採用這種方法，工作態度確實顯著預測隨後的績效，但是效果相當小。[71] 在此同時，工作績效並不能顯著預測後來的工作滿意度。一項後續研究使用 10 個大型組織 2,178 個業務部門的縱向資料，重製了這些結果，發現員工的敬業度可以顯著預測日後的留任率、財務績效和顧客忠誠度，而反向的關係則不顯著。[72] 其他的研究使用英國[73]和芬蘭[74]的追蹤研究資料也發現，員工的幸福可以預測日後的職場表現。

在芬蘭，工作滿意度每增加一個標準差，生產力估計提高 6.6%。使用美國公司的追蹤研究資料所做的另一項分析發現，被認為最支持幸福的公司，在 27 年的期間內，每年的股票投資報酬率比同業高 2.3% 到 3.8%。[75]

這些結果很激勵人心，卻仍然難以解讀。有個時間上的問題存在。高頻率的追蹤研究資料相當少見。由於執行成本高，很少大規模調查試著每個月或每週，從同一個受訪者收集幸福資料，更不用說每天了。遇到失業或結婚等重大的生活事件，這可能不是問題。這類事件對幸福的影響，幾個月後可望仍然觀察得到。工作上，預測一年內的員工滿意度對下一年個人生產力或公司績效的影響，則困難得多。縱向追蹤研究繼續發現的任何影響，事實上可能證明了這種關係的強度。然而，幸福對生產力的最大影響，短期內觀察到的可能性高得多。這些很難透過年度甚至單月的回應資料來獲得。

為了處理這個問題，許多研究人員轉向**經驗抽樣法**（experience sampling method，ESM）。一項深具影響力的研究在幾個月內收集七家公司 222 名員工每日和每個月的幸福資料，評估正向情感和創造力之間的關係。[76] 作者使用總數達 11,471 份的員工報告，發現正向情感可以預測由同事評估的創意產量會增加。重要的是，正向情感上升也先於創造力提高整整兩天，提供了因果效應的證據。另一項分析採用類似的方法，評估顧客服務中心員工早上的情緒對生產力和績效的影響。[77] 心情比較好的員工，全天處理來電的效率比較高——以不求助主管，能夠獨自解決問題，以及給顧客更多交談時間來衡量。但是在此同時，表述負向情感水準較高的員工，整體上接聽的電話比較多。

另一系列的研究，利用**實驗室的實驗**（laboratory experiments）

來探討幸福對生產力的影響。這些研究通常試著在隨機選擇的參與者群體引起正向情感——一般是用有趣或令人振奮的影片、音樂，表示讚美或感激，或者贈禮——然後比較他們和對照組執行特定任務的表現。這些研究的結果形成大量的文獻，但大多數傾向於指往相同的方向。[78] 總體而言，誘導正向情感通常能提高生產力。這方面最被廣泛引用的研究之一，是安德魯・歐斯華德（Andrew Oswald）、尤金尼奧・普羅托（Eugenio Proto）和丹尼爾・史格羅伊（Daniel Sgroi）所做的。[79] 在一系列的三項實驗中，誘發研究參與者產生幸福，包括觀看十分鐘的喜劇影片或接受免費食物。對照組只看有如安慰劑的中性影片素材，或者根本不看什麼。然後請兩組人執行中等複雜的任務，例如在時間壓力下，將五個兩位數數字相加。幸福提升之後，生產力顯著大幅提高 12%，證明了正向情緒對績效的因果影響。在一項自然實驗中，最近經歷過家庭悲劇（這些事件可以歸因於隨機的自然變化）的參與者，也比沒有經歷過家庭悲劇的參與者不快樂，生產力較低。

這類實驗研究，廣泛被認為是建立因果關係的黃金標準。然而，可靠性往往是以犧牲普遍適用性為代價。這裡有兩個相關的問題。首先，即使誘發幸福可以提高在實驗室環境的績效，我們在多大的程度上可以確保現實世界中有這個結果？實驗室研究的受控環境和典型的職場相當不同。在公司的環境中，幸福仍然會提高生產力和績效嗎？第二個相關的問題是這些結果在實務上的適用性。對於想要提高生產力的組織來說，每天每個小時給員工看喜劇影片，可能不是實務上適用的工具。

處理這些問題的一種方法是進行**現場實驗**（field experiments）。這種實驗與實驗室實驗類似，但通常是以更大的規模進行，並且在

現實世界的環境中實施。上一節已經談過其中一些努力的成果。在中國旅行社的實驗中，在家工作有助於生產力提高 13%、工作滿意度上升、人員流失率降低，但在家工作的員工，日後晉升的可能性也較低。[80] 在一家《財星》五百大公司推行的旨在促進家庭支持行為的 STAR 計畫，也確認員工流動率後來顯著下降。[81]

這類研究是推動和驗證我們理解幸福和工作績效的寶貴工具。然而，它們執行起來可能極為複雜且昂貴，需要公司的大力支持。在此同時，如果允許一群勞工從改善其工作的干預措施中受益，但同一家公司的另一群勞工卻不能，也會引起道德和實務上的問題。實驗一群人而影響另一群人經驗的外溢效應，可能很難控制。

考慮到這些問題，一些研究人員轉而採用**準實驗設計**（quasi-experimental designs）。這種方式非常類似於現場實驗，因為它們設法分析現實世界環境中的因果關係，但在這種情況下，實驗組和對照組不是隨機分配的。相反的，研究人員尋找**外生自然變異**（exogenous natural variation）的來源，藉以區分和比較群體行為或績效。例如，如果某所學校的學生依姓氏的第一個字母分班，我們也許可以使用這種變異，去估計不同老師對學生考試成績的因果影響。這裡的關鍵假設是，兩群學生相當類似，任何觀察到的考試成績差異，都可以歸因於教師表現的差異。這類自然變異的作用，是用來替代隨機分配。

在同類研究中規模最大的一個，一組研究人員應用這種技術，研究英國最大的網際網路和寬頻供應商英國電信公司（British Telecom）顧客服務中心員工的幸福和生產力之間的關係。[82] 研究人員收集六個月內 11 個顧客服務中心員工每週表述的幸福，並且比對這些表述和生產力資料；生產力是以接到的電話轉化為銷售的數量、遵守每天的時間表，以及每小時接聽的電話數來衡量。可是單單比

較幸福和生產力資料,並不足以確立因果關係。此外,作者也收集每個顧客服務中心周遭每日的天氣資料,以及每個顧客服務中心本身窗戶面積大小的資料。這裡的根本假設是,視覺接觸到惡劣天氣(被認為是自然且隨機發生的變異來源),可能影響員工全天的心情,進而影響他們的生產力。整體而言,研究發現,陰沉的天氣不只導致銷售業績下降,而且這種關係也強烈取決於視覺接觸。在少有窗戶的顧客服務中心,惡劣的天氣對績效沒有影響。在窗戶較多的顧客服務中心,惡劣天氣下的視覺接觸,會導致幸福減低,進而使得生產力和績效下降。研究發現,幸福每升高一個單位(量表從 0 到 10)的影響,使每位員工的銷售額增加 13.4%。

總而言之,本節討論的結果——來自固定效應分析、經驗抽樣法、實驗室實驗、現場實驗和準實驗——強烈指出幸福對個人生產力和公司績效有因果效應。結束本章之前,也許值得再多問一個問題——為什麼?為什麼比較快樂的員工把工作做得更好,而更快樂的公司經營得更成功?我們已經在本章點出這些關係可以運作的各種潛在機制。表 12.1 總結了最重要的途徑。

表 12.1　從幸福到績效的途徑

主觀幸福	更健康	個人和組織績效
• 工作滿意度 • 敬業 • 高正向情感 • 低負向情感	• 幸福會使身心更為健康[a],因此投入更多精力到工作上,並減少缺勤天數。 加強自我節制 • 快樂會讓人更能掌控和調節心理與身體資源,而憂鬱和壓力會讓人更難專注在任務和目標上。[b]	• 生產力 • 獲利能力

表 12.1　從幸福到績效的途徑（續）

		動機 • 研究證明，誘發正向情感尤其會增強解決複雜任務的內在動機。[c]		
		創造力 • 依 Barbara Frederickson (2001, 2004) 的拓寬和建立正向情緒理論，比較快樂的人通常有更多的心理資源，能夠提出富有創意的構想和解決問題的方案。[d]		
→		正向人際關係 • 更好的人際關係可以促進更正向的工作體驗、協作，以及減少主動離職。[e]	→	
		缺勤率降低 • 工作滿意度預示缺勤情況會減少。[f] 比較快樂的員工可能更樂於上班，而且比較不可能不健康。		
		流動率降低 • 對工作比較不滿意的員工，比較有可能離職。[g] 這可能使企業的運轉減緩，以及加重企業的招募和培訓成本。		
		吸收人才 • 比較支持幸福的組織，更有可能吸引最有才華的員工。[h]		

注：改編自 Tenney et al. (2016)。加進吸收人才的項目。請見 Ward (2022)。
[a] 請見第 10 章。
[b] Heatherton and Wagner (2011).
[c] Oswald et al. (2015).
[d] Amabile et al. (2005).
[e] 例如，請見本章第三節談驅動員工幸福的因素。
[f] Cooper and Dewe (2008).
[g] Tett (1993); Bouckenooghe (2013); Azeez et al. (2016).
[h] Ward (forthcoming).

小結

雖然工作對幸福很重要，工作反而是我們以每小時為單位所做的最不愉快活動之一。為了評估工作對幸福的影響，研究人員經常仰賴經驗抽樣法（ESM）。

工作的社會面向，經證明往往是比收入更重要的幸福決定因素。其中包括正向的人際關係（尤其是和主管的關係）、工作／生活平衡、工作很有趣，以及目的。工作時數和幸福之間的關係，通常也要看勞工能夠選擇工作時數的程度。

職場幸福會影響個人的生產力和公司的績效。為了評估這些動態和做出因果推論，研究人員採用各式各樣的分析策略，包括固定效應迴歸、實驗室實驗、自然實驗、現場實驗和準實驗。每種方法都有獨特的優點和缺點。然而，總的來說，這些努力的發現，通常指出幸福可以提高績效。

幸福可以透過多種可能的途徑影響生產力，包括個人層級的身心更健康、更懂得自我節制和動機更強，以及公司層級的正向人際關係、缺勤率降低、流動率減少，以及吸收人才的能力增強。

問題討論

(1) 工作真的是負效用（disutility）嗎？
(2) 依本章職場幸福動因的討論內容，你能想到公司可以用來提高員工幸福的任何干預措施嗎？不同的勞工敘薪方式有什麼影響？
(3) 如果你想衡量工作滿意度對請病假天數等的影響，你喜歡使用哪一種方法：固定效應分析、經驗抽樣法，或者現場實驗？每一種方法可以告訴你其間關係的什麼訊息？

延伸閱讀

Bellet, C., De Neve, J. E., and Ward, G. (2020). Does employee happiness have an impact on productivity? Saïd Business School Working Paper, 13.

Bloom, N., Liang, J., Roberts, J., and Ying, Z. J. (2015). Does working from home work? Evidence from a Chinese experiment. *The Quarterly Journal of Economics*, 130(1), 165-218.

Bryson, A., and MacKerron, G. (2017). Are you happy while you work? *The Economic Journal*, 127(599), 106-125.

Lundberg, U., and Cooper, C. (2010). *The Science of Occupational Health: Stress, Psychobiology, and the New World of Work*. John Wiley & Sons.

Oswald, A. J., Proto, E., and Sgroi, D. (2015). Happiness and productivity. *Journal of Labour Economics*, 33(4), 789-822.

注釋

[1] Giattino et al. (2013).
[2] Delhey (2014).
[3] 事實上，情況似乎正是如此。請見圖 12.1。
[4] Diener et al. (2013).
[5] Helliwell and Wang (2014).
[6] Golder and Macy (2011).
[7] Kahneman et al. (2004); Bryson and MacKerron (2017).
[8] Bryson and MacKerron (2017).
[9] Ayuso-Mateos et al. (2013); Bureau of Labor Statistics (2014); Mellor-Marsá et al. (2016).
[10] Lades et al. (2020).
[11] Dolan (2019).
[12] 由於圖 12.2 中，運動和身體活動的排名較高，細心的讀者看了可能會反對這種類比。儘管如此，我們似乎可以合理認為，受訪者比較有可能在休息時或完成運動後，而不是在體力消耗期間回應問題。在這項研究中，研究人員把提問後一小時內的所有回覆收為資料，但沒有提供每項個別活動的平均回應時間資料。

[13] 其他的研究指出，不是所有的壓力源都是一樣的，而且挑戰壓力源甚至可能有利於提高生產力和表現（LePine and LePine [2005]）。

[14] 澳洲、紐西蘭、俄羅斯、中國、日本、台灣、奧地利、比利時、克羅埃西亞、捷克共和國、丹麥、愛沙尼亞、芬蘭、法國、喬治亞、德國、英國、匈牙利、冰島、拉脫維亞、立陶宛、挪威、波蘭、斯洛伐克、斯洛維尼亞、西班牙、瑞典、瑞士、智利、墨西哥、蘇利南、委內瑞拉、以色列、美國、印度、菲律賓和南非。

[15] De Neve (2018)。請見線上附錄 12.2。

[16] Cotofan et al. (2021b).

[17] Lazear (2000); Bloom and Van Reenen (2010); Bandiera et al. (2017).

[18] Böckerman et al. (2016).

[19] Kruse et al. (2010); Böckerman et al. (2016).

[20] Dahl and Pierce (2019).

[21] Breza et al. (2018).

[22] Bryson et al. (2016).

[23] Blasi et al. (2016).

[24] De Neve (2018).

[25] Rath (2006).

[26] Dutton (2003); Dutton and Ragins (2007).

[27] Cotofan et al. (2021b).

[28] Methot et al. (2016).

[29] 澳洲、紐西蘭、俄羅斯、中國、日本、台灣、奧地利、比利時、克羅埃西亞、捷克共和國、丹麥、愛沙尼亞、芬蘭、法國、喬治亞、德國、英國、匈牙利、冰島、拉脫維亞、立陶宛、挪威、波蘭、斯洛伐克、斯洛維尼亞、西班牙、瑞典、瑞士、智利、墨西哥、蘇利南、委內瑞拉、以色列、美國、印度、菲律賓和南非。

[30] Harter and Adkins (2015).

[31] Clifton and Harter (2019).

[32] Artz et al. (2017); Ogbonnaya and Daniels (2017).

[33] Lazear et al. (2015) p. 841.

[34] Harter and Adkins (2015).

[35] Beck and Harter (2014).

[36] Kamerāde et al. (2019).

[37] Hamermesh et al. (2017).

[38] Lepinteur (2016): 法國和葡萄牙。

[39] Berniell and Bietenbeck (2017): 法國。

[40] Brough and O'Driscoll (2010).

[41] Schoon et al. (2005); Meier and Stutzer (2008).

[42] Angrave and Charlwood (2015).

[43] Pryce and Nielsen (2006).

[44] Pryce and Nielsen (2006); Albertsen et al. (2014).

[45] Garde et al. (2012).

[46] Kelly et al. (2014); Moen et al. (2016, 2017).

[47] Bloom et al. (2015).

[48] Mas and Pallais (2017).

[49] Schneider and Harknett (2019).

[50] Soares et al. (2021).

[51] Katz and Krueger (2019).

[52] 請見 Chatterjee et al. (2020)，參考相關的文獻。

[53] Tims et al. (2016); Van Wingerden et al. (2017).

[54] 例如，請見 Grant (2008)。

[55] Berg et al. (2013).

[56] Freeman (1978); Borjas (1979).

[57] Freeman and Medoff (1984).

[58] 例如，請見 Pfeffer and Davis-Blake (1990); Bessa et al. (2020)。

[59] Bryson and Davies (2019).

[60] Davis (2012); Donegani and McKay (2012).

[61] Blanchflower and Bryson (2020).

[62] Harju et al. (2021).

[63] Deci and Ryan (1985); Ryan and Deci (2000).

[64] Martela and Riekki (2018).

[65] Business Roundtable (2019).

[66] Muldoon (2012).

[67] Brayfield and Crockett (1955); Iaffaldano and Muchinsky (1985).

[68] Judge et al. (2001).

[69] Krekel et al. (2019).

[70] 至於其他的研究，請見 Tenney et al. (2016)。
[71] Riketta (2008).
[72] Harter et al. (2010).
[73] Bryson et al. (2017).
[74] Böckerman and Ilmakunnas (2012).
[75] Edmans (2012).
[76] Amabile et al. (2005).
[77] Rothbard and Wilk (2011)
[78] 關於評論，請見 Lyubomirsky et al. (2005)；Tenney et al. (2016)。
[79] Oswald et al. (2015).
[80] Bloom et al. (2015).
[81] Kelly et al. (2014)。Moen et al. (2016, 2017) 也總結了這一點。
[82] Bellet et al. (2020).

GOING NOWHERE

真是一無所成！
我得到了什麼？

13
收入*

> 金錢就像肥料，不散開沒好處。
>
> *弗朗西斯・培根（Francis Bacon）*

1974 年，理查・伊斯特林（Richard Easterlin）發表了一篇重要的文章，題為「經濟成長有改善人們的生活嗎？」。[1] 該文的重點在兩個並不完全一致的陳述：

(1) 在某個時點，較為富有的人一般來說比較為貧窮的人幸福（儘管重疊的部分很大，並非那麼絕對）。

(2) 隨著時間的推移，平均每人國民所得的增加並不會使得幸福增加。

這就是所謂的**伊斯特林悖論**（Easterlin paradox）。如果較為富有的人比較為貧窮的人幸福，你應該會認為，當一個國家更富裕，它也會更幸福。但是伊斯特林聲稱，事實並非如此。他解釋說，當國民所得增加，每個人都會提高他們拿來比較自身收入的標準。最明顯的比較標準就是其他人的收入。如果人們覺得重要的只是他們的**相對**收入（而不是**絕對**收入），那麼這就可以解釋為什麼經濟成長並沒有提高國民的幸福了。

本章將探討這個假說和其他更多的內容。
- 首先，我們要看個人的幸福，以及個人的收入如何影響幸福。同樣的，我們要看某個時點各國的幸福和收入。
- 接著，我們要觀察國民幸福隨著時間推移的結果。
- 最後，我們將探討與絕對收入相比，相對收入的角色，以及這種差異的政策啟示。

個人之間的差異

個人之間，幸福研究的三個核心發現是：
(1) 在每個國家，較為富有的人平均比較為貧窮的人幸福。
(2) 這種差異相當小，只能解釋人口當中大約 2% 的幸福差異。
(3) 你愈富有，額外收入的影響愈小。

圖 13.1 顯示英國的情況。每根長條圖顯示每個收入水準的平均幸福。如圖所示，較為富有的人平均比較為貧窮的人幸福。但重疊的部分也很大。每根長條圖上的細線顯示這一點。這些線的範圍是從低於平均值 1 個標準差到高於平均值 1 個標準差（也就是每個收入水準的中間三分之二的人的幸福範圍）。如圖所示，許多窮人比一般富人更快樂。

收入的邊際效用遞減

這張圖也告訴我們其他的事情。更多的一點收入，對圖上左邊群體的幸福的影響，比對右邊群體的幸福影響要大。人愈富有，收入多一塊錢，所產生的額外幸福愈少。這個舊觀念現在稱為「**收入的邊際效用遞減**」（the diminishing marginal utility of income）；在

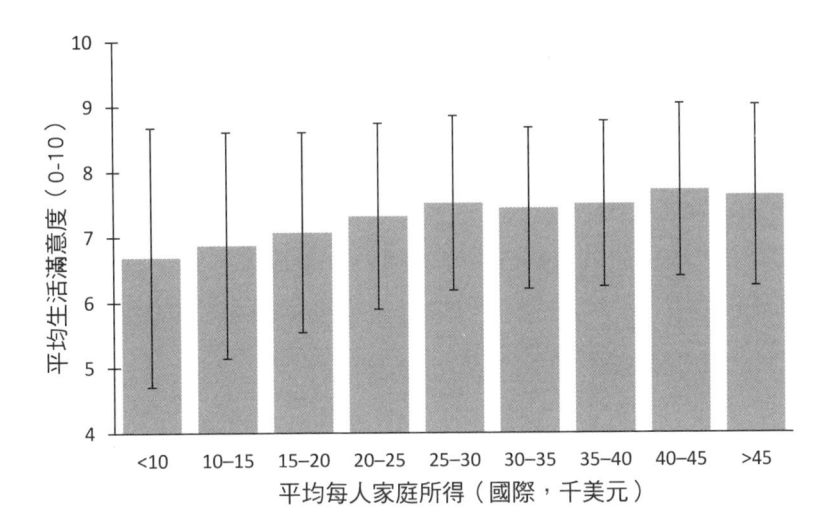

图 13.1 英國不同收入水準的平均生活滿意度（長細線的範圍涵蓋了每個收入群 2/3 的人）

資料來源：蓋洛普世界民調 2017-2019 年；坎特里爾階梯

行為主義革命之前（第 2 章討論過），這是每個經濟學家的核心信念。事實上，這是大多數經濟學家贊成對所得做某種程度的重分配的原因，因為，當一塊錢從富人移轉給窮人，富人失去的幸福少於窮人獲得的幸福。因此，總幸福會增加。

直到最近幾十年，這還只是推測性的信念。但新科學現在能以某種精度，衡量量化效應。而且，一旦我們知道收入如何影響幸福，就能計算和每個人都獲得現有的平均收入水準的情況相比，收入不平等會降低多少平均幸福（請見 Box 13.1）。

探討收入對幸福的影響時，有兩個問題要探討：
(1) 這種關係的函數形式是什麼樣子？
(2) 收入對幸福的實際影響有多大？

關於函數形式，我們可以根據實證方法去探討，結果發現半對數（semi-logarithmic）線性關係非常適合各種調查的資料。[2]

因此

$$W = \alpha \log Y + etc \qquad (1)$$

其中 Y 是每個等值成人的家庭收入。這符合韋伯—費希納效應（第 1 章談過）的一般法則，也就是說，不管體驗的是光線，還是聲音，我們感知到的變化大小，和正在變動事物的變動比例，是成正比的線性關係。同樣的，我們對收入變動的感受，和收入的變動比例，也是成正比的線性關係。

於是我們得以直接衡量收入的邊際效用，[3] 因為

$$\frac{dW}{dY} = \frac{\alpha}{Y} \qquad (2)$$

因此，一個人的收入邊際效用和她的收入成反比：假如富人的收入是窮人的 10 倍，那麼額外 1 塊錢的價值，對窮人來說也是富人的 10 倍。如果公式 (2) 完全正確，收入的邊際效用將都是正值，即使一個人的收入很高，邊際效用非常低，也不會是負值；事實上，有一些證據指出，邊際效用在某個時點會變為零，稱之為「飽足」（satiation）點。[4]

收入影響幸福的效應大小

然而，我們仍然需要知道係數 α 的大小。要找到它，我們可以估計以下形式的橫斷面公式

$$W_i = \alpha \log Y_i + \sum_j b j X_{ij} + u_i \qquad (3)$$

其中的 X_i 是決定幸福的其他事物——在這種情況下作為控制變數。這些控制變數顯然應該包括年齡、年齡平方[5]，以及性別，但其他還有什麼，不完全清楚。因為估計公式 (3) 時至少會遇到五個問題。

問題

(1) 如果收入**衡量**得不準確，α 估計值會下偏。

(2) 如果我們把本身會受收入影響的控制變數包括在內（因此「**中介**」它的影響），我們就會低估了收入對幸福的總影響。

(3) 另一方面，如果我們忽略了和收入及幸福都呈正相關的變數，就會因為遺漏這些「干擾」變數而高估了收入的影響。

(4) 公式 (3) 中的關係可能沒有適當地確認，因為收入和幸福之間的關係也可能是幸福造成收入的增加或減少。這是**反向因果**的問題。

(5) 如果人們會受到**其他人的收入**的影響，我們應該把這一點加入到控制變數中。

我們將以如下的方式處理這些問題。

(1) 我們衡量的收入是家庭中的**每人收入**（income per person，把兒童也轉成「等值成人」）。這是生活水準的代理指標。（雖然有消費的資料更好，但在我們有幸福資料的調查中，通常無法獲得這些資料。）大多數調查中，收入是自我表述的，但準確性不亞於健康之類的資料。

(2) 我們將列示**有和沒有**包括中介變數時的估計值。

(3) 為了處理被遺漏的干擾變數，我們將利用資料的**追蹤研究**（panel）性質，在每一條公式中包含一個人的固定效應 f_i。這將消除任何不

隨時間變化的遺漏變數造成的影響。公式如下

$$W_{it} = \alpha \log Y_{it} + \sum_j bjX_{ijt} + f_i + v_t + e_{it} \qquad (4)$$

α 的估計值現在是根據「同一人本身」（而不是人與人）的比較。正如我們將談到的，這樣的追蹤研究公式往往得出非常低的 α 估計值，[6] 但這部分是由於衡量誤差的影響增強，[7] 部分是因為影響的時間可能無法用這個公式的形式正確表示。

(4) 為了處理反向因果的問題，[8] 我們會列示包含一個完全隨機，因此屬**外生性**的收入元素造成的結果，例如贏得樂透彩金。

(5) 我們通常會納入一個**比較群體**（年齡、性別和居住地區相似的人）的平均每人收入對數。這是為了估計相對收入相對於絕對收入的作用。然而，本章稍後才會談這些比較群體的影響。

結果

我們可以從英國、德國、澳洲和美國的簡單**橫斷面**結果談起。前三個國家的資料來自年度縱向家庭研究（UKHLS、SOEP 和 HILDA），美國的資料來自年度橫斷面 BRFSS。

如表 13.1 所示，影響並不大。以美國為例，當收入對數多 1 點，相當於收入增為近三倍，將產生多 0.31 點的幸福（最高 10 點）。[9]

有趣的是，幸福的差異有多少是可以用收入不平等來解釋的。別忘了，偏相關係數是

$$\beta = \frac{\alpha \, SD \, (\log Y)}{SD \, (W)} = 0.31 \times \frac{0.82}{1.55} = 0.16 \qquad (5)$$

所以在美國，由收入不平等解釋的 W 變異百分率是

$$\beta^2 = 0.16^2 = 0.0256 = 2.56\%$$

這 2.56% 和圖 8.2 所示的整組影響約 19% 的 R^2 相去甚遠。然而，一些經濟學家聲稱「絕對收入是決定幸福的主導因素」[10]，這顯然是不正確的。收入是重要的影響因素，但只是眾多影響因素之一。

接著來談遺漏變數的問題，一個可能的解決方案，是使用如第 7 章所說的固定效應公式，從而利用資料的追蹤研究性質。如表 13.2 所示，這會產生比較小的係數。[11] 但基於前面指出的問題，我們可能應該忽略這些時間序列的估計值。

處理遺漏變數和反向因果關係的最後一種方法，是使用樂透中獎資料。大多數研究都是短期追蹤這些資料，因此難以解讀。但林

表 13.1　收入對數對生活滿意度（0-10）的影響（合併橫斷面）

英國	德國	澳洲	美國
0.16	0.26	0.16	0.31
(0.01)	(0.01)	(0.01)	(0.01)

資源來源：A. E. Clark et al. (2018) 表 2.2；英國：Understanding Society (1996-2014)；德國：SOEP (1984-2015)；澳洲：HILDA (2001-2015)；美國：BRFSS (2006-14)

注：括號內為標準誤。「控制變數」包括表 8.1 所提到的那些變數。如果把比較群體的收入當作遺漏變數，估計的數字非常相似。

表 13.2　收入對數對生活滿意度（0-10）的影響（個人固定效應）

英國	德國	澳洲
0.04	0.08	0.06
(0.01)	(0.01)	(0.01)

資料來源：A. E. Clark et al. (2018) 表 2.2；英國：Understanding Society (1996-2014)；德國：SOEP (1984-2015)；澳洲：HILDA (2001-2015)。

注：括號內為標準誤。「控制變數」包括表 8.1 所提到的那些變數。如果把比較群體的收入當作遺漏變數，估計的數字非常相似。

奎維斯特（Lindqvist）等人在一項引人注目的研究中，追蹤在中獎之後又買了22年瑞典樂透彩的人。[12] 這些人中獎可以合理地視為隨機。在整個22年裡，獎金的多寡對幸福有類似的影響。如果我們將這些一次性獎金轉換為等值的收入流，收入對數增加1單位的影響，是將幸福（量表0-10）提高0.38點。

還有一個問題：**比較貧窮國家**的收入對數影響，是否不同於**比較富有國家**的收入對數影響？我們可以使用蓋洛普世界民調的資料來檢視這一點。結果在表13.3。無論國家的所得水準是高是低，係數都很接近。這並不令人感到意外，因為（由於收入的邊際效用遞減）窮人手中多出的1元，價值是富裕20倍者手中多出1元的20倍。我們也應該注意到，高所得國家的係數略高於表13.1所示的係數。這是有道理的，因為在蓋洛普的資料中，表13.1國家的係數確實略低於高所得國家的平均值。

關於收入對數對幸福的影響，有個基準係數（benchmark coefficient）的概念是有幫助的。例如，我們應該牢記，表13.3由於反向因果關係而誇大係數的風險。因此我們建議，0.30這個數字是個實用的基準。[13]

表13.3　收入對數對生活滿意度（0-10）的影響：依各國所得區分（合併橫斷面）

高所得	中等偏高所得	中等偏低所得	低所得	全部
0.37	0.43	0.45	0.35	0.40
(0.04)	(0.04)	(0.03)	(0.04)	(0.02)

資料來源：2009-19年蓋洛普世界民調；坎特里爾階梯；個人資料；迴歸包括的控制項變數有：失業、學位、有伴、健康問題、年齡、年齡平方、各國的年度固定效應；Ekaterina Oparina所做的迴歸分析

這馬上給了我們兩個重要的資訊。第一是收入的邊際效用（意思是每增加 1 元的年收入，WELLBYs 的變化）。正如我們之前解釋的，它等於 a/Y。所以如果平均每人年收入是 30,000 美元，收入的邊際效用是 1/100,000。[14] WELLBYs 增加 1 點，相當於約 10 萬美元（分散給一群人）。

第二，我們可以衡量收入不平等對平均幸福的直接影響。如 Box 13.1 所示，在典型的國家，係數為 0.12 點（最高 10 點）——這是指如果平均收入保持不變，但收入不平等完全消除的情況下，平均幸福會提高多少。這個數字小到令人驚訝。

Box 13.1　收入不平等對平均幸福的直接影響

我們這裡感興趣的是：目前的平均幸福，以及如果每個人都得到當前的平均收入水準時會有的平均幸福，兩者之間的差異。這個差異等於 [15]

$$0.3 \left(\frac{\sum \log Y_i}{N} - \log \bar{Y} \right)$$

針對對數 Y_i 做二階泰勒級數展開，變成

$$0.3 \left(\log \bar{Y} + \frac{1}{\bar{Y}}(\bar{Y} - \bar{Y}) - \frac{1}{2} \frac{\sum (Y_i - \bar{Y})^2}{N\bar{Y}^2} - \log \bar{Y} \right) = \frac{-0.3}{2} \frac{\text{Var}(Y)}{\bar{Y}^2}$$

在典型的先進國家中，$\text{Var}(Y)/\bar{Y}^2$ 大約是 0.8，[16] 所以不平等的直接成本是 0.12 點（最高 10 點）。當然也有經由人際關係型態等造成的間接影響。

國與國的差異

我們現在可以轉而探討國與國之間的所得差異，以及這些差異如何反映在各國的平均幸福水準上。圖 13.2 顯示各國的散布圖以及

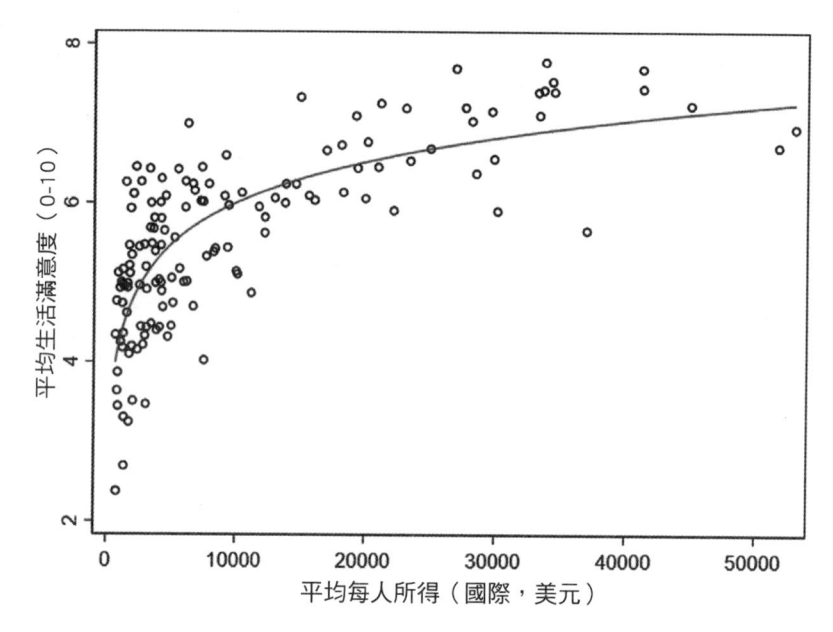

圖 13.2　平均生活滿意度與平均每人家庭收入：各國
資料來源：2019 年蓋洛普世界民調

最佳配適線（line of best fit）。

　　和個人一樣，有明顯的證據顯示收入的邊際效用遞減，以及可以使用對數公式來估計最佳配適線。如果不考慮其他變數，收入對數的影響非常大。但是，如同第 8 章所說的，部分原因是高收入和信任、社會支持、自由、慷慨等其他許多文化變數有相關性。我們不曉得國民所得在多大程度上影響到這些其他的特徵。但假設我們問：如果家庭獲得更多收入，會有多大幫助？那麼顯然我們應該保持其他條件不變。這種情況下，對各國進行估計時，收入對數影響幸福的係數為 0.33（se = 0.07）。[17] 這很明顯和個人之間的係數類似。[18]

國家的時間序列

現在來談伊斯特林悖論的第二部分。他的說法是，隨著時間的推移，更高的國民所得並沒有帶來更高的國民幸福。在個人的橫斷面中，我們發現

$$W = a\log Y + \text{etc}$$

因此，我們預期隨著時間的推移，在國家層級

$$\Delta\overline{W} = a\overline{\Delta\log Y} + \text{etc}$$

但伊斯特林說，事實並非如此。

那麼事實是什麼？支持伊斯特林的最引人注目的事實是美國的故事。如圖 13.3 所示，雖然至少到 1970 年代，經濟快速成長的成果廣為人們共享，但自從 1950 年代起平均幸福卻沒有增加。

然而，圖 13.3 並不能證明美國的所得提高沒有改善幸福。它可能有改善幸福，只是其他因素抵消了其影響。無論如何，一國的經驗不能證明什麼。因此，第一步是觀察長期經濟成長較高的國家，幸福的成長是不是也比較高。強調「長期」一詞很重要，因為毫無疑問，幸福會在經濟繁榮時期上升，在衰退時期下降（出於各種原因，我們會有這樣的情形）。但是長期成長高的國家，幸福有比較高嗎？

長期成長與幸福

為了探討這一點，最能取得長期時間序列資料的歐洲，自 1970 年代初以來，許多國家定期進行歐洲晴雨表（Eurobarometer）調查。[19] 為了探究長期成長的影響，當然有必要控制經濟繁榮和衰退造成的

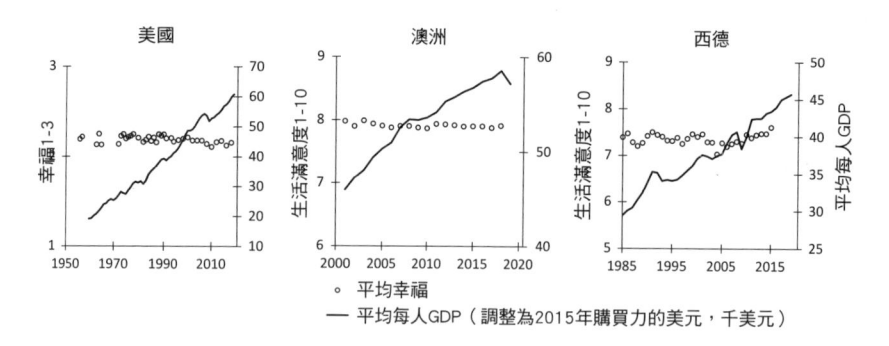

圖 13.3　平均生活滿意度與平均每人家庭收入：各國
資料來源：2019 年蓋洛普世界民調

影響（這會導致幸福上升和下降）。下面的公式可以做到這一點，納入失業百分率（u）和年通貨膨脹率（π），以及平均每人 GDP 和國家固定效應。

$$\bar{W}_{ct} = a_1 + \underset{(.17)}{0.29} \log \bar{Y}_{ct} - \underset{(.02)}{0.06}\, u - \underset{(.004)}{0.007}\, \pi + f_c$$

如公式所示，收入估計會產生正向影響，但標準誤極大。[20] 這是典型的多國時間序列——部分反映出所得成長率相似的不同國家，幸福成長率非常不同。[21] 因此，伊斯特林假說第二部分的結論，必然是「有時是，有時不是」。但對美國公民來說，有個特別的挑戰——為什麼他們的平均幸福不比 1950 年代的人高？

收入比較和適應的作用

有一個明顯的原因，也就是**社會比較**（social comparisons），可以解釋為什麼國民所得與時俱增，所造成的幸福變化，可能低於個

人在某個時點收入增加，造成的幸福變化。

假設我們每個人都有一個比較群體，用來比較我們的收入，還有我們對收入的主要關切集中在我們的**相對收入**，而不是絕對收入。於是一個人的幸福和自己的收入有正向關係，但和比較群體的收入有負向關係。關係可能是 [22]

$$W_i = a_1 \log Y_i - a_2 \log \bar{Y}_i + \text{etc.} \quad (a_1, a_2 > 0) \quad (5)$$

其中 $\bar{Y}_i$ 是這個人的比較群體的平均收入。上式也可以寫成是絕對收入（Y_i）和相對收入（$Y_i/\bar{Y}_i$）兩者影響之和：

$$W_i = (a_1 - a_2) \log Y_i + a_2 \log \left(\frac{Y_i}{\bar{Y}_i}\right) + \text{etc}$$

↑ 絕對收入　↑ 相對收入

表 13.4　自身收入對數和比較群體收入對數對生活滿意度（0-10）的影響（合併橫斷面）

	英國	德國	澳洲	美國
自身收入	**0.16** (0.01)	**0.26** (0.01)	**0.16** (0.01)	**0.31** (0.01)
比較群體收入	**-0.23** (0.07)	**-0.25** (0.04)	**-0.17** (0.06)	**-0.19** (0.03)

資料來源：A. E. Clark et al. (2018) 表 2.3；英國：Understanding Society (1996-2014)；德國：SOEP (1984-2015)；澳洲：HILDA (2001-2015)；美國：BRFSS (2006-14)

注：括號內為標準誤。「控制變數」包括表 8.1 所提到的那些變數。

如果 a_2 很大，比較群體的收入是減低我們幸福的重大力量。

那麼，比較群體的收入造成影響的證據是什麼？在絕大多數的研究中，影響是負向且很大。[23] 但研究發現，有時是取決於人們拿自

己和哪一群人比較——經常見面的人（例如鄰居或同事），或是相同地區、年齡層和性別的人。[24] 表 13.1 呈現的橫斷面研究結果，我們是使用後一個定義。結果列示在表 13.4。

在這些國家，比較群體收入的影響是負向且很大。因此，相對收入的影響是正向且很大。在此同時，絕對平均收入的影響是表 13.4 兩列之和，數字很小。如果這些數字接近正確，它們就提供了伊斯特林悖論明顯的解釋：

- 當一個人的收入較高，如果 $\bar{Y}$ 保持不變，她會比較快樂。這主要是因為她的相對收入較高。
- 但是當整個社會變得更為富裕，$\bar{Y}$ 上升，但相對收入沒有變化。（有些人相對而言可能會上升，另一些人則可能下降，但相對收入平均值不變。）因此，從整個社會的層級來看，經濟成長的唯一影響，是絕對收入的影響減弱了。

還有其他許多證據顯示人們除了在意絕對收入，也在意相對收入。其中一些證據來自波昂大學（University of Bonn）艾明・法爾克（Armin Falk）領導的神經科學研究。[25] 他的團隊做了一次實驗，參與者必須在執行一項任務的同時，以功能性磁振造影，衡量大腦的獎勵中心，也就是腹側紋狀體的大腦活動。順利完成任務的人會獲得多寡隨機的金錢獎勵。他們也被告知，如有獎金，則由與他們配對的人領取。研究發現相當驚人。他們自己每收到 100 歐元，腹側紋狀體衡量的活動增加 0.92 個單位，而與他們配對的人每收到 100 歐元，腹側紋狀體的活動減少 0.67 個單位。因此，相對收入的影響是絕對收入的兩倍。

在另一次巧妙的實驗中，大衛・卡德（David Card，2021 年諾貝爾經濟學獎得主）和他的同事探討了知道同事收入的影響。他所服務

表 13.5　自身的收入、比較群體的收入，以及自身的滯後收入對生活滿意度（0-10）的影響（使用固定效應）

	英國	德國	澳洲
自身收入對數	**0.06** (0.01)	**0.19** (0.01)	**0.06** (0.01)
比較群體收入對數	**-0.09** (0.06)	**-0.12** (0.04)	**0.01** (0.04)
前三年收入對數	**-0.02** (0.02)	**-0.08** (0.01)	**-0.01** (0.01)

資料來源：A. E. Clark et al. (2018) 表 2.4；英國：Understanding Society (1996-2014)；德國：SOEP (1984-2015)；澳洲：HILDA (2001-2015)。

註：括號內為標準誤。「控制變數」包括表 8.1 所提到的那些變數。請注意，除了移動到其他地區的人，比較群體的收入幾乎沒有變動。

的加州大學不久前將所有教職員工的薪資資料放到網路上，但是大多數人並不知道這件事。因此卡德告訴隨機選擇的教職人員有這些資料可看。他也衡量他做這件事之前和之後，實驗組和對照組的幸福。知道同事薪資的人，平均變得比較不滿意。[26] 因此相對收入顯然很重要。[27]

適應

然而一些心理學家主張用**適應**（adaptation）來解釋伊斯特林悖論。也就是說，人們可能在一段時間內享受到收入增加的幸福，但隨後習慣於更高的收入了，幸福回到先前的水準。遺憾的是，同時測試社會比較和適應所造成影響的研究並不多。表 13.5 是使用與表 13.4 橫斷面相同的追蹤研究資料，來做到這一點的。但這次我們納入每個人的固定效應，而且不只包括社會比較收入，也包括自身收入的滯後值（lagged value）：

$$W_{it} = \alpha_1 \log Y_{it} - \alpha_2 \log \bar{Y}_{it} + \alpha_3 \log Y_{i,t-1} + \alpha_4 \log Y_{i,t-2} + \text{etc} + v_t + f_i + e_{it} \quad (6)$$

用這個固定效應模型跑起來,自身收入的影響會低於橫斷面的情況(如前所述)。但比較群體收入的負向影響遠高於前三年滯後收入的影響。無論如何,適應不是伊斯特林悖論的主要原因:在任何社區,大多數比較富有的人總是更為富有,比較貧窮的人更窮,比較富有的人平均來說更為快樂。[28]

收入比較的政策啟示

本章的分析帶來重大的啟示。首先,如同我們說過的,邊際效用遞減是「收入重分配到不能再提升平均幸福水準」的有力論據。多年來人們理解這個論點。但社會比較的作用,引進了支持課稅的全新主張(不是基於收入邊際效用遞減,也不是為了公共財的資金需要)。[29]

要了解這個論點,不妨先假設這個世界人人平等。當某個人開始工作更長的時間,並因此賺得更多,她的收入水準會提高,其他人便拿來和自己的收入比較。這是一種**負外部性**,除非採取某種行動,否則會導致工作規模(scale of work)缺乏效率。稅率需要多高才有幫助?我們假設有 (N + 1) 個相同的個人,(為簡單起見)每個人工作一小時,就領取一個單位的工資——意思是一個人的收入等於她的工作時數。因此,假設個人幸福受到本身的收入對數、比較群體的收入對數和工作努力成本的影響。那麼如果不課稅的話

$$W_i = \alpha_1 \log H_i - a_2 \log \bar{H} - C(H_i) \quad (C' > 0) \tag{7}$$

其中 $\bar{H}$ 是其他 N 個人的平均收入,最後一項是工作 H_i 小時的心理成本。[30]

當有人工作更長的時間以提高自己的收入，他們也會提高平均收入（$\bar{H}$），其他人會拿來與自己的收入比較。在沒有課稅的情況下，個人會選擇 H_i 以極大化 W_i，無視於對 $\bar{H}$ 的影響。所以在沒有課稅的情況下，透過設定 dW/dH_i 等於 0，找到**個人最優值**（individual optimum），如下

$$\frac{\alpha_1}{H_i} = \frac{dC}{dH}(H_i) \tag{8}$$

邊際收入的價值等於取得邊際收入的心理成本。

但是**社會最優值**（social optimum）也會考慮到 H_i 的增加對其他 N 個人幸福的負向影響。當 H_i 上升一個單位，$\bar{H}$ 上升 1/N。這進而減低其他 N 個人每一人的幸福 $(\alpha_2/\bar{H}_i)(1/N)$。但有 N 個人受到這樣的影響，所以幸福的總損失是 $(\alpha_2/\bar{H}_i)$。**社會最優值**考慮到這一點，因此以下式計算[31]

$$\frac{a_1 - a_2}{\bar{H}_i} = \frac{dC}{dH}(H_i) \tag{9}$$

這意味著要減少工作時數。

那麼最優的矯正稅（corrective tax）是多少？[32] 假設它的結構是有固定的邊際稅率（t）的線性稅，並將收益總額一次退還給勞工。現在**個人最優值**變成

$$\frac{\alpha_1(1-t)}{H_i} = \frac{dC}{dH}(H_i) \tag{10}$$

我們現在想要找到讓個人最優值等於社會最優值的 t 值。這需要

$$\alpha_1(1-t) = \alpha_1 - \alpha_2$$

所以最優邊際稅率是 α_2/α_1——污染效應與自身收入效應之比。

以估計的 a_2 值來說，為求效率，設定相當高的邊際稅率是有道理的。至少，這種外部性論點應該用於對抗課稅產生「超額負擔」（excess burden）的傳統論點——因為它用無效率的方式不鼓勵工作。[33] 如果有人賺得更多，卻給別人製造成本，那麼關於怎麼做才有效率的任何論調，都應該考慮這一點。

在做成本效益分析時，也是一樣。如果一項計畫是用每個人繳納的更高稅額去支付，那麼因為課稅造成的任何幸福損失，將因其他人也有損失這個事實而部分緩和。

有些人會說，如果人們只和比較少的一群人做比較，那麼這個論點就不是那麼有力。但是，正如我們之前關於 N 的推論所說的，不管群體的規模多大，這個論點都適用。[34]

社會比較的另一個重要含意和我們個人有關。平均而言，較少比較的人更為快樂。[35] 所以我們應該儘可能訓練自己的習慣，以減低 a_2：自由主義者認為，如果我們不這麼做，那是我們自己的事，政府應該忽視人性的弱點。可是這種方法和以證據為基礎面對道德問題的方法並不一致。

支持矯正稅的第二個論點，來自意料之外的適應。如果人們為了增加收入而更努力工作，卻高估了這對自身幸福的影響，[36] 這是為什麼課徵一點邊際稅率可能有助於效率的另一個原因。

經濟波動

我們最後要談景氣循環的收入波動問題。可以肯定的是，經濟繁榮時幸福上升，經濟衰退時幸福下降。這裡面有兩個過程在運作。第一是**適應**。當收入相對於先前的收入高時，人們會更快樂（但景氣衰退時會更不快樂）。第二是**損失厭惡**（loss-aversion）。這裡談

的是事後損失厭惡（而不是影響做決定的事前損失厭惡）。強有力的證據指出，收入下降了某個數量的幸福損失，大約是收入上升相同數量時幸福增加的兩倍。[37] 這具有深遠的含意。

- 首先，它有助於解釋收入與幸福之間薄弱的長期關係，因為收入下降的年頭會產生相當強烈的負向影響。
- 其次，在政策方面，強烈主張經濟穩定的重要性。新古典經濟學家羅伯・盧卡斯（Robert Lucas）在向美國經濟協會（American Economic Association）發表的著名主席演說中，認為和長期經濟成長相比，景氣循環並不重要；因此，如果景氣循環能夠促進長期的成長，那還是可以忍受的。幸福研究的啟示剛好相反：如果會導致經濟不穩定，就不應該追求更高的長期成長。人們喜歡穩定，制定政策的目的就是提供穩定性。

小結

- 伊斯特林悖論指出
(1) 在一定的情境下，較為富有的人平均比較為貧窮的人幸福，
(2) 但是隨著時間的推移，平均每人國民所得增加，並不會使得國民幸福升高。
- (1) 所說當然是正確的。我們檢視了大量的證據並得出結論，收入對數每增加 1 個單位，幸福提高 0.3 點（最高 10 點）可作為基準。但是由收入不平等解釋的一國內部幸福變異的百分率為 3% 或更低。所以收入絕對不能代表幸福。
- 至於國與國之間，平均每人收入對數變動 1 個單位（其他條件相同），對幸福的影響也是 0.3 點左右。

- 隨著時間的推移，某些國家的幸福隨著收入的增加而升高，但其他國家則不然。因此，(2) 這句話仍有待研究。
- 從直接研究個人資料來看，很明顯在大多數情況下，其他人的收入增加，會降低你自己的幸福。因此，經濟成長對社會整體幸福的影響可能被高估了。
- 從政策的觀點來看，人們會比較收入，這意味著當一個人賺得更多，會給其他人製造成本。這是一種負外部性，控制它的一種方法是利用矯正稅。如果外部性如同我們估計的那麼大，這可能表示相當高的邊際稅率才有效率。
- 最後一個問題是經濟波動。經濟繁榮時幸福上升，衰退時幸福下降。一個重要的原因是損失厭惡——人們不喜歡收入損失，是他們喜歡同等金額收入增加的兩倍（喜歡和不喜歡都是以事後幸福為單位去衡量）。這可能是伊斯特林悖論的部分解釋。就政策而言，這表示經濟穩定極為重要，不應該為了追求小幅度的長期經濟成長，而犧牲經濟穩定。

問題討論

(1) 收入對幸福的估計影響可信嗎？
(2) 為什麼富國和窮國之間，收入對幸福的估計影響差不多？
(3) 各國之間的時間序列收入影響估計，和一國之內個人的影響估計是否一致？
(4) 社會比較有多重要？它們的政策啟示為何？
(5) 適應有多重要？

延伸閱讀

Clark, A. E., et al. (2008). Relative income, happiness, and utility: An explanation for the Easterlin paradox and other puzzles. *Journal of Economic Literature*, 46(1), 95-144.

Clark, A. E., et al. (2018). *The Origins of Happiness: The Science of Wellbeing over the Life Course.* Princeton University Press.

Easterlin, R. A. (1974). Does economic growth improve the human lot? Some empirical evidence. In *Nations and Households in Economic Growth* (pp. 89-125). Academic Press.

Layard, R. (2006). Happiness and public policy: A challenge to the profession. *Economic Journal*, 116 (March), C24-C33.

注釋

* 本章受益於安德魯‧柯拉克（Andrew Clark）甚多。

[1] Easterlin (1974).

[2] Layard et al. (2008).

[3] 幸福學出現之前，經濟學家是從風險厭惡程度或其他的間接方式來推論。

[4] Jebb et al. (2018)。他們使用蓋洛普世界民調，估計先進國家、中國及中東／北非每個等值成人的飽足點約為 10 萬美元，其他地區約為 5 萬美元。

[5] 需要將它包括在內，因為在先進國家，幸福往往呈 U 形——青年人和老年人較高，中年人較低（請見第 14 章）。

[6] 請見表 13.2。

[7] 請參考任何計量經濟學教科書。

[8] De Neve and Oswald (2012) 利用兄弟姊妹固定效應，證明青少年時期的幸福會影響日後的收入。

[9] 這些估計值是維持其他條件不變得到的。但這些其他條件，有些可能受到收入的影響。若要極大化收入總影響的估計值，我們不會維持任何條件不變。這種情況下，估計出來的橫斷面係數，往往是我們原本控制下的估計值的兩倍左右。

[10] Sacks et al. (2013).

[11] 這可能表示橫斷面估計值可能包含反向因果關係的元素。

[12] Lindqvist et al. (2020)。樂透彩中獎產生的立即性心理影響，顯然可能不同於其他類型收入產生的影響——但如果在很長的期間內花用，差異就沒有那麼大了。

[13] 如果拿掉中東國家，表 13.3 中高所得國家的平均值不受影響。

[14] 這表示，幸福 7.5 點的 1 生命年的統計價值是 750,000 美元——高於富裕國家通常會有的水準。

[15] 這類似於 Atkinson (1970) 的所得不平等指數。如果 $W=\alpha log Y$，Atkinson 所得不平等指數是 $Var(Y)/2\bar{Y}^2$。

[16] 請見 A. E. Clark et al. (2018) annex, Tables D1-5。

[17] 請見第 8 章。在沒有保持任何條件不變的情況下，係數會是這個值的兩倍以上。

[18] 這在邏輯上不能證明社會比較不重要。例如，邏輯上可能是這樣的：
$W_{ic} = b_1(log Y_{ic} - log \bar{Y}_c) + b_2(log \bar{Y}_c - log \bar{Y}_{world})$，其中 $b_1 = b_2$。

[19] 這些國家包括奧地利、比利時、丹麥、芬蘭、法國、德國、希臘、愛爾蘭、義大利、荷蘭、葡萄牙、西班牙、瑞典和英國。

[20] 葉卡捷琳娜‧奧帕里納（Ekaterina Oparina）的分析。一旦把失業率包括在內，將係數拆分為趨勢和週期，就沒什麼差別了。包含時間虛擬變數也會減低 0.29-0.08。與文內所提公式相同的一條公式，對 1981-2019 年所有的景氣循環使用世界價值觀調查（World Values Survey），得出以下的係數：-0.11 (.20)、-0.04 (.01)、-0.02 (.00)。

[21] 研究資料的一種類似方法，是估計每個國家的幸福趨勢和平均每人 GDP 對數的趨勢，然後以其一為應變數，另一為自變數，進行迴歸分析（跨國）。這是 Easterlin and O'Connor (2020) 使用的方法。請見線上附錄 13.1。

[22] 這個公式中，$\bar{Y}$ 對個人 i 的工作時間選擇沒有影響。若干證據指出有影響（請見 A. E. Clark et al. [2008]），這引起了更大的政策問題——人之所以更加努力工作，只是因為其他人正這麼做（這就是所謂汲汲營營瘋狂競爭〔the rat-race〕的現象）。

[23] A. E. Clark et al. (2008).

[24] 在和經常見面的群體比較時，影響有時是正向的。這可能是因為鄰居的收入被視為可以預測我們本身的收入（「隧道的盡頭有光」、「一線曙光」）。Graham (2012)；Ifcher et al. (2018)。

[25] Dohmen et al. (2011).

[26] Card et al. (2012).

[27] 同樣的，Perez-Truglia (2020) 發現，自 2001 年挪威的稅收紀錄公開之後，富人和窮人之間的生活滿意度差距擴大了 21%。尼古拉斯・查特（Nicholas Chater）和哥登・布朗（Gordon D. A. Brown）等許多心理學家，認為人們關心自己在收入排名中的位置，甚於相對收入。兩種觀點的廣泛含意類似。

[28] 這並不是因為他們在分布中的位置是暫時的——主要是因為「恆久不變」。

[29] Layard (1980, 2006).

[30] 如果比較群體的休閒時間也產生負向影響，那麼社會比較的影響會減少。但有證據顯示，人們不會拿自己的休閒時間和其他人比較。請見 Solnick and Hemenway (1998)。

[31] 得出這個結論的另一種方法，是只要找出 H 的水準，如果每個人都工作那麼長的時間，就會產生社會最優值。將公式 (7) 對 H 微分，並設定 $dW/dH = 0$，便可以得出公式 (9)。

[32] Boskin and Sheshinski (1978)。他們針對一個每人的工資率都不相同的世界，解出這個問題。

[33] 用經濟學術語來說，「超額負擔」是拿課稅成本和一次性稅負（lump sum tax）成本比較。之所以超額，是因為受到稅負的影響，人們於是寧可休閒，而不去工作。請見 Layard and Walters (1978) p. 87。

[34] 這假設 a_2 與 N 無關。

[35] 例如，White et al. (2006)。

[36] Loewenstein, O'Donoghue and Rabin (2003).

[37] 其中一項研究使用國家資料（De Neve et al. [2018]）。另一項研究是使用個人資料（Boyce et al. [2013]）。

WE NEED EACH OTHER

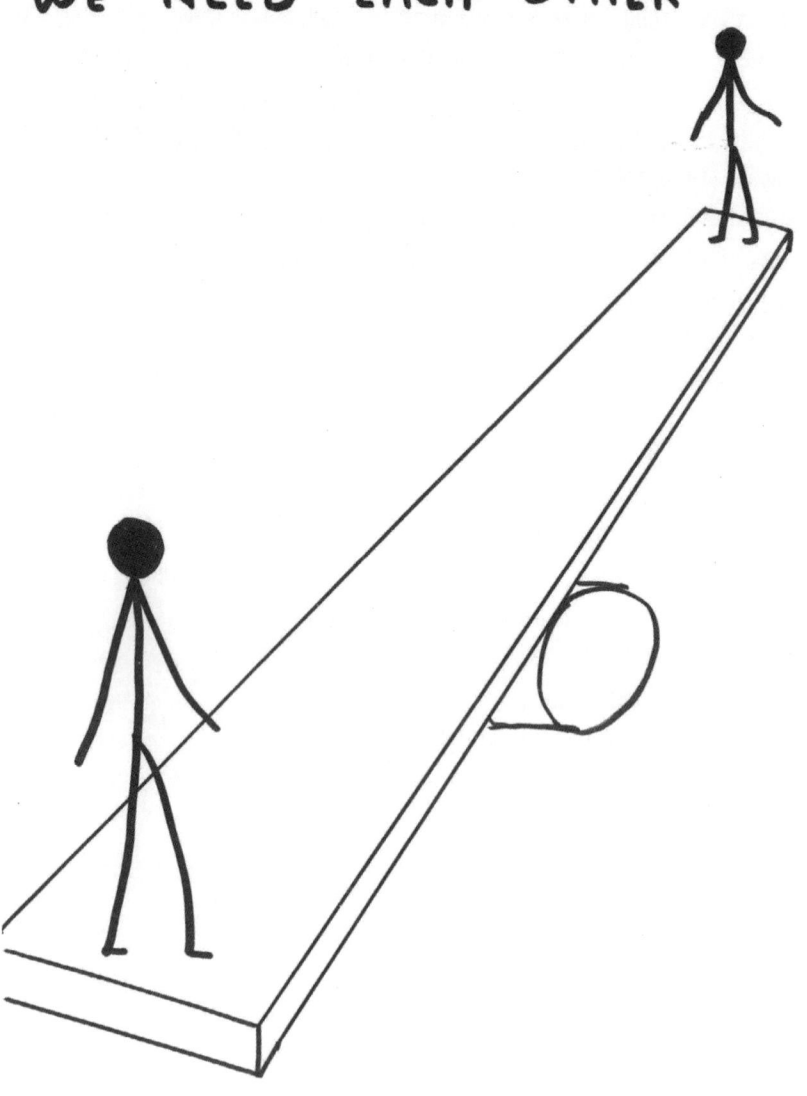

我們需要彼此之力

14
社區

當「我」被「我們」取代，疾病（illness）就化為健康（wellness）。

馬爾科姆・X（Malcolm X）

社會關係

　　正如亞里斯多德所說的，人類是社會動物。史前時期，正是因為人們能合作，才確保了我們的生存。到現在，我們仍依賴其他人來滿足大部分的需求。我們需要他們的客觀支持，卻遠不止於此。我們需要他們的愛和認同我們是誰（我們的身分）。而且，為了讓我們的生活富有意義和歸屬感，我們需要被他人需要。[1]

　　大多數人都有廣泛的社交連結。我們有家庭和其他的親密關係，有朋友，有工作上的同事，也可能經由運動俱樂部、文化組織、社區中心（針對年輕人和老年人）、家長會、政黨、工會和志工組織，接觸到各式各樣層面的人。所以，你可能想先依對幸福的重要性順序，列出所有的主要社會關係。

　　為了顯示這些關係的重要性，許多研究找了一些人當樣本，衡量他們的初始特徵，然後追蹤他們十年左右，看看誰還活著，誰過

世了。他們衡量的初始特徵包括受訪者的健康及他們的社會關係。結果發現，關係「不良或不足」，和關係「適當」比起來，會像抽菸一樣可能縮短壽命。關係「不良或不足」的每一種情況（其他條件相同），未來十年左右，死亡的可能性高 50%。[2]

以上是對於 148 個不同的研究，而且聚焦在所有形式的社會關係，進行統合分析的結果。其他一些研究只關注孤獨感。**孤獨感**（loneliness）非常普遍，是令人驚訝的一件事。正如維韋克·穆爾蒂（Vivek Murthy）擔任美國衛生局局長之後所說的：「令我驚訝的是，……孤獨感……這個主題在我著手處理的所有課題中，得到公眾最強烈的回應。」[3] 在美國，22% 的成人表示，他們經常或總是感到孤獨或與社會隔絕。[4] 隨著世界各地愈來愈多人獨自生活，這是日益嚴重的問題。

孤獨可能會致命。[5] 情感上覺得孤獨的人和其他人相比，死亡的可能性高出 26%；社交生活感到孤立的人，死亡的可能性高出 26%，而獨自生活的人死亡的可能性高出 30%。他們過著比較不健康的生活，血壓較高，免疫系統較弱。

那麼，社會關係對幸福（而不是對預期壽命和身體健康）有什麼影響？關於社會關係的最簡單問題也許是：「如果你遇到困難，是否有親朋好友能在你需要時伸出援手？」蓋洛普世界民調問了這個問題，而且第 8 章談過，它在解釋國與國之間幸福差異的關鍵作用。在中非共和國，只有 29% 的人聽了這個問題回答「有」（所有國家中百分率最低），而冰島有 99% 的人回答「有」（百分率最高）。這個答案的差異導致兩國之間平均幸福的估計值差異達 1.4 點（最高 10 點）。[6]

同樣的，家庭關係（有伴）可以增加幸福，高品質的工作關係也

是（請見第 8 章）。但到目前為止，我們還沒有談過**社區內**（in the community）人際關係的重要性。這是本章的主題。

本章要談的是家庭和職場之外的整個社會關係網絡。我們也關切這些關係中蘊含的規範和價值。這些現象共同構成一個社區的「社會資本」（social capital）。所以我們要檢視

- 社區網絡（有時也稱為「公民社會」〔civil society〕）
- 信任和社會規範
- 一些特殊的社區活動──文化、運動、宗教信仰

我們將探討下面的問題：

- 社區網絡和志工服務有多重要？
- 行為值得信賴的文化有多重要？
- 不平等、犯罪、多元和移民的重要性。
- 文化、運動和宗教活動如何影響幸福？

社區網絡

社會網絡的觀念十分重要，並不是什麼新鮮事。它是社會學的奠基者們──包括托克維爾（de Tocqueville，在十九世紀的美國闡述社會學的重要性），以及涂爾幹（Durkheim）、杜威（Dewey）和韋伯（Weber）──的關心重點。但近年來，社會網絡的重要性為人所強調，尤其是哈佛大學的**羅伯特‧普特南**（Robert Putnam）。他在《獨自打保齡球》（*Bowling Alone*，2000）一書中，拿大多數事情是人與人合作的社會（包括打保齡球）和人們比較常獨處的社會對比。他指出在美國，各種團體協會的會員人數正在急遽減少。

他接著和海利威爾共同研究，證明這對人們的幸福有害。他們

兩人在一篇開創性的論文中，研究是哪些因素，決定了世界價值觀調查早期階段涵蓋 84,000 人的生活滿意度。[7] 他們研究了個人和國家生活滿意度的影響因素，並指出，人們所屬組織的平均人數每增加一個人，一國的平均幸福會提高 0.3 點（量表從 0-10 點）。信任也有強烈的影響（請見下文「信任」一節）。隨後的許多研究也發現類似的結果，並且指出，社會關係如何緩衝人們受到經濟衰退和天然災害的負向影響，災難愈大時，提供的幫助愈大。[8]

志工服務

我們一直在談的所有網絡都有賴於**志工服務**（volunteering）。管理委員會往往由志工組成，大部分的工作是由志工無償奉獻心力完成。不管組織的運作是為了成員的利益，還是為了幫助比較劣勢的族群，都是如此。在後一種情況，組織的活動雙重蒙福──造福需要幫助的人，助人者也有福報。（「施即是受」。）

在美國許多城市蓬勃發展的體驗團（Experience Corps），向孩童提供有意義的輔導，也讓老人感到被需要，是雙向受益的很好例子。志工必須至少年滿 50 歲，幫助三年級以下的小學生識字。大多數志工只有高中學歷，需要接受兩週的識字輔導訓練，之後每個星期到學校 15 個小時，協助小學生識字。巴爾的摩做了一個受到控制的試驗，審慎追蹤志工，平均持續六個月。和等待名單上的對照組相比，參與試驗的志工發現「他們可以給予幫助的人數」和他們的體力活動量都增加了。[9] 兩年下來，和對照組相比，發現他們的海馬迴和皮質區的體積都增大了。[10] 這是有道理的：孩童和老人接觸，不只有助於孩童進步，也使老人煥發活力。

志工服務有好處的另一個明顯例子，來自東德與西德統一後的

經驗。統一之後，之前共產主義統治下盛行的許多志工活動消失了，前志工的幸福下降得比其他東德人多很多。[11]

社區網絡提供多種功能。其中一些是為成員提供非常實用的服務，而另一些則觸及更廣大的社群。透過各種形式的社會聯繫，一個人的幸福會影響其他人的幸福。弗雷明漢心臟研究（Framingham Heart Study）清楚證明這一點。它研究的社會聯繫，不只包括我們所說的社區網絡，也包括親戚、朋友和同事。它對樣本中的每個成員，一再衡量他們及他們親近接觸者的幸福。研究發現，如果你的親戚、朋友或鄰居比較快樂，你跟著快樂的可能性會高得多——進而感染你人脈圈中的其他人覺得快樂。這種效應接著會往外擴散兩圈出去。[12]

但是網絡當然也能傳播負面結果。社會學家尼古拉斯·克里斯塔基斯（Nicolas Christakis）指出網絡如何散播幸福，也指出它們可以如何影響別人的生活方式而變得肥胖。[13] 因此網絡傳輸什麼訊息非常重要。其中一個關鍵訊息和信任有關。

信任

「你認為大多數人是可以信任的嗎（或者換個說法，防人之心不可無）？」你可能想自己回答這個問題。在國家的層級，對這個問題回答「是」的人，其百分率顯然是社區中信任程度的衡量指標。說「是」的百分率差異很大，從巴西的5%到挪威的64%。[14] 而且，正如我們在第8章談過的，它對一國的平均幸福影響重大——說「是」的人數增加60%（相當於巴西和挪威之間的差異），平均幸福提高約0.6點（最高10點）。這和就業者與失業者之間的差距相近。

但是關於信任的這些答案，真的能準確反映一國的實際行為嗎？

幸好有個簡單的實驗，首先由《讀者文摘》（*Reader's Digest*）進行。**把真的錢包**丟在街上，裡面裝了不少錢，還有錢包失主的姓名和地址。其中一次實驗是在歐洲 20 個城市和美國 12 個城市進行。[15] 實驗者計算了歸還錢包的百分率。丟在奧斯陸和哥本哈根街頭的所有錢包都歸還了，但其他城市的百分率差異很大。[16] 而且，對這項研究來說，重要的是，歸還錢包的百分率和同一國信任問題的答案高度相關。所以我們確實可在某種程度內相信上一段所提信任問題的答案。

我們也可以檢視個人層級的信任影響。[17] 在一項調查中，問受訪者是否會期待裝有 200 美元的丟失錢包物歸原主。說「很可能」和說「很不可能」的人相比，（在其他條件相同的情況下）幸福多了 1 點（最高 10 點）。[18]

錢包實驗最引人注目的發現之一是：錢包裝的錢愈多，歸還的可能性愈大。這和大多數的人性模型相違背。但這個結果是來自 40 個富國和窮國的最大城市，共有 17,000 個錢包的一項研究。[19] 在幾乎所有的國家，如果錢包裡有一些錢，錢包比較有可能歸還給失主。錢愈多，歸還的可能性愈高（請見圖 14.1）。

此外，更高的信任還有另一個重要的影響——不只能夠提高平均幸福，也能減少幸福的不平等。這是因為對起初處於劣勢的人來說，高度信任提升他們的幸福更多。[20] 使用歐洲社會調查，可以模擬兩種情況下的幸福分布：

(i) 每個人對他人和機構的信任水準都很低。
(ii) 每個人都有高度的信任水準。

在後一種情況，平均幸福要高得多。但幸福的分布廣度也小得多，因為幸福最低的人，幸福提高最多。

在某些國家，信任水準自 1960 年代以來急遽下降（例如美國），

有些國家則上升（例如丹麥和義大利）。這可能有助於解釋為什麼自 1960 年代以來，美國的生活滿意度沒有上升，而許多歐洲國家卻上升了。[21]

在許多國家，信任水準低和公職人員（警察、法官、鐵路局職員）、商界人士的**貪污腐敗行為**有關。所以如果以「政府是否普遍存在貪腐？」和「商界是否普遍存在貪腐？」這兩個問題的答案平均值取代圖 8.5 中的信任水準，幸福公式也會非常相似。這不足為奇。因為如果我們反思本身的經驗，就能發現周遭其他人的行為好壞如何明顯影響我們本身的幸福。[22]

在社會資本的辯論中，批評者抱怨說，這些結果是由斯堪的納維亞半島的高信任水準和社區網絡推動的，並聲稱斯堪的納維亞半

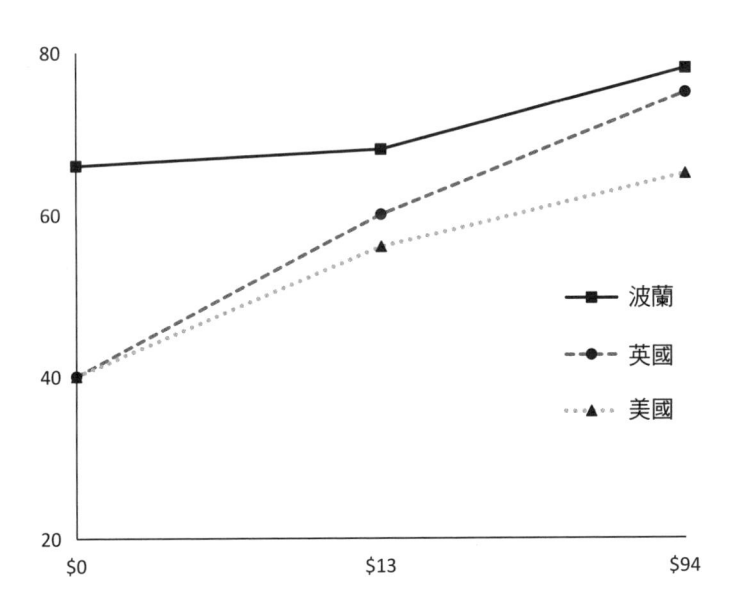

圖 14.1　錢包歸還的百分率：X 軸是錢包中的金額
資料來源：Cohn et al. (2019)

島也因為高自殺率而聞名。然而,事實上,斯堪的納維亞的自殺率和歐洲的平均值相近。[23] 此外,類似的公式可以解釋國家的自殺率和國民的幸福(實際上還可以解釋道路事故死亡率)。[24]

不平等

正如許多人指出的,信任水準最高的國家(例如斯堪的納維亞半島的國家)也往往有最高水準的收入平等。[25] 那麼,收入平等如何影響社區幸福?

第一,收入邊際效用遞減有立即的影響。這表示具有某一平均收入水準的國家,收入分配愈平等,一般來說就愈幸福。但這個影響並不大。[26] 第二個影響是收入不平等對人際關係型態的影響。這裡的基本觀念是,人們和與自己相似的人在一起,感到最安心自在。所以個人之間的收入差異愈大,社會距離就愈大,安心感就愈低。

然而,儘管有這兩點,極少研究人員發現收入不平等和平均國民幸福之間存在任何重大的相關性。由於威爾金森(Wilkinson)和皮克特(Pickett)強有力地證明了收入不平等和社會信任(以及其他許多好事)之間的相關性,這點可能令人很驚訝。[27]

表 14.1　解釋個人生活滿意度(0-10)的公式——偏相關係數

	歐洲社會調查	世界價值觀調查	蓋洛普世界民調
國家幸福標準差	-0.20	-0.17	-0.10
國民所得基尼係數	-0.02	-0.01	-0.04
國家平均每人 GDP 對數	0.18	0.21	0.39
控制項變數包括性別、年齡、教育、就業和心理狀態	✓	✓	✓
樣本數	301,960	243,875	1,133,621

資料來源:Goff et al. (2018) 表 2, 3, 4

但是海利威爾和他的同事提出的證據,看似提供了一種解釋。[28]依他們的觀點(證據如下所述),真正重要的是**幸福不平等**。這將反映一國的「平等精神」,而且會影響所有的平等(社會服務的分配、行為準則,以及家庭收入不平等)。這種普遍平等(最好用幸福平等來看)接著將影響幸福的**平均**水準。

表 14.1 為這種方法提供了證據。它使用歐洲社會調查(2006-15年)、世界價值觀調查(第1-6期)和蓋洛普世界民調(2008-14年)。在每一種調查中,一國的幸福不平等對公民的幸福影響重大。收入不平等(以基尼〔Gini〕係數衡量)的影響很小且通常不顯著。即使從公式中去掉幸福不平等,基尼的偏相關係數絕對值也不會上升到0.07以上。因此,我們應該非常認真地看待平等問題,但是只解決收入不平等,並不足以產生大的變化。

犯罪

正如我們談過的,可信任的行為是幸福社會的要素。犯罪是不可信任行為的一個變形。犯罪以兩種方式影響社區幸福:它傷害受害者,而且把遭遇犯罪的恐懼散播得更廣。為了捕捉這兩種影響,我們可以估計一條公式,用年度犯罪率的對數來解釋每個社區的平均幸福(考慮每個社區的許多控制項變數和固定效應之後)。在英國這麼做時,係數很大(0.14)。[29]

但大多數犯罪者所犯的罪也不嚴重。在針對中年人的一項研究中,他們自我表述所犯的罪數量,可以解釋的幸福的離散程度,和收入差不多(其他條件相同)。[30]很高百分率的罪犯有心理健康問題,並且需要治療。但對犯人來說,同樣重要的是他們缺乏社會關係的支持。出獄後,人際關係對於決定他們是否再次犯罪極為重要。洛杉

磯的反累犯聯盟（Anti-Recidivism Coalition），使命是幫助他們重新建立社會關係（包括就業和教育）。2018 年，接受幫助的人有 11% 再次入獄，加州則平均有 50%。

相較之下，對自己的生活更加滿意的人，犯罪的可能性低得多。即使控制了大量的其他因素之後也是如此。幸福是良好行為的強有力預測指標。[31]

種族多樣化和移民

現在我們要談令人不安的一個人性面向。正如我們說過的，大多數人和像自己一樣的人在一起覺得比較安心自在。這就是為什麼羅伯特‧普特南在他對社會資本的分析中，區分「**內聚式資本**」（bonding capital，將本質上彼此親近的人聚集在一起的網絡）和「**跨接式資本**」（bridging capital，將本質上比較不同和不太親近的人聚集在一起）。

健康的社會，兩種都需要，包括跨接式資本。因為，至少在美國，強有力的證據指出，在種族多樣化程度較高的地區，信任水準比較低。這種情況下，人們不只比較不信任其他的族群，也比較不信任自己的族群；他們傾向於退縮，也較少參與社區的活動。[32] 英國也有類似的證據顯示，地方的多樣化會減低你對所住地區某種程度的滿意度。[33] 歐洲大陸的證據不是那麼明確，但是對許多人來說，多樣化肯定是個問題。[34] 然而，即使在美國和加拿大，也有許多人認為多樣化並不是問題——尤其是那些會與鄰居交談的人。[35]

從國外流入一國的人口，是另一個相關但有點不同的問題。這已成為重大的政治課題。移民對所有相關者的影響，我們現在已了解相當多。

全球約有 3% 的人口居住在出生地以外的不同國家。今天的全球移民規模是前所未見的，反映了旅行和通訊更加便利。經濟學家傾向於支持移民，因為當人們移居生產力較高的環境，世界的產出就會增加。但是，幸福方法對移民的得失有什麼看法呢？

有三群人受到移民的影響。[36] 第一群是移居的人。平均而言，國際移民移居後的幸福提高 0.6 點（最高 10 點）。這個改變很大。大多數移民是前往更幸福的國家，移居後，移民平均和最終定居國家的原有居民一樣幸福。[37] 這種變化發生得非常快；第二代移民平均而言，和他們的父母移居後一樣幸福。

受影響的第二群人是移民後留下的家人。根據證據，他們對生活的滿意度仍然和以前一樣，部分原因是他們經常從移民的親屬那裡收到大額匯款。

最後，還有移民定居國的原有居民。低技能勞工尤其常見對於移民心懷不滿，認為移民削弱了他們在勞動市場的議價力量。這顯然會降低他們的幸福。但幾乎沒看到具說服力的證據顯示影響力很大，也沒有跨國比較的證據，指出接受移民百分率高的國家，因此比較不幸福。事實上，世界上最快樂的十個國家，平均有 17% 的人口是出生在國外。

也就是說，移民已經成為重大的政治議題，而且，如第 17 章所說，這助長了民粹主義，破壞了許多國家的政治穩定。不管幸福學的發現如何，保羅・柯利爾（Paul Collier）認為，如果不有效管理，移民流動會嚴重破壞穩定，他當然是對的。[38]

文化、運動與宗教

最後，我們來看一下我們和其他人一起做，最愉快的一些事情：藝術、運動和（對某些人來說的）宗教崇拜。

我們所說的藝術主要是指音樂、舞蹈、戲劇、電影、視覺藝術、博物館和讀書會。在大多數的藝術，我們可以主動表演，也可以在其他人表演時當觀眾。每一種情況，通常都有社會元素，而且活動本質上也鼓舞人心。

要研究這些活動的幸福效應並不容易。短期效應顯然是有的，但如果我們想要研究更為長期的效應，那就會有時間上的問題。在一項研究中，研究人員調查了聽音樂會的影響。[39] 他們用兩項標準社會調查，以及包括每個人的固定效應，詢問：「去年至少參加過一次音樂活動，一個人的生活滿意度會提高多少？」來研究對於生活滿意度的長期影響。各種音樂活動對於生活滿意度的平均影響約為 0.1 點（最高 10 點）。另一方面，當研究人員使用時間利用（time-use）研究，並在較短的時間內觀察同期效應時，對幸福的影響（一種享樂性衡量標準）接近 0.8 點（最高 10 點）。參加集體活動時，效果最強。

一項更全面的調查，觀察各種藝術活動，並且分別評估至少每週參與活動一次和每年至少出席一次的影響。這個分析使用英國「理解社會」的樣本，每個人都有固定效應。參與（依定義）和出席一樣，提高了生活滿意度約 0.1 點（最高 10 點）。[40]

至於運動和健身，我們只觀察參與的部分。[41]（出席看現場比賽比較像是看電視的轉播）。同樣的，區分對生活滿意度的長期影響和對正向情緒的短期影響，也是有幫助的。大多數現有的研究都採橫斷面，而且顯示健身和生活滿意度之間存在不錯的關聯。[42] 但在年

度時間序列的追蹤研究方面，建立關聯性比較困難。至於對心情的短期影響，這些關聯很強烈且可靠。由於這個證據，現在醫界正大力推動開立社交處方（social prescribing），換句話說，鼓勵患者參加適合的文化活動或運動形式。

宗教崇拜是最古老的人類群體活動之一。宗教至少可以發揮三個主要的作用：灌輸價值觀、提供有價值的社會互動、給予安慰。我們已經在本書的不同部分談過前兩個要素的一般重要性。但是宗教的具體影響又如何呢？

蓋洛普世界民調提供了重要的證據；[43] 全球68%的成人表示「宗教在他們的日常生活中很重要」。在生活比較困難（收入、預期壽命、教育和人身安全較低）的國家，宗教信仰和實踐更為普遍。但是，粗略控制這些因素之後，宗教崇拜程度較高的國家和宗教崇拜程度較低的國家之間，生活滿意度並沒有差異。蓋洛普世界民調中，在生活較不艱難的國家，有宗教信仰者的生活滿意度，也看不到系統性地高於宗教信仰較低的人。

如果我們使用蓋洛普每日民意調查（Gallup Daily Poll），聚焦在美國，情況會有所不同。而且，把其他的因素納入，美國宗教信仰較虔誠的州，人民的生活滿意度平均較高。[44] 宗教信仰比較虔誠的人也是如此。在比較個人時，總是存在一個問題，也就是在特定的情況下自然而然比較快樂的人，可能更願意相信有個仁慈的神靈存在。然而，統合分析的結論是，較高的宗教信仰和較少的憂鬱症狀有輕微相關[45]，而且有75%的研究發現，宗教至少對幸福有某些正向影響。[46] 在喪失親人等損失很高的情況下，這種影響尤其普遍（而在損失較不嚴重的情況下，例如失業或婚姻問題，這種影響也較弱）。因此，宗教可以透過它的壓力緩衝作用，減低壓力事件對幸福造成的效應。[47]

有一些縱向證據指出，從出席宗教活動而來的友誼和社會支持，最能增進幸福。[48]

在歐洲，針對個人的另一項大型研究（歐洲社會調查）也發現，「曾出席宗教儀式」和「曾經祈禱」，對生活滿意度的影響雖小，卻具有統計顯著性。[49] 而且有趣的是，也發現一地區內其他人篤信宗教，對信教者和不信教者都有正向的效益。

小結

- 我們是社會動物。社會關係對我們的幸福極為重要，不只出於實務上的理由，也為了相互的感情、被需要的感覺和認同的來源。這不只適用於家庭和職場的關係，也適用於社區之內（「社區網絡」）。
- 社區網絡提高了社會的平均幸福。這種網絡在很大的程度上仰賴志工服務，而志工服務對被服務的社區成員和志工本身都有好處。
- 社會規範對於該社會的幸福極為重要。如果每個人都覺得自己可以信任其他社會成員，他們的幸福會比處於零信任狀況的社會，增加整整 1 點。高水準的信任對處於比較劣勢地位的人尤其有利，因此信任是拉平幸福的力量。
- 幸福比較平等的社會，也傾向於有比較高的平均幸福。這可以透過多種管道運作。收入更為平等這件事，對整體幸福的影響很小。
- 犯罪會破壞信任，而且犯罪盛行會減低平均幸福。
- 移民可能造成政治局勢緊張，但它對原有居民的幸福，沒有明顯的影響，而移民的幸福卻會增加很多。但如果要政治穩定，就需要管制移民。

- 人們一起做的最有價值的事情，藝術是其一（例如音樂、舞蹈、戲劇、電影、視覺藝術、博物館和讀書會）。運動與健身也有重要的好處。宗教也證明可以提高個人的幸福，特別是在生活困難的國家或經歷損失的個人。

自然環境和政策規劃也對於社區幸福有巨大的影響。這是接下來要探討的主題。

問題討論

(1) 是否有令人信服的證據顯示，較高的信任水準會導致 (i) 所有國家 (ii) 每一個人的幸福升高？
(2) 可以採取哪些措施來增加社會資本（社區網絡和信任）？
(3) 不平等以何種方式影響社會的平均幸福？
(4) 是否有令人信服的證據，指出一個人的幸福會影響其他人的幸福？
(5) 當標準是全世界的 GDP，以及當標準是全世界的幸福，試比較支持移民的各種論點。

延伸閱讀

Cohn, A., Maréchal, M. A., Tannenbaum, D., and Zünd, C. L. (2019). Civic honesty around the globe. *Science*, 365(6448), 70-73.

Diener, E., Tay, L., and Myers, D. G. (2011). The religion paradox: If religion makes people happy, why are so many dropping out? *Journal of Personality and Social Psychology*, 101(6), 1278.

Goff, L., Helliwell, J. F., and Mayraz, G. (2018). Inequality of subjective well-being as a comprehensive measure of inequality. *Economic Inquiry*, 56(4), 2177-2194. doi:10.1111/ ecin.12582.

Helliwell, J. F., Aknin, L. B., Shiplett, H., Huang, H., and Wang, S. (2018c). Social capital and prosocial behaviour as sources of well-being. In E. Diener, S. Oishi and L. Tay (Eds.). *Handbook of Well-Being* (pp. 528-543). DEF.

Helliwell, J. F., Layard, R., and Sachs, J. (Eds.). (2018d). *World Happiness Report 2018*. Sustainable Development Solutions Network, chapters 2 and 3.

Holt-Lunstad, J., Smith, T. B., and Layton, J. B. (2010). Social relationships and mortality risk: A meta-analytic review. *PLoS Medicine*, 7(7), n.p.

Meier, S., and Stutzer, A. (2008). Is volunteering rewarding in itself? *Economica*, 75(297), 39-59.

注釋

[1] 有關本章主要議題的極佳調查，請見 Helliwell et al. (2018a)。關於社會關係的生理反應，請見 Lieberman (2013)。

[2] Holt-Lunstad et al. (2010)。另見哈佛大學原始的 Grant and Glueck Study：www.adultdevelopmentstudy.org/grantandglueckstudy。

[3] Murthy (2020)。

[4] DiJulio et al. (2018)。

[5] Holt-Lunstad et al. (2015)。

[6] Helliwell et al. (2017)。

[7] Helliwell and Putnam (2004)。

[8] Helliwell et al. (2018c)。

[9] Tan et al. (2006)。

[10] Carlson et al. (2015)。

[11] Meier and Stutzer (2008)。關於志工服務的好處，另見 Binder and Freytag (2013)；以及 Dolan et al. (2021)。

[12] Fowler and Christakis (2008)。

[13] Christakis and Fowler (2007)。肥胖問題可能因為社群媒體而更突顯──請見第 9 章。

[14] World Values Survey, www.worldvaluessurvey.org/wvs.jsp。

[15] Knack (2001)。

[16] 高於人們的預測──請人猜測別人的行為時經常如此。請見 Helliwell and Wang (2010)；以及 Helliwell et al. (2021)。

[17] 一項研究顯示信任在中國農村的重要性，請見 Yip et al. (2007)。

[18] Helliwell et al. (2021).

[19] Cohn et al. (2019)。實驗者在銀行或公共建築物附近將錢包交給某個人，並請受託者「保管好」。（每個錢包裡都有一張名片。）錢是當地貨幣。

[20] Helliwell et al. (2020).

[21] Bartolini et al. (2016).

[22] Helliwell et al. (2019) 表 2.1.

[23] 關於斯堪的納維亞國家與眾不同，請見 Martela et al. (2020)。

[24] Helliwell (2007).

[25] 例如，請見 Wilkinson and Pickett (2009, 2018)。

[26] 請見第 13 章。

[27] Wilkinson and Pickett (2009, 2018).

[28] Goff et al. (2018) 附錄 14.1 指出每個國家的幸福不平等程度，以及生活滿意度為 4 或以下的人口百分率。

[29] Dustmann and Fasani (2016).

[30] A. E. Clark et al. (2018) 圖 1.1。這項研究是在犯罪後衡量幸福，犯罪前的幸福則被納入為控制項變數。

[31] Hanniball et al. (2021).

[32] Alesina and La Ferrara (2000, 2002)；Glaeser et al. (2000)；Alesina and Glaeser (2004)；Putnam (2007)；至於不同的觀點，請見 Uslaner (2012)。

[33] Langella and Manning (2016)。另見 Longhi (2014)，作者發現這個結果只適用於英國白人。不同的群體也不同。例如，如果我們只看來自東歐移民的影響，Ivlevs and Veliziotis (2018) 發現，較為年輕、有工作或收入較高的居民，生活滿意度實際上提高了，但較為年長、失業或收入較低的居民，生活滿意度降低。

[34] Akay et al. (2014); Betz and Simpson (2013).

[35] Stolle et al. (2008).

[36] 關於本段和接下來的兩段，請見 Helliwell, Layard and Sachs (2018) 第 2 和第 3 章。

[37] 有趣的是，他們的幸福也受到他們所離開故國的幸福的輕微影響。

[38] Collier (2013).

[39] Dolan and Testoni (2017a)。關於音樂，另見 Daykin, Mansfield et al. (2017)。

[40] Wang et al. (2020).

[41] Dolan and Testoni (2017b).
[42] 文獻調查請見 Dolan and Testoni (2017b) 的附錄 A.1。
[43] 請見 Diener et al. (2011)。在這種情況下,佛教徒通常自稱有宗教信仰,即使其他人質疑這種用詞。
[44] 44 Diener et al. (2011).
[45] Smith et al. (2003).
[46] Pargament (2002).
[47] Ellison (1991).
[48] 比較民間信仰強度的方法,請見 Lim and Putnam (2010)。
[49] A. E. Clark and Lelkes (2009).

MOUNTAINS OF ICE

MELTING

DISASTER LOOMS

WE IGNORE IT

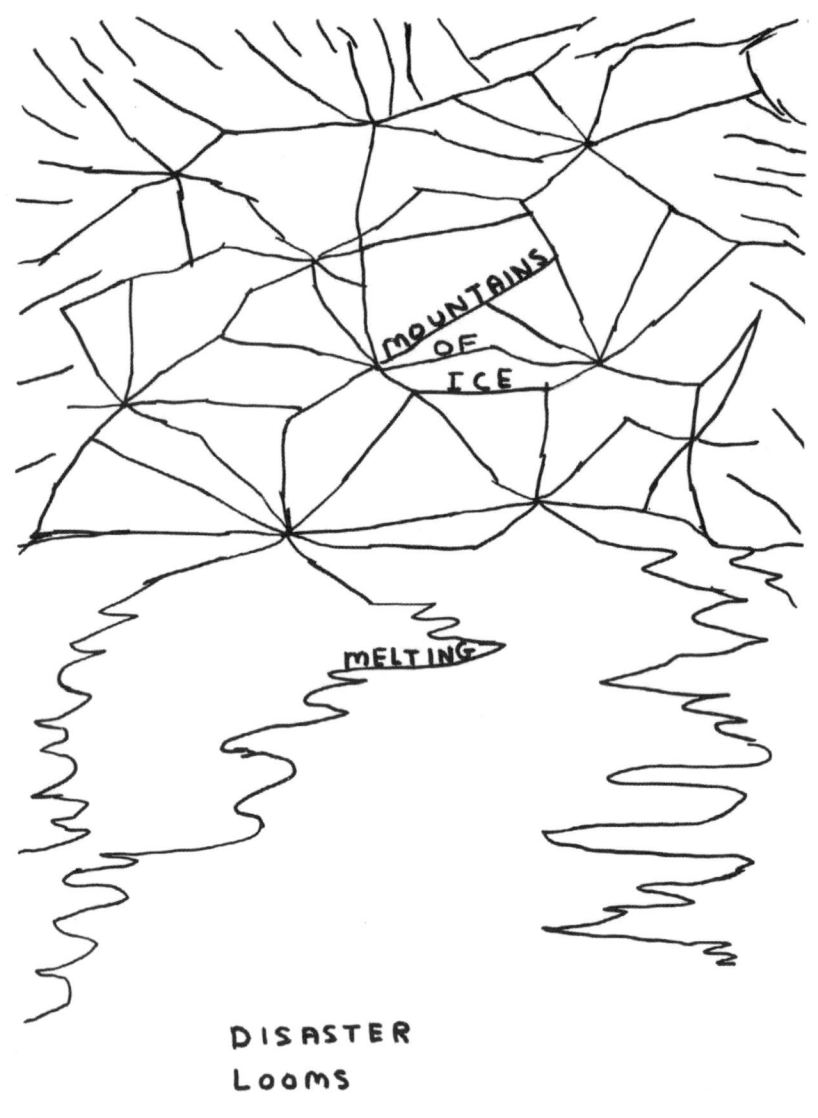

冰山

融化

災難迫近

我們置之不理

15
自然環境與地球

我感覺肺部隨著四周美景——空氣、山巒、樹木、人——的湧入而膨脹。我想,「這就是幸福的樣子」。

希薇亞・普拉斯(Sylvia Plath,美國詩人)

人類的生命是最近才出現在這個星球上。智人在大約 20 萬年前進化而來,接下來大部分時候,人類在大自然中四處移動,以野生動植物為食。大約 12,000 年前,第一座村莊出現了;大約 6,000 年前,第一個大城鎮冒出。但我們的幸福仍然極為仰賴大自然(包括我們改造大自然的方式)。

本章將探討以下的問題。
(1) 我們的幸福是在自然世界的直接體驗,這件事有多重要?
(2) 人造環境的不同面向如何影響我們的幸福?
(3) 氣候變遷威脅到未來世代的幸福時,我們應該如何應對?

為了處理前兩個問題,我們可以從使用名為 **Mappiness** 的應用程式,在英國進行的關於人類經驗的雄心勃勃研究說起。[1] 使用這個應用程式的人,每天會聽到嘟嘟聲三次,並被要求使用「視覺類比量表」滑桿,記錄他們覺得快樂的程度。他們也被問到正在做什麼

以及和誰在一起。

全球定位系統（GPS）也會記錄他們的位置。這告訴我們三件事——他們是在都市或鄉村的環境中、是否處於建築物覆蓋的地區或是戶外（例如公園），以及最後，那個地區的景觀如何（由一個獨立的小組觀看那個地區的照片來判斷）。它也告訴我們，他們回覆問題當時的天氣。

這項研究的優點，在於每個人都記錄了許多經歷，因此藉著納入「固定效應」，我們追蹤不同的經歷如何影響同一個人——所有研究對象的結果取其平均值。所有經歷的衡量值為 0 或 1，但「景觀品質」、熱度、陽光和雨水是連續變數，最低值為 0，最高值為 1。幸福的衡量值為 0-10。

英國的研究結果相當驚人（請見表 15.1）。首先我們來看一個人正在做什麼**活動**的重要性。人們不像喜歡運動或社交那樣喜歡工作或通勤。我們已經在第 1 章談過類似的影響。

接下來是**天氣**的影響。天氣比較熱、陽光明媚、不下雨時，英國人比較快樂。這些是人如何受到今天天氣影響的即時衡量指標。一個相當不同的問題是，人們如何受到所住地方全年天氣（或「氣候」）的影響。這方面的研究產生了一些令人困惑的畫面。例如，康納曼指出，在極端天候下的明尼蘇達州州民，和陽光明媚的加州州民一樣快樂，令許多人感到驚訝。[2] 更有系統的研究顯示，最有利於幸福的氣候，是平均溫度為攝氏 18 度（華氏 64 度）。低於或高於這個溫度，都會降低幸福。[3] 這表示氣候變遷對熱帶國家幸福的直接影響，會比氣候較溫和的國家嚴重得多。

表 15.1 最後有當地的**自然環境**影響一項。人們喜歡置身於自然棲息地，不管是在鄉村，還是在都市的公園或花園。（在其他的研

表 15.1　英國即時經歷對即時幸福的影響（0-10）

活動	點數（0-10）
運動	0.72
釣魚	0.48
社交	0.42
園藝	0.40
走路	0.39
休息	0.11
通勤	-0.22
工作	-0.32
天氣	
熱度（0-1）	0.40
陽光（0-1）	0.12
下雨（0-1）	-1.11
環境	
自然棲息地	0.06
鄉村（相對於都市）	0.09
景觀（0-1）	0.28

資料來源：Seresinhe et al. (2019) 表 1；景觀的係數使用內文的討論加以調整；所有活動的影響是相對於平均值加以衡量；控制項變數包括你和誰在一起。

究中，有水的「藍色」環境，和「綠色」一樣吸引人。）一般而言，他們也不喜歡待在城鎮裡。最後，他們重視環境之美，不管是鄉村或都市。

大自然如何影響我們

我們來看看**自然環境**的影響。有大量證據指出人們重視大自然，

不管是在鄉間,還是城鎮的綠色空間。一段時間以來,我們已經了解大自然對健康、慷慨行為、攻擊性和犯罪的影響,現在我們也有同樣有力的證據,證明大自然會影響幸福。

我們可以從健康談起。一項經典的早期研究,報告了特定的「**自然實驗**」(natural experiment)結果——人們接受實驗的方式有所不同,本質上是隨機的。在這個例子中,有些患者動了膽囊手術之後,被安置在面向樹林的病房裡,另一些患者安置在面向磚牆的病房裡。結果發現,面對樹林的患者需要的止痛藥較少,而且康復得更快。[4] 在醫院做的另一項研究發現,即使是大自然的照片,也會產生影響——四周是風景畫,和四周是抽象藝術比起來,病患康復得更快。[5] 同樣的,病房內放置植物,也會影響患者的康復過程——針對 90 名接受痔瘡切除手術的患者所做的研究,發現病房有植物的患者,疼痛、焦慮和疲勞較少,血壓也較低。[6]

接觸大自然也能讓人表現得更好。一個簡單的**實驗室實驗**中,給 85 名學生看四張幻燈片,裡面有的是大自然,有的是都市景觀(看一張幻燈片的時間是 2 分鐘),[7] 照片的分配是隨機的。然後給學生 5 美元,參加一個遊戲,必須在下面的選項中做一選擇:

- 留著 5 美元,或者
- 交給另一位學生,則這個學生也會收到主辦單位給的 5 美元(而且可以隨她喜歡,運用那 5 美元)。

結果看到大自然照片的學生,在錢的運用上遠為慷慨。如果不是看不同的幻燈片,而是讓一組學生在有植物的房間裡,另一組學生所在的房間則沒有植物,也會發生同樣的情況。這些結果引人注目,而且指出,如果周圍有更多的自然環境,人在現實生活中也會表現得更好。

事實的確如此。艾達・威爾斯（Ida B. Wells）公共住宅開發案位於芝加哥的貧困地區，涵蓋 98 個類似的公寓大樓街區。但這些街區有的被樹木包圍，有的被瀝青包圍，還有的則介於兩者之間。在開創性的研究中，利用直升機對綠化覆蓋的程度進行分析，從 0 到 4 給分。同時記錄每棟建築居民所報告的犯罪數量。結果發現，更多的樹木和犯罪較少有關。[8]

為什麼會這樣？研究人員提出假說，指犯罪攻擊行為的原因是「精神疲勞」──無法集中注意力，以及相關的怒氣和衝動。他們接著（在另一個居住環境研究計畫）指出，樹木覆蓋確實改善了人們可衡量到的專注力，也降低了他們的攻擊性。[9] 因此，他們聲稱，大自然能平靜我們的心靈，而改善我們的行為。

然而，最終的檢驗是**綠色空間**（green space）如何影響幸福，而不是影響行為。許多研究中，研究人員追蹤同一個人搬進離綠色空間較近或較遠的新房子後的情況。這些研究的結果，再次清楚顯示都市的綠色空間如何改善幸福。[10]

德國的一項研究使用社會經濟追蹤研究（Socio-Economic Panel，SOEP）的資料。這些資料逐年衡量追蹤研究成員的生活滿意度（以及其他更多的變數）。從受測者的地址，可以衡量受測者住家周圍一公里內的都市綠色空間數量。固定效應迴歸分析接著顯示，一公里內每增加一公頃綠色空間，幸福就會提高 0.007 點（最高 10 點）。[11]

有趣的是，額外的綠色空間的價值。在德國的都市中，居住在任何地點一公里範圍內的成人平均有 6,000 人。因此，如果一年多提供一公頃的綠色空間，幸福的增量是 0.007 乘以 6,000，也就是 42 個 WELLBYs。正如第 13 章所說的，與 1 個幸福年（WELLBY）相當

的金錢價值約為 100,000 美元。因此，如果每年的維護成本和土地的替代租金價值低於 420 萬美元，那麼提供額外一公頃的綠色空間是值得的。

當然，我們知道經濟學家用一種完全不同的方式，評估都市便利性或不便利性的價值，已有數十年之久。這是根據「**空間均衡**」（spatial equilibrium）理論。這個理論說，有特定收入和特徵的人，會在各個地區之間（或房屋之間）分配或選擇自己的住所，一直到沒有人會因為搬家而更快樂。換句話說，具有一定收入和特徵的人無論生活在哪裡都同樣幸福，因為沒有更好的選擇。

如果他們住在更好的地方，必須為此付出代價。一般來說，他們付出的代價是更高的房價。因此，我們可以藉觀察便利性影響房價多大，來找出它的價值。我們只要估計一個「享樂性」（hedonic）**價格公式**，根據一個地區的便利性（當然還有房屋的品質）對房價的影響進行迴歸分析。每種設施的係數就是它的享樂性價格。[12]

但是如果這個假設成立，這些「享樂性價格」只捕捉到綠色空間的完整價值。而且這個假設說，居住在綠色空間附近的人，（從邊際的角度）並不比居住在較遠地方的人快樂——因為他們必須為綠色空間對他們的價值付費。但我們已經看到，在德國，如果他們住在綠色空間附近，實際上會更快樂。因此，綠色空間顯然有高於人們實際支付價格的超額價值。[13]

推而廣之，和空間均衡理論相反，研究指出美國各郡之間，特定收入和特徵的人，幸福差異很大——而這種變異和環境及地方公共財的許多面向有關。[14] 人們確實傾向於搬到會讓他們更快樂的地方，[15]但結果不是完全的空間均衡，因此享樂性價格並沒有反映不同便利設施的真實價值。

另一個問題是：為什麼大自然對我們很重要？1984 年，偉大的生物學家愛德華・威爾森（Edward O. Wilson）提出**親生物性**（biophilia，熱愛生物）的假說。根據這個假說，人類在與自然的密切接觸中演化，因此我們被植物和樹木，以及其他的哺乳動物（尤其是在它們幼小時）強烈吸引。其他人則提出假說，指處於不是由人主宰，而是由大自然的巨大力量主宰的世界，讓人大感慰藉。

但是，不管如何解釋，有大量的證據顯示大自然有益於我們的幸福。這是設立國家公園的重要論點，也是都市設計的重要原則。但是人工建造的環境的其他許多面向，對幸福也極為重要。

人工建造的環境與都市設計

世界人口現在有一半以上（56%）住在都市地區，而且每年增加。[16]城鎮和都市的存在，主要是因為人們拉近距離一起工作，生產力會提高──這也就是「**集聚**」（agglomeration）的好處。在發展之初，這些好處可能沒有充分利用，都市居民的幸福可能高於其他人。但是當越來越發展，我們可能預期情況會更接近均衡──都市和其他地方的人同樣幸福。大致來說，這就是我們觀察到的（請見圖 15.1）──在低度開發國家，都市居民平均比其他人幸福，但在高度發展國家則沒有差異，不均衡現象較低。

文明的都市生活需要對房屋和工作場所的分區、住宅標準和供應，以及室外環境做重大的集體決策。因此本節將探討房屋和工作場所的分區、住宅的監管和供應，以及對污染和噪音的管制。

從我們已經談過的內容，有些事情該怎麼做顯而易見。人們想要有空間進行社交聯繫。這表示需要安靜、未受污染的住宅區街道，

以及宜人的、便於前往的社區中心，讓他們可以在離家走路可到的地方聚集。[17]但他們也希望遠離不必要的社交聯繫。一項有趣的實驗中，將一樓住宅遮蔽起來，看不到陌生人走過外面，可以減少至少25%的精神疾病。[18]人們也喜歡「風景優美」的環境，包括看得到綠色植物和漂亮的建築。

但其他問題的答案不是那麼明顯：
- 通勤有多糟？
- 房屋的大小和品質有多重要？
- 空氣污染和噪音有什麼影響？

我們依序來討論這些問題。

通勤時間

都市的工作場所往往聚集在市中心附近（以獲得集聚的好處）。所以如果你住得比較遠，上班的路程就會更長。有大量的證據指出，這種通勤是人們最不樂在其中的經驗之一（請見表 15.1），而且還得花錢。但人們願意通勤，是因為離市中心愈遠，房屋的租金愈便宜。依標準的經濟理論，較低的租金必須低到足以補償通勤增加的成本和麻煩，所以在均衡狀態下，邊際人（marginal person）對於住在哪裡並不在乎。因此，生活滿意度應該和通勤時間無關。但是正如施圖澤（Stutzer）和弗雷（Frey）在一篇著名的論文中指出的，德國的情況並非如此——整體的情況如圖 15.2 所示。[19]而且，在多元迴歸分析中，我們發現一般通勤者（每天花費 46 分鐘）的平均幸福比不必通勤的類似者差 0.08 點（最高 10 點）。[20]

這種型態無法用標準的經濟學來解釋，但幸福學提供了線索。通勤時間長的人可能高估了賺得較高薪酬的利益（和他們的住所比

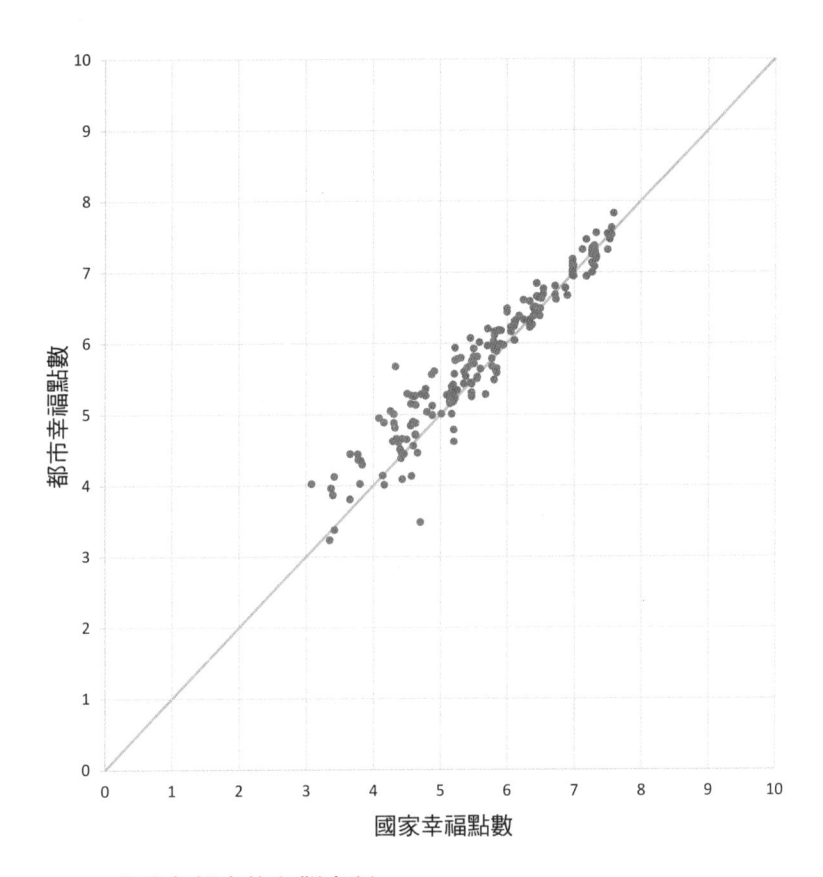

圖 15.1　全球各都市的主觀幸福
資料來源：De Neve and Krekel (2020)；蓋洛普世界民調；蓋洛普美國民調。
注：這張散點圖涵蓋了 2014-2018 年蓋洛普世界民調中，全球都市中至少有觀察資料 300 人的都市，以及使用蓋洛普美國民調資料的美國十大都市。

較接近工作地點相比）。而且他們可能高估了郊區住宅供應較好的效益。所以我們來談談住宅市場。

住宅品質

在美國，住較大房子的人，對自己的房子較為滿意。而且隨著

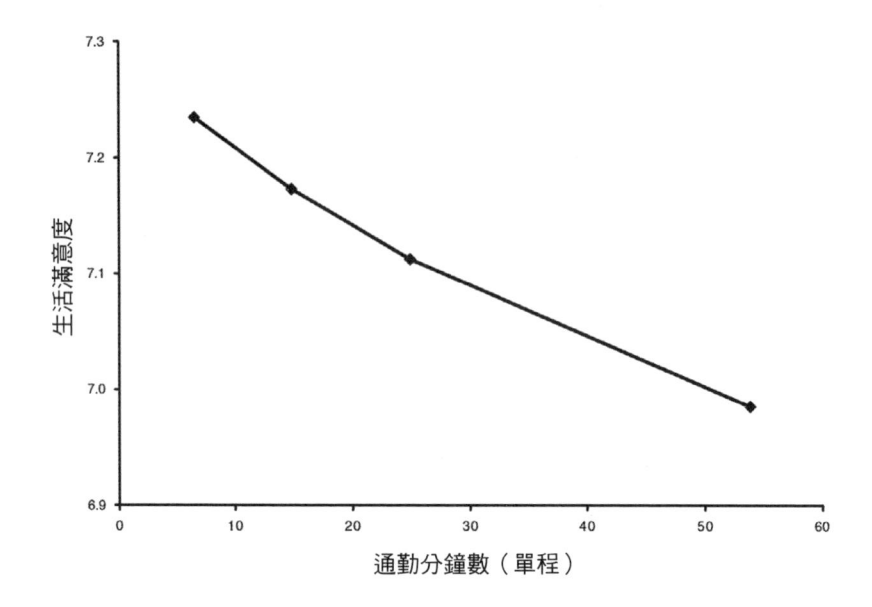

图 15.2　德國的通勤時間和平均生活滿意度

資料來源：Stutzer and Frey (2008)；GSOEP 1985-2003 年；每個通勤時間四分位數的平均生活滿意度。

時間的推移，房子愈來愈大——自 1945 年以來，房子的大小增加了一倍。儘管如此，人們對自己房子的滿意度，並不比 1980 年代開始衡量時高（請見圖 15.3）。

顯然，這又是伊斯特林悖論，但這次是跟房屋而不是跟收入有關。而同樣的，主要的解釋似乎在於社會比較，加上一點適應因素。

針對美國郊區單戶住宅的一項研究中，房屋面積每增加 1%，你對房子的滿意度就會提高 0.08%。但同時，你所住地區其他房屋的面積每增加 1%，你對自家房子的滿意度就會降低 0.07%。你住在自己家裡的時間愈長，你會愈不滿意。[21] 卡爾・馬克思（Karl Marx）所說的，顯然有道理：

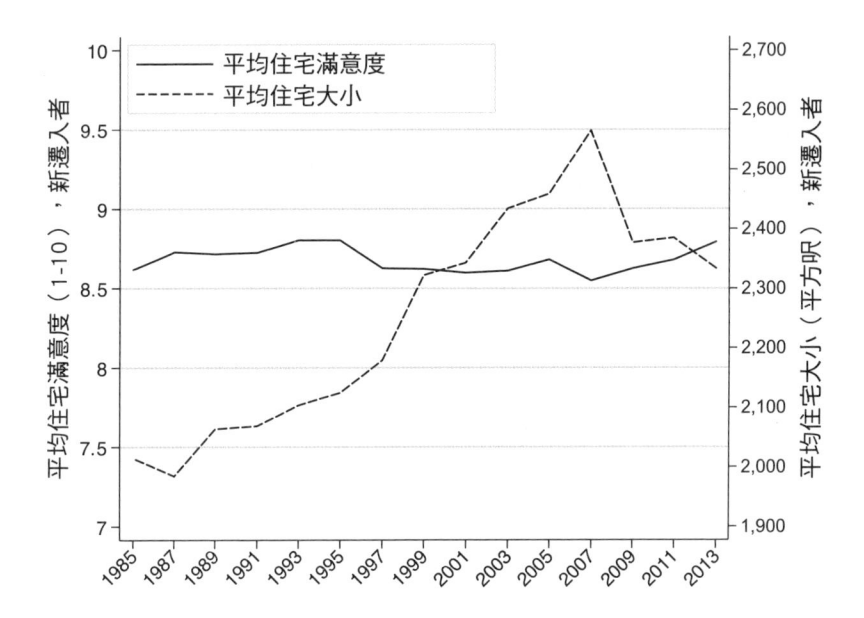

圖 15.3 美國 1985-2013 年住宅大小與住宅滿意度，新遷入者
資料來源：Bellet (2019) 圖 2。
注：新遷入者的定義是接受調查前二年內購買房屋的屋主（樣本數 = 22,772 人）。

　　房子可大可小：只要鄰近的房子同樣小，它就滿足了居住的所有社會要求。但如果在小房子旁邊蓋一座宮殿，小房子就會淪為小茅舍。[22]

　　但是這整個分析，是不是低估了住宅對我們幸福的重要性？為了探究這個問題，英國政府利用定期的英國全國居住調查（English National Housing Survey），了解在其他條件保持不變的情況下，人民的生活滿意度取決於住宅的程度。[23] 令人驚訝的是，答案是：影響少之又少。以標準控制變數對生活滿意度進行迴歸分析，然後引進居住變數時，唯一真正重要的新影響來自住宅的資金需求。如果你

拖欠了房租或房貸，生活滿意度會大減 0.60 點（最高 10 點）。但是房屋內沒有任何變數有顯著的影響（包括過度擁擠、潮濕、年久失修和供暖不良）。然而，人們確實不喜歡住在高層公寓（和連棟房屋相比低 0.32 點）。住在社會住宅中的人，和真正擁有房屋的人一樣滿意。

最近對德國遷居的一項研究也發現，住宅對生活滿意度的影響很小或為零。[24] 但在美國，一個相當不同的印象來自稱為「遷往機會」（Moving to Opportunity）的針對性干預措施。依這項措施，對貧困、破舊住宅區的人，隨機發放住房券，讓他們能夠住在條件沒那麼差的地區。十五年後，使用住房券的人比對照組快樂 0.4 點（最高 10 點）。但新生活的哪個面向使他們更快樂則不清楚。[25]

空氣污染和噪音

最後是污染。關於**空氣污染**和噪音的影響，已有許多研究。一項細心的研究使用德國社會經濟追蹤研究（SOEP）的縱向資料，加上各郡的二氧化硫水準資料。[26] 研究顯示，二氧化硫水準每立方公尺減少 1 微克，幸福升高 0.005-0.008 點（最高 10 點）。這表示德國從 1985 年到 2003 年實現的二氧化硫減量，使平均幸福提高了 0.25-0.40 點。這個幅度很大。收入增加一倍，才能使幸福有相同的變化。相較之下，觀察不同的房價，估計污染的成本時，會發現影響不到幸福方法估計數字的十分之一。[27]

研究發現，**機場噪音**也有類似的成本差異。一項經典研究，觀察阿姆斯特丹史基浦機場（Schiphol Airport）附近居民的幸福。據估計，受嚴重噪音影響的居民中位數需要相當於其收入近 4% 的噪音補償。[28] 但噪音對房價沒有明顯的影響。

儘管這些研究不夠完美，但顯然質疑了利用房價來估計環境危害的價值。它們也提醒我們，污染是經濟成長不受控制所導致的重要課題。

氣候變遷

氣候變遷仍然是更大的問題。如果你關切幸福，那麼很自然就會關心氣候變遷。因為幸福方法的首要原則是，每個人都同等重要，不管他們出生在哪裡，以及何時出生。因此，未來世代的幸福和我們自己的幸福同樣重要——但需要用一點小小的折現率去計算（稍後會談到）。

氣候變遷問題會影響每一個人，是**公共財問題**的典型案例（也許是有史以來最大的案例）。這類問題只能透過集體行動來解決。就氣候變遷而言，必須用國際性的行動才能解決。各地排放的每一噸二氧化碳，會進入包覆著地球的溫室氣體中，影響全球每個國家。聯合國為了解決這個問題，每年舉辦氣候變遷大會（Conference of the Parties 或 CoP）會議，就所需採取的行動取得協議。

問題的本質是眾所周知的。[29] 目前，地球正在暖化，每十年溫度上升約 0.2°C。而且暖化的速度並沒有放緩，因為全球溫室氣體排放量沒有下降。地球已經比一百年前溫度高 1°C，對於海平面、火災、洪水和颶風的影響已經顯而易見。氣溫愈高，不可避免地會發生嚴重的乾旱和洪災，導致數百萬人，甚至數十億人遷移。海平面會上升——威脅著生活在海拔 10 公尺以下 10 億人的安全。衝突將不可避免，世界上許多炎熱和低窪地區人民的幸福會下降。[30] 變暖也導致許多動植物物種滅絕。生物多樣性減少，降低了未來世代尋找對抗疾

病、增加糧食產量和體驗自然奇觀新方法的機會。[31] 為了防止不可接受的氣候暖化，我們需要迅速行動，因為今天排放的二氧化碳會留在大氣中一百年或更久。[32] 如果要把溫度限制在比十九世紀高 1.5°C 以內，必須在 2050 年前將排放量降到淨零。

然而，也有懷疑論者挑戰這一主流觀點。他們認為，為了未來世代而減碳，這將給現在的世代施加不合理的成本。這個論點有兩個要素：要使用的折現率和實際的成本規模。

折現率

未來的幸福必須做**某種程度的折現**。遙遠未來的利益本質上不如近期利益那麼確定。此外，如果沒有折現，我們讓所有未來世代受益的任何方式，都會有無限的價值。不過，正如我們在第 2 章所說的，未來幸福的折現率應該相當低。英國官方的「純社會時間偏好率」（pure social time-preference rate）為 1.5%：[33]

$$幸福的折現率 = 1.5\%（每年）$$

相較之下，經濟學家談折現率時，他們想要折現的是所得，而不是幸福。將所得折現時，你也必須考慮未來的所得可能增加的事實，以及（正如我們談過的）更多的收入對幸福的影響，會隨著收入的增加而下降。例如，假設幸福是收入對數的線性函數，那麼收入的邊際效用和收入成反比──下降的速度和收入上升一樣快。因此，如果實質所得預期每年增加 2%，

$$實質所得的折現率 = 1.5\% + 2\% = 3.5\%$$

3.5% 的折現率讓未來變得比現在不重要得多。例如，2100 年時

1 美元的損失,如果今天避開那筆損失的成本低於 0.06 美元,才值得去避開。因此,經濟學家以 GDP 為單位去衡量氣候變遷的影響時,他們中的一些人會質疑今天承擔成本,以避免未來因氣候變遷造成的損失是不是值得——只因為那種損失是很久以後的事。

然而,幸福方法和標準經濟方法在三方面有所不同。首先,應用在這些影響的折現率要小得多——每年 1.5%。以 1.5% 的折現率來說,2100 年 1 個 WELLBY 的損失總是值得避免的,只要今天避免損失的成本低於 0.33 個 WELLBY。其次,幸福方法探討氣候變遷的影響,視角遠比 GDP 寬廣。它包括衝突對幸福的影響、社區的遷移,以及厭惡損失(意思是損失 1 美元,影響比獲得 1 美元要大)的事實。最後,它考慮了受損害者主要是住在起始幸福水準低的國家。

成本有多大?

這立即帶出了一個問題:限制氣候變遷在 1.5°C 以內的成本有多大?幾年前,成本似乎高得嚇人。但今天成本顯然降低了。最大的變化是清淨電力的成本。目前陸上風電、離岸風電和太陽能的成本,和化石燃料的成本,競爭力已經接近。現在確實有可能擴大使用電力(或由電力製造的氫氣),作為所有形式的運輸和建築物供暖的動力來源。

和骯髒能源相比的**潔淨能源成本**(cost of clean energy),是個關鍵問題。一旦潔淨能源比骯髒能源便宜,骯髒能源就會遭人捨棄,煤炭、石油和天然氣將留在地下。[34] 潔淨能源的成本降低,部分是由私人投資推動的,但它們一直(而且仍然)非常仰賴公共資助的研發,而這在過去一百年中一直是大多數技術變革的核心。[35] 此外,消費者的行為必須轉向低能耗交通和低能耗住宅。因此,我們有可能實

現綠色革命（包括能源生產和能源節約），而且大部分能自籌資金。但這也需要實施一些監管措施，由消費者和企業負擔成本，並且需要額外的公共研發支出，加上一些補貼。到 2050 年，實現淨零排放的一年總成本，預期占全球每年 GDP 的 1% 到 2% 之間。

費用應該由誰負擔？如果成本由目前的世代承擔，那麼較為富裕的國家顯然應該承擔更大部分的成本，因為它們的所得邊際效用較低。[36] 但是很難說服任何人承擔成本。為了了解這一點，拿各國在聯合國 17 個永續發展目標（Sustainable Development Goals，SDGs）中每一個目標的不同表現，和各國之間的幸福差異做迴歸分析，深具啟發性。[37] 迴歸分析顯示，對大多數目標來說，表現良好的國家，衡量到的幸福更高。但其中兩個，也就是「氣候行動」和「負責任的消費與生產」則不然。人們不喜歡做這些犧牲。難怪事實證明在這個領域，很難取得適當且具約束力的國際協議。

然而，有個明顯的出路——除了我們，未來的世代也要承擔。[38] 如果今天的政府舉債為綠色支出提供資金，這（可能）會減少其他類型的投資。這進而會減少未來世代可用的資本金額，進而減少他們的國民所得，低於本來會有的水準。但未來世代將因此免於過度的氣候變遷——而且不管如何，由於技術的進步，他們也可能比我們更富有。

那麼，哪些國家在提供幸福給目前的世代，以及保護未來世代不受氣候變遷的影響，做得最好呢？新經濟學基金會（New Economics Foundation）透過**快樂星球指數**（Happy Planet Index），提出了一種有趣的分析方法。這個方法衡量了目前世代體驗到的 WELLBYs，和國家的生態足跡（也就是對未來的影響）之間的比率。[39]

圖 15.4，縱軸衡量 WELLBYs，橫軸衡量生態足跡。因此，如果

15 自然環境與地球　363

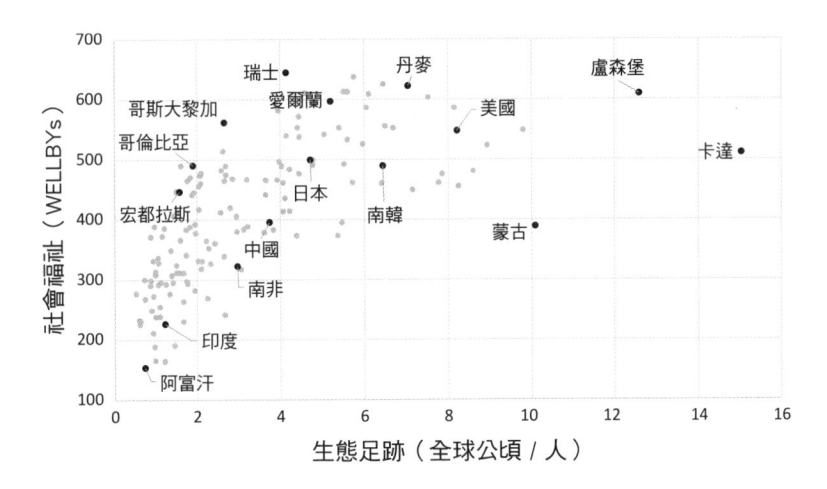

圖 15.4　快樂星球指數：幸福生命年數相對於生態足跡
資料來源：Happy Planet Index (2016) 圖 3。

一個國家縱軸上的值相對於橫軸上的值高，那個國家的表現較好，指數得點高。（指數是一個變數相對於另一個變數的比率。）卡達表現最差，宏都拉斯、哥倫比亞和哥斯大黎加表現最好。

正如這個分析所示，關心幸福的人和關心氣候變遷的人，自然而然就會聯手奮戰，因為氣候變遷是對未來世代幸福的最大威脅。至少，政策制定者應該要能夠提供可持續的未來——也就是幸福不會下降。

小結

(1) 接觸大自然（樹木、植物、綠色空間和水）對我們的身體健康、行為（包括犯罪）和幸福有明顯的影響。把這件事量化，可以改善我們的生活方式和都市的設計。

(2) 房價差異低估了綠色空間和環境的其他面向（如空氣污染和噪音）對幸福的影響。
(3) 通勤時間較長的人幸福較低。
(4) 住宅的量和質對幸福的影響相當小。部分原因是人們拿自己的房子和鄰居的房子比較。但拖欠房貸或租金，確實會對幸福產生負向影響。
(5) 氣候變遷明顯威脅到未來世代的幸福。幸福方法要我們除了重視本身的幸福，也要重視未來世代的幸福（折現率要很小）。
(6) 氣候變遷是典型的公共利益議題，因為任何地方排放的二氧化碳，都會影響生活在每個地方的人。每個國家都有動機搭便車，讓其他國家去負擔成本。只有締結國際協議才能克服這個問題。

問題討論

(1) 本章所說的德國都市綠色空間價值評估，說服力如何？
(2) 為什麼房價的差異低估了外部環境對幸福的影響到如此驚人的地步？
(3) 人們是否高估了住宅的重要性？如果是，為什麼？
(4) 未來世代的幸福相對於我們自身的幸福有多重要？
(5) 已經富裕的國家和正在努力迎頭趕上的較貧窮國家之間，可以如何以最公平的方式，分攤控制溫室氣體排放的成本？

延伸閱讀

Happy Planet Index: https://neweconomics.org/2006/07/happy-planet-index.
Krekel, C., Kolbe, J., and Wüstemann, H. (2016). The greener, the happier? The effect of urban land use on residential well-being. *Ecological Economics*, 121, 117-127.

Luechinger, S. (2009). Valuing air quality using the life satisfaction approach. *Economic Journal*, 119, 482-515.

Seresinhe, C. I., Preis, T., MacKerron, G., and Moat, H. S. (2019). Happiness is greater in more scenic locations. *Scientific reports*, 9(1), 1-11.

Stutzer, A., and Frey, B. S. (2008). Stress that doesn't pay: The commuting paradox. *Scandinavian Journal of Economics*, 110(2), 339–366.

注釋

1. www.mappiness.org.uk/
2. Schkade and Kahneman (1998).
3. Maddison and Rehdanz (2011)。他們使用1981年到2008年間各期的世界價值觀調查（World Values Survey），並採區域固定效應，而不是用國家固定效應。（從攝氏18度）偏差攝氏1度對年度幸福的影響，約為每偏差1度影響每個月幸福0.01點（最高10點）。然而，在各國之內，除了高達5%的人到了冬季出現季節性憂鬱症（季節性情感障礙，Seasonal Affective Disorder，SAD）之外，幸福並沒有強烈的季節性變異。和直覺相反的是，在春末和夏季，「其他人」更明顯享受生活的時候，自殺率通常相當高。
4. Ulrich (1984).
5. Montgomery (2013).
6. Park and Mattison (2009).
7. Weinstein et al. (2009).
8. Kuo and Sullivan (2001a).
9. Kuo and Sullivan (2001b).
10. 例如，在英國，請見White et al. (2013)；以及Alcock et al. (2014)。
11. Krekel et al. (2016)。這項研究的控制項變數是居住的品質（房型、每人房間數），但不包括房屋的價格。
12. 英國的一項研究（Gibbons, Mourato and Resende [2014]）發現，你所住行政區的綠色空間面積每增加1%，房屋價值就會增加約2,000英鎊。這多出1%的綠色空間，平均面積為10公頃（因為每個行政區約有1,000公頃）。因此，每多一公頃綠色空間，對一個家庭的價值是200英鎊。由於每個行政區的平均家庭數量為3,000戶，所以每公頃綠色空間的總社會價值為60萬英鎊。這是存量價值──年價值是此數的十分之一或更低。這比之前內

文提到的德國的年價值估計低一個數量級。

英國國家統計局（ONS）所做的另一項研究，估計英國的綠色空間和水使房價平均上漲 4,800 英鎊，總計上漲 1,350 億英鎊。由於都市的綠色空間面積約為 400 萬公頃，每公頃的最高價值為 34,000 英鎊。（有 8,000 個行政區，每個行政區面積約為 1,000 公頃，其中 50% 是綠地。）這個數字比上一個要低得多。（ONS [2018]）。

[13] 願意支付的總額應該反映這個超額價值加上居民已經支付的享樂性價格。我們可以在幸福迴歸式的右側不包含房價，而找出超額價值。或者，如果有人估計 $W = a_1$ 綠色空間 $+ a_2 \log$（收入－房屋成本值），那麼 a_1 包括綠色空間的全部價值。

[14] Ahmadiani and Ferreira (2019).

[15] Goetzke and Islam (2017).

[16] United Nations (2018).

[17] Appleyard and Lintell (1972).

[18] Halpern (1995).

[19] Stutzer and Frey (2008)。關於英國的研究結果，請見 ONS (2014)；以及 B. Clark et al. (2020)──兩者都支持此一論點。

[20] 這是來自固定效應迴歸，其中包含教育，但不包含工資或租金。租金應該能彌補通勤成本。因此，0.09 是通勤的真實心理成本的最低估計值。

[21] Bellet (2019) 表 2 和表 10。比較用的房屋面積位於第 90 個百分位數。追蹤研究資料來自美國居住調查（American Housing Survey，AHS）。

[22] Marx (1947).

[23] Department of Housing, Communities and Local Government (2014)。在這項分析中，收入保持不變。

[24] A. E. Clark and Díaz Serrano (2020).

[25] Kling, Ludwig and Katz (2005)；Ludwig et al. (2012, 2013)；Chetty, Hendren and Katz (2016)。這項研究當然無法追蹤貧困地區剩餘居民或「較優」地區現有居民的任何外部效應。

[26] Luechinger (2009)。當人們比較快樂，他們會選擇住在污染較少的郡，這樣的風險是存在的。因此，污染水準是以強制淨化發電廠而減少當地污染的程度來代表。另見 Welsch (2006)；以及 Dolan and Laffan (2016)。

[27] 美國的一項類似的幸福研究，使用個人的橫斷面和所在郡的懸浮顆粒物密度，發現懸浮顆粒密度 1 個標準差的影響，相當於平均每人收入下降 1/3

左右。Levinson (2012)。
[28] Van Praag and Baarsma (2005)
[29] Stern (2015)。
[30] 氣溫更高也會增加人的攻擊性和降低幸福；請見 Carleton and Hsiang (2016)；以及 Krekel and MacKerron (2020)。
[31] Dasgupta (2021)。有些人也提出了更廣泛、人類以外的理由，也就是保護生物多樣性和地球的本來面目。
[32] 這要假設二氧化碳一旦進入大氣層，還沒發現可去除它的經濟方法。
[33] HM Treasury (2020)。The Stern Review (Stern et al. [2010]) 認為折現率應該要更低。
[34] King et al. (2015)。
[35] Mazzucato (2015)。使命創新（Mission Innovation）是開發生產潔淨能源廉價方法的關鍵國際夥伴關係——大約有 20 個國家締結的這個夥伴關係，承諾將潔淨能源研發的公共支出增加一倍。目前每年支出約 250 億美元。
[36] Budolfson et al. (2021)。
[37] De Neve and Sachs (2020)。
[38] Sachs (2014)。
[39] 請見 Happy Planet Index (2016)。這個指數的 WELLBYs 經過不平等的調整（調整後的衡量指標本質上是〔Σ_i 每位在世者 $WELLBY_i$ 的對數〕）。生態足跡是指，每個人為維持目前的消費型態，以及為吸收在此過程中產生的二氧化碳，所需的土地之衡量指標。

第四篇
政府與幸福

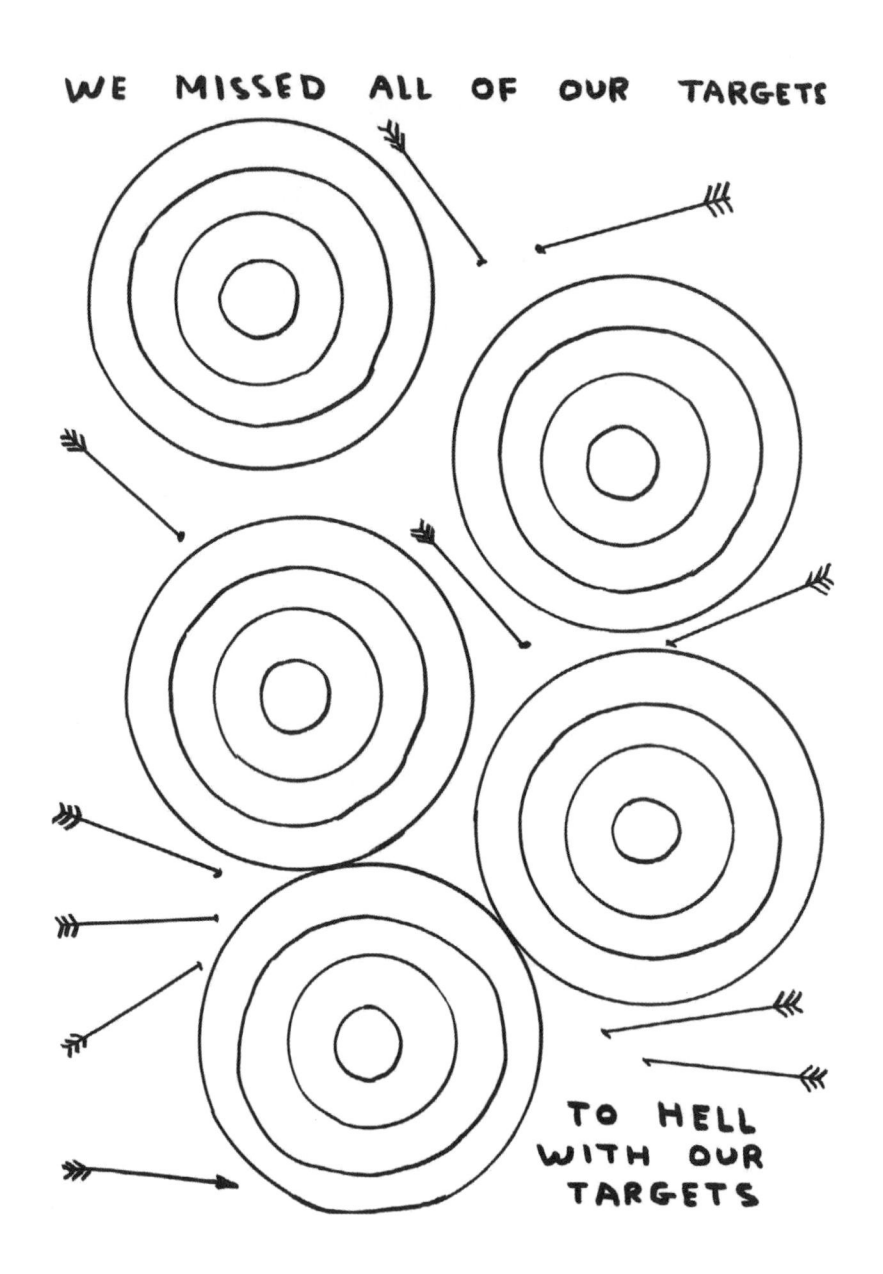

怎麼都射不中靶子？

見鬼了，這些靶子，撤掉吧

16
政府如何影響幸福

關心人的生活和幸福,而不是破壞它們,是好政府唯一正當的目標。

湯馬斯‧傑佛遜(Thomas Jefferson,1809年)

導讀

本章要談幸福和政治治理之間的交互作用。我們將探討政府機構的差異,在多大的程度上可以解釋世界各地幸福的差異。這麼做的過程中,我們將把幸福視為政府的運作結果或「產出」。以計量經濟學的術語來說,我們將幸福視為應變數。這裡我們感興趣的不只是政府是否履行其基本職能——提供公共安全、制定和執行法律等——也要了解政府規模和公共計畫範圍的影響。福利較多的國家,公民更幸福?或者稅負較重,威脅到幸福?民主比較有利於幸福生活,還是政府的服務更重要?這些問題很難釐清。整個討論的過程中,我們會彙總研究人員試著回答這些問題的各種方法,並討論每一種方法的優缺點。

政治體制、程序和政治如何形塑幸福？

聯合國永續發展解決方案網絡（UN Sustainable Development Solutions Network）每年都會發表「世界幸福報告」（World Happiness Report）。獲評為世界上最幸福的國家，經常成為頭條新聞。[1] 然而，也許更具新聞價值的是，一開始是怎麼想到應該公布「世界幸福報告」的？想像幸福會平均分布在所有的國家，並不是沒有道理的。如果真是這樣，那麼就沒有國際之間幸福平均差異的問題了。研究發現，事實並非如此。全球幸福變異的五分之一左右是國與國之間的差異。[2] 在最新的報告中，以 0 到 10 的量表來衡量，排名最高的國家（芬蘭）和排名最低的國家（阿富汗）之間的生活滿意度平均差異為 7.8 和 2.6（請見表 1.1）。[3] 這表示世界各地生活品質的差異巨大。這是什麼原因造成的？

前面各章將重點放在個人層級的各式各樣因素——基因、收入、就業狀態、家庭、健康等。然而，決定我們生活品質的許多因素，也受到更廣大社會結構的影響。政府在決定生活結果和機會方面扮演核心的角色。因此，了解公共機構設計和效能的差異，是了解全球幸福差異的根本。下一節將特別談到兩個關鍵差異：政府施政表現和民主品質。稍後將討論政府規模和政治立場的重要性。

政府施政表現與民主品質

關於政府的最基本問題之一，是它運作得好不好。如果我們觀察某個國家，其政府能否把它的基本職能執行好？在亞當斯密眼裡，政府的職責可以歸結為三個要素：「和平、輕稅和可容忍的司法管理。」他認為，其餘的一切就會自然而然流進。[4] 現代的政府理論繼

續強調營造和平、財政和法律能力的重要性。政治經濟學家蒂姆·貝斯利（Tim Besley）和托斯頓·佩爾森（Torsten Persson）表示，這三者是國家強盛的三大支柱。[5] 近年來，新興的文獻開始探討世界各地這些政府能力的差異，在多大的程度上也能預測各國幸福的差異。本節將回顧這些努力的結果。具體來說，我們將探究政府施政表現和民主品質扮演的角色。

過去二十年來，世界銀行（World Bank）從六個基本特徵，評估世界各國政府：(1) 執行法治的能力、(2) 政府服務的效能、(3) 監管的品質、(4) 貪腐控制、(5) 政治穩定和消除暴力、(6) 話語權和問責制。[6] 每個構面本身都由一套廣泛的個別指標組成，而這些指標取自國際政府績效資料庫。在實證文獻中，前四個構面通常彙總起來提供政府施政表現的總體評估，後兩者則被視為民主品質的指標。[7] 值得注意的是，這些特徵隨著時間的推移不見得一直保持固定。國家和政府機構會不斷地變化。政府的效能或民主的品質肯定與時俱變，有時高，有時低，而且在某些情況下，甚至完全崩潰。儘管如此，機制的基本品質往往保持相當穩定，[8] 可供進行廣泛可靠的跨國比較。

我們從**政府施政表現**（government conduct）談起。當我們環顧世界，政府施政表現已證明和平均國民生活滿意度高度相關。[9] 圖 16.1 使用蓋洛普世界民調的資料，顯示 60 個國家的這種關係。除了極少數例外，趨勢線很明顯：政府表現較好的國家，公民比較快樂。整體相關性約為 0.7。然而正如我們提過很多次的，有相關性不一定表示有因果關係。政府表現較好的國家，通常也比較富裕，有能力提供基本的商品和服務。要真正隔離良好治理對幸福的影響，我們需要控制這類潛在的干擾變數。

文獻中，許多研究繼續發現各國政府施政表現和幸福之間存在

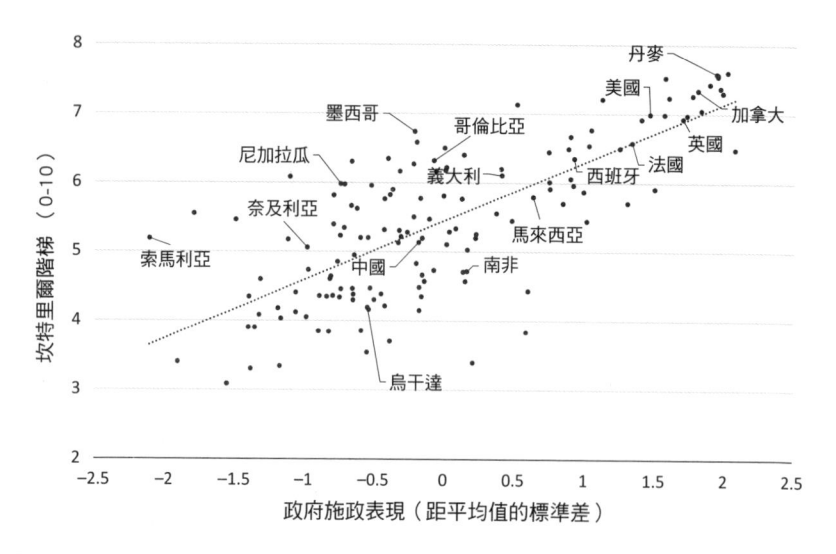

圖 16.1　政府施政表現與幸福之間的相關性

資料來源：蓋洛普世界民調與全球治理指標（Worldwide Governance Indicators）

注：使用坎特里爾階梯問題的答案來衡量的平均生活評估。政府施政表現衡量指標取自全球治理指標，並根據 (1) 法治、(2) 政府效能、(3) 監管品質和 (4) 貪腐控制加以評估。2005 年到 2019 年的資料。以線性趨勢線突顯若干國家的情形。

密切且顯著的關係，即使在控制了其他的影響因素之後也是如此。這類研究中的第一批之一，經濟學家海利威爾使用 1990 年到 1998 年 46 國的資料，發現生活滿意度和良好的治理之間存在顯著關係。[10] 他把個人層級的年齡、性別、婚姻狀態、就業狀態納入，也加進社會層級的經濟發展水準、社會資本、地區等控制變數。最近的研究擴展這個結果，納入更多的年份和國家，並且分別考慮民主品質和政府施政表現的指標。其中大多數都繼續發現政府施政表現和生活滿意度之間存在密切且顯著的關係。[11] 一項研究中，即使控制了收入、信任、宗教信仰和民主品質之後，政府施政表現每增加一個標準差，

生活滿意度就提高 0.74 點。[12] 一些研究人員也發現，政府施政表現的水準愈高，幸福不平等的程度就愈小。[13]

　　這些結果通常是藉著比較各不同國家而獲得。探討這種關係的另一種方法，是觀察政府施政表現與時俱變的影響。讀者應該記得，這類縱向分析有控制不隨時間變化的固定效應的好處。在個人層級上，這些變數可能是基因或情感傾向。在社會層級上，規範、文化和地域等變數可能開始發揮作用。由於隨著時間的推移，新一波的國際幸福和治理資料出現，這類研究最近變得更為可行。最近使用蓋洛普世界民調和世界銀行的資料，對 157 個國家進行檢定顯示，以從 0 到 10 的量表來看，政府施政表現每增加一個標準差，生活滿意度就會隨之提高 0.6 點。[14] 在控制了經濟發展、健康結果、社會支持、生活選擇自由、慷慨和民主品質，以及國家和年度固定效應的變化後，這種效應仍然存在。或許最重要的是，這些影響在短短七年的期間內觀察到，表示政府職能的改善，可以在政策相關的時間範圍內，對幸福產生重大的影響。

　　民主品質（democratic quality）又怎麼樣呢？也許首先必須指出的是，要分析民主和幸福之間的關係，必然面臨挑戰。從最簡單的形式來說，民主是指公民有權利和合理的機會去影響立法，或者選舉代表為他們做這件事。然而，即使這個相當簡單的定義，也無法精確衡量。利用任何一個民主品質指標，都可能給出過於簡化的解釋。在此同時，使用多個指標評估各國之間的民主程度，會變成相當複雜的工作。儘管如此，過去幾十年，許多國際組織和研究團隊令人印象深刻的嘗試，正是這麼做的。如同前述，世界銀行為話語權和問責制，以及政治穩定和消除暴力，所發展的治理指標，通常被合在一起，提供民主品質的整體評估。自 2006 年以來，經濟學人

智庫（Economist Intelligence Unit）也每年發布民主指數（Democracy Index），評估各國和排名，分為完全民主國家、有缺陷的民主國家、混合政體或獨裁政體。[15]民主多樣性（Varieties of Democracy）計畫在迄今為止最全面的研究調查當中，對世界上幾乎每個社會溯至18世紀末的民主程度進行評等。[16]

遺憾的是，幸福資料並不能追溯到那麼久以前。[17]然而，許多研究人員將最近民主治理的估計，和各國之間與一國之內所報告的平均幸福水準連結起來。研究發現，兩者的關係不像我們所預期的那麼直接明顯。這些研究的一般結果如圖16.2所示。y軸是平均生活滿意度（使用坎特里爾階梯衡量，並由蓋洛普世界民調提供），而x軸是民主品質（以政治不穩定和暴力，以及話語權和問責制衡量）。我們再次看到兩個變數密切相關，整體相關性為0.7。

然而，在發展程度比較高的國家，民主品質和幸福之間的關聯往往比較密切。一項研究發現，即使控制了社會信任和宗教信仰之後，所得低於全球平均值的國家，民主品質的影響也微不足道。[18]另一項研究使用另一組民主指標也發現，在低所得國家，法律機制的品質比民主品質，對生活滿意度的影響更大。高所得國家的情況則正好相反。[19]海利威爾和他的同事在控制國家固定效應的縱向國內分析也發現，在政府施政表現好的國家，民主品質提升，可顯著提高坎特里爾階梯分數，但在政府施政表現差的國家則不然。[20]

這些結果指出，在社會經濟發展水準較高的情況下，民主機制的邊際報酬遞增。在經濟較不先進的國家，公民可能更依賴政府提供基本和必要的服務。因此，在這些地區，政府施政表現和服務的交付將取代民主品質，對幸福更為重要。不過發展水準超過一定的門檻後，在決定國民幸福方面，民主品質就扮演更重要的角色。

16 政府如何影響幸福　377

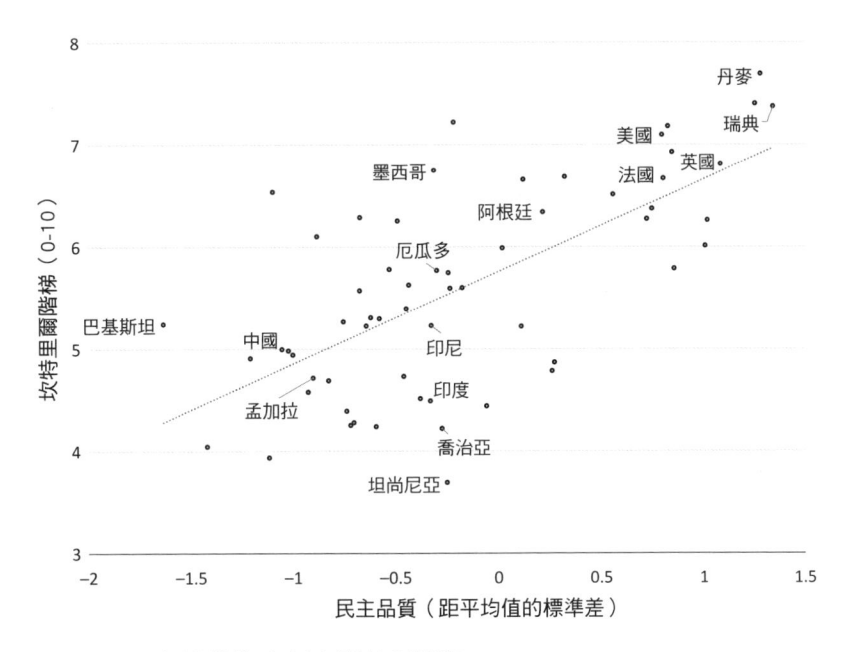

圖 16.2 民主品質與幸福之間的相關性

資料來源：蓋洛普世界民調與全球治理指標

注：使用坎特里爾階梯問題的平均答案而衡量的平均生活評估。民主品質以 (1) 話語權和問責制，以及 (2) 政治穩定性來衡量。2005 年到 2019 年的資料。並畫出線性趨勢線。

　　然而，把這些研究所受到的限制放在心上也很重要。其一，宏觀層級的分析，資料限制通常大得多。前面的章節中，舉例來說，我們探討就業狀態對幸福的影響時，每年可以評估數十萬，甚至數百萬個人受訪者。做跨國比較時，任何一年，我們通常只有大約 150 個國家的資料可供比較。在此同時，機制變革通常進展得非常緩慢，或者突然發生。這兩個限制，會使各國政府的橫斷面和縱向比較變得有點困難。

　　在此同時，政府並不是在真空中進化的。即使縱向模型包含固

定效應,將良好政府的個別效應,和經濟發展或民主品質分開,不只在經驗上很困難,也難以有意義地解讀。由於所有這些動態過程的交互作用,甚至相互依賴,有時很難確定在迴歸分析中要控制什麼、不控制什麼變數。例如,由於消除暴力和有效提供公共服務之間存有密切的相關性,所以很難確定有多少百分率的公民幸福可歸因於其中一個,而與另一個無關。使用線性迴歸分析時,標準方法是將兩個指標都作為迴歸公式右側的自變數;然而,由於它們的相互關聯性高,這麼做會難以解讀所得到的係數實際上代表什麼。[21]

另一類研究則是觀察**一國之內**的機制差異,探討民主運作過程和幸福之間的關係。在類似的民主規則主宰了整個社會的一些國家,這可能很難辦到。但還好有例外。例如,瑞士的 26 個州,民主運作過程和具體程序差異很大。這一事實,加上有大量的幸福資料可用,使瑞士成為對民主與幸福之間關係進行微觀層級研究的獨特合適環境。

政治經濟學家阿洛伊斯·施圖澤(Alois Stutzer)和布魯諾·弗雷(Bruno Frey)創建瑞士各州政治參與指數的研究,被人廣泛引用。[22] 根據決策依賴公民投票的程度,各州依 1-6 的量表評級。[23] 在控制了年齡、性別、收入、婚姻狀態、公民身分和健康等許多個人特徵的橫斷面迴歸分析中,作者發現,公共政治參與水準較高的各州居民,和民主水準較低的州居民相比,生活滿意度顯著較高。這種好處也幾乎全歸瑞士公民而非外國人所有,表示政治參與機會比較有可能正向地影響能夠直接利用這些機會的人。整體而言,政治參與可能性指數每增加 1 點,所報告的生活滿意度高(達到最高的 10 點)的人數預測會增加 3.4 個百分點。控制其他的因素之後,最民主的州和最不民主的州之間,幸福差異為 1.2 點(量表最高為 10 點)。

由於這些影響是針對同一國家的居民估計的，因此潛在的干擾變數偏差預計比國際比較研究小得多。然而，各州之間的橫斷面比較，可能仍然忽略了重要的區域差異和不隨時間變化的固定效應。

另一項研究試著藉考慮瑞士不同州之內，政治決策集權化的政治改革影響，以克服這些顧慮。[24] 這些改革意味著比較地方（市）層級的民主公民投票失去了一定程度的影響力，因為更多的決定往上交給州層級的政治運作過程。它們的目的是提高政府的效率，但也有減少直接參與政治機會的影響。

重要的是，不同的州在不同的時間也實施改革，產生某種**自然實驗**。藉比較一些州改革之後生活滿意度的變化，和沒有採取改革行動的州生活滿意度水準，可以估計政治集權對幸福的因果影響。在實證文獻中，這稱為**差異中的差異**（difference-in-difference）法，因為是拿一個地方的干預行動所引起的幸福變化（或差異），和沒有採取干預行動的另一地方的幸福變化（或差異）比較。言下之意是，這種實證方法要能進行，首先必須有相關事件發生之前存在平行趨勢的證據。這種情況下，在某項改革執行之前，改革州和對照州的生活滿意度水準，應該以類似的軌跡追蹤。如果前者在改革之前，幸福水準已經下降，那麼試著藉比較各州來估計改革對幸福的影響，會產生有偏差的結果。

使用這種方法的研究發現，集權化改革對幸福產生小卻顯著的負向影響。相對於沒有引進改革的州居民，民主決策更為集權的州居民，生活滿意度下降 0.06 點（量表從 0 到 10）。[25] 在直接民主水準一開始相對較低的州，這種影響嚴重兩倍。

我們如何解釋這些結果？明確的說，上述分析顯示（至少在發展程度較高的國家）增加民主參與決策的機會，會對幸福產生正向的影

響,而不管實際做出什麼決策。這意味著民主的好處,不只是為公民帶來更好的結果。相反的,能夠參與民主運作過程,似乎有它的內在價值——弗雷和施圖澤稱之為「**程序效用**」(procedural utility)。[26] 這對於政治和政府,以及公部門以外的領域,都有極重要的啟示。舉例來說,在工作和教育的環境中,給人更多的自主權和話語權,也可能有助於促進和支持幸福。簡單的說,不只做什麼事重要,怎麼做也很重要。[27]

政府的規模

我們現在從政府的性質轉向政府的規模。好幾個世紀以來,「小」政府或者「大」政府的辯論,一直主導著政治對話。雖然這個問題的意見之多,令人印象深刻,但爭論往往圍繞著相同的根本問題。國家的規模要多大,才最有能力提供更好的生活?規模較大、行動較積極的政府,更能支持社會福祉嗎?通往繁榮之路需要減少政府干預的規模和範疇嗎?本節將探討實證幸福學對這些問題給出的答案。

首先,我們應該先定義政府規模的意思。要考慮的部分有二。首先是福祉支出的規模(占 GDP 的百分率)。其中包括國家退休金、失業救濟金、家庭津貼等等——所有這些都是各種現金移轉。第二個要素是政府的商品和服務支出(如教育、健康照護、法治和國防——又稱政府消費)。我們現在可以探討這些措施如何隨著時間的推移,影響各國之間和一國之內的幸福。在這麼做的時候,我們將維持人口的教育水準和健康狀況等條件不變,因而會有點低估政府活動的總影響。

我們先談**福利支出**。早期一項研究使用 1981 年到 2001 年的

WVS 資料。[28] 研究發現福利支出對一國的平均幸福有顯著的影響。此外,也要根據公民能夠取得這些支出的難易程度,對政府評等。[29] 將這兩個評等結合起來,我們發現評等最高和最低的國家之間,生活滿意度的差距為 1.8 點(最高為 10 點)。[30] 隨著時間的推移,擴大福利支出的國家,平均生活滿意度也隨之提高。

其他比較近期的研究,擴展了這些結果。一項研究再次發現福利支出對幸福有正向影響。[31] 具體來說,福利支出(占 GDP 的百分率)每增加 1%,平均幸福提高 0.03 點(最高 10 點)。此外,研究發現這種效應對富人和比較窮的人都一樣,因此更有可能發揮效益。[32]

然而,早期文獻的一個潛在限制,是它們能用的觀察數量很少。因此,一些潛在的離群值——例如,快樂水準高、福利多的北歐國家——可能扭曲了所估計的關係。最近一項研究使用蓋洛普世界民調,將樣本擴大到 107 國,包括許多低所得和更低所得國家,解決了這方面的擔憂。即使利用擴大的樣本,在控制了許多潛在的干擾變數之後,福利支出和生活滿意度之間正向且顯著的關係仍然很明顯。[33] 在樣本中刪除北歐國家和其他潛在的離群值後,這些影響仍然顯著。這似乎表示,福利支出不只使發展程度最高國家的人民受益,也使發展中地區的人民受益。比較謹慎的說,這方面文獻的研究結果指出,福利支出非常有限的國家,可能難以促進社會福祉。

那麼**政府的商品和服務支出**呢?探討政府消費與國民幸福之間關係的大多數研究,發現兩者有正向關係。一項分析指出,政府消費占 GDP 的百分率每增加 1 個百分點,平均幸福提高 0.04 點(最高 10 點);[34] 稅收占 GDP 的百分率每增加 1 個百分點,平均幸福提高 0.03 點(最高 10 點)。另一項分析使用蓋洛普世界民調的資料,發現幸福和累進稅水準之間存在正向且顯著的關係。[35]

這些結果有些和上一節的結果一樣，似乎可能令人驚訝。我們討論過的論文，控制變數幾乎都包含健康、信任、經濟穩定、就業狀態，以及其他許多個人特徵和社會條件。有人可能會說，這些實際上是國家可以影響幸福的一些最重要的管道。本節大多略而不提它們。然而，即使在控制了政府被認為對公民生活產生正向影響的許多最根本方式之後，大多數研究仍然發現政府的計畫會對幸福產生正向影響。至少，證據似乎指出，放棄或嚴格限制公共支出，似乎不可能促進幸福。

政治取向

到目前為止的討論，自然而然引出一個問題：哪一種政治計畫最有利於幸福。世界上大多數國家，包括幾乎所有的高所得國家，政府是透過某種形式的民主政治程序選舉出來的，各政黨必須爭取公民的選票。政治思想的光譜往往以從左到右的連續體表示。各國的具體情況雖有不同，但全球來看，這兩極的許多最根本的政治觀點和政策目標，往往是相同的。雖然每種立場的支持者之間有許多倫理和哲學上的差異，不容易從資料判斷，但某些不同意見確實使它們適合實證分析。在這裡，實證幸福學的工具也能揭露哪種政治計畫比較有可能讓人們更快樂。

我們可以透過幾種方法，試著回答這個問題。一種方法是簡單地觀察認為自己是左派或右派的人之間的幸福差異。這件事很容易完成。用於幸福研究的許多大型資料集，包括歐洲社會調查和蓋洛普世界民調，裡面也含有政治意識形態的資訊。這方面的研究發現，構成了驚人的大量文獻。[36] 結果非常一致：保守派（右派）通常比自由派（左派）快樂。[37] 學者或研究機構提出許多可能的解釋，說明這

些差距的原因。其中包括保守派感知的個人主動性（agency）水準比較高、道德信念更超然、對世界公平性的認識更深刻，以及更正向的人生觀。[38] 其他的研究也調整確定這些關係，指出保守主義只有在發展程度最高的國家，[39] 或者在感知國家被威脅的可能性較高的國家，[40] 才會預測有較高的幸福水準。相對於自由派，保守派通常也比較不可能失業、對自己的財務狀況更滿意，而且比較可能擁有住宅。[41] 因此，他們比較快樂的部分原因，可能是因為許多國家的主流社會機制相當支持他們的利益。[42] 依同樣的道理，一些研究指出，黨員的幸福也取決於哪個政黨執政。[43] 然而，儘管這些結果很有趣，卻對我們目前的目的幫助不大。觀察一套政治理念的支持者比另一套政治理念的支持者快樂，並不能告訴我們，他們提出的政治計畫是否有利於社會的幸福。

另一途徑是觀察左傾政府執政的國家之公民是否比右傾政府執政國家之公民幸福。班傑明・拉德克利夫（Benjamin Radcliff）在依此想法所進行的第一批也是被引用最多的研究之一，使用世界價值觀調查的資料，分析社會主義、自由主義或保守主義福利政權的跨國差異，以及國會中左翼主導的程度，影響國民幸福有多大[44]；控制變數包括 GDP 和整體失業率。社會主義和左翼主導程度兩者都較高時，幸福水準較高。但是這個結果可能受限於我們熟悉的規模問題（只有 15 個國家和一年的資料）、跨國可比較性，以及干擾變數偏差。

在最近的一項測試中，一組研究人員觀察美國各州政府之間的政治差異，是否可以預測幸福的差異。[45] 作者使用 1985 年到 1998 年在全國收集的具代表性的生活滿意度資料。在該案例中，政治利益的兩個關鍵變數是 (a) 依獨立評等系統確定的州政府意識形態傾向，以及 (b) 民主黨控制州立法機構的百分率。他們納入許多個人、州和地

區控制變數,包括地區和年度固定效應。作者發現,左傾州政府的州民生活滿意度較高。民主黨控制的效應是正向的,但在統計上並不顯著。[46] 前者的影響程度也相對有限。從右到左跨越整個政治光譜,影響生活滿意度提高的程度,相當於失業對個人影響的一半左右。

　　這些研究的結果指出,左傾政治計畫比右傾(抗衡的)政治計畫(稍微)更有利於幸福。然而,這些結果似乎也沒有提供什麼資訊。左翼和右翼政治計畫提出的政策差異大,但為什麼或哪些特定政策有利於幸福,還是不太清楚。這兩項研究中係數不大也不小,可能表示某些左翼政策比其他政策有更強的影響。

小結

- 世界各地的政府施政表現及民主品質,都和幸福水準顯著相關。
- 在高所得國家,民主品質對幸福的影響似乎比較重要。這可能表示低所得國家的居民受到政府提供基本商品和服務的影響更大,而高所得國家的居民比較重視民主影響力。
- 通常很難在各國之間做可靠的比較。因此,其他的研究人員探討了一國之內民主運作過程和具體程序的差異,以預測幸福。這些研究的結果普遍顯示,民主參與政治的機會減少,會降低幸福。這導致一些研究人員認為,幸福或「程序效用」本質上源自民主參與,不管民主決策的實際結果如何。
- 雖然結果可能因定義而異,但政府規模(以福利支出和政府消費衡量)通常和幸福呈正相關。特別是,社會福利水準高和公民容易取得這些福利,國民的幸福水準會比較高。
- 就政治傾向而言,右派人士通常比左派人士快樂。但是左傾政府

國家的居民普遍比右傾政府國家的居民快樂。在美國，隨著時間的推移，州政策左傾也和幸福的提高有關。

問題討論
(1) 幸福極大化和支持程序效用，是否互相矛盾？
(2) 有若干證據指出，在高所得國家，民主品質和幸福的相關性比較密切。這是否表示低所得國家的政府不應該優先考慮民主？
(3) 研究幸福時，進行跨國比較的兩個主要限制是什麼？
(4) 如何利用自然實驗來克服這些限制？

延伸閱讀
Alvarez-Diaz, A., Gonzalez, L., and Radcliff, B. (2010). The politics of happiness: On the political determinants of quality of life in the American states. *The Journal of Politics*, 72(3), 894-905.

Flavin, P., Pacek, A. C., and Radcliff, B. (2011). State intervention and subjective well-being in advanced industrial democracies. *Politics & Policy*, 39(2), 251-269.

Flèche, S. (2017). The welfare consequences of centralization: Evidence from a quasi-natural experiment in Switzerland. *Review of Economics and Statistics*, 103(4), 621-635.

Pacek, A. C., and Radcliff, B. (2008). Welfare policy and subjective well-being across nations: An individual-level assessment. *Social Indicators Research*, 89(1), 179-191.

注釋
[1] 自 2012 年以來，只有四個國家曾榮登榜首：丹麥三次、挪威一次、瑞士一次、芬蘭四次。
[2] 請見 Helliwell and Wang (2012) 的表 2.1。

[3] Helliwell et al. (2021).

[4] 摘自 Besley et al. (2021)。

[5] Besley and Persson (2011)。最近的一項測試中，Besley et al. (2021) 指出，在每個領域都有強執行力的政府，亦即「最高發展集群」（highest developmental cluster）的政府，人民的平均生活滿意度水準也最高。

[6] https://info.worldbank.org/governance/wgi 有更多的資訊。

[7] 這些構面，通常是由每組變數的簡單平均數計算出來。請見 Helliwell and Huang (2008)；Ott (2010, 2011)；Helliwell et al. (2018b)。

[8] 例如，請見 Besley et al. (2021)。

[9] 這個結果再次反映在 Besley et al. (2021) 的研究中。

[10] Helliwell (2003).

[11] Bjørnskov et al. (2010); Ott (2010, 2011).

[12] Helliwell and Huang (2008).

[13] Ott (2010).

[14] Helliwell et al. (2018b).

[15] 要了解更多資訊，請瀏覽 www.eiu.com/n/campaigns/democracy-index-2020.

[16] 要了解更多資訊，請瀏覽 www.v-dem.net.

[17] 但一些研究人員使用富有創意的分析技術來尋找代理變數。請見 Hills et al. (2019)。

[18] 事實上，作者也發現政府施政表現和幸福之間的關係，會因為所得水準而翻轉。對高所得國家來說，政府施政表現的影響變得微不足道，民主品質的影響則變得顯著。對所得較低國家來說，情況恰好相反。要了解更多資訊，請見 Helliwell and Huang (2008)。

[19] Bjørnskov et al. (2010)。Ott (2010) 得出類似的結果。

[20] Helliwell et al. (2018b).

[21] 以計量經濟學的術語來說，這可能導致「多重共線性」（multicollinearity）問題，也就是解釋變數本身彼此有線性相關的問題。這種情況下，得出的係數估計變得不可靠。

[22] Stutzer and Frey (2006).

[23] 更具體地說，這個指數是根據四個成分：「民眾倡議改變州憲法；民眾倡議改變州的法律；強制和選擇性全民公投以阻止新法律立法或修改法律；強制性和選擇性全民公投以防止新的州支出。」（Stutzer and Frey [2006] p. 413）

[24] Flèche (2017).
[25] 在控制包括個人和市層級的固定效應在內的許多變數之後，這些效應是顯著的。
[26] Frey et al. (2004)；Frey (2010)。這個觀念也符合心理學對人類幸福的許多理論理解，包括自我決定理論（self-determination theory，Ryan and Deci [2000]）、個人控制理論（personal control theory，Ryff 和 Singer [1998 年]），以及人類潛能的相關理論（Peterson [1999]）。
[27] Frey et al. (2004)
[28] 世界價值觀調查（World Values Survey，WVS）已經成為文獻使用最廣的資料集之一。這項全球調查通常一次需要三到四年的時間，截至 2021 年，有七期的資料可用。
[29] 這個指數最初是由柯斯塔・艾斯平—安德森（Gøsta Esping-Andersen）提出，定義為「勞工去商品化到個人或家庭能夠不參與市場，而維持社會可接受生活水準的程度」（Esping-Andersen [1990] p. 37）。Messner and Rosenfeld (1997) p. 1399 提出更具體的定義，Radcliff (2013) p. 117 加以引用：「艾斯平—安德森的去商品化衡量指標涵蓋根本概念的三個主要構面：取得福利的難易、它們的所得替代價值，以及不同身分和狀況覆蓋範圍的廣泛性。它使用一個複雜的評分系統，來評估退休金、疾病補助和失業救濟三個最重要的社會福利計畫（提供去商品化程度）。評分系統反映了符合資格條件的『限制性』（例如財務狀況檢測）、取得福利權利的獨特性和期限（例如福利給付的最長期限），以及福利取代正常收入水準的程度。這三類……計畫的指數接著併為一個綜合（加法）指數。」
[30] Pacek and Radcliff (2008).
[31] Flavin et al. (2011).
[32] Flavin et al. (2014).
[33] O'Connor (2017).
[34] Flavin et al. (2011).
[35] Oishi et al. (2012)
[36] Onraet et al. (2013).
[37] Carroll (2007); Napier and Jost (2008); Butz et al. (2017).
[38] Schlenker et al. (2012).
[39] Napier and Jost (2008).
[40] Onraet et al. (2017).

[41] Pew Research Center (2017).
[42] 這方面一個重要的例外是，支持川普（Donald Trump）和瑪琳勒龐（Marine Le Pen）等民粹主義候選人的新保守派百分率不斷增加。這個群體的經濟狀況往往比核心保守派要差（Pew Research Center [2017]），而且正如第 17 章將談到的，他們比其他群體更有可能感到不滿意。
[43] Di Tella and MacCulloch (2005); Tavits (2008).
[44] Radcliff (2001).
[45] Alvarez-Diaz et al. (2010).
[46] 後一種效應在 10% 的統計水準並不顯著（$p = 0.12$）。

FIGHT THE NONSENSE

反對胡說八道

17
幸福感如何影響投票

笨蛋！問題在經濟。

柯林頓（Bill Clinton，美國前總統）的助理

導讀

  到目前為止，本書的大部分討論都集中在幸福的決定因素上。我們聚焦在什麼事情讓我們快樂，以及什麼事情可以讓我們更快樂。因此，我們在很大的程度上將幸福視為一種輸出（應變數）。然而我們也可以翻轉這個公式，將幸福視為一種輸入（自變數）。這麼做的時候，我們可以問哪些行為是由幸福導出的。這將是本章的觀點。特別是，我們將探討（不）快樂在多大的程度內有助於解釋政治行為、選民偏好和民粹主義崛起。雖然我們將主要關注幸福的評估性衡量指標，但也會簡要評論負向情緒在決定政治行為和結果中扮演的角色。

幸福會影響政治行為和選民偏好嗎？[1]

我們可以問的第一個問題是，快樂的人是否更有可能參與政治。直覺可能朝不同的方向切入。一方面，我們可以想像，隨著人們對自己的生活更為滿意，他們也會減少參與政治。一些評論家甚至擔心太多的幸福可能導致「民主空洞化」。[2] 另一方面，研究指出，幸福水準較高的人，也更積極參與社區活動。例如，快樂的人比較有可能出任志工和捐款給公益慈善機構。[3] 因此，他們也更有可能參與國家選舉或政治運動。

不快樂對於政治參與的影響，也不是立即顯而易見。如果不快樂被視為憤怒或恐懼的表現，那麼可以想像，不快樂會促使人們高

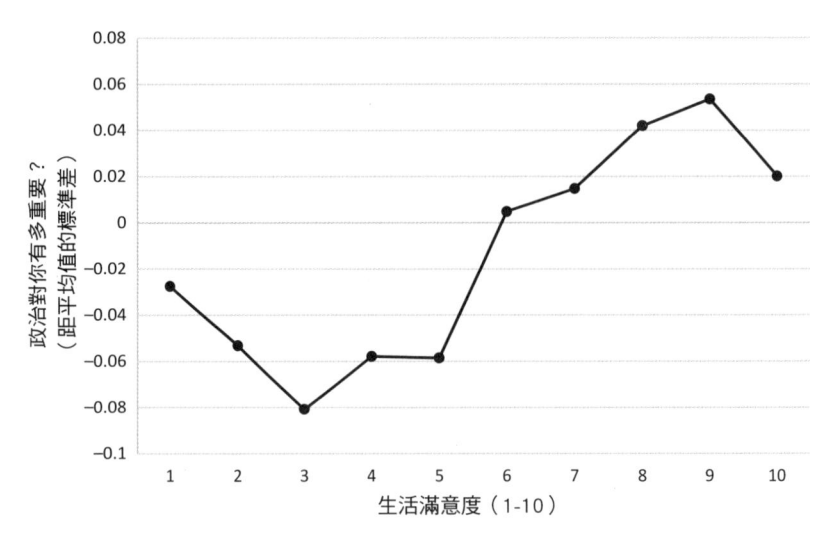

圖17.1 政治重要性與生活滿意度之間的關係
資料來源：世界價值觀調查
注：政治的平均重要性取決於生活滿意度。使用從「一點也不重要」到「非常重要」的4點量表，在個人層級衡量政治的重要性。樣本包括1981-2020年104個國家的392,757名受訪者。

度參與政治。只要他們認為國家必須對他們的處境負責，任何社會中處境最差的人，追求改變的動機可能最強。另一方面，如果不快樂代表憂鬱或冷漠，那麼情況可能恰好相反。有些研究確實指出，孤獨感[4]和憂鬱症[5]會降低選民的投票率。

為了開始解析這些動態，我們可以先看全球的生活滿意度和政治利益之間的關係。圖 17.1 使用 1981 年到 2020 年約 393,000 名受訪者的世界價值觀調查資料，顯示兩個變數之間的大致關聯性。事實上，我們可以看到上述所有直覺的一些初步證據。從這張圖得出的最重要的結論是，比較快樂的人似乎整體來說對政治更感興趣。世界上對生活最滿意的人，也比最不滿意的人更投入政治。然而在分布的兩端，可能出現動機轉折點，對生活滿意的人轉為冷漠，而不滿意的人則轉為活躍。世界上最快樂的人（所報告的生活滿意度為最高的 10 點）似乎比滿意度為 9 點的鄰居對政治較不感興趣。而在光譜的另一端，對生活最不滿意的受訪者，和他們的鄰居相比，對政治更感興趣。

這些關係當然只是相關性，但是愈來愈多的研究開始支持它們的因果關係。美國最早的這類大規模分析之一，觀察 2000 年一期的美國全國選舉研究 (American National Election Study，ANES)，其中包含生活滿意度、政治參與和選民投票率的指標。[6]「完全滿意」的受訪者，相對於認為自己的生活「非常不滿意」的人，上次選舉去投票的可能性高 7 個百分點，這個影響和高中畢業生與大學畢業生之間的差異大致相當。在控制了年齡、性別、種族、黨派、信任等個人特徵之後，這個結果也成立。比較快樂的人也更有可能參與各式各樣的其他政治行為，包括在競選組織中任職、捐獻資金給政治候選人，以及參加政治會議或集會。

然而，由於資料受到限制，這個研究只觀察一年。此後其他的研究採取了更長遠的觀點。其中一項特別使用英國的縱向追蹤研究資料，發現生活滿意度顯著提高了投票傾向，但限於某些特定情況。[7]一旦控制變數納入黨派關係和過去投票行為，這個關係就弱得多。使用德國三年追蹤研究資料的另一項分析發現，生活滿意度和廣泛的政治參與衡量指標沒有顯著相關。[8] 瑞士的一項相關研究，使用追蹤研究資料的固定效應分析，發現生活滿意度、正向情感或負向情感都和投票行為沒有顯著相關。另一方面，拉丁美洲分析大量資料的另一項研究發現，生活滿意度和投票行為之間存在密切而顯著的關係。[9]這些作者得出的結論是：這兩個變數之間的顯著關聯，比較可以用幸福促使人們去投票來解釋，而不是反過來的情況。其他的研究發現證據，指出中國的地方選舉中，幸福和投票之間有關聯。[10]

整體而言，現有證據並沒有在任何方向上提供確切的證據。一些證據大致指出，比較快樂的人更有可能在地方性和全國性選舉中投票，雖然這些結果還沒有在不同的情境或更穩健的方法中重複驗證。正如我們將在本章最後一節談到的，負向情感和低幸福驅動投票行為的相反證據也已經被觀察到，可能使整個情況更加複雜。

在繼續討論之前，值得探究另一種形式的政治參與：抗議。這種情況下，直覺似乎比較直接明顯。幾乎按照定義來說，抗議運動被認為是由不滿情緒驅動的。因此，可以合理地預期，幸福水準低和參與政治抗議有高度相關。但是在此同時，如果抗議伴隨著社會支持、團結和目的感，它也可能對幸福產生正向影響。

在這種情況下，現有的研究也指往不同的方向，尤其是當幸福的情感性和評估性衡量指標分開考慮時。在美國，ANES 的資料顯示生活滿意度和抗議之間的關係並不顯著。[11] 不滿的成人和比較快樂的

成人相比,並沒有比較可能或不可能參與政治抗議。在瑞士,仔細探討許多可能的因果路徑之後,發現顯著提高抗議意圖的是負向情緒,不是生活滿意度低。[12] 這可能表示,和評估性幸福相比,幸福的情感性構面,是抗議行為更重要的預測指標。然而,在針對就業年輕人的另一項研究中,較低的生活滿意度和抗議行為有關,而失業年輕人則相反。[13]

　　這些關係也因區域情境而異。一波新興的研究已開始檢視 2010 年代初阿拉伯世界的抗議運動與和平起義(一般稱之為「阿拉伯之春」)的原因及影響。研究結果指出,幸福下降在推動抗議浪潮上,扮演強大而重要的角色。利用蓋洛普世界民調資料的三項個別研究證明,幸福水準低是抗議運動和示威活動的顯著預測指標,在某些情況下甚至比標準的經濟和政治指標重要。[14] 兩項研究發現,阿拉伯之春運動爆發之前幾年,一些國家的生活滿意度水準不斷惡化,顯著預測後來出現更多的抗議行動,而生活滿意度下降,很大程度是由對生活品質不滿來解釋。[15]

　　專門針對敘利亞案例的另一項研究指出,在內戰前的幾年裡,生活滿意度,以及包括希望、負向情感和正向情感在內的情感性幸福指標顯著惡化。[16] 這些結果之所以更引人注目,是因為在大約同一時間,阿拉伯世界的許多相關的經濟發展指標都呈現上升趨勢。埃及和敘利亞的這些動態呈現在圖 17.2。這兩個國家早在人民揭竿而起前三年,生活滿意度就開始急遽下滑,而平均每人 GDP 持續上升。[17]

　　香港近期的事態發展,也反映了這整個故事。自 2019 年 3 月 15 日起,香港立法會擬議允許將逃犯引渡到中國大陸的法案,引發抗議行動。從最初的政府總部靜坐,演變成抗議者——主要是年輕人和大學生——和香港警方之間持續數個月的激烈衝突。這段期間的內亂,

圖 17.2　阿拉伯之春爆發前的生活滿意度與 GDP 變化

資料來源：蓋洛普世界民調

注：圖上所畫的生活滿意度（使用坎特里爾階梯衡量）和平均每人 GDP 變化，依 2007 年的基線水準標準化。垂直線表示埃及革命開始（2011 年 1 月 15 日）和敘利亞內戰開始（2011 年 3 月 15 日）。

是這座都市幾十年來面臨的最嚴重政治危機。然而，對於那些只關注抗議行動前經濟指標的人來說，這件事令人相當震驚。從 2010 年到 2019 年，香港的平均每人 GDP 增幅驚人，高達 50%。然而年輕人的幸福指標完全不是這麼回事。同一時期內，年輕人的生活滿意度和預期五年內的幸福則持續下滑。這些趨勢呈現在使用蓋洛普世界民調資料的圖 17.3。在抗議行動爆發前幾年，這兩個指標都急遽下降。未來生活滿意度尤其減低了 0.68 點（量表從 0 到 10），影響與失業大致相當。[18]

整體而言，本節的結果有點不一致。在某些國家，幸福似乎可以預測政治參與、投票行為和政治抗議，在其他國家則不然。這些關係似乎很複雜，而且取決於所處情境，這可能有助於解釋結果的多樣性。要分離出幸福對政治行為的因果影響，也需要審慎的分析

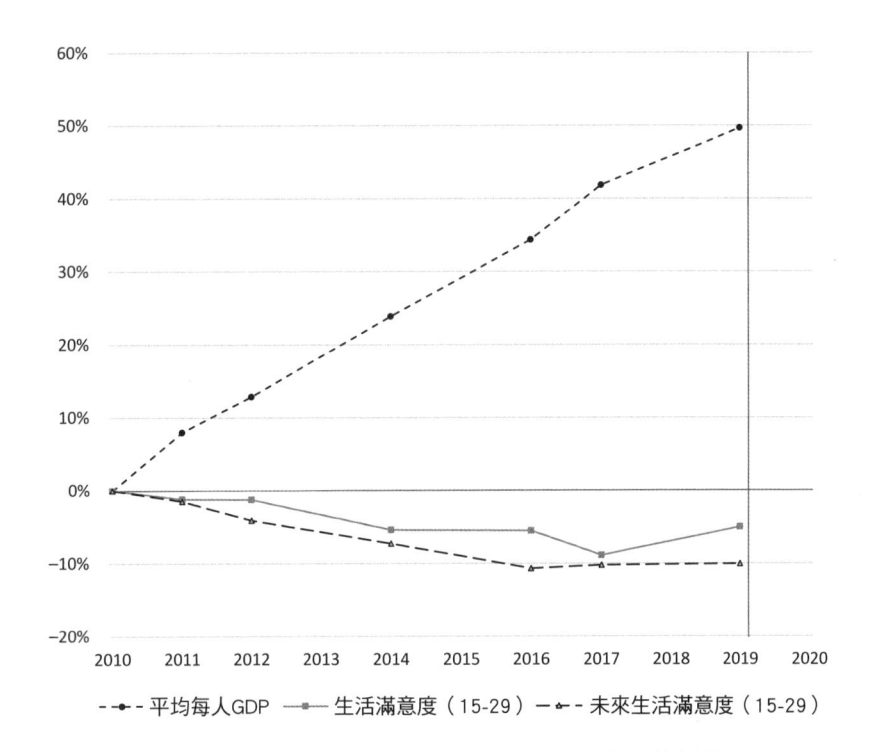

圖 17.3　香港抗議行動前平均每人 GDP 和年輕人幸福的變化
資料來源：蓋洛普世界民調
注：圖中所示年輕人的生活滿意度（以坎特里爾階梯衡量）、預期未來五年的生活滿意度，以及平均每人 GDP 是以 2010 年的基線水準標準化。垂直線表示 2019 年 3 月 15 日香港抗議行動開始。

設計和高頻率的資料，而這往往很難大量取得。自然實驗和準實驗設計可能有助於在未來幾年了解這些動態。不過現在我們將注意力轉向選民的偏好。

選民的偏好

本節要從政治參與轉向選民偏好。我們的討論將圍繞下面這個問題：幸福在決定人們如何投票方面有發揮什麼作用嗎？在正面談這

個問題之前，有必要先強調它的重要性。本書一直強調以經濟指標作為幸福的代理指標的侷限性。就連首創 GDP 一詞的顧志耐本人也說過：「一個國家的福祉幾乎無法用衡量國民所得來推論。」[19] 可是在民主國家，懷疑論者可能表示，政治人物的首要目標不一定是讓人民快樂，而是當選（或連任）。如果正如柯林頓的一位民主策士所說的，政治成功的最重要預測指標是「笨蛋！問題在經濟」，那麼政治人物主要關注經濟，或許是有道理的，或至少是可以體諒的。政治學中的一些選民行為理論確實指出，選民根據他們理性的經濟自身利益而支持或反對政治人物，而且有相當多的證據支持這些理論。[20] 整體而言，經濟表現良好時，執政黨連任成功的可能性往往較高。因此，雖然有強烈的道德理由要求關切幸福，但如果幸福不影響投票，就可能沒有那麼強烈的政治理由這麼做了。對本書的目的來說，幸好這正是適合進行實證分析的問題。

文獻中，這種關係通常是以現任政府的得票率來架構的。這裡的直覺是，成功的政府會提高幸福，從而在民調中反映出來。另一方面，如果政府施政表現欠佳，且幸福低落，現任政府比較有可能敗選。這些假設是許多政治行為理論模型的基礎，但極少人探討幸福的直接影響。[21]

迄今為止，對這些動態，規模最大的研究之一是觀察 1973 年到 2014 年涵蓋 15 個**歐洲國家** 139 次選舉的歐洲晴雨表資料。[22] 第一組分析中，研究探討了歐洲晴雨表調查時收集的國民生活滿意度資料，能否解釋下一次全國選舉的結果。[23] 主要結果呈現在圖 17.4。整體而言，在被調查的歐洲國家，國民幸福水準解釋了現任政府得票率大約 9% 的差異，而 GDP 成長率和失業率這些領先經濟指標，則分別解釋了 7% 和 4%。研究也發現，對自己的生活最滿意（最高 4 點）

的選民，表示在下一次選舉會投票給執政黨的可能性，比最不滿意的選民高出約 50%。

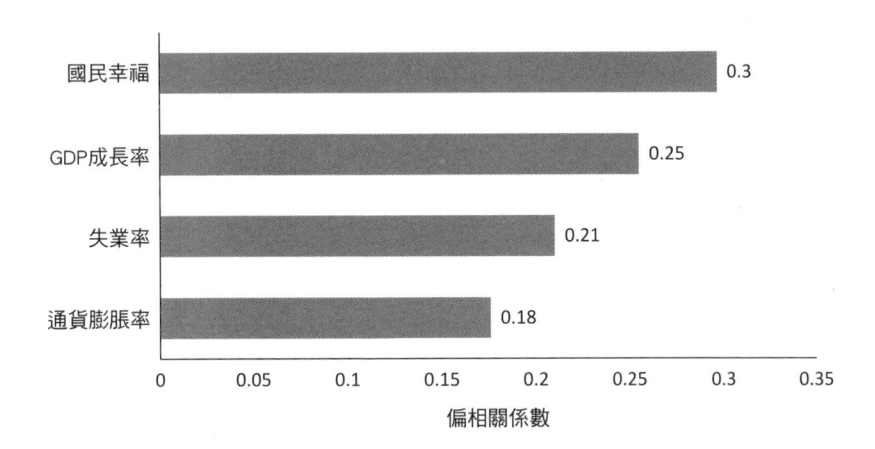

指標	偏相關係數
國民幸福	0.3
GDP成長率	0.25
失業率	0.21
通貨膨脹率	0.18

圖 17.4 歐洲政府得票率的預測指標

資料來源：改編自 Ward (2020)。

注：使用歐洲晴雨表的資料，以內閣的得票率作為應變數，進行個別的雙變量迴歸，估計每個橫條代表的四個指標的相關係數。國家固定效應也被納入為控制項。國民幸福是指選舉前最近一年的平均國民生活滿意度。總體經濟變數取自 OECD，作為每次選舉年的國家資料。樣本是 1973-2014 年 15 個歐洲國家的 139 次選舉。

從政治的角度來看，單單這些結果，就給當選的官員強有力的理由，去關心選民的幸福。但就我們的目的而言，值得進一步探討。雖然這些結果至少指出有因果動態——因為預先存在的幸福水準被用於預測未來的選舉結果——但可能還是有許多干擾變數在起作用。在後來的設定中，研究也控制了社會層級的變數，包括現任政黨的席次百分率和政黨體系的多元化程度，以及個人層級的變數，包括過去的投票行為和個人的財務狀況。即使在考慮了所有這些影響之後，幸福水準仍是國家層級執政黨得票率和個人層級選民偏好的有意

義且顯著的預測指標。尤其是在一項分析中，國民幸福增加一個標準差，預示下一次選舉執政黨的得票率增加 6 個百分點，而經濟成長率同樣的增幅，預示下一次選舉執政黨的得票率增加 3 個百分點。總而言之，這些結果強烈指出，幸福在決定選舉結果方面扮演重要的角色。

英國的一項分析提供了這種關係的更多證據。[24] 這個案例的作者使用英國家庭追蹤研究調查（British Household Panel Survey，BHPS），從 1991 到 2008 年收集的 18 年追蹤研究資料；這段期間涵蓋四次全國選舉。資料集也包含受訪者「如果明天舉行大選」的投票意向年度資訊。由於每年都會調查相同的受訪者，因此作者能夠控制不隨時間變化的個人固定效應。整體而言，生活滿意度超過平均值的受訪者，對執政黨的支持度增加 1.6%。即使在控制個人財務狀況後，這個效應依然存在；個人財務狀況一般廣泛認為是投票行為的根本驅動因素。結果家庭收入增加 10%，對執政黨的支持度只上升 0.18%。

然而，這些結果可能至少部分可歸因於**反向因果**（reverse causation）。如同前述，選民支持的政黨執政時，他們往往比較快樂。[25] 幸福對於選民偏好的正向影響，因此可能只是政治黨派傾向的副作用。換句話說，即使比較快樂的選民更有可能支持執政黨，他們也可能因為支持的政黨本來就執政因而比較快樂。這種情況下，不一定是幸福驅動選民偏好，而是選民偏好驅動幸福。

為了處理這種潛在的偏差，英國的研究多做了兩個實證測試。首先，作者將樣本限制為搖擺選民，定義為 (a) 宣稱自己不偏愛某個特定政黨甚於另一政黨的人，或者 (b) 在各次選舉始終把票投給不同政黨的人。即使在這群人中，幸福仍然證明是支持執政黨的顯著預測

指標。事實上，搖擺選民中的這種效應，甚至比全部樣本中的效應要強。[26] 在第二個測試中，作者不是根據黨派傾向，而是根據幸福的外來衝擊區分樣本。他們首先從受訪者中選出最近**喪偶者**，然後使用**傾向分數配對**（propensity score matching）技術，將這些受訪者的投票偏好，和除了最近沒有喪偶，其他所有相關方面都類似的受訪者相互比較。這種方法的設計，目的是像隨機對照試驗那樣，但在這項測試中，實驗組和對照組是依配偶最近是否死亡（可推測為隨機）來區分，而不是由研究人員去隨機分配。使用這種作法，最近喪偶的「接受實驗」受訪者，支持執政黨的可能性比對照組低 8%。

第三個分析和**美國**有關。它使用蓋洛普每日民調（Gallup Daily Poll）的郡級資料發現，幸福水準可以顯著預測 2012 年和 2016 年美國大選執政黨的支持度。[27] 2016 年，今天的生活滿意度低和五年內的預期生活滿意度低，分別解釋了川普得票率差異的 28% 和 61%。後者的影響，證明比所考慮的種族、年齡、種族敵意、教育或人口密度等其他任何變數都要大。在隨後的迴歸分析中，生活滿意度每增加一個標準差，就和 2016 年川普的選民支持度下降 7 個百分點有關，而預期未來生活滿意度的類似增幅，則和支持度下降 12 個百分點有關。作者也在 2012 年的總統大選中發現類似的結果，其中目前和預期未來生活滿意度點數分別預測現任歐巴馬（Barack Obama）的共和黨對手羅姆尼（Mitt Romney）的支持度降低 6 個百分點和 10 個百分點。

其他少數一些分析使用其他形式的幸福外生衝擊來解釋投票結果。在這類最有趣的測試當中有一項是，美國各郡的選舉結果和當地運動比賽的結果有關。[28] 作者發現，當地大學美式足球隊在選前十天內贏得比賽的郡，在參議院、州長和全國選舉中支持執政黨的可能性

高出 1.6 個百分點。作者認為，這個結果可能可以用球隊贏球的郡幸福水準較高來解釋，但他們的分析並沒有包含幸福的直接衡量指標。

整體而言，本節的結果顯示，幸福水準和執政黨的支持度之間存在密切關係。雖然高所得國家都有所有這些代表性影響的結果，但是一些分析也發現，幸福是拉丁美洲[29]和馬來西亞[30]執政黨支持度的顯著預測指標。雖然這些文獻很多還在起步階段，但這些研究發現都強調，選民的幸福在決定選舉結果方面能扮演重要的角色。本節將重點放在執政黨支持度與幸福所扮演的角色，不過當然還可以透過更多的視角，分析這種關係。在本章的下一節，也是最後一節，我們將特別探討另外一個觀點：幸福和民粹主義之間的關係。

民粹主義

上一節中，我們列舉了一些證據，指出幸福較低的美國選民，比較有可能在 2016 年的大選中投票給川普。這些結果在很大的程度上，和顯示不滿情緒可以預測在野黨獲得支持的相關證據一致。然而它們也可能揭示另一個現象：**民粹主義**（populism）崛起。民粹主義政黨並不是新鮮事；[31] 近年來，許多例子在西方國家引起關注。自 1960 年以來，歐洲民粹主義政黨在全國選舉的得票率增加了一倍多，從 5% 增為 13%，而國會席次百分率也增為三倍。[32] 研究人員提出許多理由，解釋這些發展，但大眾輿論中最常見的說法可能是「不滿」升高。[33] 本節將更詳細探究這種關係的經驗證據。具體來說，我們將探討幸福低，是否支持民粹主義。

民粹主義運動起源於左翼和右翼政治運動都有，這使得它們有點難以分類。要確定一個普遍認同的定義，有其困難度。不過大多數研究人員普遍同意所有的民粹主義運動之間，有一些共同的關鍵特色，

尤其是以下三點：(1)重視「人民」，反對「菁英」，(2)反對政治建制，以及(3)支持人民主權。[34]以這些特徵為起點，歐洲政黨依它們的民粹主義論調程度、綱領和政策，而有幾種分類發展出來。[35]有了這些資料，一些研究人員已開始研究幸福在多大的程度上，可以預測民粹主義政黨的支持度。

最近針對29個國家約18萬名**歐洲成人**所作的一項分析，發現較低的幸福水準和較高的民粹主義支持水準有顯著相關。[36]在控制了包括年齡、性別、種族、教育、就業狀態、收入、居住區域和其他相關變數的許多個人特徵後，生活滿意度最高的受訪者，上次選舉投票給民粹主義政黨的可能性，比生活滿意度最低的人低3.7個百分點。將這個數字放在相應的情境中來看，它比反移民情緒對民粹主義支持的影響更大。[37]

另一種方法是不以投票偏好，而是以政治態度，來探究民粹主義的支持度。這類分析有一個使用**100個國家**超過35萬名受訪者的代表性資料，控制了年齡、性別、收入、教育、婚姻狀態和國家固定效應等變數之後，估計生活滿意度在多大的程度上預測與民粹主義相關的政治態度。[38]結果顯示在圖17.5。整體而言，幸福證明與全面的政治態度高度相關。比較快樂的選民更有可能對政黨懷有信心、對政治體制懷有信念、對民主持正向意見，並認為自己是世界公民。他們也比較不可能認為強有力的領導人對國家來說是件好事。最明顯的差異和政治體制有關。生活滿意度為10點（量表最高10點）的受訪者，和生活滿意度最低的受訪者相比，對政黨懷有信心的可能性高大約5%，對政治體制持正向意見的可能性高13%。

迄今為止的兩項分析都指出，西方國家民粹主義的興起，至少部分和不快樂有關。另一類文獻試著藉仔細檢視近年來著名**民粹主**

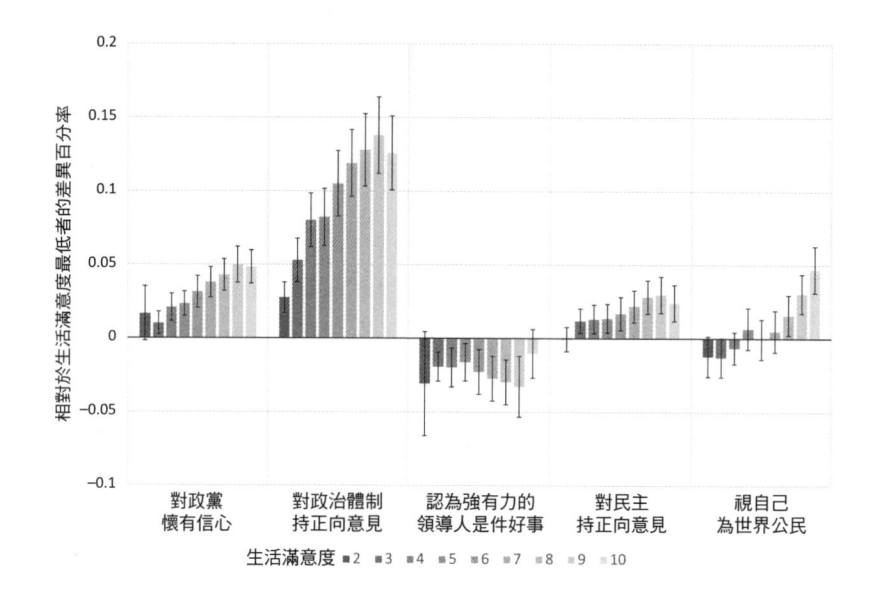

圖 17.5 由生活滿意度不同造成的政治態度差異
資料來源：世界價值觀調查
注：根據 Ward (2019) 的研究結果。長條代表政治意見和生活滿意度水準最低者的差異百分率。控制家庭收入（五分位數）、教育程度、婚姻狀態、性別、年齡及年齡平方，使用 OLS 線性迴歸進行估計；標示出 95% 信賴區間。

義者的政治成功來處理這個問題。包括法國 2017 年的全國大選、英國的脫歐公投、川普 2016 年當選美國總統。在這方面，結果往往不那麼直接明顯。

在法國，瑪琳勒龐的民粹主義民族陣線（National Front）黨擊敗了傳統的左翼和右翼政治對手，進入 2017 年全國大選決選的最後一輪，對手是馬克宏（Emmanuel Macron）。馬克宏最後以相當大的優勢獲勝，但是勒龐政黨黨綱的竄起和成功，在某種程度上受到民粹主義反建制和反菁英情緒的推波助瀾，值得進一步關注。一項研究試著利用選舉前約 17,000 份選民調查的獨特資料集，檢視支持法國

民粹主義的驅動因素。[39] 作者發現，生活滿意度較低，強烈預測選民會投票支持勒龐。支持她的選民和支持其他任何候選人的選民相比，對自己的生活比較不滿意。即使在控制了收入、教育、種族和其他的社會人口變數之後，生活滿意度低仍然顯著預測民粹主義的支持度高，而生活滿意度高則預測最後的贏家馬克宏的支持度高。在此同時，和政治光譜的其他任何群體相比，勒龐的選民也比較不信任其他人（包括家人和鄰居），對自己的未來比較不樂觀。

雖然勒龐沒有贏得2017年的法國總統選舉，但英國脫歐和美國川普競選總統的民粹主義運動，證明是成功的。然而這兩個案例，證據似乎有點不一致。在英國，兩項研究特別檢視了支持脫離歐盟與不滿之間的關係。雖然兩項研究都發現，不滿於收入低尤其強烈預測支持英國脫歐——事實上，甚至比實際的收入水準本身更具預測力——但研究發現，生活滿意度的影響要小得多，而且大致上不顯著。[40]

美國的一項研究也探討川普和伯尼·桑德斯（Bernie Sanders）在共和黨及民主黨初選中，幸福和投票型態的郡級資料。[41] 由於兩位候選人都宣揚民粹主義訊息和政策，我們可能預期不滿情緒將預測兩個人都得到支持。作者確實觀察到的確如此。在控制收入、就業狀態、宗教、經濟成長、居住地區人口密度等變數和區域固定效應的兩個個別迴歸分析中，今天生活滿意度低或未來五年內生活滿意度預期低的共和黨選民，在初選中更有可能投票給川普，而具有相同特徵的民主黨選民，更有可能投票給桑德斯。

一項相關的研究也使用高頻率的蓋洛普資料，檢視2012年到2016年幸福的變化，在多大程度上可以解釋有利於川普的選情。[42] 作者整理了2012年約177,000名美國受訪者、2016年約353,000名受訪者的生活滿意度、預測未來生活滿意度，以及情感性幸福的資

訊。[43] 研究發現，從 2012 年支持歐巴馬，到了 2016 年轉向支持川普的郡，同期內平均幸福下降的可能性顯著升高。具體來說，在民主黨的得票率至少 10% 轉向共和黨的郡，表示生活滿意度嚴重低下（1 到 4）的受訪者比率，從 3.4% 增加一倍多到 7.1%，而表示生活滿意度高（7 到 10）的受訪者比率，從 73% 下降到 61%。受訪者未來的預期生活滿意度和對居住地區的滿意度，也觀察到類似的趨勢。這些郡的居民也顯著更有可能感到悲傷，比較不可能表示感到快樂和愉悅。相較之下，同一時期的收入變化，並不能顯著預測選情的變化。

最後，另一項研究發現，在控制其他因素的情況下，感到憂慮和種族敵意都顯著預測川普的支持水準會提高。然而，一旦引進相關性（和他人的社會關係）的衡量指標，憂慮的影響就會顯著減弱，而種族敵意的影響則變得微不足道。作者解讀這個結果，指出川普在 2016 年大選中的支持度，主要來自渴望成為群體一員的歸屬感，以緩衝導致不快樂的經濟和文化焦慮。換句話說，感覺與社區疏離的選民，將他們的焦慮導向支持川普。這些動態和從法國勒龐的支持者身上觀察到的表現相呼應。

所有這些研究都有提示性的證據，指出不滿情緒和與社會脫節先於且能預測民粹主義勝出。總而言之，它們強調了社交連結和整體幸福，在解釋西方國家民粹主義最近興起所扮演的角色。然而認識到這些結果的侷限性也很重要。雖然後來這些研究觀察到的縱向動態指出，不快樂驅動了民粹主義的支持度升高，但這個問題不容易做因果推論。到目前為止，就我們所知，還沒有研究試著進行隨機對照實驗，誘導接受實驗的受訪者感到更快樂或更不快樂，然後問他們支持民粹主義的程度。未來利用自然實驗或準實驗設計，來預測民粹主義政黨的得票率，可能會有可觀的成果。

17 幸福感如何影響投票　407

　　然而，整體時間序列對民粹主義的崛起可以完全用幸福下降來解釋一事，提出一些質疑。正如前幾章談過的，世界上許多國家，包括歐洲和北美，平均生活滿意度水準仍然非常穩定。[44] 由於近年來民粹主義政黨的支持度急遽升高，人們可能預期生活滿意度有類似的急遽下降現象。事實似乎並非如此。在此同時，許多國家中，社會孤立和負向情感（尤其是「憂慮」感）呈上升趨勢。[45] 只要這種現象反映人們對未來日益增長的疏離和焦慮，便可能有助於解釋民粹主義吸引選民的現象。這些問題仍有待未來的研究確定。

　　整體而言，本節的結果需要進一步研究和實驗。雖然最近歐洲和美國的一些選舉，位於政治光譜左側和右側的民粹主義政黨敗選，但在主流政治中仍然保有相當大的影響力。了解支持它們的主要驅動因素，尤其是幸福在解釋它們方面扮演的角色，仍將是未來幾年社會科學家面臨的核心且迫切的挑戰。

小結

- 較為快樂的選民通常比較不快樂的選民，更有可能參與政治。
- 儘管有這些廣泛的相關性，幸福和政治參與之間關係的因果研究，卻得出了不一致的結果。研究發現，較為快樂的選民在某些情境中會更積極參與，但在其他的情境中則不然。
- 在阿拉伯世界，幸福降低是將來會有政治暴動的強大先聲和預測指標。這種關係在西方國家似乎稍微弱一些。
- 整體而言，強有力的證據指出，幸福可以預測執政黨會有較高的支持水準。許多國家發現有這種效應，並使用各種不同的分析方法，包括傾向分數配對技術和自然實驗。許多情況下，這種效應

甚至比標準的選民偏好經濟模型還要強。
- 在世界各地，較不快樂的選民也更有可能投票支持民粹主義政黨，並認同民粹主義的意識形態。然而，對法國、英國和美國選舉進行的研究發現，用生活滿意度預測民粹主義選舉勝利方面，結果大多不一致。
- 然而，對收入的不滿，尤其是與社會疏離，證明是法國勒龐獲得支持、英國投票脫離歐盟、美國川普當選總統的強有力預測指標。

問題討論

(1) 研究顯示，幸福預測執政黨的支持度高。如果要為民選官員提供建言，你會怎麼利用你知道的這件事？

(2) 到目前為止，用於檢視幸福低是否提升民粹主義支持度的實驗研究還相當有限。你能想出一種實驗設計（不管是在實驗室，還是在現實世界中），測試這個假設嗎？你建議的方法，主要優點和缺點是什麼？

延伸閱讀

Arampatzi, E., Burger, M., Ianchovichina, E., Röhricht, T., and Veenhoven, R. (2018). Unhappy development: Dissatisfaction with life on the eve of the Arab Spring. *Review of Income and Wealth*, 64, S80-S113.

Liberini, F., Redoano, M., and Proto, E. (2017a). Happy voters. *Journal of Public Economics*, 146, 41-57.

Ward, G. (2020). Happiness and voting: Evidence from four decades of elections in Europe. *American Journal of Political Science*, 64(3), 504-518.

Ward, G., De Neve, J. E., Ungar, L. H., and Eichstaedt, J. C. (2020). (Un)happiness and voting in US presidential elections. *Journal of Personality and Social Psychology*, 120(2), 370-383

注釋

[1] 本章主要根據 Ward (2019) 的論點。
[2] Veenhoven (1988).
[3] De Neve et al. (2013).
[4] Langenkamp (2021).
[5] Ojeda (2015).
[6] Flavin and Keane (2012).
[7] Dolan et al. (2008).
[8] Pirralha (2018).
[9] 研究人員也發現，不管黨派關係或選舉結果如何，投票似乎不會讓人們日後更快樂（Weitz-Shapiro and Winters [2011]）。
[10] Zhong and Chen (2002).
[11] Flavin and Keane (2012).
[12] Lindholm (2020).
[13] Lorenzini (2015).
[14] Arampatzi et al. (2018); Witte et al. (2019); Cheung et al. (2020).
[15] Arampatzi et al. (2018); Witte et al. (2019).
[16] Cheung et al. (2020).
[17] 自從「阿拉伯之春」起義以來，許多阿拉伯國家的幸福水準停滯不前，甚至持續下滑。截至有收集資料的最近一年 2015 年，敘利亞的平均生活滿意度水準為 3.5 點（最高 10 點），低於 2008 年的 5.4 點。在埃及，2019 年的平均生活滿意度為 4.3，低於 2007 年的 5.2。
[18] 請參考第 11 章。
[19] Kuznets (1934).
[20] 關於評論，請見 Lewis-Beck and Nadeau (2011)；Healy and Malhotra (2013)；Lewis-Beck and Stegmaier (2018)。
[21] 這些通常稱為「政治機構」（political agency）模型。關於標準範例和評論，請見 Ferejohn (1986)；Besley and Burgess (2002)；Persson and Tabellini (2002)。
[22] Ward (2020).
[23] 平均是在選舉之前四個月時進行調查。
[24] Liberini et al. (2017a).
[25] Di Tella and MacCulloch (2005); Tavits (2008).

[26] 搖擺選民中,生活滿意度高,則執政黨的支持度增加 2.4%,而全部樣本的支持度只增加 1.6%。
[27] Ward et al. (2020).
[28] Healy et al. (2010)
[29] Bravo (2016).
[30] Ng et al. (2017).
[31] Von Beyme (1985).
[32] Inglehart and Norris (2016).
[33] 例如,請見 Sorkin (2016)。
[34] Mudde (2007); Inglehart and Norris (2016, 2017).
[35] Van Kessel (2015); Inglehart and Norris (2016).
[36] Nowakowski (2021).
[37] 特別是指反對來自歐盟以外的移民。
[38] Ward (2019).
[39] Algan et al. (2018).
[40] Liberini et al. (2017b); Alabrese et al. (2019).
[41] Ward et al. (2020).
[42] Herrin (2018).
[43] 情感的衡量指標包括感覺快樂、壓力、享受、憂慮、微笑、悲傷、憤怒。
[44] 請見第 13 章。
[45] 負向情感方面,請見 Helliwell et al. (2021)。至於孤獨和社會孤立,請見 Ortiz-Ospina and Roser (2020)。

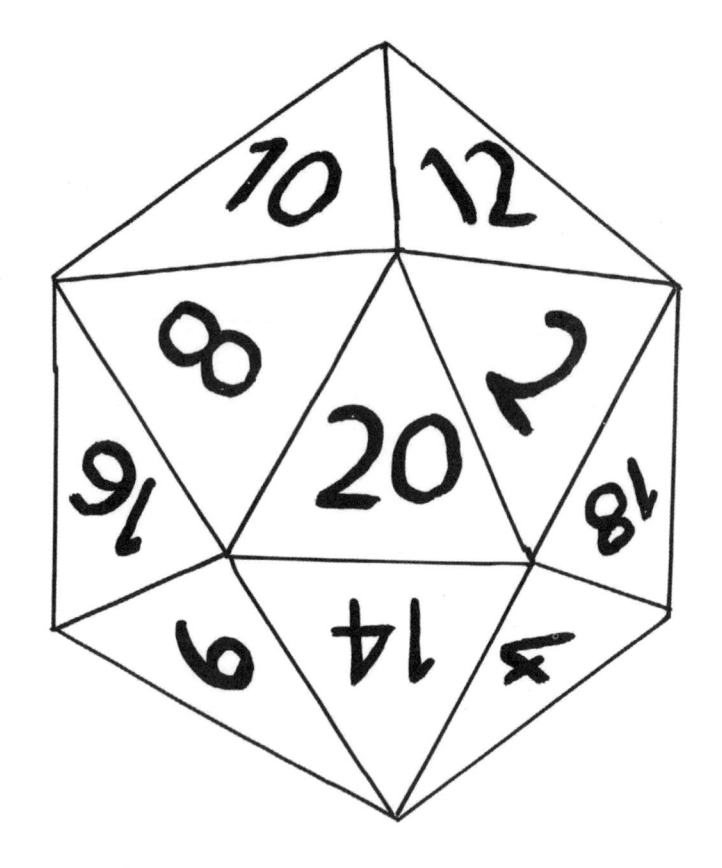

MANY-SIDED DICE

THE GOVERNMENT USE THEM
TO MAKE DIFFICULT DECISIONS

多面骰子

政府遇到困難的決定就使用它們

18
成本效益與政策選擇

> 經濟學的最終目的,當然是理解和促進幸福的提升。
>
> 班・伯南克(*Ben Bernanke*,美國聯準會前主席)

　　幸福學的最終目的,是幫助我們提升幸福。但願本書的讀者現在能多了解自己一點,用這些知識來改善自己和他人的幸福。但是政策制定者呢?不管他們是在中央政府,還是地方政府,或者大大小小的非政府組織服務,幸福學是否有一些步驟,能幫助他們提升人類的幸福?[1]

　　本章要問下面的問題:
- 如果政策制定者想要極大化幸福,他們會如何花錢?當效益是以幸福的單位衡量,我們如何衡量成本效益?
- 傳統的成本效益分析(cost-benefit analysis),效益是以金錢的單位衡量,幸福方法和傳統方法相比之下如何?哪種方法比較好?
- 如果政策制定者特別想要消除不幸,他們可以怎麼做?
- 中央政策制定者可以運用新方法到什麼程度?

目標

首先，政策制定者需要明確知道幸福是他們的至高目標。目前大多數組織都有**多重目標**，但是當他們決定投入多少心力到每個目標，就代表他們要在一個目標和另一個目標之間權衡取捨。最後，這種決定可能沒有任何理由，除非是由某個至高的目標引領，再據以評估各個不同子目標的輕重。

在第一篇，我們已經闡述將幸福作為至高目標的論點。因此，在這個願景中，每個組織都將盡其所能，以各種方式來極大化**未來WELLBYs**（經適當折現）**總和**。[2]

例如，每個國家的財政部長會對每位內閣閣員說：「在你爭取貴部門的預算時，請估計你提議的每一項主要支出（不論新舊）將增加多少社區幸福。告訴我們它們對幸福的影響，以及要花多少錢。」而且不論規模大小，任何組織的領導人，都會問所屬各不同單位相同的問題。

成本效益分析

針對這些提案作決定的程序因此如下所述。[3] 實務上，我們可以假設任何典型的公共組織，都有整體的預算限制，也就是所有的政策需要的總支出金額有一定的上限。因此，對於每項政策來說，關鍵問題是每一元成本產生多少幸福。這就是**政策的成本效益**。因此，政策將根據每一塊錢的淨（折現）支出所產生的（折現）WELLBYs，來排定優先順序。

一旦依照它們的成本效益高低排序，我們就會先選成本效益最

高的政策，直到可用的預算用完為止。因此會有一個成本效益的**截點水準**（cut-off level，λ），高於那個截點的政策會獲得批准，低於該截點的政策會遭到擱置。因此，批准政策的標準是 [4]

$$\frac{\sum\sum W_{it}(1-\delta)^t}{\sum C_t(1-\delta)^t} > 截點值 = \lambda \tag{1}$$

其中 C_t 是第 t 年的淨成本。

適當的**臨界值**（critical value，λ）可以透過試誤法找到。另一種方法是從已經用於某些生活領域的 λ 值開始。例如，WELLBY 方法在許多方面和某些健康照護系統已經採用的方法類似。正如第 10 章指出的，英國的國家健康與照護卓越研究所（NICE）根據治療方案產生的 QALY（品質調整後生命年）數字相對於它的成本，評估提議的治療方案是否可行。只有成本相對於效益的比率夠低時，治療才會獲得批准。目前 NICE 要求每個 QALY 的成本低於約四萬美元。但這只適用於醫療支出，以及在健康照護體系接受治療的個人之健康相關給付。WELLBY 方法和所有的政府支出、所有受影響個人的幸福效應有關。它應該成為決定所有公共支出的標準方式。

與傳統成本效益分析的關係

我們自然而然想問的問題是：這種方法和傳統的經濟成本效益分析相比如何？傳統的經濟成本效益分析是以金錢（而不是幸福）單位來衡量效益的。答案是：目前的**成本效益分析**的結果，可以很容易地融入幸福的框架。因為我們知道金錢收入對幸福的影響，因此我們總是能將以金錢衡量的任何效益，轉換為以幸福單位衡量的效益。準確的說，如果收入是 Y，X 是政策變數，那麼政策對幸福的影響以

下式計算

$$\frac{dW}{dX} = \frac{dY}{dX} \cdot \frac{dW}{dY} \quad (2)$$

其中 dY/dX 是 X 對收入的影響，而 dW/dY 是金錢的邊際效用。

這種方法通常非常有用，因為對某些政策來說，一開始就用金錢單位來衡量比較容易。這不只適用於薪資或其他收入（例如由於教育上的投資）的直接影響，也適用於無形效益（例如縮短交通時間）。在這種情況下，這些無形效益，是以人們表現出的行為，就表示他們願意為此付費（透過他們的**顯示性偏好**〔revealed preference〕）去評價的。[5]

但是只有在人們能夠透過自己的選擇，表明他們多重視不同的結果，**願意為此付費**（willingness to pay）的方法才管用。有時他們可以做到，但很多時候做不到。交通、工業生產、教育，以及環境的某些面向等，他們做得到。但是許多結果，不是人們能夠選擇的──它們是經由外在的影響，發生在人們身上的事情──也就是經濟學家所說的外部效果（external effects）。人會生病、孩童受到虐待、老人遭到遺棄、人們遇劫。我們無法透過觀察各種選擇，來了解人們多重視這些經驗。那麼我們要如何評估疫苗接種、兒童保護、家庭法庭、老人照護或警察保護等政策？以幸福單位來衡量效益，是顯而易見的解決方案。

批評者可能會說，即使人們不能透過他們的選擇，來表達他們所重視的價值，我們還是可以問他們**假設性問題**：他們原則上願意付出多少錢，去推動這些效益？然而遺憾的是，我們一再看到，問人們如何評價某些事情的假設性問題，結果得到的是荒謬的答案。[6]

因此，各種活動影響幸福的資料，對於以證據為基礎的政策制

定,提供了一條更好的途徑。但為什麼不接著將這些幸福估計值轉化回金錢單位?因此,假設我們知道一項政策對幸福的影響。那麼我們可以計算收入要增加多少,才有和政策提高幸福相當的效果。拿幸福的增減除以收入的邊際效用,可以算出收入的**對等變量**(equivalent variation)。因此,如果政策 X 能改善幸福 dW/dX,收入的對等變量以下式計算

$$\frac{dY}{dX} = \frac{dW}{dX} / \frac{dW}{dY} \tag{3}$$

這是公式(2)的相反運算。因此得出的以金錢單位衡量的總效益,可以拿來和成本相互比較。

然而這種方法遭遇兩個壓倒性的反對力量。首先,如果幸福的變化是發生在窮人身上,這件事就會自動變得不那麼重要——一塊錢不管是給川普,還是給流浪漢,它都是一塊錢。為了避免這種情況,可以對不同的群體應用不同的收入邊際效用,個別分析不同收入群體的結果。既然我們要重新建立幸福作為效益的衡量指標,那麼為什麼不從一開始就用這個方法呢?

其次,我們可能不想只加上 ΔW,而是給起初幸福低的人更高的權重。如果依循金錢計價的程序,就沒辦法做到這一點,因為每個人的幸福水準變得看不見了。我們可能想,也可能不想給最不幸的人更高的權重(請見第 2 章),但保有這麼做的能力總是好的。

請注意,本章假設總預算是由政治考量決定的。我們不使用幸福方法來確定公共支出總額。傳統的成本效益分析也發生同樣的事,也就是即使專案的金錢效益超過成本,它也經常遭到擱置。原因是公共資金不足以撥給效益超過成本的每一個專案。因此,能夠通過的只有效益/成本比夠高的專案,截點值通常大於 1。

另一種方法是利用幸福成本效益分析，以確定公共支出總額。但這會導致公共支出高出許多。例如，如果 $W = 0.3 \log Y$，英國健康生命年（$W = 7.5$）的價值是 750,000 美元。但英國的 NICE 不允許每增加一個生命年超過 4 萬美元的支出。[7]

稅賦與法規

再者，除了編定的總預算如何支出之外，還有其他重要的公共政策問題。如何建立稅賦結構是個問題。這裡的方法可以說很直白：如果我們要設想一個自籌財源的稅務改革，那麼只需要評估它如何改變每個人的幸福，並把這些變化加總起來（假設我們只想要極大化總人口中所有成員的幸福總和）。我們也應該以幸福作為是否制定新法規或廢除舊法規的標準。[8]

五大問題

現在該來處理一些棘手的問題了。首先是**折現率**（discount rate）。第 15 章討論過這個問題，並且建議訂為每年 1.5% 左右。

然後是**壽齡**（length of life）的問題。如果我們知道一項政策將在任何額外生命年產生的品質，我們就能根據它產生的生活品質，計算額外生命年的價值。但如果不知道，我們就以平均幸福水準，計算（有關國家）生命年變化的價值。

然後是我們如何處理**出生率**的問題。如果我們透過鼓勵生育更多的孩子，來提高折現後的 WELLBYs，這能算是效益嗎？如果是，那麼這幾乎肯定是提高未來幸福總和，成本效益最高的方式。例如，將支出從健康照護轉向兒童補貼，我們提高的出生率（以 % 計），肯定可以高於減少的壽齡。這將提高未來 WELLBYs 的數量。但大

多數人不會支持這種政策。因此我們建議，在評估政策的影響時，要忽視出生人數變化對總 WELLBYs 造成的影響。[9]

接下來，**誰的幸福**比較重要，是個問題。原則上，至少應該顧及全人類。每個人都同等重要。但就私人道德而言，我們幫助某些人總是比幫助其他人容易一些。所以實務上，人類社會是透過分工而運作；人們特別照顧自己親近的人，而且這也滿足了人類的某些情感只能給予少數人的需求。

但是，談到公共政策或公益慈善活動時，**關切範圍**（circle of concern）必須擴大到包括我們不認識的人，包括世界遠處的人。[10]理想的情況下，每個政府都會選擇它能做哪些事情以造福人類。實務上，民主政府不可避免會認為它們的主要責任是為自己的選民負責。但這個責任希望能包括另外兩個重要的考量：
- 幫助比較不幸福國家的無私願望，
- 需要和其他國家協作，以確保全球公共財的安全，例如應對氣候變遷和維護世界和平。

那麼人類以外的**其他眾生**（other sentient beings）的幸福又如何？他們肯定必須算在內。有充分的證據指出鳥類和哺乳動物（至少）有愉快和痛苦的感覺。例如，研究人員讓受傷的鳥類或哺乳動物在含有標準止痛藥的食物和不含標準止痛藥的食物之間選擇。結果發現受傷的動物喜歡含有止痛藥的食物。而且，更重要的是，當他們服用止痛藥，就不再悲嗥或叫喊。這顯示選擇止痛藥不只是對受傷的自動反應，也是情緒感覺的反應。[11]

最後，還有**公平**（equity）的問題。正如第 2 章所說，公共政策分析的起點可能是邊沁方法，將 WELLBYs 的所有變化加起來，不管這些變化是誰的。但大多數人可能希望給最不快樂的人更多的權

重,以改善他們的幸福。問題是如何對權重達成共識。一個顯而易見的方法,是對大眾的看法進行代表性調查,而這是未來研究的優先要務。在此同時,一種自然的方法是透過敏感度分析(sensitivity analysis),檢視使用不同的權重時,結果的反轉程度。同樣的,在考慮新的政策方案時,關注造成不幸總量最大的生活領域,似乎是很自然的事。

制定新政策

尋找新政策的自然起點,是問兩個非常相似的問題:
- 生活的哪些面向最能解釋幸福的不平等?
- 生活的哪些面向最能解釋幸福低者所占的百分率?

實際上,這兩個問題的答案非常相似。[12] 第 7 章說過,第一個問題的答案來自下面的標準化迴歸公式:

$$\frac{W_i}{\sigma_w} = \sum \beta_j \frac{X_{ij}}{\sigma_j} + e_i \tag{4}$$

其中 β_j^2 衡量每個變數 X_j 對 W 的整體不平等(變異數)之獨立貢獻。

或者,我們可以把重點放在不幸上,並問哪些變數可以解釋人們的不幸。例如,我們把不幸定義為生活滿意度水準低於 6。那麼不幸的虛擬變數值如下

$$1,如果 W < 6$$
$$0,如果 W \geq 6$$

如果我們以一般常用的解釋因素,跑這個虛擬變數的迴歸式,那麼 β_j^2 就能衡量每個變數 X_j 對不幸存在或不存在的獨立貢獻。[13]

表 18.1　什麼變數可以解釋英國 25 歲以上成人的生活滿意度變化？──偏相關係數

	β
身體健康	0.11 (0.01)
心理健康	0.19 (0.05)
有工作（沒有失業）	0.06 (0.04)
工作品質	0.16 (0.04)
有伴	0.11 (0.03)
收入	0.09 (0.01)
教育程度	0.02 (0.01)

資料來源：請見圖 8.2。括號內為標準誤。

實證研究發現，從估計公式 (4) 得到的 β_j^2，和從解釋不幸的迴歸分析獲得的結果非常相似，除了後者的 β_j 都稍微小一點（因為二元變數比較難以解釋）。[14] 由於兩者相似，把重點放在公式 (4)，並在高 β 的領域尋找新政策就夠了，因為減低這些領域的不平等，能夠對普遍的不幸狀況產生重大的影響。[15]

表 18.1 又見到第 8 章的 β。對每個因素 X_j 來說，β_j^2 代表 X_j 獨立變異所能解釋的不平等百分率。最高的是心理疾病，身體疾病也很重要。然後是工作品質和人際關係，之後才是收入。這些是英國的資料，但其他已開發國家的排序類似。[16]

但是幸福方法的基本訊息很清楚。政策制定者不會過度關注於經濟問題。為了提升幸福，他們也將至少根據證據，同樣認真關注：
- 心理健康（治療和促進），
- 身體健康（治療和促進），
- 工作品質，

- 對家庭的支持，以及
- 社區營造。

實驗

但這只是尋找新政策的起點。下一步是確定可考慮的具體政策改變。一旦確定了可行的政策選項，理想情況下，應該進行適當的實地隨機實驗。如果在個人之間進行隨機實驗，實務上不可行或不道德，那麼通常可以跨地區或跨機構（學校、醫院等）進行隨機實驗。從這種實驗可以得到實驗的短期幸福效益和預算成本資訊——接著最好能夠使用模型，預測更長遠未來的成本效益。

這類評估的最後結果，將是估計每一元支出的 WELLBYs 增減——或每一元可以幫助多少人擺脫不幸。或者這些估計可以反過來表達——例如每一 WELLBY 需要多少成本，或每人擺脫不幸需要多少成本。表 18.2 是後一種方法的粗略呈現。這是簡略的計算，我們提到它，只是為了引發讀者去思考和討論，並鼓勵讀者做得更好。這張表採用了英國所提減少不幸的四種標準方法。我們接著估計每年需要花費多少公共成本，才能確保減少一個不幸的人。（各種假設見線上附錄 18.2。）結果有點令人驚訝。改善心理健康照護是四種政策中成本效益最高的，其次是積極的勞動市場政策和身體健康照護，所得重分配的效果最差。由於重分配的成本高，而且極少不幸的人同時也貧窮，因此將公共資金用於其他幾項往往更有成效。這也就是助人自助的道理。

因此在這個分析中，首要之務是建立社會基礎設施（健康照護、技能培訓、就業和社區服務）。

表 18.2　減少一個不幸的人的平均成本

	每年，千英鎊
貧窮。讓更多人高於貧窮線	180
失業。透過積極的勞動市場政策減少失業	30
身體健康。讓更多人脫離健康狀況最差的 20%	100
心理健康。治療更多憂鬱症和焦慮症患者	10

資料來源：A. E. Clark et al. (2017)

有誰在做這件事？

那麼，現在全世界有多少政策制定者，將幸福視為目標並採取相應的行動？許多人表示支持這個想法，但真正執行的人少得多。歐盟的部長會議（Council of Ministers）和巴黎的 OECD 已經要求成員國「將人民及其幸福置於政策設計的中心」。[17]他們支持「幸福經濟」，以幸福為經濟體的服務目標；但在此同時，幸福也因為對經濟的正向影響而受到重視。[18]在中國，習近平主席一再表示「人民的幸福是發展的根本目的」。[19]

但以幸福為目標，走得最遠的國家是紐西蘭。2019 年，工黨政府公布了第一份幸福預算，吸引世界各國關注。這份預算的新穎之處，在於將任何新的額外支出，以具成本效益的方式，集中在提高幸福的事情上（例如心理健康服務、減少兒童貧困和家庭暴力、毛利人〔Maori〕的幸福和氣候變遷）。預算的其餘部分，依其對於四大支柱（實體資本、人力資本、社會資本和自然資本）的影響而決定是否值得納入。這些支柱被視為有助於幸福的永續性——但這方面的貢獻並沒有量化。

紐西蘭的做法，是可能實現變革的一種方式。但在將來，政府

（中央與地方）和非政府組織（NGOs）可以更進一步，透過幸福的量化視角，評估它們的**整體**運作。[20] 官方的評估手冊，日益授權這麼做，[21] 但大多數政策制定者還沒有使用這些工具。如果他們願意，那就需要建立本身的幸福分析單位（Wellbeing Analysis Units），用以審查他們編列預算而實施的愈來愈多政策，對幸福的影響。

他們的當務之急，是採取行動，改善知識庫。正如我們說過的，這需要做數千次實驗，比較一項政策和一個反事實（counterfactual）對照組，對於幸福和成本的影響。當然，所有執行過的實驗都要將衡量幸福作為結果之一，不管他們還衡量其他什麼變數。

大多數實驗的追蹤期都相當短，可是實際的影響可能相當長。要模擬比較長期的影響，需要幸福在生命期中如何逐年演變的模型。因此，我們需要幸福如何在生命期中演變的量化模型——以及人們在不同的情況下對公共資金提出要求的量化模型。建立這些模型是研究的優先要務。

我們已經知道適用於這種模型的許多係數。[22] 但知識庫愈好，政策制定者使用它的機會才會愈大。只有深入詳細了解幸福的原因，幸福革命才會發生。這些知識也將成為現代社會科學的核心特色。

小結

如果幸福要成為政策制定的核心，就需要做出一些重大的改變。

(1) 每個組織都試著以它可能做到的任何方式，產生最大數量的未來 WELLBYs（經適當折現）。

(2) 只要有預算上的限制，可用資金必須投入每一元支出（折現）能產生最多 WELLBYs（折現）的政策。

(3) 傳統的成本效益分析以金錢（而不是幸福）單位衡量效益，拿這些效益乘以金錢的邊際效用，可以很容易轉化為幸福單位。

(4) 由於金錢的成本效益只能捕捉公共政策效益的一小部分，因此最好將金錢效益轉化為幸福效益，而不是反過來做。此外，將一切轉化為金錢會犧牲一些資訊，因為收入的邊際效用因人而有很大的差異。

(5) 一項政策改變若影響到出生率，進而影響 WELLBYs 的值，政策制定者不會將這些影響視為效益。

(6) 政策制定者會在最多人生活在不幸中（幸福低）的領域制定新政策，也就是具有高 β 的地方。紐西蘭也依循這種做法。但是在制定了擬議的具體政策後，下一步是估計它們對總 WELLBYs 的影響——需要使用不同的公平權重，進行敏感度分析。

(7) 評估可能的具體政策時，執行數千次的實驗不可或缺。我們也需要生命期內幸福決定因素的更好模型。解釋幸福將成為所有社會科學的核心目標。

問題討論

(1) 公共支出的幸福方法到底如何改善傳統的成本效益分析？兩種方法可以並存嗎？怎麼做？

(2) 怎麼做最能夠將公平方面的考量，納入旨在提高幸福的政策設計中？

(3) 我們應該忽視出生人數的影響嗎？

(4) 你對表 18.2 有什麼看法？你可以如何改進這項分析？

延伸閱讀

Frijters, P., Clark, A. E., Krekel, C., and Layard, R. (2020). A happy choice: Wellbeing as the goal of government. *Behavioural Public Policy*, 4(2), 126-165.

O'Donnell, G., Deaton, A., Durand, M., Halpern, D., and Layard, R. (2014). *Wellbeing and Policy*. Legatum Institute.

Singer, P. (1995). *Animal Liberation*. Random House.

注釋

[1] 本章大量參考 A. E. Clark et al. (2018) 第 15 章。本章論點的正式陳述，請見線上附錄 18.1。

[2] 暫時假設我們忽略誰得誰失。

[3] 這整個方法的早期討論，請見 O'Donnell et al. (2013)。至於更多最近的應用，請見 De Neve et al. (2020)；以及 Frijters and Krekel (2021)。

[4] 我們假設支出產生幸福的速度不隨著時間而改變，因此幸福和成本都用相同的 δ。

[5] Layard and Glaister (1994).

[6] Kahneman, Ritov and Schadke (2000).

[7] 此外，如果公共資金是透過一般稅收籌集的，就必須想到這個事實：當其他人繳稅時，就會對總人口中的其他人產生正外部性。所以公式 $W = 0.3 \log Y$ 高估了總人口的收入普遍減少的成本。係數較小表示公共支出的最適規模還要更大。

[8] 實務上，法規也可能為制定法規的組織帶來淨成本。因此我們需要改寫公式 (1) 的決策標準為 $\sum\sum W_{it}(1-\delta)^t > \lambda \sum C_t (1-\delta)^t$。

關於法規，一個明顯的問題是：「禁菸能改善人類的幸福嗎？」這個問題，已經有人使用自 1990 年以來超過 50 萬歐洲人的資料來進行研究。請見 Odermatt and Stutzer (2015)。結論是，禁令提高了想要戒菸的癮君子的生活滿意度，而沒有對其他任何群體產生顯著的負向影響。另見 Gruber and Mullainathan (2005)。

[9] 換句話說，我們將出生人數視為外生因素。但如果人數有變化，我們仍然要觀察所有出生者的平均幸福。關於這個問題的廣泛討論，請見 Meade (1955)；Parfit (1984)；以及 Broome (2004)。

[10] Singer (1981).

[11] Singer (1995)。然而,將 WELLBY 方法應用於非人類,仍然有量化方面的巨大挑戰。

[12] 請見 A. E. Clark et al. (2018),以及比較本書的圖 8.2 和 8.3。舉例來說,如果右側的所有變數呈現聯合常態分布(joint normal distribution),那麼可以預期有這個結果。

[13] 不幸的變異數是 $p_m(1-p_m)$,p_m 的值較小的話,這個值會接近 p_m。如果右側變數也是一個虛擬變數(X),那麼(如果它是唯一的自變數)我們可以寫成 $M_i = aX_i + b + e_i$ 和 $\bar{M} = a\bar{X} + b$。如果 $\bar{X}$ 為 0,我們可以說 X 使得處於不幸的人口增加了百分率 p_X,其中 p_X 是 X 值為 1 的人所占百分率。相較之下,$\beta^2 = \frac{a^2 p_x(1-p_x)}{p_m(1-p_m)}$。這顯然和 ap_x 有關。

[14] 請見圖 8.2 和 8.3。

[15] 當因素本質上是二元當中的「壞」,例如心理或身體疾病、缺乏伴侶或失業,這一點是很明顯的。當因素是連續變數時,如何減低不平等就很重要——例如,如果我們提高低收入,就能減少不幸,但降低高收入,並不會減少不幸。

[16] A. E. Clark et al. (2018) 表 6.3。

[17] EU Council (2019)。

[18] 幸福經濟聯盟(Wellbeing Economy Alliance,總部設於蘇格蘭)和幸福經濟政府(Wellbeing Economy Governments,包括蘇格蘭、冰島、威爾斯、芬蘭和紐西蘭)也大力推動。

[19] 2017 年 10 月 18 日在中國共產黨第十九次全國代表大會上的講話,有 12 次提到幸福。

[20] 積極以幸福為目標的地方政府包括英國的布里斯托(Bristol);墨西哥的哈利斯科州(Jalisco);印度的安得拉邦(Andra Pradesh)。非政府組織可以從幸福生活研究所(Happier Lives Institute)、有效利他主義(Effective Altruism)和善施(Give Well)等處獲得這種方法的建議。

[21] 例如,英國的 HM Treasury (2020, 2021)。

[22] 例如,請見 A. E. Clark et al. (2018);Frijters et al. (2020);以及 Frijters and Krekel (2021)。

謝辭

寫這本書的過程中，我們得到極為寶貴的協助。十分感謝 Maria Cotofan、Micah Kaats 和 Ekaterina Oparina 非常專業的研究支持，也感謝 Jo Cantlay 從頭到尾把手稿管理得可圈可點。

本書初稿於 2021 年 7 月在環境優美的牛津大學莫德林學院（Magdalen College）展開為期兩天的逐章審查。審稿人有：Christopher Barrington-Leigh、Meike Bartels、Timothy Besley、Andrew Clark、Paul Dolan、Sarah Fleche、Philip Good、Carol Graham、Claire Haworth、John Helliwell、Christian Krekel、Stephen Machin、Alan Manning、George MacKerron、Andrew Oswald、Michael Plant 和 Laurie Santos。

其他許多人也給了我們寶貴的幫助和建議，包括 Lucy Bailey、Lucy Bowes、David Clark、Thalia Eley、Peter Fonagy、David Halpern、Daniel Kahneman、Grace Lordan、Alistair McGuire、Geoff Mulgan、Stephen Nickell、Steve Pischke、Robert Plomin、Robert Putnam、Andrew Steptoe、Graham Thornicroft 和 Lovis Wentworth。

我們還要感謝許多慷慨的贊助者，支持我們最近在倫敦政治經濟學院經濟表現中心（Centre for Economic Performance）和牛津大學幸福研究中心（Wellbeing Research Centre）的研究計畫，才有這本書的誕生。這些贊助者包括 ESRC、What Works Centre for Wellbeing、Illy Foundation、Rishi Khosla、Pavel Teplukhin、Sushil

Wadhwani、Andrew Barnes、KSI Education、Wellbeing for Planet Earth Foundation、Victor Pinchuk Foundation 和 Robert Wood Johnson Foundation。

最後，我們非常感謝劍橋大學出版社（Cambridge University Press，CUP）的同事，特別是我們的編輯 Philip Good，以及安排我們和 CUP 合作的經紀人 Caroline Dawnay。

謝謝你們。

理查與尚

線上附錄清單

可以從劍橋大學出版社網站的本書網頁中「Resources」—「PDF」取得：https://www.cambridge.org/files/8716/8008/6195/Annexes.pdf

1.1　Data sources for Figure 1.2（圖 1.2 的資料來源）

5.1　Heritability（關於遺傳）

6.1　Inequality of wellbeing: By country（幸福不平等：各國）

6.2　Wellbeing of women and men: By country（男性和女性的幸福：各國）

9.1　Short Mood and Feelings Questionnaires, and Strength and Difficulties Questionnaires（簡短情緒與感受問卷，長處與困難問卷）

12.1　Job satisfaction levels around the world（世界各國的工作滿意度水準）

12.2　Effect of workplace characteristics on job satisfaction and life satisfaction（各種職場特徵對工作滿意度和生活滿意度的影響）

13.1　Effect of income and other variables on wellbeing: evidence from Gallup World Poll（收入和其他變數對幸福的影響：蓋洛普世界民調的證據）

18.1　Principles for maximising social welfare（社會福利極大化的原則）

18.2　Sources for Table 18.2（表 18.2 的資料來源）

參考文獻

Adler, A. (2016). Teaching well-being increases academic performance: evidence from Bhutan, Mexico, and Peru. Publicly Accessible Penn Dissertations, University of Pennsylvania.

Adler, M. D., Dolan, P., and Kavetsos, G. (2017). Would you choose to be happy? Tradeoffs between happiness and the other dimensions of life in a large population survey. *Journal of Economic Behavior & Organization*, 139, 60–73.

Ahmadiani, M., and Ferreira, S. (2019). Environmental amenities and quality of life across the United States. *Ecological Economics*, 164, 106341.

Ahmedani, B. K., Peterson, E. L., Wells, K. E., and Williams, L. K. (2013). Examining the relationship between depression and asthma exacerbations in a prospective follow-up study. *Psychosomatic Medicine*, 75(3), 305–310.

Akay, A., Constant, A., and Giulietti, C. (2014). The impact of immigration on the well-being of natives. *Journal of Economic Behavior & Organization*, 103(C), 72–92.

Aknin, L. B., Barrington-Leigh, C. P., Dunn, J. F., Helliwell, J. F., Burns, J., Biswas-Diener, R., ... and Norton, M. I. (2013). Prosocial spending and well-being: Cross-cultural evidence for a psychological universal. *Journal of Personality and Social Psychology*, 104(4), 635.

Aknin, L. B., Broesch, T., Hamlin, J. K., and Van de Vondervoort, J. W. (2015). Prosocial behavior leads to happiness in a small-scale rural society. *Journal of Experimental Psychology: General*, 144(4), 788.

Aknin, L. B., Hamlin, J. K., and Dunn, E. W. (2012). Giving leads to happiness in young children. *PLoS ONE*, 7(6), e39211.

Aknin, L. B., Whillans, A. V., Norton, M. I., and Dunn, E. W. (2019). Happiness and prosocial behavior: an evaluation of the evidence. In J. E. De Neve, J. F. Helliwell, R. Layard and J. Sachs (Eds.). *World Happiness Report 2019* (pp. 67–86). Sustainable Development Solutions Network.

Alabrese, E., Becker, S. O., Fetzer, T., and Novy, D. (2019). Who voted for Brexit? Individual and regional data combined. *European Journal of Political Economy*, 56, 132–150.

Albertsen, K., Garde, A. H., Nabe-Nielsen, K., Hansen, Å. M., Lund, H., and Hvid, H. (2014). Work-life balance among shift workers: Results from an intervention study about self-rostering. *International Archives of Occupational and Environmental Health*, 87(3), 265–274.

Alcock, I., White, M. P., Wheeler, B. W., Fleming, L. E., and Depledge, M. H. (2014). Longitudinal effects on mental health of moving to greener and less green urban areas. *Environmental Science & Technology*, 48(2), 1247–1255.

Alesina, A., and Glaeser, E. (2004). *Fighting Poverty in the US and Europe: A World of Difference*. Oxford University Press.

Alesina, A., and La Ferrara, E. (2000). Participation in heterogeneous communities. *The Quarterly Journal of Economics*, 115(3), 847–904.

Alesina, A., and La Ferrara, E. (2002). Who trusts others? *Journal of Public Economics*, 85(2), 207–234.

Algan, Y., Beasley, E., Cohen, D., and Foucault, M. (2018). The rise of populism and the collapse of the left-right paradigm: lessons from the 2017 French presidential election. CEPR

Discussion Paper 13103. CEPR, London, UK.

Allcott, H., Braghieri, L., Eichmeyer, S., and Gentzkow, M. (2020). The welfare effects of social media. *American Economic Review*, 110(3), 629–676.

Alvarez-Diaz, A., Gonzalez, L., and Radcliff, B. (2010). The politics of happiness: On the political determinants of quality of life in the American states. *The Journal of Politics*, 72(3), 894–905.

Amabile, T. M., Barsade, S. G., Mueller, J. S., and Staw, B. M. (2005). Affect and creativity at work. *Administrative Science Quarterly*, 50(3), 367–403.

Amato, P.R., and Bruce K.(1991) Parental divorce and the well-being of children: A meta-analysis. *Psychological Bulletin*, 110(1), 26–46.

Andersson, G. (2016). Internet-delivered psychological treatments. *Annual Review of Clinical Psychology*, 12, 157–179.

Andrews, F. M., and Withey, S. B. (1976). Measuring global well-being. *Social Indicators of Well-Being* (pp. 63–106). Springer.

Angrave, D., and Charlwood, A. (2015). What is the relationship between long working hours, over-employment, under-employment and the subjective well-being of workers? Longitudinal evidence from the UK. *Human Relations*, 68(9), 1491–1515.

Angrist, J. D., and Levy, V. (1999). Using Maimonides' Rule to estimate the effect of class size on scholastic achievement. *Quarterly Journal of Economics*, 114(2), 533–575.

Angrist, J. D., and Pischke, J. S. (2008). *Mostly Harmless Econometrics*. Princeton University Press.

Anisman, H., Zaharia, M. D., Meaney, M. J., and Merali, Z. (1998). Do early-life events permanently alter behavioral and hormonal responses to stressors? *International Journal of Developmental Neuroscience*, 16(3–4), 149–164.

Anusic, I., Yap, S. C., and Lucas, R. E. (2014). Testing set-point theory in a Swiss national sample: Reaction and adaptation to major life events. *Social Indicators Research*, 119(3), 1265–1288.

Appleyard, D., and Lintell, M. (1972). The environmental quality of city streets: The residents' viewpoint. *Journal of the American Institute of Planners*, 38(2), 84–101.

Arampatzi, E., Burger, M., Ianchovichina, E., Röhricht, T., and Veenhoven, R. (2018). Unhappy development: Dissatisfaction with life on the eve of the Arab Spring. *Review of Income and Wealth*, 64, S80–S113.

Artz, B. M., Goodall, A. H., and Oswald, A. J. (2017). Boss competence and worker well-being. *IIR Review*, 70(2), 419–450.

Atkinson, A. B. (1970). On the measurement of inequality. *Journal of Economic Theory*, 2(3), 244–263.

Ayuso-Mateos, J. L., Miret, M., Caballero, F. F., Olaya, B., Haro, J. M., Kowal, P., and Chatterji, S. (2013). Multi-country evaluation of affective experience: Validation of an abbreviated version of the day reconstruction method in seven countries. *PLoS One*, 8(4), e61534.

Ayuso-Mateos, J. L., Nuevo, R., Verdes, E., Naidoo, N., and Chatterji, S. (2010). From depressive symptoms to depressive disorders: The relevance of thresholds. *British Journal of Psychiatry*, 196, 365–371. doi:10.1192/bjp.bp.109.071191.

Azeez, R. O., Jayeoba, F., and Adeoye, A. O. (2016). Job satisfaction, turnover intention and organizational commitment. *Journal of Management Research*, 8(2), 102–114.

Baer, R. A. (2003). Mindfulness training as a clinical intervention: A conceptual and empirical review. *Clinical Psychology: Science and Practice* 10(2): 125–143.

Bakosh, L. S., Snow, R. M., Tobias, J. M., Houlihan, J. L., and Barbosa-Leiker, C. (2016). Maximizing mindful learning: Mindful awareness intervention improves elementary school students' quarterly grades. *Mindfulness*, 7(1), 59–67.

Bandiera, O., Fischer, G., Prat, A., and Ytsma, E. (2017). Do women respond less to performance pay? Building evidence from multiple experiments. CEPR Discussion Paper (11724). Centre for Economic Policy Research.

Banerjee, R., Weare, K., and Farr, W. (2014). Working with 'social and emotional aspects of learning' (SEAL): Associations with school ethos, pupil social experiences, attendance, and attainment. *British Educational Research Journal*, 40(4), 718–742.

Barlow, D. H., and Durand, V. M. (2009). *Abnormal Psychology: An Integrative Approach*. Wadsworth Cengage Learning.

Barraclough, B., Bunch, J., Nelson, B., and Sainsbury, P. (1974). A hundred cases of suicide: Clinical aspects. *British Journal of Psychiatry*, 125, 355–373.

Barrington-Leigh, C. (2022). Trends in conceptions of progress and well-being. In J. F. Helliwell, R. Layard, J. Sachs and J. E. S (Eds.). *World Happiness Report 2022* (n.p.). Sustainable Development.

Bartels, M. (2015). Genetics of wellbeing and its components satisfaction with life, happiness, and quality of life: A review and meta-analysis of heritability studies. *Behavior Genetics*, 45(2), 137–156.

Bartels, M., and Boomsma, D. I. (2009). Born to be happy? The etiology of subjective wellbeing. *Behavior Genetics*, 39(6), 605–615.

Bartolini, S., Bilancini, E., and Sarracino, F. (2016). Social capital predicts happiness over time. In S. Bartolini, E. Bilancini, L. Bruni and P. L. Porta (Eds). *Policies for Happiness* (pp. 175–198). Oxford University Press.

Baselmans, B. M., Jansen, R., Ip, H. F., van Dongen, J., Abdellaoui, A., van de Weijer, M. P., ... and Bartels, M. (2019). Multivariate genome-wide analyses of the well-being spectrum. *Nature Genetics*, 51(3), 445–451.

Baumeister, D., Akhtar, R., Ciufolini, S., Pariante, C. M., and Mondelli, V. (2016). Childhood trauma and adulthood inflammation: A meta-analysis of peripheral C-reactive protein, interleukin-6 and tumour necrosis factor-α. *Molecular Psychiatry*, 21(5), 642–649.

Beck, A. T. (Ed.). (1979). *Cognitive Therapy of Depression*. Guilford Press.

Beck, A. T. (2006). How an anomalous finding led to a new system of psychotherapy. *Nature Medicine* 12(10): 1139–1141.

Beck, J. S., and Beck, A. T. (2011). *Cognitive Behavior Therapy*. Guilford Press.

Beck, R., and Harter, J. (2014). Why great managers are so rare. *Gallup Business Journal*, 25.

Bell, D. N., and Blanchflower, D. G. (2011). Young people and the Great Recession. *Oxford Review of Economic Policy*, 27(2), 241–267.

Bellet, C. (2019). The McMansion effect: Top house size and positional externalities in US suburbs. SSRN 3378131.

Bellet, C., De Neve, J. E., and Ward, G. (2020). Does employee happiness have an impact on productivity? Saïd Business School WP. WP 2019-13.

Belsky, J. (2016). The differential susceptibility hypothesis: Sensitivity to the environment for better and for worse. *JAMA Pediatrics*, 170(4), 321–322.

Benjamin, D. J., Heffetz, O., Kimball, M. S., and Rees-Jones, A. (2012). What do you think would make you happier? What do you think you would choose? *American Economic Review*, 102(1), 2083–2110.

Bennett, K., and Dorjee, D. (2016). The impact of a Mindfulness-Based Stress Reduction Course (MBSR) on well-being and academic attainment of sixth-form students. *Mindfulness* 7, 105–114.

Ben-Shahar, T. (2007). *Happier: Learn the Secrets to Daily Joy and Lasting Fulfilment*. McGraw-Hill.

Bentham, J. (1970). *An Introduction to the Principles of Morals and Legislation (1789)*. J. H Burns and H. L. A. Hart (Eds.). T. Payne & Son.

Bentham, J. (2002). *Rights, Representation, and Reform: Nonsense upon Stilts and Other Writings on the French Revolution* (Vol. 15). Oxford University Press.

Berg, J. M., Dutton, J. E., and Wrzesniewski, A. (2013). Job crafting and meaningful work. In B. J. Dik, Z. S. Byrne and M. F. Steger (Eds.). *Purpose and meaning in the workplace* (pp. 81–104). American Psychological Association.

Berniell, M. I., and Bietenbeck, J. (2017). The effect of working hours on health. SSRN. IZA Discussion Paper No. 10524.

Besley, T., and Burgess, R. (2002). The political economy of government responsiveness: Theory and evidence from India. *The Quarterly Journal of Economics*, 117(4), 1415–1451.

Besley, T., and Persson, T. (2011). *Pillars of Prosperity*. Princeton University Press.

Besley, T., Dann, C., and Persson, T. (2021). State capacity and development clusters. *VoxEU CEPR. https://cepr.org/voxeu/columns/state-capacity-and-development-clusters.*

Bessa, I., Charlwood, A., and Valizade, D. (2020). Do unions cause job dissatisfaction? Evidence from a quasi-experiment in the United Kingdom, *British Journal of Industrial Relations*, 1–29.

Betz, W., and Simpson, N. (2013). The effects of international migration on the well-being of native populations in Europe. *IZA Journal of Migration*, 2(1), 1–21.

Binder, M., and Freytag, A. (2013). Volunteering, subjective well-being and public policy. *Journal of Economic Psychology*, 34, 97–119.

Birkjær M., and Kaats M. (2019). in Er sociale Medier Faktisk en Truss for Unges Trivsel? [Does Social Media Really Pose a Threat to Young People's Well-Being?]. N.M.H.R. Institute (Eds.). Nordic Co-operation.

Biswas-Diener, R., Vittersø, J., and Diener, E. (2005). Most people are pretty happy, but there is cultural variation: The Inughuit, the Amish, and the Maasai. *Journal of Happiness Studies*, 6(3), 205–226.

Bjørnskov, C., Dreher, A., and Fischer, J. A. (2010). Formal institutions and subjective wellbeing: Revisiting the cross-country evidence. *European Journal of Political Economy*, 26(4), 419–430.

Blakemore, S. J. (2018). *Inventing Ourselves: The Secret Life of the Teenage Brain*. Black Swan.

Blanchflower, D. G., and Bryson, A. (2020). Now unions increase job satisfaction and wellbeing (No. w27720). National Bureau of Economic Research.

Blanchflower, D. G., and Oswald, A. J. (2004). Money, sex and happiness: An empirical study. *Scandinavian Journal of Economics*, 106(3), 393–415.

Blanchflower, D. G., and Oswald, A. J. (2019a). Do humans suffer a psychological low in midlife? Two approaches (with and without controls) in seven data sets. In M. Rojas (Ed) *The Economics of Happiness* (pp. 439–453). Springer.

Blanchflower, D. G., and Oswald, A. J. (2019b). Unhappiness and pain in modern America: A review essay, and further evidence, on Carol Graham's Happiness for All? *Journal of Economic Literature*, 57(2), 385–402.

Blasi, J., Freeman, R., and Kruse, D. (2016). Do broad-based employee ownership, profit sharing and stock options help the best firms do even better? *British Journal of Industrial Relations*, 54(1), 55–82.

Bloom, N., Liang, J., Roberts, J., and Ying, Z. J. (2015). Does working from home work? Evidence from a Chinese experiment. *The Quarterly Journal of Economics*, 130(1), 165–218.

Bloom, N., and Van Reenen, J. (2010). Why do management practices differ across firms and countries? *Journal of Economic Perspectives*, 24(1), 203–224. doi:10.1257/jep.24.1.203.

Blumenthal, S. J. (1988). Suicide: A guide to risk factors, assessment, and treatment of suicidal patients. *Medical Clinics of North America*, 72, 937–971.

Blundell, R., Dias, M. C., Meghir, C., and Van Reenen, J. (2004). Evaluating the employment impact of a mandatory job search program. *Journal of the European Economic Association*, 2(4), 569–606.

Böckerman, P., Bryson, A., Kauhanen, A., and Kangasniemi, M. (2016). Does job support make workers happy? Working Paper No. 16-16. Department of Quantitative Social Science-UCL Institute of Education, University College London.

Böckerman, P., and Ilmakunnas, P. (2012). The job satisfaction-productivity nexus: A study using matched survey and register data. *ILR Review*, 65(2), 244–262.

Bond, T. N., and Lang, K. (2019). The sad truth about happiness scales. *Journal of Political Economy*, 127(4), 1629–1640.
Borjas, G. (1979). Job satisfaction, wages, and unions. *Journal of Human Resources*, 14(1), 21–40.
Boskin, M. J., and Sheshinski, E. (1978). Optimal redistributive taxation when individual welfare depends upon relative income. *The Quarterly Journal of Economics*, 589–601.
Bouckenooghe, D., Raja, U., and Butt, A. N. (2013). Combined effects of positive and negative affectivity and job satisfaction on job performance and turnover intentions. *The Journal of Psychology*, 147(2), 105–123.
Bowlby, J. (1969). *Attachment and Loss: Attachment*. Basic Books.
Boyce, C. J., Wood, A. M., Banks, J., Clark, A. E., and Brown, G. D. (2013). Money, wellbeing, and loss aversion: Does an income loss have a greater effect on well-being than an equivalent income gain? *Psychological Science*, 24(12), 2557–2562.
Bradburn, N. M. (1969). *The Structure of Psychological Well-Being*. Aldine.
Bravo, I. M. (2016). The usefulness of subjective well-being to predict electoral results in Latin America. In *Handbook of Happiness Research in Latin America* (pp. 613–632). Springer.
Brayfield, A. H., and Crockett, W. H. (1955). Employee attitudes and employee performance. *Psychological Bulletin*, 52(5), 396.
Breza, E., Kaur, S., and Shamdasani, Y. (2018). The morale effects of pay inequality. *The Quarterly Journal of Economics*, 133(2), 611–663.
Brodeur, A., Clark, A. E., Fleche, S., and Powdthavee, N. (2021). COVID-19, lockdowns and well-being: Evidence from Google Trends. *Journal of Public Economics*, 193, 104346.
Broome, J. (2004). *Weighing Lives*. Oxford University Press.
Brough, P., and O'Driscoll, M. P. (2010). Organizational interventions for balancing work and home demands: An overview. *Work & Stress*, 24(3), 280–297.
Brown, D. E. (1991). *Human Universals*. Temple University Press.
Bryson, A., Clark, A. E., Freeman, R. B., and Green, C. P. (2016). Share capitalism and worker wellbeing. *Labour Economics*, 42, 151–158.
Bryson, A., and Davies, R. (2019). Accounting for geographical variance in the union satisfaction gap. *Industrial Relations Journal*, 50(2); 104–125.
Bryson, A., Forth, J., and Stokes, L. (2017). Does employees' subjective well-being affect workplace performance? *Human Relations*, 70(8), 1017–1037.
Bryson, A., and MacKerron, G. (2017). Are you happy while you work? *The Economic Journal*, 127(599), 106–125.
Bubonya, M., Cobb-Clark, D. A., and Wooden, M. (2014). A family affair: Job loss and the mental health of spouses and adolescents (No. 8588). Institute of Labour Economics (IZA).
Budolfson, M. B., Anthoff, D., Dennig, F., Errickson, F., Kuruc, K., Spears, D., and Dubash, N. K. (2021). Utilitarian benchmarks for emissions and pledges promote equity, climate and development. *Nature Climate Change*, 11(10), 827–833.
Bureau of Labor Statistics (2014). American Time Use Survey 2010, 2012, and 2013 MultiYear Well-Being Module Microdata Files. www.bls.gov/tus/wbdatafiles_1013.htm.
Business Roundtable (2019). Business roundtable redefines the purpose of a corporation to promote 'an economy that serves all Americans'. Business Roundtable. www.businessroundtable.org/business-roundtable-redefines-the-purpose-of-a-corporation-to-promote-an-economy-that-serves-all-americans.
Butz, S., Kieslich, P. J., and Bless, H. (2017). Why are conservatives happier than liberals? Comparing different explanations based on system justification, multiple group membership, and positive adjustment. *European Journal of Social Psychology*, 47(3), 362–372.
Cadoret, R. J., Yates, W. R., Woodworth, G., and Stewart, M. A. (1995). Genetic-environmental interaction in the genesis of aggressivity and conduct disorders. *Archives of general psychiatry*, 52(11), 916–924.
Camerer, C., Babcock, L., Loewenstein, G., and Thaler, R. (1997). Labor supply of New York City

cabdrivers: One day at a time. *The Quarterly Journal of Economics*, 112(2), 407–441.
Campbell, A., Converse, P., and Rodgers, W. (1976). *The Quality of American Life: Perceptions, Evaluations, and Satisfactions*. Russell Sage Foundation.
Cantril, H. (1965). *The Pattern of Human Concerns*. Rutgers University Press.
Card, D., Kluve, J., and Weber, A. (2018). What works? A meta-analysis of recent active labour market program evaluations. *Journal of the European Economic Association*, 16(3), 894–931.
Card, D., Mas, A., Moretti, E., and Saez, E. (2012). Inequality at work: The effect of peer salaries on job satisfaction. *American Economic Review*, 102(6), 2981–3003.
Carleton, T. A., and Hsiang, S. M. (2016). Social and economic impacts of climate. *Science*, 353(6304), 9837-1–9837-15.
Carlson, M. C., Kuo, J. H., Chuang, Y.-F., Varma, V. R., Harris, G., Albert, M. S., Erickson, K. I., Kramer, A. F., Parisi, J. M., and Xue, Q.-L. (2015). Impact of the Baltimore Experience Corps trial on cortical and hippocampal volumes, alzheimer's and dementia: *The Journal of the Alzheimer's Association*, 11(11), 1340–1348.
Carroll, J. (2007). Most Americans 'very satisfied' with their personal lives. Gallup website, 31 December, 389–412.
Carroll, N. (2007). Unemployment and psychological well-being. *Economic Record*, 83(262), 287–302.
Case, A., and Deaton, A. (2020). *Deaths of Despair and the Future of Capitalism*. Princeton University Press.
Caspi, A., McClay, J., Moffitt, T. E., Mill, J., Martin, J., Craig, I. W., ... and Poulton, R. (2002). Role of genotype in the cycle of violence in maltreated children. *Science*, 297(5582), 851–854.
Chatterjee, K., Chng, S., Clark, B., Davis, A., De Vos, J., Ettema, D., ... and Reardon, L. (2020). Commuting and wellbeing: A critical overview of the literature with implications for policy and future research. *Transport Reviews*, 40(1), 5–34.
Cheng, T. C., Powdthavee, N., and Oswald, A. J. (2017). Longitudinal evidence for a midlife nadir in human well-being: Results from four data sets. *The Economic Journal*, 127(599), 126–142.
Chetty, R., Hendren, N., and Katz, L. F. (2016). The effects of exposure to better neighborhoods on children: New evidence from the Moving to Opportunity experiment. *American Economic Review*, 106(4), 855–902.
Cheung, F., Kube, A., Tay, L., Diener, E., Jackson, J. J., Lucas, R. E., ... and Leung, G. M. (2020). The impact of the Syrian conflict on population well-being. *Nature Communications*, 11(1), 1–10.
Chida, Y., Hamer, M., Wardle, J., and Steptoe, A. (2008). Do stress-related psychosocial factors contribute to cancer incidence and survival? *Nature Clinical Practice (Oncology)*, 5(8), 466–475. doi:10.1038/ncponc1134.
Chiles, J. A., Lambert, M. J., and Hatch, A. L. (1999). The impact of psychological interventions on medical cost offset: A meta-analytic review. *Clinical Psychology: Science and Practice*, 6(2), 204–220.
Chilvers, C., Dewey, M., Fielding, K., Gretton, V., Miller, P., Palmer, B., ... and Harrison, G. (2001). Antidepressant drugs and generic counselling for treatment of major depression in primary care: Randomised trial with patient preference arms. *BMJ*, 322(7289), 772.
Chisholm, D., Sweeny, K., Sheehan, P., Rasmussen, B., Smit, F., Cuijpers, P., and Saxena, S. (2016). Scaling-up treatment of depression and anxiety: A global return on investment analysis. *The Lancet Psychiatry*, 3(5), 415–424.
Choi, J., Laibson, D., and Madrian, B. C. (2006). *Saving for Retirement on the Path of Least Resistance, in Behavioral Public Finance: Toward a New Agenda*. E. McCaffrey and J. Slemrod (Eds.). Russell Sage Foundation.
Christakis, N. A., and Fowler, J. H. (2007). The spread of obesity in a large social network over 32 years. *New England Journal of Medicine*, 357(4), 370–379.
Clark, A. E. (2003). Unemployment as a social norm: Psychological evidence from panel data.

Journal of Labour Economics, 21(2), 323–351.
Clark, A. E., and Díaz Serrano, L. (2020). The Long-run effects of housing on well-being.
Clark, A. E., Flèche, S., Layard, R., Powdthavee, N., and Ward, G. (2017). The key determinants of happiness and misery. CEP Discussion Paper, London School of Economics.
Clark, A. E., Flèche, S., Layard, R., Powdthavee, N., and Ward, G. (2018). *The Origins of Happiness: The Science of Wellbeing over the Life Course*. Princeton University Press.
Clark, A. E., Frijters, P., and Shields, M. A. (2008). Relative income, happiness, and utility: An explanation for the Easterlin paradox and other puzzles. *Journal of Economic literature*, 46(1), 95–144.
Clark, A. E., and Georgellis, Y. (2013). Back to baseline in Britain: Adaptation in the British household panel survey. *Economica*, 80(319), 496–512.
Clark, A. E., Layard, R., and Senik, C. (2012). The causes of happiness and misery. In *World Happiness Report 2012*. J. F. Helliwell, R. Layard and J. Sachs (Eds.). Sustainable Development Solutions Network.
Clark, A. E., and Lelkes, O. (2009). Let us pray: Religious interactions in life satisfaction. PSE Working Paper No 2009-01. Paris School of Economics.
Clark, A. E., and Lepinteur, A. (2019). The causes and consequences of early-adult unemployment: Evidence from cohort data. *Journal of Economic Behavior & Organization*, 166, 107–124.
Clark, B., Chatterjee, K., Martin, A., and Davis, A. (2020). How commuting affects subjective wellbeing. *Transportation*, 47(6), 2777–2805.
Clark, D. M. (2018). Realizing the mass public benefit of evidence-based psychological therapies: The IAPT program. *Annual Review of Clinical Psychology*, 14, 159–183.
Clark, D. M., Canvin, L., Green, J., Layard, R., Pilling, S., and Janecka, M. (2018). Transparency about the outcomes of mental health services (IAPT approach): An analysis of public data. *The Lancet*, 391(10121), 679–686.
Clark, D. M., Ehlers, A., Hackmann, A., McManus, F., Fennell, M., Grey, N., ... and Wild, J. (2006). Cognitive therapy versus exposure and applied relaxation in social phobia: A randomized controlled trial. *Journal of Consulting and Clinical Psychology*, 74(3), 568.
Clark, D. M., Layard, R., and Smithies, R. (2009). Improving access to psychological therapy: Initial evaluation of two UK demonstration sites. CEP Discussion Paper 897. London School of Economics.
Clifton, J., and Harter, J. (2019) *It's the Manager*. Gallup Press.
Coghill, R. C. (2010). Individual differences in the subjective experience of pain: New insights into mechanisms and models. *Headache: The Journal of Head and Face Pain*, 50(9): 1531–1535.
Coghill, R. C., McHaffie, J. G., and Yen, Y. F. (2003). Neural correlates of interindividual differences in the subjective experience of pain. *Proceedings of the National Academy of Sciences*, 100(14), 8538–8542.
Cohen, S., Miller, G. E., and Rabin, B. S. (2001). Psychological stress and antibody response to immunization: A critical review of the human literature. *Psychosomatic Medicine*, 63(1), 7–18.
Cohn, A., Maréchal, M. A., Tannenbaum, D., and Zünd, C. L. (2019). Civic honesty around the globe. *Science*, 365(6448), 70–73.
Cole-King, A., and Harding, K. G. (2001). Psychological factors and delayed healing in chronic wounds. *Psychosomatic Medicine*, 63(2), 216–220.
Collier, P. (2013). *Exodus: How Migration Is Changing Our World*. Oxford University Press.
Cooper, C., and Dewe, P. (2008). Well-being – absenteeism, presenteeism, costs and challenges. *Occupational Medicine*, 58(8), 522–524.
Cotofan, M., Cassar, L., Dur, R., and Meier, S. (2021a). Macroeconomic conditions when young shape job preferences for life. *The Review of Economics and Statistics*. doi.org/10.1162/rest_a_01057.
Cotofan, M., De Neve, J. E., Golin, M., Kaats, M., and Ward, G. (2021b). Work and well-being

during COVID-19: Impact, inequalities, resilience, and the future of work. In J. F. Helliwell, R. Layard, J. Sachs and J. E. De. Neve (Eds.). *World Happiness Report 2021* (p. 153). The Earth Institute.

Crépon, B., Duflo, E., Gurgand, M., Rathelot, R., and Zamora, P. (2013). Do labour market policies have displacement effects? Evidence from a clustered randomized experiment. *The Quarterly Journal of Economics*, 128(2), 531–580.

Creswell, J. D., Taren, A. A., Lindsay, E. K., Greco, C. M., Gianaros, P. J., Fairgrieve, A., ...and Ferris, J. L. (2016). Alterations in resting-state functional connectivity link mindfulness meditation with reduced interleukin-6: a randomized controlled trial. *Biological Psychiatry*, 80(1), 53–61.

Dahl, C. J., Wilson-Mendenhall, C. D., and Davidson, R. J. (2020). The plasticity of well-being: A training-based framework for the cultivation of human flourishing. *Proceedings of the National Academy of Sciences*, 117(51), 32197–32206.

Dahl, M. S., and Pierce, L. (2019). Pay-for-performance and employee mental health: Large sample evidence using employee prescription drug usage. Academy of Management Discoveries, 26 February.

Danese, A., and Widom, C. S. (2020). Objective and subjective experiences of child maltreatment and their relationships with psychopathology. *Nature Human Behaviour*, 4(8), 811–818.

Danese, A., Pariante, C. M., Caspi, A., Taylor, A., and Poulton, R. (2007). Childhood maltreatment predicts adult inflammation in a life-course study. *Proceedings of the National Academy of Sciences*, 104(4), 1319–1324.

Danner, D., Snowden, D., and Friesen, W. (2001). Positive emotions in early life and longevity: Findings from the nun study. *Journal of Personality and Social Psychology*, 80, 804–813.

Dasgupta, P., Managi, S., and Kumar, P. (2021). The inclusive wealth index and sustainable development goals. *Sustainability Science*, 1–5.

Davidson, R. J., and Schuyler, B. S. (2015). Neuroscience of happiness. In J. F. Helliwell, R. Layard and J. Sachs (Eds.). *World Happiness Report 2015* (pp. 88–105). Sustainable Development Solutions Network.

Davidson, R. J., Kabat-Zinn, J., Schumacher, J., Rosenkranz, M., Muller, D., Santorelli, S. F., ... and Sheridan, J. F. (2003). Alterations in brain and immune function produced by mindfulness meditation. *Psychosomatic Medicine*, 65(4), 564–570.

Davis, R. S. (2012). Unionization and work attitudes: How union commitment influences public sector job satisfaction. *Public Administration Review*, 73(1), 74–84.

Daykin, N., Mansfield, L., Payne, A., Kay, T., Meads, C., D'Innocenzo, G., ... and Victor, C. (2017). What works for wellbeing in culture and sport? Report of a DELPHI process to support coproduction and establish principles and parameters of an evidence review. *Perspectives in Public Health*, 137(5), 281–288.

de Lazari-Radek, K., and Singer, P. (2017). *Utilitarianism: A Very Short Introduction*. Oxford University Press.

De Neve, J. E. (2018). Work and well-being: A global perspective. Global Happiness and WellBeing Policy Report 2018.

De Neve, J. E., Clark, A. E., Krekel, C., Layard, R., and O'donnell, G. (2020). Taking a wellbeing years approach to policy choice. *BMJ*, 371.

De Neve, J. E., Diener, E., Tay, L., and Xuereb, C. (2013). The objective benefits of subjective well-being. In J. F. Helliwell, R. Layard, and J. Sachs (Eds.). *World Happiness Report 2013*. Sustainable Development Solutions Network.

De Neve, J. E., and Krekel, C. (2020). Cities and happiness: a global ranking and analysis. In D. E. Neve, J. F. Helliwell, R. Layard and J. Sachs (Eds.). *World Happiness Report 2020*. Sustainable Development Solutions Network.

De Neve, J. E., and Oswald, A. J. (2012). Estimating the influence of life satisfaction and positive affect on later income using sibling fixed effects. *Proceedings of the National Academy of*

Sciences, 109(49), 19953–19958.
De Neve, J. E., and Sachs, J. D. (2020). The SDGs and human well-being: A global analysis of synergies, trade-offs, and regional differences. *Scientific Reports*, 10(1), 1–12.
De Neve, J. E., and Ward, G. (2017). Happiness at work. In J. F. Helliwell, R. Layard and J. Sachs (Eds.). *World Happiness Report 2017*. Sustainable Development Solutions Network.
De Neve, J. E., Ward, G., De Keulenaer, F., Van Landeghem, B., Kavetsos, G., and Norton, M. I. (2018). The asymmetric experience of positive and negative economic growth: Global evidence using subjective well-being data. *Review of Economics and Statistics*, 100(2), 362–375.
Deacon, B. J., and Abramowitz, J. S. (2005). Patients' perceptions of pharmacological and cognitive-behavioral treatments for anxiety disorders. *Behavior Therapy*, 36, 139–145.
Deaton, A., and Cartwright, N. (2018). Understanding and misunderstanding randomized controlled trials. *Social Science & Medicine*, 210, 2–21.
Deci, E. L., and Ryan, R. M. (1985). *Intrinsic Motivation and Self-Determination in Human Behavior*. Plenum.
Deci, E. L., and Ryan, R. M. (2000). The 'what' and 'why' of goal pursuits: Human needs and the self-determination of behavior. *Psychological Inquiry*, 11(4), 227–268.
Dee, T. S., and M. R. West (2011). The non-cognitive returns to class size. *Educational Evaluation and Policy Analysis*, 33(1), 23–46.
Delhey J. (2014) Domain satisfaction. In A.C. Michalos (Ed.). *Encyclopedia of Quality of Life and Well-Being Research*. Springer. doi.org/10.1007/978-94-007-0753-5_769.
Department for Education (DfE) (2012). The impact of Sure Start local programmes on seven year olds and their families. National Evaluation of Sure Start Team, Research Report DFERR220. London, Department for Education.
Department of Housing, Communities and Local Government (2014). Housing and well-being report. English Housing Survey 2014. Office for National Statistics.
Deters, F. G., and Mehl, M. R. (2013). Does posting Facebook status updates increase or decrease loneliness? An online social networking experiment. *Social Psychological and Personality Science*, 4(5), 579–586.
Di Tella, R., and MacCulloch, R. (2005). Partisan social happiness. *The Review of Economic Studies*, 72(2), 367–393.
Diener, E. (1984). Subjective well-being. *Psychological Bulletin*, 95(3), 542–575.
Diener, E., Inglehart, R., and Tay, L. (2013). Theory and validity of life satisfaction scales. *Social Indicators Research*, 112(3), 497–527.
Diener, E., and Lucas, R. E. (1999). Personality and subjective well-being. In D. Kahneman, E. Diener and N. Schwarz (Eds.). *Well-Being* (pp. 213–229). Russell Sage Foundation.
Diener, E., Suh, E. M., Smith, H., and Shao, L. (1995). National differences in reported subjective well-being: Why do they occur? *Social Indicators Research*, 34(1), 7–32.
Diener, E., Tay, L., and Myers, D. G. (2011). The religion paradox: If religion makes people happy, why are so many dropping out? *Journal of Personality and Social Psychology*, 101(6), 1278.
DiJulio B., Hamel, L, Munana C., and Brodie M. (2018). Loneliness and social isolation in the United States, the United Kingdom, and Japan: An international survey. Report to the Kaiser Family Foundation and The Economist.
Dohmen, T., Falk, A., Fliessbach, K., Sunde, U., and Weber, B. (2011). Relative versus absolute income, joy of winning, and gender: Brain imaging evidence. *Journal of Public Economics*, 95(3–4), 279–285.
Dolan, P., and Testoni, S. (2017a). Music, singing and wellbeing. What Works Centre for Wellbeing.
Dolan, P., and Testoni. S. (2017b). The relationship between engagement in sport or physical activity and subjective wellbeing among healthy young adults. What Works Centre for Wellbeing.

Dolan, P. (2014). *Happiness by Design: Finding Pleasure and Purpose in Everyday Life*. Penguin.
Dolan, P. (2019). *Happy Ever After: Escaping the Myth of the Perfect Life*. Penguin.
Dolan, P., and Kahneman, D. (2008). Interpretations of utility and their implications for the valuation of health. *Economic Journal*, 118(525), 215–234.
Dolan, P., Krekel, C., Shreedhar, G., Lee, H., Marshall, C., and Smith, A. (2021). Happy to help: The welfare effects of a nationwide micro-volunteering programme. Centre for Economic Performance DP1772. London School of Economics.
Dolan, P., and Laffan, K. (2016). Bad air days: The effects of air quality on different measures of subjective well-being. *Journal of Benefit-Cost Analysis*, 7(1), 147–195.
Dolan, P., Metcalfe, R., and Powdthavee, N. (2008). Electing happiness: Does happiness affect voting and do elections affect happiness? Department of Economics and Related Studies. University of York.
Donegani, C. P., and McKay S. (2012). Is there a paradox of lower job satisfaction among trade union members? European evidence. *Transfer: European Review of Labour and Research* 18(4), 471–489.
Duncan, G. J., and Brooks-Gunn J. (Eds.). (1999). *Consequences of Growing up Poor*. Russell Sage Foundation.
Dunn, E. W., Aknin, L. B., and Norton, M. I. (2008). Spending money on others promotes happiness. *Science*, 319(5870), 1687–1688.
Dunning, D. L., Griffiths, K., Kuyken, W., Crane, C., Foulkes, L., Parker, J., and Dalgleish, T. (2019). Research review: The effects of mindfulness-based interventions on cognition and mental health in children and adolescents – a meta-analysis of randomized controlled trials. *Journal of Child Psychology and Psychiatry*, 60(3), 244–258.
Durlak, J. A., Weissberg, R. P., Dymnicki, A. B., Taylor, R. D., and Schellinger, K. B. (2011). The impact of enhancing students' social and emotional learning: A meta-analysis of schoolbased universal interventions. *Child Development*, 82(1), 405–432.
Dustmann, C., and Fasani, F. (2016). The effect of local area crime on mental health. *The Economic Journal*, 126(593), 978–1017.
Dutton, J. E. (2003). *Energize Your Workplace: How to Create and Sustain High-Quality Connections at Work*. Jossey-Bass.
Dutton, J. E., and Ragins, B. R. (2007). *Exploring Positive Relationships at Work*. Lawrence Erlbaum Associates.
Easterlin, R. A. (1974). Does economic growth improve the human lot? Some empirical evidence. In *Nations and Households in Economic Growth* (pp. 89–125). Academic Press.
Easterlin, R. A., and O'Connor, K. (2020). The Easterlin paradox. IZA Discussion Paper No. 13923.
Easterlin, R. A., Wang, F., and Wang, S. (2017). Growth and happiness in China, 1990–2015. In J. F. Helliwell, R. Layard and J. Sachs (Eds.). *World Happiness Report 2017* (pp. 48–83). Sustainable Development Solutions Network.
Edmans, A. (2012). The link between job satisfaction and firm value, with implications for corporate social responsibility. *Academy of Management Perspectives*, 26(4), 1–19.
Eisenberger, N. I., Lieberman, M. D., and Williams, K. D. (2003). Does rejection hurt? An fMRI study of social exclusion. *Science*, 302(5643), 290–292.
Eley, T. C., Hudson, J. L., Creswell, C., Tropeano, M., Lester, K. J., Cooper, P., ... and Collier, D. A. (2012). Therapygenetics: The 5HTTLPR and response to psychological therapy. *Molecular Psychiatry*, 17(3), 236–237.
Ellison, C. G. (1991). Religious involvement and subjective well-being. *Journal of Health and Social Behavior*, 80–99.
Epstein, N. B., LaTaillade, J. J., Werlinich, C. A. (2015). Couple therapy for partner aggression. In J. L. L. A. S. Gurman, D. K. Snyder (Eds.). *Clinical Handbook of Couple Therapy* (5th ed., pp. 389–411). Guilford Press.

Esping-Andersen, G. (1990). *The Three Worlds of Welfare Capitalism*. Princeton University Press.
EU Council (2019). The economy of wellbeing: Creating opportunities for people's wellbeing and economic growth (13171/19). Brussels: Council of the European Union. https://data.consilium.europa.eu/doc/document/ST-13171-2019-INIT/en/pdf.
Evans, D. (2003). *Placebo: The Belief Effect*. HarperCollins.
Fearon, R. P., and G. I. Roisman (2017). Attachment theory: Progress and future directions. *Current Opinion in Psychology*, 15, 131–136.
Fehr, E., and Fischbacher U. (2003). The nature of human altruism. *Nature* 425(23 October), 785–791.
Feinberg, M. E., Jones, D. E., Kan, M. L., and Goslin, M. C. (2010). Effects of family foundations on parents and children: 3.5 years after baseline. *Journal of Family Psychology*, 24(5), 532.
Ferejohn, J. (1986). Incumbent performance and electoral control. *Public Choice*, 50(1), 5–25.
Ferris, L. J., Jetten, J., Hornsey, M. J., and Bastian, B. (2019). Feeling hurt: Revisiting the relationship between social and physical pain. *Review of General Psychology*, 23(3), 320–335.
Flavin, P. (2019). State government public goods spending and citizens' quality of life. *Social Science Research*, 78, 28–40.
Flavin, P., and Keane, M. J. (2012). Life satisfaction and political participation: Evidence from the United States. *Journal of Happiness Studies*, 13(1), 63–78.
Flavin, P., Pacek, A. C., and Radcliff, B. (2011). State intervention and subjective well-being in advanced industrial democracies. *Politics & Policy*, 39(2), 251–269.
Flavin, P., Pacek, A. C., and Radcliff, B. (2014). Assessing the impact of the size and scope of government on human well-being. *Social Forces*, 92(4), 1241–1258.
Flèche, S. (2017a). Teacher quality, test scores and non-cognitive skills: Evidence from primary school teachers in the UK. CEP Discussion Paper No. 1472. Centre for Economic Performance.
Flèche, S. (2017b). The welfare consequences of centralization: Evidence from a quasi-natural experiment in Switzerland. *Review of Economics and Statistics*, 1–45.
Flèche, S., Clark, A. E., and Lekfuangfu, W. (2021) The long-lasting effects of family and childhood on adult wellbeing: Evidence from British cohort data. *Journal of Economic Behavior & Organization*, 181, 290–311.
Fleurbaey, M., and Schwandt, H. (2015). Do People Seek to Maximize Their Subjective WellBeing? IZA Discussion Paper No.9450.
Fonagy, P. (2015). The effectiveness of psychodynamic psychotherapies: an update. *World Psychiatry*, 14(2), 137–150.
Ford, T., Collishaw, S., Meltzer, H., and Goodman, R. (2007). A prospective study of childhood psychopathology: Independent predictors of change over three years. *Social Psychiatry and Psychiatric Epidemiology*, 42(12), 953–961.
Ford, T., Goodman, R., and Meltzer, H. (2004). The relative importance of child, family, school and neighbourhood correlates of childhood psychiatric disorder. *Social Psychiatry and Psychiatric Epidemiology*, 39(6), 487–496.
Ford, T., Hayes, R., Byford, S., Edwards, V., Fletcher, M., Logan, S., ... and Ukoumunne, O. C. (2019). The effectiveness and cost-effectiveness of the Incredible Years® Teacher Classroom Management programme in primary school children: Results of the STARS cluster randomised controlled trial. *Psychological Medicine*, 49(5), 828–842.
Foresight Mental Capital and Wellbeing Project (2008). Final project report. The Government Office for Science, London. https://assets.publishing.service.gov.uk/media/5a7ce5afed915d36e95f0526/mental-capital-wellbeing-summary.pdf
Fortin, N., Helliwell, J. F., and Wang, S. (2015). How does subjective well-being vary around the world by gender and age. In J. F. Helliwell, R. Layard and J. Sachs (Eds.). *World Happiness Report 2015* (pp. 42–75). Sustainable Development Solutions Network.

Fournier, J. C., DeRubeis, R. J., Amsterdam, J., Shelton, R. C., and Hollon, S. D. (2014). Gains in employment status following antidepressant medication or cognitive therapy for depression. *British Journal of Psychiatry*, 206(4), 332–338.

Fowler, J. H., and Christakis, N. A. (2008). Dynamic spread of happiness in a large social network: Longitudinal analysis over 20 years in the Framingham Heart Study. *BMJ*, 337.

Frank, R. H. (1988). *Passions within Reason: The Strategic Role of the Emotions*. Norton.

Fredrickson, B. (2013). *Love 2.0: How Our Supreme Emotion Affects Everything We Feel, Think, Do, and Become*. Avery.

Fredrickson, B. L. (2000). Cultivating positive emotions to optimize health and well-being. *Prevention & Treatment*, 3(1), Article 1.

Fredrickson, B. L. (2004). The broaden–and–build theory of positive emotions. *Philosophical Transactions of the Royal Society of London. Series B: Biological Sciences*, 359(1449), 1367–1377.

Fredrickson, B. L., and C. Branigan (2005). Positive emotions broaden the scope of attention and thought-action repertoires. *Cognition & Emotion*, 19(3), 313–332.

Fredriksson, P., Öckert, B., and Oosterbeek, H. (2013). Long-term effects of class size. *The Quarterly Journal of Economics*, 128(1), 249–285.

Freeman, R. B. (1978). Job satisfaction as an economic variable. *American Economic Review*, 68(2), 135–141.

Freeman, R. B., and J. Medoff, (1984). *What Do Unions Do?* Basic Books.

Frey, B. S. (2008). *Happiness: A Revolution in Economics*. MIT Press.

Frey, B. S. (2010). *Happiness: A Revolution in Economics*. MIT Press.

Frey, B. S., Benz, M., and Stutzer, A. (2004). Introducing procedural utility: Not only what, but also how matters. *Journal of Institutional and Theoretical Economics (JITE)/Zeitschrift für die gesamte Staatswissenschaft*, 377–401.

Frijters, P., and Beatton, T. (2012). The mystery of the U-shaped relationship between happiness and age. *Journal of Economic Behavior & Organization*, 82(2–3), 525–542.

Frijters, P., Clark, A. E., Krekel, C., and Layard, R. (2020). A happy choice: Wellbeing as the goal of government. *Behavioural Public Policy*, 4(2), 126–165.

Frijters, P., Geishecker, I., Haisken-DeNew, J. P., and Shields, M. A. (2006). Can the large swings in Russian life satisfaction be explained by ups and downs in real incomes? *Scandinavian Journal of Economics*, 108(3), 433–458.

Frijters, P., Haisken-DeNew, J. P., and Shields, M. A. (2004). Investigating the patterns and determinants of life satisfaction in Germany following reunification. *Journal of Human Resources*, 39(3), 649–674.

Frijters, P., Johnston, D. W., and Shields, M. A. (2011). Happiness dynamics with quarterly life event data. *Scandinavian Journal of Economics*, 113(1), 190–211.

Frijters, P., and Krekel, C. (2021). *A Handbook for Wellbeing Policy-Making in the UK: History, Measurement, Theory, Implementation, and Examples*. Oxford University Press.

Fujita, F., and Diener, E. (2005). Life satisfaction set point: Stability and change. *Journal of Personality and Social Psychology*, 88(1), 158.

Garde, A. H., Albertsen, K., Nabe-Nielsen, K., Carneiro, I. G., Skotte, J., Hansen, S. M., ... and Hansen, Å. M. (2012). Implementation of self-rostering (the PRIO project): Effects on working hours, recovery, and health. *Scandinavian Journal of Work, Environment & Health*, 314–326.

Gautier, P., Muller, P., van der Klaauw, B., Rosholm, M., and Svarer, M. (2018). Estimating equilibrium effects of job search assistance. *Journal of Labour Economics*, 36(4), 1073–1125.

Genesove, D., and Mayer, C. (2001). Loss aversion and seller behavior: Evidence from the housing market. *The Quarterly Journal of Economics*, 116(4), 1233–1260.

Giattino, C., Ortiz-Ospina, E., and Roser, M. (2013). Working hours. OurWorldInData.org. https://ourworldindata.org/working-hours

Gibbons, S., Mourato, S., and Resende, G. M. (2014). The amenity value of English nature: A hedonic price approach. *Environmental and Resource Economics*, 57(2), 175–196.

Gilbert, D. (2009). *Stumbling on Happiness*. Vintage Canada.

Gilbert, D. T., and Wilson, T. D. (2000). Miswanting: Some problems in the forecasting of future affective states. In J. P. Forgas (Ed.). *Studies in Emotion and Social Interaction, Second Series. Feeling and thinking: The Role of Affect in Social Cognition* (pp. 178–197). Cambridge University Press.

Gimenez-Nadal, J. I., and Sevilla, A. (2012). Trends in time allocation: A cross-country analysis. *European Economic Review*, 56(6), 1338–1359.

Glaeser, E. L., Gottlieb, J. D., and Ziv, O. (2016). Unhappy cities. *Journal of Labor Economics*, 34(S2), S129–S182.

Glaeser, E. L., Laibson, D. I., Scheinkman, J. A., and Soutter, C. L. (2000). Measuring trust. *The Quarterly Journal of Economics*, 115(3), 811–846. doi:10.1162/003355300554926.

Goetzke, F., and Islam, S. (2017). Testing for spatial equilibrium using happiness data. *Journal of Regional Science*, 57(2), 199–217.

Goff, L., Helliwell, J. F., and Mayraz, G. (2018). Inequality of subjective well-being as a comprehensive measure of inequality. *Economic Inquiry*, 56(4), 2177–2194. doi:10.1111/ecin.12582.

Golder, S. A., and Macy, M. W. (2011). Diurnal and seasonal mood vary with work, sleep, and daylength across diverse cultures. *Science*, 333(6051), 1878–1881.

Goleman, D. (1995). *Emotional Intelligence*. Bantam Books.

Goleman, D., and Davidson, R. (2017). *The Science of Meditation: How to Change your Brain, Mind and Body*. Penguin UK.

Goodman, R., and Scott, S. (2012). *Child and Adolescent Psychiatry*. John Wiley & Sons.

Graham, C. (2012). *Happiness around the World: The Paradox of Happy Peasants and Miserable Millionaires*. Oxford University Press.

Grant, A. M. (2008). The significance of task significance: Job performance effects, relational mechanisms, and boundary conditions. *Journal of Applied Psychology*, 93(1), 108.

Groh, A. M., Roisman, G. I., Booth-LaForce, C., Fraley, R. C., Owen, M. T., Cox, M. J., and Burchinal, M. R. (2014). Stability of attachment security from infancy to late adolescence. *Monographs of the Society for Research in Child Development*, 79(3), 51–66.

Gross, J. (2010). SEAL: The big experiment. *Better: Evidence-Based Education*, 2(2): 6–7.

Gruber, J. H., and Mullainathan, S. (2005). Do cigarette taxes make smokers happier? *The BE Journal of Economic Analysis & Policy*, 5(1), n.p.

Gruber, J., Lordan, G., Pilling, S., Propper, C., and Saunders, R. (2019). Quantifying the impact on hospital use of a national psychological treatment programme (IAPT) for patients with long-term chronic conditions: A difference-in-differences analysis. Imperial College Business School. Mimeo.

Hallam, S., Rhamie, J., and Shaw, J. (2006). Evaluation of the primary behaviour and attendance pilot. London. Department for Education and Skills.

Halpern, D. (1995). *Mental Health and the Built Environment: More than Bricks and Mortar?* Taylor & Francis.

Hamermesh, D. S., Kawaguchi, D., and Lee, J. (2017). Does labor legislation benefit workers? Well-being after an hours reduction. *Journal of the Japanese and International Economies*, 44, 1–12.

Hamilton, W. D. (1971). Geometry for the selfish herd. *Journal of Theoretical Biology*, 31(2), 295–311.

Hanh, T. N. (2001). *Anger: Buddhist Wisdom for Cooling the Flames*. Rider.

Hanh, T. N. (2008). *The Miracle Of Mindfulness: The Classic Guide to Meditation* (reprint). Rider.

Hanh, T. N., and K. Weare (2017). *Happy Teachers Change the World: A Guide for Cultivating Mindfulness in Education*. Parallax Press.

Hanniball, K. B., Viljoen, J. L., Shaffer, C. S., Bhatt, G., Tweed, R., Aknin, L. B., ... and Dooley, S. (2021). The role of life satisfaction in predicting youth violence and offending: A prospective examination. *Journal of Interpersonal Violence*, 36(11–12), 5501–5529.

Hanson, R. (2016). *Hardwiring Happiness: The New Brain Science of Contentment, Calm, and Confidence*. Harmony.

Hanushek, E. A. (1999). Some findings from an independent investigation of the Tennessee STAR experiment and from other investigations of class size effects. *Educational Evaluation and Policy Analysis*, 21(2), 143–163.

Happy Planet Index (2016). *A Global Index of Sustainable Wellbeing*. New Economics Foundation.

Harbaugh, W. T., Mayr, U., and Burghart, D. R. (2007). Neural responses to taxation and voluntary giving reveal motives for charitable donations. *Science*, 316(5831), 1622–1625.

Hare, R. M. (1981). *Moral Thinking: Its Levels, Method, and Point*. Clarendon Press; Oxford University Press.

Harju, J., Jäger, S., and Schoefer, B. (2021). Voice at work (No. w28522). National Bureau of Economic Research.

Harsanyi, J. (1955a). Cardinal utility in welfare economics and in the theory of risk-taking. *Journal of Political Economy*, 61(5), 413–433.

Harsanyi, J. (1955b). Cardinal welfare, individualistic ethics, and interpersonal comparisons of utility. *Journal of Political Economy*, 63(4), 309–321.

Harter, J., and Adkins, A. (2015). Employees want a lot more from their managers. Gallup. www.gallup.com/workplace/236570/employees-lot-managers.aspx.

Harter, J. K., Schmidt, F. L., Asplund, J. W., Killham, E. A., and Agrawal, S. (2010). Causal impact of employee work perceptions on the bottom line of organizations. *Perspectives on Psychological Science*, 5(4), 378–389.

Haworth, C. M., and Davis, O. S. (2014). From observational to dynamic genetics. *Frontiers in Genetics*, 5, 6.

Haworth, C. M., Nelson, S. K., Layous, K., Carter, K., Jacobs Bao, K., Lyubomirsky, S., and Plomin, R. (2016). Stability and change in genetic and environmental influences on well-being in response to an intervention. *PlosOne*, 11(5), e0155538.

Headey, B. (2006). *Revising Set-Point Theory and Dynamic Equilibrium Theory to Account for Long-Term Change*. DIW.

Healy, A., and Malhotra, N. (2013). Retrospective voting reconsidered. *Annual Review of Political Science*, 16, 285–306.

Healy, A. J., Malhotra, N., and Mo, C. H. (2010). Irrelevant events affect voters' evaluations of government performance. *Proceedings of the National Academy of Sciences*, 107(29), 12804–12809.

Heatherton, T. F., and Wagner, D. D. (2011). Cognitive neuroscience of self-regulation failure. *Trends in Cognitive Sciences*, 15(3), 132–139.

Heckman, J. J., Moon, S. H., Pinto, R., Savelyev, P. A., and Yavitz, A. (2010). The rate of return to the HighScope Perry Preschool Program. *Journal of public Economics*, 94(1–2), 114–128.

Heller, A. S., Johnstone, T., Light, S. N., Peterson, M. J., Kolden, G. G., Kalin, N. H., and Davidson, R. J. (2013). Relationships between changes in sustained fronto-striatal connectivity and positive affect in major depression resulting from antidepressant treatment. *American Journal of Psychiatry*, 170(2), 197–206. doi:10.1176/appi.ajp.2012.12010014.

Helliwell, J. F. (2003). How's life? Combining individual and national variables to explain subjective well-being. *Economic Modelling*, 20(2), 331–360.

Helliwell, J. F. (2007). Well-being and social capital: Does suicide pose a puzzle? *Social Indicators Research*, 81(3), 455–496. doi:10.1007/s11205-006-0022-y.

Helliwell, J. F. (2021). Measuring and using happiness to support public policies. In M. T. Lee, L. D. Kubzansky and T. J. VanderWeele (Eds.), *Measuring Well-Being: Interdisciplinary Perspectives from the Social Sciences and the Humanities* (pp. 20–93). Oxford University

Press.
Helliwell, J. F., Aknin, L. B., Shiplett, H., Huang, H., and Wang, S. (2018). Social capital and prosocial behaviour as sources of well-being. In E. Diener, S. Oishi and L. Tay (Eds.), *Handbook of Well-Being*. DEF.
Helliwell, J. F., and Huang, H. (2008). How's your government? International evidence linking good government and well-being. *British Journal of Political Science*, 38(4), 595–619.
Helliwell, J. F., Huang, H., Grover, S., and Wang, S. (2014). Good governance and national well-being: What are the linkages? OECD Working Papers on Public Governance, No. 25.
Helliwell, J. F., Huang, H., Grover, S., and Wang, S. (2018). Empirical linkages between good governance and national well-being. *Journal of Comparative Economics*, 46(4), 1332–1346.
Helliwell, J. F., Huang, H. and Wang, S. (2016). The distribution of world happiness. In J. F. Helliwell, R. Layard and J. Sachs (Eds.). *World Happiness Report 2016* (pp. 8–49). Sustainable Development Solutions Network.
Helliwell, J. F., Huang, H., and Wang, S. (2017). Social Foundations of World Happiness. In J. F. Helliwell, R. Layard and J. Sachs (Eds.), *World Happiness Report 2017* (pp. 8–47). Sustainable Development Solutions Network.
Helliwell, J. F., Huang, H., and Wang, S. (2019). Changing world happiness. In J. F. Helliwell, R. Layard and J. Sachs (Eds.). *World Happiness Report 2019* (pp. 11–46). Sustainable Development Solutions Network.
Helliwell, J. F., Huang, H., Wang, S., and Norton, M. (2020). Social environments for world happiness. In J. F. Helliwell, R. Layard, J. Sachs and J. E. De Neve (Eds.). *World Happiness Report 2020* (pp. 13–45). Sustainable Development Solutions Network.
Helliwell, J. F., Huang, H., Wang, S., and Norton, M. (2021). World happiness, trust and deaths under COVID-19. In J. F. Helliwell, R. Layard, J. Sachs and J. E. De Neve, (Eds.). *World Happiness Report 2021* (pp. 13–56). Sustainable Development Solutions Network.
Helliwell, J. F., Huang, H., Wang, S., and Shiplett, H. (2018). International migration and world happiness. In J. F. Helliwell, R. Layard and J. Sachs (Eds.). *World Happiness Report 2018* (pp. 13–44). Sustainable Development Solutions Network.
Helliwell, J. F., Layard, R., and Sachs, J. (2012). *World Happiness Report*. Sustainable Development Solutions Network.
Helliwell, J. F., Layard, R., and Sachs, J. (Eds.). (2018). *World Happiness Report 2018*. New York: Sustainable Development Solutions Network.
Helliwell, J. F., and Putnam, R. D. (2004). The social context of well–being. *Philosophical Transactions of the Royal Society of London. Series B: Biological Sciences*, 359(1449), 1435–1446.
Helliwell, J. F., and Wang, S. (2010). Trust and well-being (No. w15911). National Bureau of Economic Research.
Helliwell, J. F., and Wang, S. (2012). The state of world happiness. In J. F. Helliwell, R. Layard and J. Sachs (Eds.). *World Happiness Report 2012* (pp. 10–57). Sustainable Development Solutions Network.
Helliwell, J. F., and Wang, S. (2014). Weekends and subjective well-being. *Social Indicators Research*, 116(2), 389–407.
Herrin, J., Witters, D., Roy, B., Riley, C., Liu, D., and Krumholz, H. M. (2018). Population well-being and electoral shifts. *PloSOne*, 13(3), e0193401.
Hetschko, C. (2016). On the misery of losing self-employment. *Small Business Economics*, 47(2), 461–478.
Hetschko, C., Knabe, A., and Schöb, R. (2019). Looking back in anger? Retirement and unemployment scarring. *Demography*, 56(3), 1105–1129.
Hetschko, C., Knabe, A., and Schöb, R. (2021). Happiness, work, and identity (No. 783). GLO Discussion Paper.
Hicks, J. R. (1940). The valuation of the social income. *Economica*, 7(26), 105–124.

Hills, T. T., Proto, E., Sgroi, D., and Seresinhe, C. I. (2019). Historical analysis of national subjective wellbeing using millions of digitized books. *Nature Human Behaviour*, 3(12), 1271–1275.

HM Treasury (2020). *The Green Book: Central Government Guidance on Appraisal and Evaluation*. OGL Press.

HM Treasury. (2021). *Wellbeing Guidance for Appraisal: Supplementary Green Book Guidance*. OGL Press

Hollon, S. D., and Beck, A. T. (2013). Cognitive and cognitive-behavioral therapies. *Bergin and Garfield's Handbook of Psychotherapy and Behavior Change*, 6, 393–442.

Holt-Lunstad, J., Smith, T. B., and Layton, J. B. (2010). Social relationships and mortality risk: A meta-analytic review. *PLoS Medicine*, 7(7), e1000316.

Holt-Lunstad, J., Smith, T. B., Baker, M., Harris, T., and Stephenson, D. (2015). Loneliness and social isolation as risk factors for mortality: A meta-analytic review. *Perspectives on Psychological Science*, 10(2), 227–237.

Hölzel, B. K., Carmody, J., Vangel, M., Congleton, C., Yerramsetti, S. M., Gard, T., and Lazar, S. W. (2011). Mindfulness practice leads to increases in regional brain gray matter density. *Psychiatry Research: Neuroimaging*, 191(1), 36–43.

Hoxby, C. M. (2000). The effects of class size on student achievement: New evidence from population variation. *Quarterly Journal of Economics*, 115(4), 1239–1285.

Humphrey, N., Lendrum, A., and Wigelsworth, M. (2010). Social and emotional aspects of learning (SEAL) programme in secondary schools: National evaluation. Department for Education. DFE Research Report (RR049).

Huppert, F. A. (2009). Psychological well-being: Evidence regarding its causes and consequences. *Applied Psychology: Health and Well-Being*, 1(2), 137–164.

Hutter, N., Schnurr, A., and Baumeister, H. (2010). Healthcare costs in patients with diabetes mellitus and comorbid mental disorders – a systematic review. *Diabetologia*, 53, 2470–2479. doi:10.1007/s00125-010-1873-y.

Iaffaldano, M. T., and Muchinsky, P. M. (1985). Job satisfaction and job performance: A meta-analysis. *Psychological Bulletin*, 97(2), 251.

Ialongo, N. S., Werthamer, L., Kellam, S. G., Brown, C. H., Wang, S., and Lin, Y. (1999). Proximal impact of two first-grade preventive interventions on the early risk behaviors for later substance abuse, depression, and antisocial behavior. *American Journal of Community Psychology*, 27(5), 599–641.

Idstad, M., Torvik, F. A., Borren, I., Rognmo, K., Røysamb, E., and Tambs, K. (2015). Mental distress predicts divorce over 16 years: The HUNT study. *BMC Public Health*, 15(1), 1–10.

Ifcher, J., Zarghamee, H., and Graham, C. (2018). Local neighbors as positives, regional neighbors as negatives: Competing channels in the relationship between others' income, health, and happiness. *Journal of Health Economics*, 57, 263–276.

Inglehart, R. F., and Norris, P. (2016). Trump, Brexit, and the rise of populism: Economic havenots and cultural backlash. SSRN Papers.

Inglehart, R. F., and Norris, P. (2017). Trump and the populist authoritarian parties: The silent revolution in reverse. *Perspectives on Politics*, 15(2), 443–454.

International Labour Organization (2018). *Women and Men in the Informal Economy: A Statistical Picture*, 3rd ed. International Labour Organization.

Isen, A. M., Daubman, K. A., and Nowicki, G. P. (1987). Positive affect facilitates creative problem solving. *Journal of Personality and Social Psychology*, 52(6), 1122.

Ivlevs, A., and Veliziotis, M. (2018). Local-level immigration and life satisfaction: The EU enlargement experience in England and Wales. *Environment and Planning A: Economy and Space*, 50(1), 175–193.

Jacobs, T. L., Epel, E. S., Lin, J., Blackburn, E. H., Wolkowitz, O. M., Bridwell, D. A., ... and Saron, C. D. (2011). Intensive meditation training, immune cell telomerase activity, and

psychological mediators. *Psychoneuroendocrinology*, 36(5), 664–681.
Jahoda, M. (1981). Work, employment, and unemployment: Values, theories, and approaches in social research. *American Psychologist*, 36(2), 184.
Jaidka, K., Giorgi, S., Schwartz, H. A., Kern, M. L., Ungar, L. H., and Eichstaedt, J. C. (2020). Estimating geographic subjective well-being from Twitter: A comparison of dictionary and data-driven language methods. *Proceedings of the National Academy of Sciences*, 117(19), 10165–10171.
Jakobsson, N., Persson, M., and Svensson, M. (2013). Class-size effects on adolescents' mental health and well-being in Swedish schools. *Education Economics*, 21(3), 248–263.
Jamshidi, J., Williams, L. M., Schofield, P. R., Park, H. R., Montalto, A., Chilver, M. R., ... and Gatt, J. M. (2020). Diverse phenotypic measurements of wellbeing: Heritability, temporal stability and the variance explained by polygenic scores. *Genes, Brain and Behavior*, 19(8), e12694.
Jebb, A. T., Tay, L., Diener, E., and Oishi, S. (2018). Happiness, income satiation and turning points around the world. *Nature Human Behaviour*, 2(1), 33–38.
Jefferson, T. (1809). Thomas Jefferson to the Republicans of Washington County, Maryland, 31 March 1809. Founders Online. https://founders.archives.gov/documents/Jefferson/03-01-02-0088
Jennings, P. A., and Greenberg, M. T. (2009). The prosocial classroom: Teacher social and emotional competence in relation to student and classroom outcomes. *Review of Educational Research*, 79(1), 491–525.
Judge, T. A., Thoresen, C. J., Bono, J. E., and Patton, G. K. (2001). The job satisfaction–job performance relationship: A qualitative and quantitative review. *Psychological Bulletin*, 127(3), 376.
Kahneman, D. (2011). *Thinking, Fast and Slow*. Allen Lane.
Kahneman, D., Knetsch, J. L., and Thaler, R. H. (1990). Experimental tests of the endowment effect and the Coase theorem. *Journal of Political Economy*, 98(6), 1325–1348.
Kahneman, D., Krueger, A. B., Schkade, D. A., Schwarz, N., and Stone, A. A. (2004). A survey method for characterizing daily life experience: The day reconstruction method. *Science*, 306(5702), 1776–1780.
Kahneman, D., Ritov, I., and Schkade, D. A. (2000). Economic preferences or attitude expressions? An analysis of dollar responses to public issues. In D. Kahneman and A. Tversky (Eds.). *Choices, Values and Frames*. Cambridge University Press; Russell Sage Foundation.
Kaiser, C., and Vendrik, M. C. M. (2020). How threatening are transformations of happiness scales to subjective wellbeing research? INET Oxford Working Paper No. 2020-19.
Kaldor, N. (1939). Welfare propositions of economics and interpersonal comparisons of utility. *The Economic Journal*, 49(195), 549–552.
Kamerāde, D., Wang, S., Burchell, B., Balderson, S. U., and Coutts, A. (2019). A shorter working week for everyone: How much paid work is needed for mental health and wellbeing? *Social Science & Medicine*, 241, 112353.
Katon, W. J. (2003). Clinical and health services relationships between major depression, depressive symptoms, and general medical illness. *Society of Biological Psychiatry*, 54, 216–226. doi: 10.1016/s0006-3223(03)00273-7.
Katz, L. F., and Krueger, A. B. (2019). The rise and nature of alternative work arrangements in the United States, 1995–2015. *ILR Review*, 72(2), 382–416.
Kellam, S. G., Mackenzie, A. C., Brown, C. H., Poduska, J. M., Wang, W., Petras, H., and Wilcox, H. C. (2011). The good behavior game and the future of prevention and treatment. *Addiction Science & Clinical Practice*, 6(1), 73.
Kelly, E. L., Moen, P., Oakes, J. M., Fan, W., Okechukwu, C., Davis, K. D., ... and Casper, L. M. (2014). Changing work and work-family conflict: Evidence from the work, family, and health network. *American Sociological Review*, 79(3), 485–516.

Kendler, K. S., Walters, E. E., Neale, M. C., Kessler, R. C., Heath, A. C., and Eaves, L. J. (1995). The structure of the genetic and environmental risk factors for six major psychiatric disorders in women: Phobia, generalized anxiety disorder, panic disorder, bulimia, major depression, and alcoholism. *Archives of General Psychiatry*, 52(5), 374–383.

Kessler, J. B., McClellan, A., Nesbit, J., and Schotter, A. (2021). Short-term fluctuations in incidental happiness and economic decision-making: Experimental evidence from a sports bar. *Experimental Economics*, 1–29.

Kessler, R. C., Berglund, P., Demler, O., Jin, R., Merikangas, K. R., and Walters, E. E. (2005a). Lifetime prevalence and age-of-onset distributions of DSM-IV disorders in the National Comorbidity Survey Replication. *Archives of General Psychiatry*, 62, 593–602.

Kessler, R. C., Chiu, W. T., Demler, O., Merikangas, K. R., and Walters, E. E. (2005b). Prevalence, severity, and comorbidity of 12-month DSM-IV disorders in the National Comorbidity Survey Replication. *Archives of General Psychiatry*, 62(6), 617–627.

Keyes, C. L., Shmotkin, D., and Ryff, C. D. (2002). Optimizing well-being: The empirical encounter of two traditions. *Journal of Personality and Social Psychology*, 82(6), 1007–1022.

Kiecolt-Glaser, J. K., Marucha, P.T., Malarkey, W.B., Mercado, A. M., Glaser R. (1995). Slowing of wound healing by psychological stress. *Lancet*. 346 (8984): 1194-1196.

Kim-Cohen, J., Caspi, A., Moffitt, T. E., Harrington, H., Milne, B. J., and Poulton, R. (2003). Prior juvenile diagnoses in adults with mental disorder: Developmental follow-back of a prospective-longitudinal cohort. *Archives of General Psychiatry*, 60, 709–17.

Kind, M., and Haisken-DeNew, J. P. (2012). Unexpected victims: How parents' unemployment affects their children's life satisfaction (No. wp2012n02). Melbourne Institute of Applied Economic and Social Research. The University of Melbourne.

King, D., Browne, J., Layard, R., O'Donnell, G., Rees, M., Stern, N., and Turner, A. (2015). A Global Apollo Programme to combat climate change.

King, V. (2016). *10 Keys to Happier Living*. Headline.

Kirby, J. N., Tellegen, C. L., and Steindl, S. R. (2017). A meta-analysis of compassion-based interventions: Current state of knowledge and future directions. *Behavior Therapy*, 48(6), 778–792.

Kling, J., Ludwig, J., and Katz, L. (2005). Neighborhood effects on crime for female and male youth: Evidence from a randomized housing voucher experiment. *Quarterly Journal of Economics*, 120(1), 87–130.

Knabe, A., and Rätzel, S. (2011). Quantifying the psychological costs of unemployment: The role of permanent income. *Applied Economics*, 43(21), 2751–2763.

Knabe, A., Schöb, R., and Weimann, J. (2017). The subjective well-being of workfare participants: Insights from a day reconstruction survey. *Applied Economics*, 49(13), 1311–1325.

Knack, S. (2001). Trust, associational life and economic performance. In J. Helliwell and A. Bonikowska (Eds.), *The Contribution of Human and Social Capital to Sustained Economic Growth and Well-Being*. HRDC; OECD.

Knies, G. (2012). Life satisfaction and material well-being of children in the UK (No. 2012-15). ISER working paper series.

Kok, B. E., Coffey, K. A., Cohn, M. A., Catalino, L. I., Vacharkulksemsuk, T., Algoe, S. B., ...and Fredrickson, B. L. (2013). How positive emotions build physical health: Perceived positive social connections account for the upward spiral between positive emotions and vagal tone. *Psychological Science*, 24(7), 1123–1132.

Kral, T. R., Davis, K., Korponay, C., Hirshberg, M. J., Hoel, R., Tello, L. Y., ... and Davidson, R. J. (2022). Absence of structural brain changes from mindfulness-based stress reduction: Tow combined randomized controlled trials. *Science Advances*, 8(20), n.p.

Krekel, C., De Neve, J. E., Fancourt, D., and Layard, R. (2020) A local community course that raises mental wellbeing and pro-sociality. CEP Discussion Papers (1671). Centre for Economic Performance, London School of Economics.

Krekel, C., Kolbe, J., and Wüstemann, H. (2016). The greener, the happier? The effect of urban land use on residential well-being. *Ecological Economics*, 121, 117–127.

Krekel, C., and MacKerron, G. (2020). How environmental quality affects our happiness. In D. E. Neve, J. F. Helliwell, R. Layard and J. Sachs (Eds.). *World Happiness Report 2020*. Sustainable Development Solutions Network.

Krekel, C., Ward, G., and De Neve, J. E. (2019). Employee well-being, productivity, and firm performance: evidence and case studies. In Global Happiness and Well-Being Policy Report.

Krueger, A. B. (2003). Economic considerations and class size. *Economic Journal* 113(485), F34–F63.

Krueger, A. B. (2007). Are we having fun yet? Categorizing and evaluating changes in time allocation. Brookings Papers on Economic Activity. No. 2, 193–217.

Krueger, A. B. (Ed.). (2009). *Measuring the Subjective Well-Being of Nations: National Accounts of Time Use and Well-Being*. University of Chicago Press.

Krueger, A. B., and Stone, A. A. (2008). Assessment of pain: A community-based diary survey in the USA. *The Lancet*, 371(9623), 1519–1525.

Krueger, A. B., and D. Schkade (2008). The reliability of subjective well-being measures. *Journal of Public Economics*, 92, 1833–1845.

Kruse, D. L., Freeman, R. B., and Blasi, J. R. (2010). *Shared Capitalism at Work: Employee Ownership, Profit and Gain Sharing, and Broad-Based Stock Options*. University of Chicago Press.

Kubzansky, L. D., Huffman, J. C., Boehm, J. K., Hernandez, R., Kim, E. S., Koga, H. K., ...and Labarthe, D. R. (2018). Positive psychological well-being and cardiovascular disease: JACC health promotion series. *Journal of the American College of Cardiology*, 72(12), 1382–1396

Kuo, F. E., and Sullivan, W. C. (2001b). Aggression and violence in the inner city: Effects of environment via mental fatigue. *Environment and Behavior*, 33(4), 543–571.

Kuo, F. E., and Sullivan, W. C. (2001b). Environment and crime in the inner city: Does vegetation reduce crime? *Environment and Behavior*, 33(3), 343–367.

Kuyken, W., Ball, S., Crane, S., Canuli, P., Jones, B., Montero-Marin, J., ... MYRIAD Team. (2022). Effectiveness of universal school-based mindfulness training compared with normal school provision on teacher mental health and school climate: Results of the MYRIAD cluster randomised controlled trial. *Evidence-Based Mental Health*, 25(3), 125–134.

Kuznets, S. (1934). *National Income, 1929–1932*. NBER.

Lades, L. K., Laffan, K., Daly, M., and Delaney, L. (2020). Daily emotional well-being during the COVID-19 pandemic. *British Journal of Health Psychology*, 25(4), 902–911.

Laibson, D. (1998). Life-cycle Consumption and hyperbolic discount functions. *European Economic Review Papers and Proceedings*, 42(3–5), 861–871.

Lane, T. (2017). How does happiness relate to economic behaviour? A review of the literature. *Journal of Behavioral and Experimental Economics*, 68, 62–78.

Langella, M., and Manning, A. (2016). Diversity and neighbourhood satisfaction. *Economic Journal*, 129(624), 3219–3255.

Langenkamp, A. (2021). Lonely hearts, empty booths? The relationship between loneliness, reported voting behavior and boting as civic duty. *Social Science Quarterly*, 102(4), 1239–1254.

Layard, R. (1980). Human satisfactions and public policy. *The Economic Journal*, 90(360), 737–750.

Layard, R. (2006). Happiness and public policy: A challenge to the profession. *Economic Journal*, 116(March), C24–C33.

Layard, R., and Clark, D. M. (2014). *Thrive: The Power of Evidence-Based Psychological Therapies*. Penguin.

Layard, R., and Dunn, J., (2009). *A Good Childhood: Searching for Values in a Competitive Age*. Penguin UK.

Layard, R., and Glaister, S. (1994). *Cost-Benefit Analysis*. Cambridge University Press.

Layard, R., Nickell, S., and Jackman, R. (1991). *Unemployment: Macroeconomic Performance*

and the Labour Market. Oxford University Press.
Layard, R., Nickell, S., and Jackman, R. (2005). *Unemployment: Macroeconomic Performance and the Labour Market*. Oxford University Press.
Layard, R., Mayraz, G., and Nickell, S. J. (2008). The marginal utility of income. *Journal of Public Economics*, 92(8–9), 1846–1857.
Layard, R., Mayraz, G., and Nickell, S. J. (2010). Does relative income matter? Are the critics right? In E. Diener, J. F. Helliwell and D. Kahneman (Eds.). *International Differences in Well-Being* (pp. 139–165). Oxford University Press.
Layard, R., and Oparina, E. (2021). Living long and living well: The WELLBY approach. In J. F. Helliwell, R. Layard, J. Sachs and J. E. De. Neve (Eds.). *World Happiness Report 2021* (p. 191). Sustainable Development Solutions Network.
Layard, R., and Walters, A. A. (1978). *Microeconomic Theory*. McGraw-Hill.
Layard, R., and Ward, G. (2020). *Can We Be happier? Evidence and Ethics*. Penguin UK.
Lazear, E. P. (2000). Performance pay and productivity. American Economic Review, 90(5), 1346–1361. doi: 10.1257/aer.90.5.1346.
Lazear, E. P., Shaw, K. L., and Stanton, C. T. (2015). The value of bosses. *Journal of Labor Economics*, 33(4), 823–861.
Lee, H., and Singh, G. K. (2020). Inequalities in life expectancy and all-cause mortality in the United States by levels of happiness and life satisfaction: A longitudinal study. *International Journal of Maternal and Child Health and AIDS*, 9(3), 305.
Leichsenring F., Salzer, S., Jaeger, U., Kächele, H., Kreische, R., Leweke, F., ... and Leibing E. (2010). Short-term psychodynamic psychotherapy and cognitive-behavioral therapy in generalized anxiety disorder: A randomized, controlled trial. *Focus*, 8(1), 66–74.
LePine, J. A., Podsakoff, N. P., and LePine, M. A. (2005). A meta-analytic test of the challenge stressor–hindrance stressor framework: An explanation for inconsistent relationships among stressors and performance. *Academy of Management Journal*, 48(5), 764–775.
Lepinteur, A. (2019). The shorter workweek and worker wellbeing: Evidence from Portugal and France. *Labour Economics*, 58, 204–220.
Levinson, A. (2012). Valuing public goods using happiness data: The case of air quality. *Journal of Public Economics*, 96(9–10), 869–880.
Lewis-Beck, M. S., and Nadeau, R. (2011). Economic voting theory: Testing new dimensions. *Electoral Studies*, 30(2), 288–294.
Lewis-Beck, M. S., and Stegmaier, M. (2018). Economic voting. In R. D. Congelton, B. Grofman and S. Voigt (Eds.). *The Oxford Handbook of Public Choice* (vol. 1, p. 247). Oxford University Press.
Liberini, F., Oswald, A. J., Proto, E., and Redoano, M. (2017b). Was Brexit caused by the unhappy and the old? (No. 11059). Institute of Labor Economics (IZA).
Liberini, F., Redoano, M., and Proto, E. (2017a). Happy voters. *Journal of Public Economics*, 146, 41–57.
Lieberman, M. D. (2013). *Social: Why Our Brains Are Wired to Connect*. Oxford University Press.
Lim, C., and Putnam, R. D. (2010). Religion, social networks, and life satisfaction. *American Sociological Review*, 75(6), 914–933.
Lim, L., Radua, J., and Rubia, K. (2014). Gray matter abnormalities in childhood maltreatment: A voxel-wise meta-analysis. *American Journal of Psychiatry*, 171(8), 854–863.
Lindholm, A. (2020). Does subjective well-being affect political participation? *Swiss Journal of Sociology*, 46(3), 467–488.
Lindqvist, E., Östling, R., and Cesarini, D. (2020). Long-run effects of lottery wealth on psychological well-being. *The Review of Economic Studies*, 87(6), 2703–2726.
List, J. A. (2003). Does market experience eliminate market anomalies? *The Quarterly Journal of Economics*, 118(1), 41–71.
Loewenstein, G., O'Donoghue, T., and Rabin, M. (2003). Projection bias in predicting future

utility. *The Quarterly Journal of Economics*, 118(4), 1209–1248.
Loewenstein, G., and Schkade, D. (1999). Wouldn't it be nice? Predicting future feelings. In D. Kahneman, R. Diener and N. Schwarz (Eds). *Well-Being: The Foundations of Hedonic Psychology* (pp. 85–105). Russell Sage Foundation.
Longhi, S. (2014). Cultural diversity and subjective well-being. *IZA Journal of Migration*, 3(1), 13.
Lordan, G., and McGuire, A. J. (2019). Widening the high school curriculum to include soft skill training: Impacts on health, behaviour, emotional wellbeing and occupational aspirations. CEP Discussion Paper 1630, Centre for Economic Performance, London School of Economics.
Lorenzini, J. (2015). Subjective well-being and political participation: A comparison of unemployed and employed youth. *Journal of Happiness Studies*, 16(2), 381–404.
Ludwig, J., Duncan, G. J., Gennetian, L. A., Katz, L. F., Kessler, R. C., Kling, J. R., and Sanbonmatsu, L. (2012). Neighborhood effects on the long-term well-being of low-income adults. *Science*, 337(6101), 1505–1510.
Ludwig, J., Duncan, G. J., Gennetian, L. A., Katz, L. F., Kessler, R. C., Kling, J. R., and Sanbonmatsu, L. (2013). Long-term neighborhood effects on low-income families: Evidence from moving to opportunity. *American Economic Review*, 103(3), 226–231.
Luechinger, S. (2009). Valuing air quality using the life satisfaction approach. *Economic Journal*, 119, 482–515.
Lykken, D., and Tellegen, A. (1996). Happiness is a stochastic phenomenon. *Psychological Science*, 7(3), 186–189.
Lyubomirsky, S. (2008). *The How of Happiness: A Scientific Approach to Getting the Life You Want*. Penguin Press.
Lyubomirsky, S., King, L., and Diener, E. (2005a). The benefits of frequent positive affect: Does happiness lead to success? *Psychological Bulletin*, 131(6), 803.
Lyubomirsky, S., Sheldon, K. M., and Schkade, D. (2005b). Pursuing happiness: The architecture of sustainable change. *Review of General Psychology*, 9(2), 111–131.
Macchia, L., and Oswald, A. J. (2021). Physical pain, gender, and the state of the economy in 146 nations. *Social Science & Medicine*, 287, 114332.
Maddison, D., and Rehdanz, K. (2011). The impact of climate on life satisfaction. *Ecological Economics*, 70(12), 2437–2445.
Maguire, E. A., Gadian, D. G., Johnsrude, I. S., Good, C. D., Ashburner, J., Frackowiak, R. S., and Frith, C. D. (2000). Navigation-related structural change in the hippocampi of taxi drivers. *Proceedings of the National Academy of Sciences*, 97(8), 4398–4403.
Marcus, J. (2013). The effect of unemployment on the mental health of spouses: Evidence from plant closures in Germany. *Journal of Health Economics*, 32(3), 546–558.
Martela, F., Greve, B., Rothstein, B., and Saari, J. (2020). The Nordic exceptionalism: what explains why the Nordic Countries are constantly among the happiest in the world. J. F. Helliwell, R. Layard, J. D. Sachs and J. E. De Neve (Eds.). *World Happiness Report 2020* (pp. 128–145). Sustainable Development Solutions Network.
Martela, F., and Riekki, T. J. (2018). Autonomy, competence, relatedness, and beneficence: A multicultural comparison of the four pathways to meaningful work. *Frontiers in Psychology*, 9, 1157.
Marx, K. (1947). Wage-labour and capital. Lecture to the German Workingmen's Club of Brussels in 1847.
Mas, A., and Pallais, A. (2017). Valuing alternative work arrangements. *American Economic Review*, 107(12), 3722–3759.
Maslow, A. H. (1948). 'Higher' and 'lower' needs. *The Journal of Psychology*, 25(2), 433–436.
Maslow, A. H. (1954). The instinctoid nature of basic needs. *Journal of Personality*, 22, 326–347.
Mazzucato, M. (2015). *The Entrepreneurial State: Debunking Public vs. Private Sector Myths* (Vol. 1): Anthem Press.

McHugh, R. K., Whitton, S. W., Peckham, A. D., Welge, J. A., and Otto, M. W. (2013). Patient preference for psychological versus pharmacologic treatment of psychiatric disorders: a meta-analytic review. *Journal of Clinical Psychiatry*, 74(6), 595–602.

McManus, S., Bebbington, P., Jenkins, R., and Brugha, T. (2016). Mental health and wellbeing in England. Adult Psychiatric Morbidity Survey 2014.

Meade, J. (1955). *Theory of International Economic Policy (Vol. 2): Trade and Welfare.* Oxford University Press.

Meier, S., and Stutzer, A. (2008). Is volunteering rewarding in itself? *Economica*, 75(1), 39–59.

Melhuish, E., Belsky, J., Leyland, A. H., Barnes, J., and National Evaluation of Sure Start Research Team. (2008). Effects of fully-established Sure Start Local Programmes on 3-yearold children and their families living in England: a quasi-experimental observational study. *The Lancet*, 372(9650), 1641–1647.

Mellor-Marsá, B., Miret, M., Abad, F. J., Chatterji, S., Olaya, B., Tobiasz-Adamczyk, B., ...and Caballero, F. F. (2016). Measurement invariance of the day reconstruction method: Results from the COURAGE in Europe project. *Journal of Happiness Studies*, 17(5), 1769–1787.

Mendolia, S. (2014). The impact of husband's job loss on partners' mental health. *Review of Economics of the Household*, 12(2), 277–294.

Menesini, E., and Salmivalli, C. (2017). Bullying in schools: The state of knowledge and effective interventions. *Psychology, Health & Medicine*, 22(supp. 1), 240–253.

Messner, S. F., and Rosenfeld, R. (1997). Political restraint of the market and levels of criminal homicide: A cross-national application of institutional-anomie theory. *Social Forces*, 75(4), 1393–1416.

Methot, J. R., Lepine, J. A., Podsakoff, N. P., and Christian, J. S. (2016). Are workplace friendships a mixed blessing? Exploring tradeoffs of multiplex relationships and their associations with job performance. *Personnel Psychology*, 69(2), 311–355.

Metzler, H., Rimé, B., Pellert, M., Niederkrotenthaler, T., Di Natale, A., and Garcia, D. (2021). Collective emotions during the COVID-19 outbreak. doi.org/10.31234/osf.io/qejxv.

Michel, C., Sovinsky, M., Proto, E., and Oswald, A. J. (2019). Advertising as a major source of human dissatisfaction: Cross-national evidence on one million Europeans. In M. Rojas (Ed.). *The Economics of Happiness* (pp. 217–239). Springer.

Michel, J.-B., Shen, Y. K., Aiden, A. P., Veres, A., Gray, M. K., Pickett, J. P., ... and Aiden, E. L. (2011). *Quantitative Analysis of Culture Using Millions of Digitized Books.* 331(6014), 176–182. doi:10.1126/science.1199644.

Michels, N., Van de Wiele, T., Fouhy, F., O'Mahony, S., Clarke, G., & Keane, J. (2019). Gut microbiome patterns depending on children's psychosocial stress: Reports versus biomarkers. *Brain, Behavior, and Immunity*, 80, 751–762.

Mistry, R. S., Vandewater, E. A., Huston, A. C., and McLoyd, V. C. (2002). Economic wellbeing and children's social adjustment: The role of family process in an ethnically diverse low-income sample. *Child Development*, 73(3), 935–951.

Moen, P., Kelly, E. L., Fan, W., Lee, S. R., Almeida, D., Kossek, E. E., and Buxton, O. M. (2016). Does a flexibility/support organizational initiative improve high-tech employees' well-being? Evidence from the work, family, and health network. *American Sociological Review*, 81(1), 134–164.

Moen, P., Kelly, E. L., Lee, S. R., Oakes, J. M., Fan, W., Bray, J., ... and Buxton, O. (2017). Can a flexibility/support initiative reduce turnover intentions and exits? Results from the work, family, and health network. *Social Problems*, 64(1), 53–85.

Montgomery, C. (2013). *Happy City: Transforming Our Lives through Urban Design.* Macmillan.

Moore, D., Benham-Clarke, S., Kenchington, R., Boyle, C., Ford, T., Hayes, R., and Rogers, M. (2019). Improving behaviour in schools. Evidence Review. Education Endowment Foundation. London.

Moore, S. E., Norman, R. E., Suetani, S., Thomas, H. J., Sly, P. D., and Scott, J. G. (2017).

Consequences of bullying victimization in childhood and adolescence: A systematic review and meta-analysis. *World Journal of Psychiatry*, 7(1), 60.

Mudde, C. (2007). *Populist Radical Right Parties in Europe*. Cambridge University Press.

Muldoon, J. (2012). The Hawthorne legacy: A reassessment of the impact of the Hawthorne studies on management scholarship, 1930–1958. *Journal of Management History*, 18(1), 105–119.

Murabito, J. M., Zhao, Q., Larson, M. G., Rong, J., Lin, H., Benjamin, E. J., ... and Lunetta, K. L. (2018). Measures of biologic age in a community sample predict mortality and age-related disease: The Framingham Offspring Study. *The Journals of Gerontology: Series A*, 73(6), 757–762.

Murthy, V. H. (2020). *Together: The Healing Power of Human Connection in a Sometimes Lonely World*. Harper Wave.

Mykletun, A., Bjerkeset, O., Prince, M., Dewey, M., and Stewart, R. (2009). Levels of anxiety and depression as predictors of mortality: the HUNT study. *The British Journal of Psychiatry*, 195(2), 118–125.

Napier, J. L., and Jost, J. T. (2008). Why are conservatives happier than liberals? *Psychological Science*, 19(6), 565–572.

Naylor, C., Parsonage, M., McDaid, D., Knapp, M., Fossey, M., and Galea, A. (2012). Long-Term conditions and mental health: The cost of co-morbidities. https://www.kingsfund.org.uk/insight and-analysis/reports/long-term-conditions-mental-health

Nelson, C. A., Zeanah, C. H., Fox, N. A., Marshall, P. J., Smyke, A. T., and Guthrie, D. (2007). Cognitive recovery in socially deprived young children: The Bucharest Early Intervention Project. *Science*, 318(5858), 1937–1940.

Ng, J. W. J., Vaithilingam, S., and Rangel, G. J. (2017). The role of life satisfaction on election voting preferences in Malaysia. *Asian Journal of Social Science*, 45(1–2), 149–175.

NHS Digital (2021). Annual Report on the use of IAPT services for 2020/21. UK. https://digital.nhs.uk/data-and-information/publications/statistical/psychological-therapies-annual-reports-on-the-use-of-iapt-services/annual-report-2020-21

Nicholson, A., Kuper, H., and Hemingway, H. (2006). Depression as an aetiologic and prognostic factor in coronary heart disease: A meta-analysis of 6,362 events among 146,538 participants in 54 observational studies. *European Heart Journal*, 27, 2763–2774. doi:10.1093/eurheartj/ehl338.

Nikolova, M., and Ayhan, S. H. (2019). Your spouse is fired! How much do you care? *Journal of Population Economics*, 32(3), 799–844.

Nikolova, M., and Nikolaev, B. N. (2021). Family matters: The effects of parental unemployment in early childhood and adolescence on subjective well-being later in life. *Journal of Economic Behavior & Organization*, 181, 312–331.

Nowakowski, A. (2021). Do unhappy citizens vote for populism? *European Journal of Political Economy*, 68, 101985.

Nozick, R. (1974). *Anarchy, State, and Utopia*. Basic Books.

Nussbaum, M., and Sen, A. (Eds.). (1993). *The Quality of Life*. Clarendon Press.

O'Connor, K. J. (2017). Happiness and welfare state policy around the world. *Review of Behavioral Economics*, 4(4), 397–420.

Ochsen, C., and Welsch, H. (2012). Who benefits from labor market institutions? Evidence from surveys of life satisfaction. *Journal of Economic Psychology*, 33(1), 112–124.

Odean, T. (1998). Are investors reluctant to realize their losses? *The Journal of Finance*, 53(5), 1775–1798.

Odermatt, R., and Stutzer, A. (2015). Smoking bans, cigarette prices and life satisfaction. *Journal of Health Economics*, 44, 176–194.

Odermatt, R., and Stutzer, A. (2019). (Mis-)predicted subjective well-being following life events. *Journal of the European Economic Association*, 17(1), 245–283.

O'Donnell, G., Deaton, A., Durand, M., Halpern, D., and Layard, R. (2014). Wellbeing and policy. Legatum Institute, London.

OECD (2013). OECD Guidelines on measuring subjective well-being.
OECD (2017). PISA 2015 Results (Volume III. Wellbeing).
OECD (2018). PISA 2018 Results (Volume III).
OECD (2020). Job retention schemes during the COVID-19 lockdown and beyond. Paris: Organization for Economic Co-operation and Development. www.oecd.org/coronavirus/policy-responses/job-retention-schemes-during-the-covid-19-lockdown-and-beyond-0853ba1d/
Ogbonnaya, C., and Daniels, K. (2017). Good work, wellbeing and changes in performance outcomes: Illustrating the effects of good people management practices with an analysis of the National Health Service.
Oishi, S., Schimmack, U., and Diener, E. (2012). Progressive taxation and the subjective wellbeing of nations. *Psychological Science*, 23(1), 86–92.
Ojeda, C. (2015). Depression and political participation. *Social Science Quarterly*, 96(5), 1226–1243.
Okbay, A., Baselmans, B. M., De Neve, J. E., Turley, P., Nivard, M. G., Fontana, M. A., ... and Rich, S. S. (2016). Genetic variants associated with subjective well-being, depressive symptoms, and neuroticism identified through genome-wide analyses. *Nature Genetics*, 48(6), 624–633.
Onraet, E., Van Assche, J., Roets, A., Haesevoets, T., and Van Hiel, A. (2017). The happiness gap between conservatives and liberals depends on country-level threat: A worldwide multilevel study. *Social Psychological and Personality Science*, 8(1), 11–19.
Onraet, E., Van Hiel, A., & Dhont, K. (2013). The relationship between right-wing ideological attitudes and psychological well-being. *Personality and Social Psychology Bulletin*, 39(4), 509–522.
ONS (2018). Estimating the impact urban green space has on property prices. www.ons.gov.uk/economy/nationalaccounts/uksectoraccounts/compendium/economicreview/july2018/estimatingtheimpacturbangreenspacehasonpropertyprice
Orben, A. (2020). Teenagers, screens and social media: A narrative review of reviews and key studies. *Social Psychiatry and Psychiatric Epidemiology*, 55(4), 407–414.
Ortiz-Ospina, E., and Roser, M. (2020). Loneliness and Social Connections. OurWorldInData.org. www.ourworldindata.org/social-connections-and-loneliness
Oswald, A. J. (2008). On the curvature of the reporting function from objective reality to subjective feelings. *Economics Letters*, 100(3), 369–372.
Oswald, A. J., Proto, E., and Sgroi, D. (2015). Happiness and productivity. *Journal of Labour Economics*, 33(4), 789–822.
Otake, K., Shimai, S., Tanaka-Matsumi, J., Otsui, K., and Fredrickson, B. L. (2006). Happy people become happier through kindness: A counting kindnesses intervention. *Journal of Happiness Studies*, 7(3), 361–375.
Ott, J. C. (2010). Good governance and happiness in nations: Technical quality precedes democracy and quality beats size. *Journal of Happiness Studies*, 11(3), 353–368.
Ott, J. C. (2011). Government and happiness in 130 nations: Good governance fosters higher level and more equality of happiness. *Social Indicators Research*, 102(1), 3–22.
Pacek, A. C., and Radcliff, B. (2008). Welfare policy and subjective well-being across nations: An individual-level assessment. *Social Indicators Research*, 89(1), 179–191.
Pan, A., Sun, Q., Okereke, O. I., Rexrode, K. M., and Hu, F. B. (2011). Depression and risk of stroke morbidity and mortality: A meta-analysis and systematic review. *JAMA*, 306(11), 1241–1249.
Parfit, D. (1984). *Reasons and Persons*. Oxford University Press.
Pargament, K. I. (2002). The bitter and the sweet: An evaluation of the costs and benefits of religiousness. *Psychological Inquiry*, 13(3), 168–181.
Park, S., and Mattison, R. (2009). Therapeutic influences of plants in hospital rooms on surgical recovery. *Hortscience*, 44, 102–105.

Parks, G. (2000). The High/Scope Perry Preschool Project. Office of Juvenile Justice and Delinquency Prevention. Washington, DC, U.S. Department of Justice. October.

Patten, S. B., Williams, J. V. A., Lavorato, D. H., Modgill, G., Jetté, N., and Eliasziw, M. (2008). Major depression as a risk factor for chronic disease incidence: Longitudinal analyses in a general population cohort. *General Hospital Psychiatry*, 30, 407–413. doi:10.1016/j.genhosppsych.2008.05.001.

Paul, G. L. (1966). *Insight vs. Desensitisation in Psychotherapy: An Experiment in Anxiety Reduction*. Stanford University Press.

Perez-Truglia, R. (2015). A Samuelsonian validation test for happiness data. *Journal of Economic Psychology*, 49, 74–83.

Perez-Truglia, R. (2020). The effects of income transparency on well-being: Evidence from a natural experiment. *American Economic Review*, 110(4), 1019–1054.

Persson, T., and Tabellini, G. (2002). *Political Economics: Explaining Economic Policy*. MIT Press.

Peterson, C. (1999). Personal control and well-being. In D. Kahneman, E. Diener and N. Schwarz (Eds.). *Well-Being: The Foundation of Hedonic Psychology*. Russell Sage Foundation.

Pew Research Center (2017). Political typology reveals deep fissures on the Right and Left. Pew Research Center. https://www.pewresearch.org/politics/2017/10/24/political-typology-reveals-deep-fissures-on-the-right-and-left/

Pfeffer, J., and Davis-Blake, A. (1990). Unions and job satisfaction: An alternative view. *Work and Occupations*, 17(3): 259–283.

Pinker, S. (2011). *The Better Angels of Our Nature: The Decline of Violence in History and Its Causes*. Penguin Books.

Pinker, S. (2018). *Enlightenment Now: The Case for Reason, Science, Humanism, and Progress*. Viking.

Pirralha, A. (2018). The link between political participation and life satisfaction: A three wave causal analysis of the German SOEP household panel. *Social Indicators Research*, 138(2), 793–807.

Pleck, J. H., and Masciadrelli B. P. (2004). Paternal involvement by US residential fathers: Levels, sources, and consequences. In M. E. Lamb (Ed.), *The Role of the Father in Child Development* (pp. 222–271). John Wiley & Sons.

Plomin, R., DeFries, J. C., McClearn, G. E., and McGuffin, P. (2013). *Behavioral Genetics* (6th ed.). Worth.

Pluess, M. (Ed.). (2015). *Genetics of Psychological Well-Being: The Role of Heritability and Genetics in Positive Psychology*. Series in Positive Psychology. Oxford University Press.

Powdthavee, N., and Vernoit, J. (2013). Parental unemployment and children's happiness: A longitudinal study of young people's well-being in unemployed households. *Labour Economics*, 24, 253–263.

Pryce, J., Albertsen, K., and Nielsen, K. (2006). Evaluation of an open-rota system in a Danish psychiatric hospital: A mechanism for improving job satisfaction and work–life balance. *Journal of Nursing Management*, 14(4), 282–288.

Przybylski, A. K., and L. Bowes (2017). Cyberbullying and adolescent well-being in England: A population-based cross-sectional study. *The Lancet Child & Adolescent Health*, 1(1), 19–26.

Putnam, R. D. (2007). E Pluribus Unum: Diversity and community in the twenty-first century. The 2006 Johan Skytte Prize Lecture. *Scandinavian Political Studies*, 30(2), 137–174. doi:10.1111/j.1467-9477.2007.00176.x.

Rabin, M. (1998). Psychology and economics. *Journal of Economic Literature* 36: 11–46.

Rabin, M. (2000). Risk aversion and expected-utility theory: A calibration theorem. *Econometrica*, 68(5), 1281–1292.

Radcliff, B. (2001). Politics, markets, and life satisfaction: The political economy of human happiness. *American Political Science Review*, 939–952.

Radcliff, B. (2013). *The Political Economy of Human Happiness: How Voters' Choices Determine*

the Quality of Life. Cambridge University Press.
Raichle, M. E., MacLeod, A. M., Snyder, A. Z., Powers, W. J., Gusnard, D. A., and Shulman, G. L. (2001). A default mode of brain function. *Proceedings of the National Academy of Sciences,* 98(2), 676–682.
Raphael, D. D. (1969). *British Moralists 1650–1800.* Clarendon Press.
Rath, T. (2006). *Vital Friends: The People You Can't Afford to Live Without.* Gallup Press.
Rawls, J. (1971). *A Theory of Justice.* Harvard University Press.
Ricard, M. (2015). *Altruism: The Power of Compassion to Change Yourself and the World.* Little, Brown and Company.
Rietveld, C. A., Cesarini, D., Benjamin, D. J., Koellinger, P. D., De Neve, J. E., Tiemeier, H., ... and Bartels, M. (2013). Molecular genetics and subjective well-being. *Proceedings of the National Academy of Sciences,* 110(24), 9692–9697.
Riketta, M. (2008). The causal relation between job attitudes and performance: A meta-analysis of panel studies. *Journal of Applied Psychology,* 93(2), 472.
Rilling, J. K., Gutman, D. A., Zeh, T. R., Pagnoni, G., Berns, G. S., and Kilts, C. D. (2002). A neural basis for social cooperation. *Neuron,* 35(2), 395–405.
Robbins, L. (1932). The nature and significance of economic science. *The Philosophy of Economics: An Anthology,* 1, 73–99.
Roest, A. M., Martens, E. J., Denollet, J., and De Jonge, P. (2010). Prognostic association of anxiety post myocardial infarction with mortality and new cardiac events: A meta-analysis. *Psychosomatic Medicine,* 72, 563–569. doi:10.1097/PSY.0b013e3181dbff97.
Rollman, B. L., Belnap, B. H., Mazumdar, S., Houck, P. R., Zhu, F., Gardner, W., ... and Shear, M. K. (2005). A randomized trial to improve the quality of treatment for panic and generalized anxiety disorders in primary care. *Archives of General Psychiatry,* 62(12), 13321341.
Rosling, H. (2019). *Factfulness.* Flammarion.
Roth, A., and Fonagy, P. (Eds.). (2005). *What Works for Whom? A Critical Review of Psychotherapy Research.* 2nd ed. Guilford Press.
Rothbard, N. P., and Wilk, S. L. (2011). Waking up on the right or wrong side of the bed: Startof-workday mood, work events, employee affect, and performance. *Academy of Management Journal,* 54(5), 959–980.
Røysamb, E., and Nes, R. B. (2018). The genetics of wellbeing. In E. Diener, S. Oishi and L. Tay. (Eds.). *Handbook of Well-Being.* DEF.
Røysamb, E., Nes, R. B., Czajkowski, N. O., and Vassend, O. (2018). Genetics, personality and wellbeing. A twin study of traits, facets and life satisfaction. *Scientific Reports,* 8(1), 1–13.
Rudolf, R., and Kang, S. J. (2015). Lags and leads in life satisfaction in Korea: When gender matters. *Feminist Economics,* 21(1), 136–163.
Runciman, W. G. (1966). *Relative Deprivation and Social Justice.* Routledge; Kegan Paul.
Rush, A. J., Beck, A. T., Kovacs, M., and Hollon, S. (1977). Comparative efficacy of cognitive therapy and pharmacotherapy in the treatment of depressed outpatients. *Cognitive Therapy and Research,* 1(1), 17–37.
Ryan, R. M., and Deci, E. L. (2000). Self-determination theory and the facilitation of intrinsic motivation, social development, and well-being. *American Psychologist,* 55, 68–78.
Ryff, C. D. (1989). Happiness is everything, or is it? Explorations on the meaning of psychological well-being. *Journal of Personality and Social Psychology,* 57, 1069–1081.
Ryff, C. D., and Keyes, C. L. M. (1995). The structure of psychological well-being revisited. *Journal of Personality and Social Psychology,* 69(4), 719.
Ryff, C. D., and Singer, B. (1998). The contours of positive human health. *Psychological Inquiry,* 9, 1–28.
Ryff, C. D., and Singer, B. (2003). The role of emotion on pathways to positive health. *Handbook of Affective Sciences,* 1083–1104.
Sachs, J. D. (2014). Climate change and intergenerational well-being. *The Oxford Handbook of the*

Macroeconomics of Global Warming, 248–259.
Sacks, D. W., Stevenson, B., and Wolfers, J. (2010). Subjective well-being, income, economic development and growth (Working Paper No. 16441). www.nber.org/papers/w16441
Sacks, D. W., Stevenson, B., and Wolfers, J. (2012). The new stylized facts about income and subjective well-being. *Emotion*, 12(6), 1181.
Sadler, K., Vizard, T., Ford, T., Marcheselli, F., Pearce, N., Mandalia, D., ... and McManus, S. (2018). Mental Health of Children and Young People in England, 2017. Trends and characteristics. Leeds, UK: NHS Digital.
Salmivalli, C., and E. Poskiparta (2012). KiVa antibullying program: Overview of evaluation studies based on a randomized controlled trial and national rollout in Finland. *International Journal of Conflict and Violence (IJCV)*, 6(2), 293–301.
SAMHSA (2019). 2017 National Survey of Drug Use and Health (NSDUH). www.samhsa.gov/data/data-we-collect/nsduh-national-survey-drug-use-and-health
Satin, J. R., Linden, W., and Phillips, M. J. (2009). Depression as a predictor of disease progression and mortality in cancer patients: A meta-analysis. *Cancer*, 115, 5349–5361. doi:10.1002/cncr.24561.
Schkade, D. A., and Kahneman, D. (1998). Does living in California make people happy? A focusing illusion in judgments of life satisfaction. *Psychological Science*, 9(5), 340–346.
Schlenker, B. R., Chambers, J. R., and Le, B. M. (2012). Conservatives are happier than liberals, but why? Political ideology, personality, and life satisfaction. *Journal of Research in Personality*, 46(2), 127–146.
Schneider, D., and Harknett, K. (2019). Consequences of routine work-schedule instability for worker health and well-being. *American Sociological Review*, 84(1), 82–114.
Schoon, I., Hansson, L., and Salmela-Aro, K. (2005). Combining work and family life: Life satisfaction among married and divorced men and women in Estonia, Finland, and the UK. *European Psychologist*, 10(4), 309.
Schutte, N. S., and Malouff, J. M. (2014). A meta-analytic review of the effects of mindfulness meditation on telomerase activity. *Psychoneuroendocrinology*, 42, 45–48.
Schwartz, S. (1970). Elicitation of moral obligation and self-sacrificing behaviour: An experimental study of volunteering to be a bone marrow donor. *Journal of Personality and Social Psychology*, 15, 283–93.
Scruton, R. (1982). *Kant, Oxford Paperbacks*. Oxford University Press.
Seligman, M. E. P. (2002). *Authentic Happiness: Using the New Positive Psychology to Realize Your Potential for Lasting Fulfilment*. Free Press.
Seligman, M. E. P. (2011). *Flourish: A Visionary New Understanding of Happiness and WellBeing*. Free Press.
Semrau, M., Evans-Lacko, S., Alem, A., Ayuso-Mateos, J. L., Chisholm, D., Gureje, O., ... and Thornicroft, G. (2015). Strengthening mental health systems in low- and middle-income countries: The Emerald programme. *BMC Medicine*, 13(1), 79.
Sen, A. (1970). *Collective Choice and Social Welfare*. North-Holland.
Sen, A. (1999). *Development as Freedom*. Knopf
Sen, A. (2009). *The Idea of Justice*. Allen Lane.
Sen, A., and Williams, B. (Eds.). (1982). *Utilitarianism and Beyond*. Cambridge University Press.
Seresinhe, C. I., Preis, T., MacKerron, G., and Moat, H. S. (2019). Happiness is greater in more scenic locations. *Scientific Reports*, 9(1), 1–11.
Shakya, H. B., and Christakis, N. A. (2017). Association of Facebook use with compromised well-being: A longitudinal study. *American Journal of Epidemiology*, 185(3), 203–211.
Singer, P. (1981). *The Expanding Circle: Ethics and Sociobiology*. Oxford University Press.
Singer, P. (1995). *Animal Liberation*. Random House.
Singla, D. R., Kohrt, B. A., Murray, L. K., Anand, A., Chorpita, B. F., and Patel, V. (2017). Psychological treatments for the world: Lessons from low- and middle-income countries.

Annual Review of Clinical Psychology, 13, 149–181.
Smart, J. J. C., and Williams, B. (1973). *Utilitarianism: For and Against*. Cambridge University Press.
Smith, T. B., McCullough, M. E., and Poll, J. (2003). Religiousness and depression: Evidence for a main effect and the moderating influence of stressful life events. *Psychological Bulletin*, 129(4), 614.
Soares, S., Bonnet, F., and Berg, J. (2021). Working from home during the COVID-19 pandemic: Updating global estimates using household survey data. VOX, CEPR Policy Portal. https://cepr.org/voxeu/columns/working-home-during-covid-19-pandemic-updating-global-estimates-using-household
Solnick, S. J., and Hemenway, D. (1998). Is more always better? A survey on positional concerns. *Journal of Economic Behavior & Organization*, 37(3), 373–383.
Sorkin, A. R. (2016) 'Brexit' vote and Donald Trump's surge reflect discontent. *The New York Times*. www.nytimes.com/2016/03/01/business/dealbook/brexit-vote-and-donald-trumps-surge-reflect-discontent.html
Specht, J., Egloff, B., and Schmukle, S. C. (2011). Stability and change of personality across the life course: The impact of age and major life events on mean-level and rank-order stability of the Big Five. *Journal of Personality and Social Psychology*, 101(4), 862.
Steptoe, A., Hamer, M., and Chida, Y. (2007). The effects of acute psychological stress on circulating inflammatory factors in humans: a review and meta-analysis. *Brain, Behavior, and Immunity*, 21(7), 901–912.
Steptoe, A., and J. Wardle (2012). Enjoying life and living longer. *Archives of Internal Medicine*, 172(3), 273–275.
Steptoe, A., Wardle, J., and Marmot, M. (2005). Positive affect and health-related neuroendocrine, cardiovascular, and inflammatory processes. *Proceedings of the National Academy of Sciences*, 102(18), 6508–6512.
Stern, N. (2015). *Why Are We Waiting? The Logic, Urgency, and Promise of Tackling Climate Change*. MIT Press.
Stern, N., Peters, S., and Bakhshi, V. (2010). The Stern Review: Government Equalities Office, Home Office.
Stevenson, B., and Wolfers, J. (2008). Happiness inequality in the United States. *The Journal of Legal Studies*, 37(S2), S33–S79.
Stevenson, B., and Wolfers, J. (2009). The paradox of declining female happiness. *American Economic Journal: Economic Policy*, 1(2), 190–225.
Stigler, G. J., and Becker, G. S. (1977). De gustibus non est disputandum. *The American Economic Review*, 67(2), 76–90.
Stolle, D., Soroka, S., and Johnston, R. (2008). When does diversity erode trust? Neighborhood diversity, interpersonal trust and the mediating effect of social interactions. *Political Studies*, 56(1), 57–75.
Stutzer, A., and Frey, B. S. (2006). Political participation and procedural utility: An empirical study. *European Journal of Political Research*, 45(3), 391–418.
Stutzer, A., and Frey, B. S. (2008). Stress that doesn't pay: The commuting paradox. *Scandinavian Journal of Economics*, 110(2), 339–366.
Suchak, M., Eppley, T. M., Campbell, M. W., Feldman, R. A., Quarles, L. F., and de Waal, F. B. (2016). How chimpanzees cooperate in a competitive world. *Proceedings of the National Academy of Sciences*, 113(36), 10215–10220.
Suomi, S. J. (1997). Early determinants of behaviour: Evidence from primate studies. *British Medical Bulletin*, 53(1), 170–184.
Suppa, N. (2021). Unemployment and subjective well-being (No. 760). GLO Discussion Paper.
Tan, E. J., Xue, Q.-L., Li, T., Carlson, M. C., and Fried, L. P. (2006). Volunteering: A physical activity intervention for older adults – the experience Corps program in Baltimore. *Journal of Urban Health*, 83(5), 954–969.

Tavits, M. (2008). Representation, corruption, and subjective well-being. *Comparative Political Studies*, 41(12), 1607–1630.
Tay, L., and Diener, E. (2011). Needs and subjective well-being around the world. *Journal of Personality and Social Psychology*, 101(2), 354.
Tellegen, A., Lykken, D. T., Bouchard, T. J., Wilcox, K. J., Segal, N. L., and Rich, S. (1988). Personality similarity in twins reared apart and together. *Journal of Personality and Social Psychology*, 54(6), 1031.
Tenney, E. R., Poole, J. M., and Diener, E. (2016). Does positivity enhance work performance? Why, when, and what we don't know. *Research in Organizational Behavior*, 36, 27–46.
Tett, R. P., and Meyer, J. P. (1993). Job satisfaction, organizational commitment, turnover intention, and turnover: Path analyses based on meta-analytic findings. *Personnel Psychology*, 46(2), 259–293.
Thaler, R. H. (2015). *Misbehaving: The Making of Behavioural Economics*. Penguin Books.
Thaler, R. H., and Sunstein, C. R. (2008). *Nudge: Improving Decisions about Health, Wealth, and Happiness*. Yale University Press.
Theodossiou, I. (1998). The effects of low-pay and unemployment on psychological well-being: A logistic regression approach. *Journal of Health Economics*, 17(1), 85–104.
Tims, M., Derks, D., and Bakker, A. B. (2016). Job crafting and its relationships with person–job fit and meaningfulness: A three-wave study. *Journal of Vocational Behavior*, 92, 44–53.
Toffolutti, V., McKee, M., Clark, D. M., and Stuckler, D. (2019). The economic and mental health impact of IAPT: Pragmatic trial in three English regions. *European Journal of Public Health*, 29(Supp. 4), 185–047.
Tromholt, M. (2016). The Facebook experiment: Quitting Facebook leads to higher levels of well-being. *Cyberpsychology, Behavior, and Social Networking*, 19(11), 661–666.
Tversky, A., and Kahneman, D. (1992). Advances in prospect theory: Cumulative representation of uncertainty. *Journal of Risk and Uncertainty*, 5(4), 297–323.
Twenge, J. M. (2017). *IGen: Why Today's Super-Connected Kids Are Growing up Less Rebellious, More Tolerant, Less Happy – and Completely Unprepared for Adulthood – and What That Means for the Rest of Us*. Atria Books.
Ulrich, R. S. (1984). View through a window may influence recovery from surgery. *Science*, 224(4647), 420–421.
United Nations, Department of Economic and Social Affairs, Population Division (2018). World Urbanization Prospects: The 2018 Revision, Online Edition. https://population.un.org/wup/
US Business Roundtable (2019). Statement on the purpose of a corporation. https://opportunity.businessroundtable.org/ourcommitment
Uslaner, E. M. (2012). *Segregation and Mistrust: Diversity, Isolation, and Social Cohesion*. Cambridge University Press.
Van de Weijer, M., de Vries, L., and Bartels, M. (2020). *Happiness and Wellbeing: The Value and Findings from Genetic Studies*. Mimeo.
Van Kessel, S. (2015). *Populist Parties in Europe: Agents of Discontent?* Springer.
Van Praag, B. M. S., and Baarsma, B. E. (2005). Using happiness surveys to value intangibles: The case of airport noise. *Economic Journal*, 115(500), 224–246.
van Schaik, D. J. F., Klijn, A. F. J., van Hout, H. P. J., van Marwijk, H. W. J., Beekman, A. T. F., de Haan, M., and van Dyck, R. (2004). Patients' preferences in the treatment of depressive disorder in primary care. *General Hospital Psychiatry*, 26, 184–189.
Van Wingerden, J., Bakker, A. B., and Derks, D. (2017). Fostering employee well-being via a job crafting intervention. *Journal of Vocational Behavior*, 100, 164–174.
Veenhoven, R. (1988). The utility of happiness. *Social Indicators Research*, 20(4), 333–353.
Veenhoven, R. (2012). Cross-national differences in happiness: Cultural measurement bias or effect of culture? *International Journal of Wellbeing*, 2(4), 333–353.
Veldkamp, S. A., Boomsma, D. I., de Zeeuw, E. L., van Beijsterveldt, C. E., Bartels, M., Dolan,

C. V., and van Bergen, E. (2019). Genetic and environmental influences on different forms of bullying perpetration, bullying victimization, and their co-occurrence. *Behavior Genetics*, 49(5), 432–443.

Verduyn, P., Ybarra, O., Résibois, M., Jonides, J., and Kross, E (2017). Do social network sites enhance or undermine subjective well-being? A critical review. *Social Issues and Policy Review*, 11(1), 274–302.

Volkow, N. D., Tomasi, D., Wang, G.-J., Fowler, J. S., Telang, F., Goldstein, R. Z., ... and Alexoff, D. (2011). Positive emotionality is associated with baseline metabolism in orbitofrontal cortex and in regions of the default network. *Molecular Psychiatry*, 16(8), 818–825. doi:10.1038/mp.2011.30.

Von Beyme, K. (1985). *Political Parties in Western Democracies*. Gower.

Wang, P. S., Berglund, P., Olfson, M., Pincus, H. A., Wells, K. B., and Kessler, R. C. (2005). Failure and delay in initial treatment contact after first onset of mental disorders in the National Comorbidity Survey Replication. *Archives of General Psychiatry*, 62, 603–613.

Wang, S., Mak, H. W., and Fancourt, D. (2020). Arts, mental distress, mental health functioning and life satisfaction: Fixed-effects analyses of a nationally-representative panel study. *BMC Public Health*, 20(1), 1–9.

Ward, G. (2019). Happiness and voting behaviour. In J. F. Helliwell, R. Layard and J. Sachs (Eds.). *World Happiness Report 2019* (pp. 46–65). Sustainable Development Solutions Network.

Ward, G. (2020). Happiness and voting: Evidence from four decades of elections in Europe. *American Journal of Political Science*, 64(3), 504–518.

Ward, G. (2022). Happiness at Work: Essays on subjective wellbeing in the workplace and labor market. Doctoral dissertation. Massachusetts Institute of Technology.

Ward, G., De Neve, J. E., Ungar, L. H., and Eichstaedt, J. C. (2020). (Un)happiness and voting in US presidential elections. *Journal of Personality and Social Psychology*, 120(2), 370–383.

Washbrook, E., Gregg, P., and Propper, C. (2014). A decomposition analysis of the relationship between parental income and multiple child outcomes. *Journal of the Royal Statistical Society. Series A (Statistics in Society)*, 757–782.

Weare, K. (2000). *Promoting Mental, Emotional, and Social Health: A Whole School Approach*. Psychology Press.

Weinstein, N. D. (1982). Community noise problems: Evidence against adaptation. *Journal of Environmental Psychology*, 2(2), 87–97.

Weinstein, N. D., Przybylski, A. K., and Ryan, R. M. (2009). Can nature make us more caring? Effects of immersion in nature on intrinsic aspirations and generosity. *Personality and Social Psychology Bulletin*, 35(10), 1315–1329.

Weitz-Shapiro, R., and Winters, M. S. (2011). The link between voting and life satisfaction in Latin America. *Latin American Politics and Society*, 53(4), 101–126.

Wellcome Global Monitor (2021). The role of science in mental health. https://wellcome.org/news/what-role-science-mental-health-insights-wellcome-global-monitor

Wells, K. B., Sherbourne, C., Schoenbaum, M., Duan, N., Meredith, L., Unutzer, J., ... and Rubenstein, L. V. (2000). Impact of disseminating quality improvement programs for depression in managed primary care: A randomized controlled trial. *JAMA*, 283(2), 212–220.

Welsch, H. (2006). Environment and happiness: Valuation of air pollution using life satisfaction data. *Ecological Economics*, 58(4), 801–813.

White, J. B., Langer, E. J., Yariv, L., and Welch, J. C. (2006). Frequent social comparisons and destructive emotions and behaviors: The dark side of social comparisons. *Journal of Adult Development*, 13(1), 36–44.

White, M. P., Alcock, I., Wheeler, B. W., and Depledge, M. H. (2013). Would you be happier living in a greener urban area? A fixed-effects analysis of panel data. *Psychological Science*, 24(6), 920–928.

Wilkinson, R., and Pickett, K. (2009). *The Spirit Level: Why More Equal Societies Almost Always*

Do Better. Allen Lane.
Wilkinson, R., and Pickett, K. (2018). *The Inner Level: How More Equal Societies Reduce Stress, Restore Sanity and Improve Everybody's Wellbeing*. Penguin.
Williams, J. M. G. (2001). *Suicide and Attempted Suicide*. Penguin.
Williams, J. M. G., and Penman, D. (2011). *Mindfulness: A Practical Guide to Finding Peace in a Frantic World*. Piatkus.
Williams, J. M. G., and Kabat-Zinn, J. (Eds.). (2013). *Mindfulness: Diverse Perspectives on Its Meaning, Origins and Applications*. Routledge.
Wilson, S. J., and Lipsey, M. W. (2007). School-based interventions for aggressive and disruptive behavior: Update of a meta-analysis. *American Journal of Preventive Medicine*, 33(2), S130–S143.
Wilson, S. J., Woody, A., and Kiecolt-Glaser, J. K. (2018). Inflammation as a Biomarker Method in Lifespan Developmental Methodology. In O. Raddick (Ed.), *Oxford Research Encyclopedia of Psychology*. Oxford University Press, n.p.
Wilson, T. (2011). *Redirect: The Surprising New Science of Psychological Change*. Penguin UK.
Winkelmann, L., and Winkelmann, R. (1995). Happiness and unemployment: A panel data analysis for Germany. *Applied Economics Quarterly*, 41(4), 293–307.
Winkelmann, L., and Winkelmann, R. (1998). Why are the unemployed so unhappy? Evidence from panel data. *Economica*, 65(257), 1–15.
Witte, C. T., Burger, M. J., and Ianchovichina, E. (2019). Subjective well-being and peaceful uprisings. The World Bank.
Wolke, D., Copeland, W. E., Angold, A., and Costello, E. J. (2013). Impact of bullying in childhood on adult health, wealth, crime, and social outcomes. *Psychological Science*, 24(10), 1958–1970.
Wootton, R. E., Davis, O. S., Mottershaw, A. L., Wang, R. A. H., and Haworth, C. M. (2017). Genetic and environmental correlations between subjective wellbeing and experience of life events in adolescence. *European Child & Adolescent Psychiatry*, 26(9), 1119–1127.
World Health Organisation (WHO). (2009). Promoting gender equality to prevent violence against women. World Health Organization. https://apps.who.int/iris/bitstream/handle/10665/44098/9789241597883_eng.pdf?sequence=1&isAllowed=y
World Health Organisation (WHO) (2014). Preventing suicide: a global imperative. Geneva. https://apps.who.int/iris/bitstream/handle/10665/131056/9789241564779_eng.pdf
World Health Organisation (WHO). (2017). Depression and other common mental disorders: Global health estimates. http://apps.who.int/iris/bitstream/handle/10665/254610/WHOMSD-MER-2017.2-eng.pdf?sequence=1
Yeung, W. J., Linver, M. R., and Brooks–Gunn, J. (2002). How money matters for young children's development: Parental investment and family processes. *Child Development*, 73(6), 1861–1879.
Yip, W., Subramanian, S. V., Mitchell, A. D., Lee, D. T., Wang, J., and Kawachi, I. (2007). Does social capital enhance health and well-being? Evidence from rural China. *Social Science & Medicine*, 64(1), 35–49.
Zaccaro, A., Piarulli, A., Laurino, M., Garbella, E., Menicucci, D., Neri, B., and Gemignani, A. (2018). How breath-control can change your life: A systematic review on psychophysiological correlates of slow breathing. *Frontiers in Human Neuroscience*, 12, 353.
Zajonc, R. B. (1968). Attitudinal effects of mere exposure. *Journal of Personality and Social Psychology*, 9(2p2), 1.
Zhong, Y., and Chen, J. (2002). To vote or not to vote: An analysis of peasants' participation in Chinese village elections. *Comparative Political Studies*, 35(6), 686–712.

國家圖書館出版品預行編目資料

幸福感:最新的社會科學研究:民之所欲何在?如何創造一個人人更幸福的社會?/ 理查・拉雅德(Richard Layard),尚-依曼紐・戴奈維(Jan-Emmanuel De Neve)著;羅耀宗譯. -- 初版. -- 臺北市:經濟新潮社出版:英屬蓋曼群島商家庭傳媒股份有限公司城邦分公司發行,2024.08

464 面;17×23 公分. --（經濟趨勢;76）

譯自:Wellbeing : science and policy.

ISBN 978-626-7195-72-7（平裝）

1. CST:幸福　2. CST:社會環境　3.CST:人類行為　4. CST:社會心理學

541.75　　　　　　　　　　　　　　113010527